D1677417

Diffusé et distribué par DG Diffusion
ZI de Bogues – 31750 Escalquens
www.dg-livre.com

ISBN : 2-906588-47-4

Nous remercions France Cartes pour la reproduction du Tarot de Marseille.

Illustration de la couverture – « Le Mat »
Peinture de Jean-Baptiste VALADIÉ

Le Référentiel de Naissance

Ouvrages parus aux

Éditions Arkhana Vox

✓ Lama S.G Amipa	L'Éclosion du lotus
✓ d'Arista & Saint-Blaise	Premier traité de radiétique
✓ Philippe Arlin	L'Astrologie à la lumière du cœur
✓ Berger et Étienne	Le Mah-Jong - Traité du jeu
✓ Jean Beauchard	Le Tarot symbolique et maçonnique
✓ Docteur Luc Bodin	Cancer – Volume 1
✓ Gabrielle Carmi	Le Message des templiers
✓ Georges Colleuil	Tarot l'Enchanteur Tarot - Les deux infinis La fonction thérapeutique des symboles
✓ René Cornuaud	Méthode de guérison spirituelle - Clé de la vie
✓ Françoise Gérard	Cancer, mon chemin de guérison
✓ Jean-Pierre Guiliani	L'Alphabet du corps humain - Tome 1 L'Alphabet du corps humain - Tome 2
✓ Nathalie Jeau	Oracle Dauphins Dauphines
✓ Kabaleb & Guerashel	Alchimie Interne par les 72 anges de la Kabbale
✓ Bruno Liévin	Le Bien-être par les plantes
✓ Colette Lougarre	L'Œil de lotus L'Oracle Soleil
✓ Georges Prat	L'Architecture cosmique L'Architecture invisible Résonances du sacré
✓ G. Prat & C. Schohn	Mater Nostra - Strasbourg (texte en 3 langues)
✓ Liliane Quint	Oracle spirite de Mariana
✓ Colette Silvestre	L'Essentiel du tarot - Marseille & Wirth
✓ C. Silvestre & Maar	Le Grand jeu de Mlle Lenormand
✓ Tsongkhapa Djé	Ode aux réalisations

Georges Colleuil
Avec la collaboration de Chris Chécri

Le Référentiel de Naissance

Tarot, l'île au trésor…

Éditions Arkhana Vox

« Deviens ce que tu es »
Pindare

« Laisse passer l’éclipse et tu verras l’étoile »
Victor Hugo

À mes enfants

Avertissements

Les Arcanes sont numérotés avec des chiffres romains, selon la méthode classique, et non selon l'approche tarologique habituelle. En effet, lorsque l'on observe les lames, les nombres romains ne sont jamais marqués de manière soustractive, mais toujours additionnelle. Par exemple « 9 » est habituellement noté dans le Tarot VIIII, c'est-à-dire V+I+I+I+I alors que la numérotation classique indique IX, c'est-à-dire I – X. Cette manière d'écrire les nombres romains semble s'expliquer par une volonté des anciens de toujours additionner les symboles, dans un esprit d'évolution où il est important de valider les acquis pas à pas.
Dans ce livre nous utiliserons la méthode classique pour éviter les confusions, VIIII risquant de se lire VIII au cours d'une lecture rapide.

Le nombre des Maisons s'écrira en chiffre arabe. Ainsi on notera par exemple Arcane XV en Maison 3.

Le *Référentiel de Naissance* a été conçu au début des années 80 dans la perspective de servir l'auto-guérison et la connaissance de soi. C'est un merveilleux outil pour acquérir de l'autonomie et communiquer avec autrui mais il ne peut se réduire à un simple outil et prendra sa véritable dimension à condition qu'il soit abordé dans l'esprit d'une démarche personnelle. Outil et démarche seront toujours conjugués ensemble.

Ce livre a été publié pour permettre au plus grand nombre d'expérimenter et de pratiquer cette méthode, toutefois, il est évident que la lecture de cet ouvrage ne saurait suffire à la formation professionnelle d'un praticien ou d'un enseignant du *Référentiel de Naissance.* Une formation est nécessaire pour acquérir compétences et légitimité. Une liste des formateurs agréés ainsi qu'un cursus de formation est fourni sur simple demande au Collège international du *Référentiel de Naissance.* (Coordonnées en annexes)

L'analyse développée dans le chapitre : « Un exemple troublant » (page 233) montre à quel point il serait dangereux d'interpréter un

Référentiel de Naissance sans tenir compte de la réalité de l'expérience vécue. Le *Référentiel* se pratique toujours en accord avec la personne dont on interprète le thème dans un esprit d'échange.

Pour l'approfondissement du sens symbolique des Arcanes majeurs il est fortement conseillé de se référer à *Tarot l'Enchanteur (*même éditeur). On trouvera cependant un résumé des idées principales de chaque lame tout au long de l'ouvrage.

Introduction

« Le Tarot ne sert pas à lire l'avenir mais à le construire »

Le Tarot fait partie du patrimoine culturel de l'humanité. Son histoire se confond avec l'histoire des traditions populaires et suit de près l'évolution des mentalités. Les images fortes qu'il contient ont toujours fasciné les hommes. Si elles ont autorisé tous les fantasmes, elles ont aussi fait l'objet d'études scientifiques, archéologiques, sémiologiques, iconographiques et sociologiques. Elles ont inspiré de grands esprits – philosophes, artistes, écrivains et servi de grilles de lecture à la psychologie voire à la psychanalyse. Les images du Tarot sont plus que des figures allégoriques. Elles sont des archétypes, des images originelles. Revenir à leur source n'est pas une affaire d'archéologue ou d'historien mais, comme aurait dit Lanza Del Vasto, un retour aux sources intérieures. On ne peut pas trouver le Tarot originel dans le tesson d'une amphore de vingt mille ans, ni le reconstituer grâce aux performances de l'informatique. Il est imprimé dans l'âme de chacun comme dans l'âme du monde. Il faut donc descendre en soi pour en examiner toutes les atmosphères et les faire rejaillir à la lumière comme lors d'un accouchement. Voilà pourquoi depuis des temps immémoriaux le Tarot passionne les créateurs, les artistes et tous ceux qui de près ou de loin ont consacré leur vie à l'exploration et à la conquête de l'âme humaine.

À l'âge de 33 ans, déchiffrant alors les symboles du Tarot de Marseille, je compris en quelques heures tout ce que mes professeurs d'université avaient tenté de m'enseigner durant des années sans y parvenir. Les catégories kantiennes, le monde intelligible de Platon, l'engagement de Sartre, sa philosophie de « la mauvaise foi », la *philia* d'Aristote, l'être heideggérien, le non-être parménidien, l'obscurité d'Héraclite, le vouloir vivre, l'élan vital, l'énergie spirituelle, et le poignard d'Epictète…[1] Je revisitais alors la philosophie, la psychologie, tout comme aujourd'hui encore les

[1] En grec, il y a un jeu de mots entre les termes « poignard » et « manuel » (Le manuel d'Epictète).

sciences exactes, les sciences dures comme la physique, la biologie, la chimie, sous l'angle éclairé du *Livre de Thot.* Je fus même stupéfait, dans les années 2000, de découvrir un lien évident entre le nombre atomique des 22 premiers atomes, les Arcanes majeurs, les remèdes homéopathiques et le code génétique.

J'ai créé le *Référentiel de Naissance* en 1983, inspiré de plusieurs sources. Je lisais à cette époque les ouvrages de Papus et de René Guénon ; la numérologie constituait aussi pour moi une source féconde d'inspiration. Cette idée d'une croix sinistrogyre qui tourne en inscrivant dans l'univers les quatre lettres sacrées du nom de Dieu avait capté tout mon intérêt.

Mes professeurs de philosophie m'avaient enseigné au lycée et à la faculté que les nombres n'existaient pas dans la nature, qu'ils représentaient des quantités et non des qualités. Ce que mes études métaphysiques m'ont inculqué, elles, c'est que les nombres peuvent aussi être vécus comme des qualités. La philosophie platonicienne ne me contestera pas sur ce point.

Depuis plus de vingt ans, je développe et j'affine ma recherche sur le contenu symbolique du Tarot et je me bats pour le nettoyer des préjugés qu'il subit.

Travailler les archétypes et le symbolisme revient à s'intéresser à ce qu'il y a d'universel dans l'homme. Le Tarot n'est pas ésotérique, il est humaniste ! Quant au *Référentiel*, sa fonction essentielle consiste à actualiser la dimension universelle des Arcanes du Tarot, dans l'expérience individuelle de chacun.

Avec les années, le *Référentiel* prendra un grand essor, développant des fonctions thérapeutiques, énergétiques et sociales. Il deviendra vers les années 90 un formidable outil de résolution des conflits psychiques inconscients mais aussi relationnels. Il apparaîtra rapidement comme une véritable structure, miroir de notre structure inconsciente.
Il a aujourd'hui sa place dans l'outillage de la psychothérapie, du coaching et des ressources humaines.

Nous allons rencontrer tout au long de cet ouvrage de nombreuses lois confirmées par de multiples exemples. Exemples extraits d'une recherche de plus de vingt ans. Dans les biographies de personnalités exceptionnelles, dans mon propre thème, dans ceux de ma famille, mes amis, les rencontres fortes de mon existence, mais aussi chez les centaines de patients et les milliers d'étudiants que j'ai accompagnés depuis 1983 dans l'étude de leur *Référentiel.* Cette rigueur et cette persévérance dans le décodage de tant de *Référentiel*s, les découvertes étonnantes qu'elles ont générées, si souvent confirmées par les témoignages ou tout simplement le vécu des uns et des autres, ainsi que la cohérence des résultats obtenus, auraient pu faire du *Référentiel de Naissance* un solide système psycho-philosophique. Pourtant, ce que je ressens aujourd'hui, c'est que la force de cet outil réside dans le fait qu'il est encore inachevé. Comme le liquide qui s'échappe des urnes de l'Étoile et qui continuera à couler sans cesse, vers des rivières invisibles et des fleuves improbables. Inachevé et inachevable, de la même façon qu'un miroir reflète à chaque instant les formes infiniment variées de notre être, le *Référentiel* accompagne sans cesse l'évolution de la condition humaine.

PREMIÈRE PARTIE

FONDEMENTS, FONCTION ET STRUCTURE

Chapitre I

FONDEMENTS HISTORIQUES, PHILOSOPHIQUES ET TAROLOGIQUES DU RÉFÉRENTIEL DE NAISSANCE.

Fondements historiques et philosophiques - Parcours personnel

J'ai mis longtemps à comprendre pourquoi je portais un tel intérêt, une telle passion, au monde symbolique et au symbolisme en général. J'ai tenté à plusieurs reprises d'en faire une analyse.
Peut-être que le fait de passer par le symbole était pour moi une forme d'évitement du réel, un moyen de ne pas m'engager. Je me passionnais pour le symbole religieux mais je n'entrais pas en religion ; je cherchais à décoder la symbolique d'une oeuvre d'art mais, en même temps, je me coupais de l'émotion pure ou bien je m'interdisais de détester ou d'aimer passionnément tel peintre ou tel compositeur.
Le symbole, en effet, peut apparaître comme une voie d'évitement, une façon de s'interdire d'aimer comme de détester, un écran entre moi et le monde. J'ai compris plus tard que loin d'être un écran qui me séparait de la réalité ou me la filtrait, le symbole formait une passerelle qui me reliait au monde. Il m'offrait un moyen de me réunir à une part de moi-même dont je me sentais amputé. J'apprenais à m'unifier. Je retrouvais ainsi le sens originel du mot symbole qui suppose la réunion entre deux parties d'une unité brisée, le symbole fondamental étant l'amour, sous la forme du désir, énergie vitale qui permet de réunir l'un à l'autre.[2] Travailler le symbole, c'est donc

[2] Au sens premier, symbole signifie « jeter ensemble ». Ce mot était employé dans la Grèce antique pour désigner un objet coupé en deux morceaux dont chaque propriétaire conservait une partie pour se rappeler un serment ou une dette.
Éventuellement, les détenteurs transmettaient cette part d'objet à leurs enfants, fixant ainsi dans le temps la mémoire d'un ancien engagement. Le moment venu, en rapprochant les morceaux, les personnes renouaient contact comme si elles avaient usé d'un mot de passe.

travailler l'union, l'unité, l'alliance. « Le symbole sert à relier » constitue la meilleure réponse à la question : « À quoi sert donc le symbole ? »
Il n'est donc pas objet en soi, mais lien entre deux objets. Lien le plus souvent invisible comme le sont le désir, le magnétisme, l'attirance mutuelle. C'est pour cette raison que le symbole renvoie à l'universel même si on peut supposer qu'il n'existe pas de symbole universel.
Cette façon de considérer le symbole milite en faveur d'une valeur de fraternité. S'intéresser au symbole consiste à s'intéresser à ce qu'il y a d'universel dans l'homme. C'est un engagement humaniste avant tout. Parmi les symboles que j'ai rencontrés dans ma vie, ceux qui se nichent dans l'ancien Tarot de Marseille ont la peau dure ! En effet, le Tarot est une cathédrale de symboles bâtie sur un socle solide et obéissant à des lois d'architecture sacrée. Le Tarot est peut-être ce que l'esprit humain a élaboré de plus complet et de plus achevé pour rendre compte de ce qu'il y a d'universel dans la nature humaine, sublimé par ce qu'il y a de différent dans les cultures humaines. Cela ne signifie pas, encore une fois, que les symboles du Tarot sont universels et qu'il n'y a qu'une seule manière de les interpréter, mais le fait de s'y intéresser nous relie à quelque chose d'universel. Le Tarot est avant tout un langage. Si on parlait correctement ce langage, on communiquerait mieux, c'est ce qu'a voulu montrer Italo Calvino dans son livre *Le château des destins croisés*.

Le château des destins croisés (1969)

Après avoir traversé une sorte de forêt enchantée, des voyageurs se retrouvent dans une taverne. Un homme, épuisé et encore effrayé des épreuves qu'il vient de traverser, se retrouve à table avec d'autres voyageurs. Une fois la faim rassasiée, ils ont tous envie de conter les aventures qui les ont amenés jusque-là, mais ils découvrent qu'un enchantement les a tous rendus muets. Heureusement ils trouvent sur la table un Tarot de Milan, jeu créé par Bonifacio Bembo au XVe siècle pour les Ducs de Milan.
L'un des convives prend alors une carte. Chevalier de Coupe (le personnage peint sur l'image lui ressemble). Il pose la carte sur la table et y rajoute successivement 18 autres cartes en deux rangs verticaux, construisant « l'Histoire de l'ingrat puni ».
Une fois son histoire terminée, un autre convive se montre extrêmement troublé par la combinaison de deux cartes qui se sont trouvées voisines sur l'horizontal. Il ajoute sur la droite la figure du Roi de Coupe et construit,

---

Elles se rappelaient ainsi leur dette, matérielle ou spirituelle, ou se reconnaissaient comme ayant appartenu à la même famille, communauté ou école.
Plus tard, l'objet fut remplacé par des signes, figures ou images qui, dessinés sur le corps, gravés au linteau d'une demeure ou sculptés sur la pierre, prenaient un sens héraldique.

comme le précédent, l'histoire de ses propres aventures, en disposant quatorze cartes de deux rangées de droite à gauche : et voilà que se raconte « l'Histoire d'un alchimiste qui vendit son âme ». Les récits s'enchaînent ainsi.

Calvino fait le commentaire suivant :

« Dans le château, des cartes qui composent une histoire sont organisées en colonnes doubles, et elles sont croisées par trois rangées doubles. On obtient en résultat une mosaïque dans laquelle on peut lire 3 récits horizontalement et 3, verticalement, en plus chaque suite de cartes peut être lue dans le sens inverse, c'est alors une autre histoire. On a donc une somme de 12 histoires. »
Lorsque toutes les cartes sont sur la table, le châtelain les reprend et les remet de nouveau. On voit alors qu'il ne s'agit plus du jeu raffiné de Bembo, mais de celui qui est encore en cours aujourd'hui dans le Tarot de Marseille, reproduit dans les gravures du XVIIIe siècle.

Avant d'être philosophe, Socrate était astronome. Quand on lui demandait pourquoi il avait changé de vocation, il répondait : « Pour faire descendre la philosophie du ciel sur la terre ». C'est ce que je conseille souvent aux astrologues quand je les invite à mettre « l'astre au logis ». Je me suis moi-même demandé comment ces symboles présents dans le Tarot, nourris d'un caractère universel, pouvaient vivre dans l'expérience existentielle de chacun ? Comment un Amoureux, une Justice, une Force, dont on connaît la valeur absolue, fonctionnent-ils dans les vies aussi différentes de M. X ou de Mme Y ? Quel sens particulier prendra l'Hermite dans la vie de Gandhi, de Bob Marley ou de Jean-Jacques Rousseau ? Comment s'approprier ce symbole ? Comment accrocher son expérience de vie à la symbolique d'une lame ou d'une autre ? Comment incarner le symbole plutôt que de le laisser voguer dans le ciel des idées ? C'est à la convergence de ces réflexions qu'est né le *Référentiel de Naissance* ! Je fus guidé dans ce projet par deux concepts déterminants : la date de naissance, facteur existentiel le mieux approprié, car installant l'être dans l'espace-temps, et le schéma de la croix, symbole privilégié de l'incarnation.

Symbolique de l'anniversaire

À la différence de l'astrologie, ce qui nous intéresse dans la date de naissance, ce n'est pas l'énergie cosmique posant son *empreinte* au moment de la venue au monde d'un enfant, mais la date anniversaire, en tant qu'elle réactive tous les ans la mémoire symbolique d'une naissance. À telle enseigne que pour certaines personnes qui ne connaissent pas avec précision leur date de naissance, je conseille de monter le *Référentiel* pour la date à laquelle ils fêtent habituellement leur anniversaire. Mais cette célébration n'est pas universelle et j'ai essayé de comprendre quel concept politique, social ou spirituel se cachait derrière cet événement.

Anniversaire vient du latin *annus*, an, et *versus,* qui tourne.
L'anniversaire n'a pas toujours été célébré et quand il l'était, c'était en règle générale celui d'un personnage célèbre.
Au cinquième siècle avant Jésus-Christ selon l'historien Hérodote, les Perses marquaient le jour anniversaire par un repas plus abondant que de coutume. Chez les Grecs, on fêtait uniquement l'anniversaire de la mort. Les Romains, eux, fêtaient l'anniversaire de naissance en offrant des gâteaux en forme d'animaux et en remerciant les dieux qui veillaient sur eux depuis leur naissance.
À l'avènement du christianisme, on réprouva cette tradition considérée comme païenne, un chrétien ne commençant à vivre qu'au jour de sa mort. Par contre, les catholiques fêtaient leurs saints patrons. À la Renaissance, alors que se développe l'humanisme et que les hommes prennent de plus en plus conscience de leur identité, on commence à fêter l'anniversaire dans toutes les classes sociales. Jusqu'au début du XXe siècle, de nombreuses personnes portent le nom du saint célébré le jour de leur naissance. On en trouve encore quelque trace aujourd'hui avec des personnes qui s'appellent Fetnat, pour être nées un 14 juillet !
Dès les années 50, la célébration devient plus courante et commencent alors les fêtes entre amis et l'exploitation commerciale des anniversaires. Le gâteau porte des bougies qui symbolisent le renouvellement annuel de la force vitale. Elles doivent être soufflées d'un seul coup afin de rappeler la puissance du souffle de vie qui grandit. Ces symboles purificateurs et régénérateurs se retrouvent dans de nombreuses religions sous la forme de cierges ou d'encens. Les cadeaux et les contre-cadeaux qui s'offrent pendant ces périodes sont, selon l'anthropologue Régine Sirota, l'un des premiers rituels de socialisation de l'enfant. Il apprend ici les règles de l'échange.
Dans le christianisme, le jour de naissance de Jésus n'intéressait pas ses contemporains ; par contre, le jour de sa mort était beaucoup plus important : Pâques est ainsi devenu la plus importante des fêtes chrétiennes. La date du 25 décembre comme anniversaire de la naissance du Christ fut instituée à Rome vers 336 par l'Empereur Constantin qui la fit ainsi coïncider avec le culte romain très populaire du Soleil invaincu, le culte de Mitra et le solstice d'hiver. En l'an 243, le Christ était supposé être né un 28 mars. C'est à l'issue de la découverte en Égypte d'un papyrus du IVe siècle qui décrivait sa naissance que la date fut fixée à la nuit du 5 au 6 janvier.
L'anniversaire est donc un acte symbolique pourvu d'une fonction initiatique et sociale. Cette célébration touche à la symbolique de notre origine mais n'est pas sans polémique. Du fait que les seuls anniversaires de naissances

cités dans la Bible étaient associés à des crimes ou des trahisons (anniversaire de Pharaon, de Hérode[3], etc.), les Hébreux comme les Chrétiens considéraient comme païen et porte-malheur de fêter un anniversaire. L'anniversaire de naissance est considéré par les Chrétiens comme un péché d'orgueil. Seuls Dieu et ses saints doivent être honorés. L'individu n'existe pas. Il se fond dans la communauté, si bien que, jusqu'à la fin du Moyen Âge, et même parfois plus tard, les individus n'ont pas d'âge mais s'inscrivent dans des tranches d'âge de vie. C'est sous François Ier que les naissances et les décès commencent à être consignés sur les registres de l'Église. Si pour le christianisme fêter un anniversaire est un péché d'orgueil, on peut dire a contrario que pour le nouvel humanisme développé par le Siècle des lumières, célébrer un anniversaire consiste à replacer l'homme dans son histoire personnelle, lui accordant ainsi une véritable identité. Aux XIXe et XXe siècles, l'anniversaire se répand en Europe et notamment en Angleterre. Ce jour est assimilé à une sorte de retour sur soi, une tentative de faire un bilan, de définir le sens de sa vie et de prendre des résolutions. Ainsi, comme le dit Françoise Lebrun dans son *Livre de l'anniversaire*, il est une façon de célébrer l'homme libre ayant pris son destin en main. La célébration de l'anniversaire n'est pas considérée partout comme un culte de la personnalité qu'il faudrait éradiquer (comme le souhaitait Mao) ; en Afrique par exemple, les passages d'âge sont marqués par des rites d'initiation ancestraux très variés qui symbolisent parfois le passage de l'enfance à l'âge adulte. Il s'agit d'un véritable rituel de renaissance avec épreuves initiatiques, simulacre de mort et résurrection avec changement d'identité.

Au Cameroun, dans certaines tribus, c'est l'enfant qui choisit lui-même le moment du passage dans le monde adulte, le jour où il capture sa première vipère, comme le précise Françoise Lebrun.
En Asie, lorsqu'un bébé vient au monde, on met autour de son poignet un petit bracelet en fils tressés. Dans la symbolique asiatique, ce fil établit le lien entre l'esprit et le corps qu'il faut protéger. Dès qu'un enfant vient au monde, il est âgé d'un an. Sa vie a commencé avant même la conception, lorsque les premiers désirs se sont développés dans l'esprit de ses parents. On peut donc supposer deux enfants. Un enfant symbolique qui existe essentiellement dans la conscience de ses parents et un enfant réel qui déclare son existence au moment où la grossesse de sa mère devient visible. Le fil qui forme le petit bracelet fait le lien entre l'enfant réel et l'enfant symbolique.

On ne peut pas négliger que le plus souvent la fête anniversaire reste superficielle et se limite à l'exaltation de l'ego aux dépens de la communauté spirituelle dans laquelle doit se fondre l'individu, comme le pensent les trois

---

[3] Le jour de son anniversaire, Hérode accorda à sa belle-fille Salomé la tête du prophète Jean-Baptiste.

religions monothéistes. Mais cette fête est aussi l'occasion de rappeler qu'un individu grandit en traversant des rites initiatiques en lien avec un changement de classe d'âge. Aujourd'hui, « le moi n'est plus haïssable » et la date de naissance contient en germe la symbolique de sa croissance et de son évolution.

« J'ai un profond respect des dates anniversaires
Ces portes que le Temps dispose autour de nous
Pour ouvrir un instant nos cœurs à ses mystères
Et permettre au passé de voyager vers nous »
Yves Duteil – extrait de la chanson *Les dates anniversaires*.

Symbolique de la croix

Fondamentalement, le symbole de la croix recouvre celui de l'incarnation. Deux axes qui se rencontrent, l'axe du temps et celui de l'espace. J'existe si je peux articuler en moi le temps et l'espace (je vis au XXIe siècle, en France). Une personne décédée appartient aussi au temps et à l'espace, mais les deux notions ne sont plus synchronisées.
L'axe vertical et l'axe horizontal concernent deux plans très différents. Le plan horizontal évoque le monde manifesté, la nature, l'ordre concret et matériel de l'existence, là où vit l'homme dans sa finitude, mais aussi tout ce qui relève de la création et de la créature. Le monde créé.
Le plan vertical concerne les mondes surnaturels et relève davantage de la métaphysique. Ce plan place l'homme dans sa finalité, dans son aspiration à s'élever au-dessus de sa condition pour rejoindre l'incréé. Mais, comme le disait René Guénon, des quatre points de la croix, le plus important c'est le cinquième ! Là où le manifesté rejoint le spirituel. L'esprit s'incarne dans la matière au centre de la croix, là également où le temps épouse l'espace. Ce point de rencontre entre la verticale et l'horizontale est bien, comme le dit l'Abbé Henri Stéphane dans *Introduction à l'Ésotérisme chrétien* « le centre d'un monde ou d'un état – le cosmos – par où s'établit la communication entre ce domaine de la manifestation et le monde spirituel ». Ainsi, la croix propose un retour au centre et rejoint la notion de cercle. Dans *Christophe le Passeur*, le psychanalyste suisse Charles Baudouin dit en substance que chacun d'entre nous est un jour ou l'autre, au centre de la croix, le passeur de quelqu'un.
Nous assistons ainsi dans la croix à un double mouvement. Du centre vers la circonférence, ce qui correspondrait à un éloignement de soi - c'est ainsi d'ailleurs que Henri Stéphane définit le concept chrétien de la chute - et le retour au centre, symbole de la rédemption. La Roue de Fortune par exemple illustre bien ce double mouvement et établit le lien entre la croix et le cercle. Roue de Fortune qui correspond assez précisément au schéma premier du

Référentiel. La rédemption ne doit pas être interprétée comme une sorte de rachat, mais plutôt comme le vrai sens de la guérison de l'âme qui consiste à ramener au centre de soi les éclats dispersés de son être. Ainsi, l'expression « porter sa croix », que l'on employait bien avant le Christ, ne signifie pas fondamentalement payer le prix de son existence, mais bien plutôt revenir au centre de soi ! La croix a donc un rôle unificateur ; voilà pourquoi le *Référentiel* est inscrit dans une croix, elle-même inscrite dans un cercle virtuel, dont le mouvement de rotation est sinistrogyre, c'est-à-dire tournant à gauche lorsqu'on le regarde de face, suivant en cela le mouvement de rotation du zodiaque, d'un point de vue anthropocentré[4].
La croix est le plus universel des symboles. Elle se présente autant comme un appel au centrage que comme une force d'émanation.
La croix nous parle d'axes, d'arbre, de centre, de cercle, du nombre quatre, lui-même issu du mot latin *quaterra* qui donnera *terra* d'un côté et carré de l'autre. Nous y retrouvons les quatre points cardinaux, le cercle zodiacal, les orientations spatiales, temporelles et spirituelles. La croix, c'est le Quatre, mais plus encore le Cinq, la cinquième essence, quintessence des cinq éléments familière aux chinois. La croix prépare le carré qui lui-même prépare le cube, pierre philosophale et trône de l'humanité.

Dès lors, je dessinai une croix et y installai les lames de Tarot que me donnèrent les calculs opérés sur la date de naissance.
Je subissais dans un premier temps les influences de la numérologie et des sciences occultes telles qu'elles ont été vulgarisées sans vulgarité par Papus. Le nombre quatre étant à la fois le nombre symbolique de la croix et de l'incarnation, je posai sur ma table les quatre premières lames.
Le *Référentiel* était né. Il comprenait quatre Maisons réunies dans ce que j'appellerai plus tard la *matrice*.
Cette croix, je l'imaginais à l'intérieur d'un cercle et elle prenait à mes yeux la forme et la vocation d'une boussole, une sorte de rose des vents. Elle montrait quatre directions et me plaçait face à mes choix. Ces quatre points me proposaient de m'engager dans le social, Maison 1, dans une forme d'idéal, Maison 2, dans le mental, Maison 3 ou dans l'action, Maison 4.
Lorsque je perdais le nord ou que l'on me jugeait un peu à l'ouest, ma « rose des vents » me rappelait que ces quatre directions m'offriraient toujours des voies possibles d'évolution.
La rose des vents fut le premier nom que je donnai au *Référentiel de Naissance*.
J'identifiai assez rapidement ces quatre pôles aux quatre éléments des alchimistes - feu, eau, air, terre - que l'on trouve en astrologie et en énergétique chinoise, mais aussi aux quatre éléments des Arcanes mineurs : Bâton, Coupe, Épée, Deniers. Et sans attendre Luc Besson, je soupçonnai un cin-

[4] En plaçant l'homme au centre.

quième élément : la métaphysique chinoise n'y fait-elle pas référence ? La tradition hermétique occidentale ne parle-t-elle pas d'une cinquième essence dite quinte essence : la quintessence ?
Je créai donc la cinquième Maison, quintessence des quatre premières, passage obligé pour que les Arcanes précédents puissent communiquer entre eux.
La voie de la créativité était ouverte. Je découvris et installai les autres Maisons au fil des années qui suivirent. Aujourd'hui, le *Référentiel de Naissance* comprend quatorze Maisons, comme les quatorze morceaux d'Osiris déchiqueté, que sa sœur-épouse Isis tente de réunifier, comme beaucoup de femmes dans ce monde aident les hommes à trouver leur unité.

Le *Référentiel de Naissance* est devenu avec l'expérience et les années une méthode « d'apprentissage d'être », fondée sur la sagesse et la symbolique du Tarot de Marseille.
Apprendre à être consiste surtout à écouter l'appel du dedans. L'appel qui vient de soi, ce centre dont nous sommes séparés par des couches successives, dont l'opacité est d'autant plus épaisse qu'elle s'enracine dans un passé d'autant plus lointain. Couches émotionnelles, intellectuelles, éducatives, culturelles, historiques, formant les strates d'un mur de béton, frontière entre le Moi et le Soi.
Le déchiffrage rigoureux des lames qui composent notre thème, dans le respect des protocoles propres au *Référentiel de Naissance*, permet ce retour sur soi qui à son tour permet une meilleure harmonisation de la relation à l'autre. Ici la devise de la Belgique se trouverait inversée, l'union fait la force devenant « la force fait l'union ». La Force, c'est bien sûr celle du Tarot de Marseille qui symbolise le centrage, le lien avec soi-même, l'autonomie. Il ne s'agit pas d'être fort, mais d'être dans la Force, pour que la Force soit en soi. Cette force que l'on retrouve dans l'univers, force magnétique ou de gravitation, qui agit aussi à l'intérieur des atomes, force nucléaire, permet de maintenir la cohérence d'un système.
Être dans la Force, c'est être cohérent avec soi-même.

Le *Référentiel de Naissance* est un outil psycho-philosophique, qui, en favorisant le lien avec soi-même, concourt à améliorer les liens que nous entretenons avec les autres.
Nous ne sommes pas seulement le résultat de notre histoire, comme le pensent les marxistes et les tenants d'une psycho-généalogie essentiellement centrée sur la place et la transmission. Je ne nie pas l'importance de l'histoire, mais je crois qu'il faut en relativiser l'importance. Nous sommes d'une part une somme (somme des expériences et des valeurs transmises) mais aussi une soustraction, dépouillement de ce qui ne nous appartient pas, pour cheminer vers l'essentiel de l'être.

J'ai fait l'expérience d'une rupture dans l'espace-temps. J'ai rencontré mon maître intérieur, ce que j'appellerai plus tard dans le *Référentiel* le *nœud nord.* Il s'agit d'un souvenir du futur. L'homme que je n'étais pas encore devenu me rendit visite. Nous connaissons tous cette expérience de rencontre avec l'enfant intérieur, disons que peu d'entre nous y sont étrangers. Ce goût de madeleine qui nous plonge soudain dans une mémoire ancienne où l'enfant que nous étions conteste l'adulte que nous sommes devenus. Peu d'entre nous toutefois ont croisé le vieillard intérieur.
J'avais sept ou huit ans, le chagrin m'avait envahi, j'étais assis sur une marche d'escalier dans la cour de récréation de cette école de la Madonette, petite madone qui doit vraisemblablement veiller sur les enfants. Je ne me rappelle pas pourquoi je pleurais, peut-être ne le savais-je pas moi-même. Un homme d'une quarantaine d'années s'est approché de moi, il s'est assis à mes côtés, avec un sourire rassurant… Il était rassurant. Il émanait de lui une sorte de douce chaleur qui m'enveloppa et me consola. J'avais envie d'être cet homme. Puis les années ont passé. Je ne peux pas oublier ce jour où, professeur dans un établissement scolaire, mon regard croisa le regard d'un petit bonhomme de sept ou huit ans qui, assis sur une marche, semblait pris d'un chagrin inconsolable. Je me suis approché de lui, je n'ai pas vraiment trouvé les mots, mais ma présence silencieuse lui a fait beaucoup de bien.
Bien sûr, quand on rencontre un enfant qui pleure, c'est un peu l'enfant en soi que l'on croise à nouveau, c'est un peu l'enfance qui pleure. Mais ce jour-là, je fus bouleversé par une prise de conscience qui fut déterminante pour le reste de ma vie. Je me revoyais soudain moi-même trente ans plus tôt, assis sur ces mêmes marches, ébranlé par le même chagrin et voyant s'approcher de moi…un « moi-même », trente ans plus âgé… Pendant quelques secondes, une rencontre hors l'espace et le temps s'était déroulée entre l'enfant en moi et l'adulte en moi.

Cette expérience étonnante, j'ai tenté de la restituer dans le *Référentiel de Naissance…* Une rencontre avec soi-même, n'est-ce pas ? Aucun destin, aucune fatalité n'est inscrite dans le *Référentiel*, mais une sorte de double mémoire, mémoire du passé, mémoire du futur.

- « Je me souviens déjà du baiser que tu ne m'as pas encore donné », chante le poète. Dans le *Référentiel de Naissance* s'imprime la trace de l'enfant intérieur, la trace du vieillard intérieur ; cependant, ces empreintes ne seront activées que si les expériences répétitives de la vie viennent se superposer sur la dimension universelle de la lame de Tarot…
Souviens-toi de ton futur, lance le Talmud.[5]

[5] Dans un *Référentiel*, la Maison 11 , *nœud sud*, peut être décodée comme une mémoire très ancienne, un projet parental, un engramme archaïque inscrit depuis la naissance, voire avant, mais aussi comme une image symbolique de l'enfant intérieur. Symétriquement, la Maison 12, *nœud nord*, évoque les valeurs et qualités que l'on peut projeter de soi vers les générations futures, le point le plus élevé de son projet d'évolution, comme une main qui nous tire

Les Arcanes du Tarot se présentent à nous comme des archives symboliques éternelles. Trésors d'archétypes, de mythes archaïques, de récits fondateurs. En ce sens, le Tarot est mémoire et miroir, donc outil de thérapie globale. Il n'exclut aucune dimension, ni psychologique, ni spirituelle, ni même énergétique. C'est dans cette approche que s'inscrit le *Référentiel de Naissance*, là où les archétypes universels du Tarot s'individualisent dans l'expérience et le vécu de chacun.

Alors que j'étais à la lisière de tout, le Tarot m'a convoqué à l'abîme du tout. Il a fait de moi son Pèlerin.
Le Pèlerin traverse toutes sortes de déserts, habités seulement par la mémoire fossilisée des parcours premiers, empruntés il est vrai par les nations premières.
Pour se repérer, il n'a ni *GPS*, ni boussole. Il repère et ausculte de minuscules signaux empreints d'émotions anciennes…Disons d'émotions premières. L'ensoleillement d'une caresse au réveil, l'amitié sans faille d'un chien un peu névrosé, la senteur des oranges dans un jardin espagnol.
L'Hermite est un navigateur de la mémoire, il ignore les frontières car il les dépasse à chaque pas accompli vers la féconde retrouvaille avec lui-même. Ce personnage remplit toutes les fonctions de l'éclaireur. Il éclaire. L'Hermite prend des risques, la prudence est son mot-clef, d'où sa ressemblance avec le vieux Saturne ! L'histoire est surpeuplée de ces sages, essentiellement préoccupés d'aider l'humanité à évoluer, et qui sont morts de façon tragique. Socrate assassiné, Pythagore assassiné, Jésus assassiné, Gandhi assassiné ! Et Martin Luther King et le père de Foucault !
Se chercher soi-même, se trouver, être l'explorateur et le territoire, la sémantique générale, Korzybski, Proust, Œdipe. Toute thérapie est une retrouvaille… Toute retrouvaille est une thérapie.
L'Hermite est le lieu du désert, le désert n'est pas le lieu de L'Hermite. Le voilà, le lion du désert. Le voilà qui se désaltère à la source essentielle. Pas de distance, plus de séparation entre la source et l'horizon.

Le Tarot est un langage universel qui s'individualise dans le *Référentiel de Naissance.*

Dévoiler. Dévoiler un secret, se dévoiler en secret. La Papesse est l'Arcane du cahier secret, du silence, du caché. Elle n'enseigne rien, ne révèle rien. Elle me met face à mes manques, face à moi-même. Comme la Justice, miroir sans appel de notre absence de rectitude.
Le silence comme seul écho est le pire miroir au vide de son âme, mais il est aussi le plus difficile. L'enfant qui pleure toute la nuit, qui appelle sa mère et

---

vers le haut, un phare qui éclaire notre route et par association d'idées, le concept de vieillard intérieur. La Maison 11 est un héritage, la Maison 12, un testament.

auquel on ne répond pas. Cette non-réponse est une réponse. J'entends souvent dire que dans ce silence l'enfant se construit lui-même face à la présence vide de l'autre. La psychanalyse n'est-elle pas née de ce constat ? Lorsqu'une question s'abîme comme un écho lointain dans l'espace laissé vacant par une non-réponse, tout sujet est obligé de se constituer à partir de lui-même… Se reconstruire dans le divan, donner un sens au silence, cuver le manque d'amour, la peau égratignée des caresses en exil.
Je me dresse face au silence de l'autre. Le besoin d'adhésion, d'approbation nous force à superposer au visage de l'autre le visage d'un autre. Père idéal, mari fidèle, amant parfait. La parole de l'autre se moule à nos attentes, s'inscrit dans notre désir inconscient. Transfert analytique :

- « Je vous parle comme à un père ».

Contre-transfert :

- « Je vous parle comme un père ».

Mais le mutisme de l'autre nous laisse sur le seuil. Seul, désemparé, face au vertige, près d'un trou noir. Dans cette béance désespérée, une seule alternative nous est offerte : plonger dans le vide autiste de la mort ou se construire un centre, une force, une conscience.

La Papesse nous installe à nouveau dans le lien avec la mère, afin que nous prenions ou reprenions notre place dans le monde à partir du vécu spécifique et original de cette relation à la mère. Elle m'invite aussi à prendre une position dans la vie, à m'engager de l'autre côté du voile, ou de la rive, là où la mère universelle m'oblige à adopter un sentiment de fraternité universelle.

Le fait d'emprunter le chemin du Tarot peut nous aider à mieux nous comprendre et à mieux nous développer. Mais il demeure une béquille, ne nous leurrons pas, et rien ni personne ne pourra jamais remplacer l'expérience individuelle de l'amour, de la souffrance et de la fusion.

Le *Référentiel de Naissance* se présente sous la forme d'une croix composée de treize Arcanes majeurs et un Arcane mineur, chacun contenant une proposition de développement personnel.

Le Tarot constitue un langage symbolique qui offre à celui qui l'étudie un moyen de communiquer avec les grands moments de sa vie pour y déchiffrer un sens, pour en retirer des enseignements philosophiques ou spirituels. Le Tarot est langage oraculaire dans le sens où il offre une parole qui aide à la croissance de l'être. [6]
La consultation Tarot, dans laquelle le tarologue est à l'écoute des réels besoins de la personne qui le sollicite, devrait toujours avoir comme finalité de

---

[6] Voir dans *Tarot l'enchanteur* le chapitre sur Tarot et langage – même auteur – même éditeur

permettre au demandeur de se mettre en contact avec ses états internes pour toucher cet être subtil profondément endormi dans ses cellules et qui détient presque toujours la solution à son problème : son Maître intérieur !

Il est outil de thérapie sacré car il renforce notre système immunitaire et nous permet d'identifier les barrages énergétiques qui nous limitent dans notre action, tout en nous montrant les réserves dans lesquelles nous pouvons puiser.
Cette manière tout à fait originale d'organiser les cartes dans l'espace constitue la grammaire syntaxique ; la lecture du thème en est la rhétorique et l'art de faire des propositions constitue la dialectique.
Langage donc, grammaire certes, mais grammaire du troisième millénaire. Une grammaire dans laquelle les temps si... « imparfaits »... de nos langues usuelles ont cédé la place à deux uniques conjugaisons : le Présent et l'Absent. Grammaire sans « conditionnel », sans « subordination ».

Dès lors, le *Référentiel de Naissance* est une structure grammaticale dont la lecture et le commentaire doivent nous aider à devenir plus présents, c'est-à-dire plus conscients.

Le *Référentiel de Naissance* est d'abord un outil d'observation de soi. Il nous présente en somme les cartes qui nous ont été confiées à notre naissance et nous propose de les jouer gagnantes. Il invite à une observation détachée et distancée de soi-même pour mieux cerner un état de conflit susceptible de générer des souffrances mais surtout pour identifier des états ressources, des réserves énergétiques stockables et utilisables au profit de notre transformation intérieure. Il nous apprend aussi à ressentir nos sensations et nos émotions, à les canaliser, à les structurer pour qu'elles deviennent le carburant d'une créativité perpétuellement renouvelée.
Tous les processus engagés avec le *Référentiel de Naissance,* aussi bien en séance individuelle qu'en séance de groupe, amorcent un processus de transformation utile à une structuration intérieure permettant une meilleure adaptation à soi et au monde.
Le *Référentiel de Naissance-Tarot* est un miroir de soi, un ensemble de panneaux indicateurs sur un chemin initiatique, la structure formelle d'un récit que chaque utilisateur pourra utiliser pour se raconter, un support de méditation sur la condition humaine, un outil de repérage psychologique, un catalogue des grandes images archaïques de notre inconscient, un fil d'Ariane.
Secourable dans tout parcours d'éveil et de transformation, il est notre allié incomparable en ce qui concerne les explorations de notre monde intérieur.
Le *Référentiel de Naissance* est un outil de croissance ; loin de nous enfermer dans les limites d'images mille fois commentées par mille spécialistes, il offre à celui qui en maîtrise le fonctionnement des propositions très concrè-

tes dans tous les domaines de l'existence pour qu'il élabore en conscience les modes de fonctionnement les plus harmonieux.

Qu'on l'aborde dans sa dimension existentielle, spirituelle ou métaphysique, *le Référentiel de Naissance* nous aide à mieux nous comprendre pour agir avec la plus grande indépendance possible. Il repose sur la réinterprétation des Arcanes du Tarot de Marseille dans une perspective humaniste, évolutive et thérapeutique.
Si les Arcanes ont une signification universelle, communément admise par la majorité des tarologues, le *Référentiel de Naissance* permet d'actualiser ces symboles dans l'expérience individuelle. Et voilà qui est le plus intéressant. Comment un consultant peut-il établir un lien entre ce qui se passe dans l'image tarologique que le *Référentiel* lui propose, et ce qui se passe réellement dans sa vie ?

Le *Référentiel de Naissance-Tarot* est une représentation symbolique des qualités personnelles auxquelles il est toujours possible de se référer quand il s'agit de développer ses potentiels, de sortir vainqueur d'une rencontre avec sa part obscure, de comprendre le sens des combats que nous menons et de remplir au mieux le contrat que nous avons voulu signer avec nous-mêmes.
Le Tarot quant à lui est une représentation de l'Univers. Ses 78 Arcanes sont autant de clés et de chemins susceptibles de conduire le chercheur vers la quête du Graal alchimique - entendez l'or intérieur - symbole de l'unité retrouvée, dissimulée derrière le miroir de plomb de la dualité.

Dans un *Référentiel de Naissance*, nous sommes presque toujours amenés à vérifier l'adéquation ou la non-adéquation entre ce que propose un Arcane donné d'un point de vue absolu - une symbolique à peu près communément admise par tous les tarologues - et le vécu de cet Arcane dans notre expérience personnelle. Par exemple, Tempérance propose la parfaite fluidité des énergies de communication et la maîtrise des émotions; la Force, le centrage et l'autonomie.

- « Où en suis-je moi-même sur ces questions ? », se demandera le sujet en rencontrant ces deux Arcanes dans son *Référentiel*.
S'il n'y a pas adéquation, le *Référentiel* offre plusieurs méthodes de réglage thérapeutique.
Le *Référentiel* est une machine à vivre le symbole. À le vivre, à l'intégrer et à l'exprimer. En aucun cas, il ne peut être assimilé à un destin, à un horoscope. Il s'agit plutôt d'un contrat avec soi-même. Un moyen dynamique d'évolution et de développement personnel.
Le *Référentiel* nous propose un plan de vie, un projet existentiel. Il nous révèle nos ressources personnelles, il donne un sens aux combats que nous menons. Je soigne par le symbole depuis des années. Je crois à la vertu thérapeutique des symboles. C'est par la perception, le déchiffrage ou le res-

senti du symbole que des milliers de personnes ont pu retrouver le sens de leur propre cheminement. L'être trouve sa guérison s'il harmonise les différents plans qui le constituent.
Le symbole permet de passer d'un plan à un autre.
Les symboles rencontrés ne doivent pas être pris dans un sens figé, mais faire miroir avec nos ressentis, notre vécu, nos peurs et nos croyances.
Si cela n'était pas le cas, nous n'aurions plus affaire à des symboles, mais à des signes. Dans les signes, le sens est fixé une fois pour toutes par les codes. Le symbole est vivant, l'oublier serait nier la diversité des expériences humaines et réduire l'humanité à une série de caractères innés sans aucun espoir de transformation.

Par exemple, un Hermite dans un *Référentiel de Naissance* pourrait évoquer une prédisposition à la solitude ou à la sagesse. Tout va dépendre des expériences de la vie, de l'éducation, de la façon dont le sujet validera les épreuves rencontrées. L'ensemble de ces données se superposeront sur la matrice originelle de l'Hermite et activeront cet Arcane dans un sens ou dans un autre.[7]

Si tu n'acceptes pas la solitude, tu es seul.
Si tu acceptes la solitude, tu n'es plus seul. Tu chemines avec toi-même.

Il faudra aussi faire le lien avec l'Arcane qui suit. Si tu ne t'exiles pas, tu répètes. Arcane X, La Roue de Fortune : la répétition.

Les artistes connaissent bien cette situation où, faute de prendre du recul, de se relier à leur source, en se libérant des influences extérieures, personnelles ou académiques, ils laissent naître une œuvre qui est la énième copie d'une œuvre originelle.
- « Le premier qui a comparé une femme à une fleur était un génie, tous les autres sont des imbéciles », avertit Gérard de Nerval.
Victor Hugo, quant à lui, s'est exilé pendant près de vingt ans.

L'Hermite travaille à désagréger l'ego. J'ai fréquemment observé, au cours de multiples tirages, que L'Hermite apparaissait souvent en relation avec le Soleil. La lanterne que tient L'Hermite nous offre de diffuser vers le monde un soleil parfaitement intégré à l'intérieur de soi.

---

[7] P. a dans son *Référentiel* un Hermite en Maison 2, lieu de la quête, et en Maison 7, lieu du défi. Voici son commentaire : Ma quête, la connaissance, la sagesse, mais aussi la possibilité à mon tour de transmettre cette flamme. Mon défi, le prix à payer : la solitude. Accepter cette solitude, lui donner de la valeur, en explorer tous les contours pour étudier, méditer, ressourcer, mais ne pas s'y complaire. Donner un sens à cette solitude pour conquérir la connaissance.

Tous les aspects du *Référentiel* sont là pour proposer un travail, un exercice de connaissance de soi, de développement personnel, de dissociation.
Les *voies*, par exemple, mais aussi les *boucles*, les *nœuds*, les *contrats*, les *miroirs*, les *dialectiques*, etc. Et tant d'autres aspects qui constituent la variété et la richesse d'un *Référentiel.*
Nous avons tous tendance à voir, dans les formes et les attitudes des lames, des signatures typologiques. Je préfère que l'on y trouve une occasion de dépassement.
Par exemple, un *nœud paternel* ne désigne pas forcément un problème relationnel avec le père, même si cela peut parfois être le cas, mais plutôt une occasion de travailler sur la relation fils-père, ou fille-père ou père-fils.
La *voie du prêtre* n'indique pas que le sujet doive suivre la carrière épiscopale, mais l'invite à réfléchir sur un problème passager à la manière d'un prêtre. Que ferait un prêtre s'il était confronté à cette situation ? Il en est de même de la *voie du thérapeute*, de la *voie de l'artiste…*
Une voie suppose une orientation ; être orienté c'est découvrir son orient, savoir où se lève son soleil.[8]

Le *Référentiel de Naissance* ne doit pas être réduit à la simple définition d'un outil. Il n'atteindrait pas ses objectifs. Il prendra toute sa dimension si celui qui l'utilise est engagé dans une démarche personnelle.
Avoir une démarche consiste à se remettre en question, c'est-à-dire à remettre en question nos savoirs en les interrogeant. Face à l'indécrottable préjugé selon lequel le Tarot et les oracles donneraient des réponses toutes faites aux questions que nous leur posons, le *Référentiel de Naissance* et toutes les démarches de développement personnel engagées avec le Tarot en général mettent des questions là où nous croyons avoir des réponses.

L'outil et la démarche s'inscrivent dans une symbolique.
La symbolique est une langue vivante, et le symbole ne prend son sens que s'il peut être ramené à son expérience de vie. Sinon, il se réduit à un vague signe, désinvesti de toute énergie vivante. En d'autres termes, cela nous invite à aborder plusieurs points :

- Le Tarot est un catalogue d'archétypes, ayant une dimension universelle.
- Le *Référentiel de Naissance* doit se comprendre comme l'actualisation, l'individualisation de ces symboles universels dans notre expérience propre. C'est en cela que consiste l'éthique du *Référentiel de Naissance*. L'Arcane présent dans le *Référentiel* ne prend un sens

[8] Dans un *Référentiel*, on appelle *voie* une configuration dans laquelle on trouve trois Arcanes qui ont un thème en commun. Par exemple l'Hermite, le Pape et l'Empereur constituent la *voie du père*. La Justice, la Roue de Fortune et la Non Nommée constituent la *voie de transformation.*

particulier que par rapport au vécu de la personne : il convient alors de rechercher comment la présence de cet Arcane se vit, ce qui nécessite une grande qualité d'écoute. Le *Référentiel* est la « Maison des maîtres », une Maison de Maître composée de 14 pièces, 14 maîtres qui ont une leçon à nous apprendre. Écoutons les enseignements de sagesse délivrés pas ces « Maîtres », et ramenons-les à nos expériences quotidiennes pour qu'ils distillent leur vérité dans nos parcours vivants.

- Le *Référentiel de Naissance* est un oracle : parole énigmatique, mais aussi parole de sagesse, dynamique, positive, le contraire d'un destin figé.
- Le *Référentiel* est un outil de transmission. Il est un merveilleux miroir de ce que l'on nous a transmis et de ce que l'on peut transmettre. Par exemple, la Maison 1 évoque ce que nous avons à transmettre à nos contemporains, notre voisinage ; la Maison 12, elle, évoque ce que nous avons à transmettre aux générations futures. La Maison 11 enfin, évoque l'ensemble de ce qu'on nous a transmis, héritage, hérédité...
- Le *Référentiel* nous indique comment concilier, dans notre vie, les valeurs transmises par les générations précédentes et les expériences vécues. C'est dans ce jeu de relation entre la valeur et l'expérience que se joue ma liberté. Le Mat, par exemple, n'a plus de valeurs, il s'en est libéré dans un processus de dépouillement radical : il est dans la pure expérience, où chaque seconde est une nouvelle aventure. Le Bateleur, en revanche, a encore très peu d'expériences, mais il est nourri des valeurs que ses « parents » lui ont transmises. Le chemin entre le Bateleur et le Mat consiste à inverser le rapport Valeur/ Expériences. De moins en moins de valeurs apprises, de plus en plus d'expériences conquises. Ainsi, les nouvelles valeurs seront contestées ou validées par l'expérience.

Fondement tarologique du *Référentiel de Naissance*

Il existe une volumineuse littérature sur l'histoire officielle et non officielle du Tarot. Nous nous contenterons donc d'en rappeler l'essentiel. Lorsque nous abordons les fondements historiques du Tarot, nous nous confrontons habituellement à deux approches possibles. Une approche scientifique, historique au sens strict, qui fait remonter le Tarot approximativement à la fin du XIVe siècle et une approche plus mythique qui rattache les premiers Tarots à la civilisation atlantéenne. En fait, les Tarots les plus anciens que nous ayons conservés et qui sont archivés ici ou là datent de la fin du Moyen Âge. Parmi tous ces Tarots anciens dont nous avons gardé la trace, il en est un qui fait particulièrement référence. Connu sous le nom de Tarot de Charles VI, il aurait été réalisé à la fin du XIVe siècle par un dé-

nommé Jacquemin Gringonneur, aux seules fins, paraît-il, de distraire le roi Charles VI devenu fou à la suite d'un événement inexpliqué.
En fait, la folie de Charles VI est tout à fait particulière, une folie codée, pourrait-on dire. En effet, Charles VI est l'un des derniers rois de France dépositaire d'une connaissance hermétique et de pouvoirs sacrés. Il s'intéressait à l'alchimie et passait beaucoup de temps à pratiquer cet art appelé Art Royal. Il a même écrit un grand poème sur ce sujet, considérant que tout le travail de purification et de transmutation que le roi pouvait faire sur lui-même servirait aussi à la transmutation et à la transfiguration de son environnement. Cette idée fort intéressante se retrouve dans la quête du Graal. Si le Roi est malade - il s'agit du roi Arthur bien sûr - la Terre est malade; si le Roi est guéri, la Terre est guérie. Considérant que le Roi symbolise la conscience, et la Terre la matière, la passerelle est vite jetée. Si la conscience est malade, si je ne suis plus au centre de moi-même, mon corps tombe malade; si je me relie de nouveau, en conscience, aux forces vitales de l'univers, mon corps est aussitôt redynamisé et réactivé. Le lien entre le corps et l'esprit est éclairé par les littératures les plus anciennes de la planète. Bien avant les textes légendaires de la Table Ronde, les penseurs grecs, et encore précédemment, les praticiens des médecines sacrées égyptienne ou chinoise, l'avaient observé et l'avaient écrit.
Si le Roi Charles VI, alchimiste de son état, s'intéressait à ce point au Tarot, c'est qu'il y avait peut-être découvert le secret de la pierre philosophale, la description des différentes étapes qui doivent conduire l'adepte à transmuter le plomb en or...

On connaît une autre approche historique du Tarot, plus légendaire cette fois, selon laquelle les derniers héritiers des secrets et de la sagesse d'Atlantide, ayant réussi à échapper au naufrage de leur continent, auraient transmis à certains peuples, au fil de leurs migrations, une partie de leur savoir. Parmi ces peuples, on cite les Hyperboréens, d'autres plus méridionaux, mais aussi et surtout la civilisation égyptienne. Plus tard, lorsque celle-ci fut sur le point de disparaître, suite à ce que l'on a coutume d'appeler la démocratisation du Mystère d'Osiris, les grands prêtres, les savants, les initiés réunis en congrès de la dernière heure se sont posé la question suivante : « Qu'allons-nous faire de cette connaissance et de tous ces savoirs qui nous ont été transmis par nos ancêtres, que devons-nous faire pour que pareille puissance ne tombe pas entre les mains de n'importe quel assoiffé de pouvoir qui s'en servirait pour détruire, alors qu'elle nous a été confiée pour unifier l'humanité? » On envisagea toutes les possibilités, les cachettes les plus obscures, les camouflages les plus sophistiqués pour décider en fin de compte de coder toute cette connaissance dans un jeu de cartes. On finit par choisir le principe suivant lequel la meilleure façon de tenir le peuple à l'écart d'un secret, c'est encore de mettre ce dernier à sa portée immédiate. On a donc décidé de transmettre tout le savoir initiatique des prêtres d'Égypte, eux-mêmes héritiers de la sagesse atlante, dans des jeux de cartes confiés aux mains innocentes de personnes oisives, qui, pas un seul instant, n'auraient conscience du pouvoir laissé à leur portée. On n'a aucune certitude sur l'existence de jeux de cartes en ces temps reculés. Peut-être s'agissait-t-il en fait de jeux de dès, d'osselets ou de dominos ? Peut-être le tric trac ? Les échecs ? Toujours est-il qu'un temps viendrait où des êtres suffisamment éclairés, suffisamment sages, retrouveraient dans ces jeux le sens codé. Ce Temps, sacré entre tous, advint au Moyen Âge. Ces êtres aptes à percevoir le secret de ces Arcanes furent les alchimistes, et ce qu'ils y découvrirent fut le mystère de la transmutation du plomb en or. Parmi ces alchimistes, le plus éclairé d'entre eux s'appelait Merlin l'Enchanteur, personnage beaucoup moins légendaire qu'on ne le pense.

Ainsi, de maître à disciple, ce savoir se transmit jusqu'à tomber entre les mains du roi Charles VI dont la devise « Jamais ne faillirai » évoque bien la mission qui fut la sienne. Cette interprétation, bien sûr moins scientifique que la précédente, présente un caractère plutôt mythique, mais nous lui accorderons toutefois quelque crédit car, comme le dit madame Geneviève Droz : « Si le mythe n'a pas prétention à la vérité, il a prétention au sens ». Nous regarderons les mythes en général et le mythe exprimé dans le Tarot de Marseille en particulier, comme un panneau indicateur susceptible de nous guider vers la compréhension de la tradition alchimique. En effet, on peut considérer le Tarot d'un point de vue psychologique, esthétique, iconographique ou comme un support à la méditation; il existe mille et un points de vue mais le plus dynamique pour le travail intérieur consiste à lire le Tarot comme la formule secrète du grand œuvre alchimique, dont le but est d'accéder à la sagesse, à la conscience et à la joie absolue.
Il existe des milliers de Tarot différents, depuis les premières éditions du XIVe siècle jusqu'à celles qui, à ce jour, sont encore sous presse et sortiront d'ici peu. Le *Référentiel* se construit à l'aide des lames de l'ancien Tarot de Marseille.
J'envisage quant à moi, une autre origine au Tarot. Sept sages : juif, arabe, chrétien, berbère, chinois, perse, indien se réunirent à l'aube du douzième siècle dans la cité de Fez au Maroc, pour graver avec une encre de lumière la mémoire vive des connaissances universelles dont ils étaient les dépositaires. Je développerai cette hypothèse dans « Le Tarot de Marrakech » à paraître prochainement.

Chapitre II

STRUCTURE ET FONCTIONS

Structure générale du Référentiel de Naissance : les quatorze Maisons

Pour composer son *Référentiel*, il est nécessaire de faire coïncider 14 Arcanes obtenus par un calcul numérologique avec les 14 Maisons (emplacement des Arcanes dans le *Référentiel* correspondant à différents aspects de l'existence).
Les lames sont disposées le long de quatre axes formant une croix de Saint-André. Elles occupent des espaces chargés de sens appelés Maisons, en référence à l'astrologie, mais les Maisons du *Référentiel de Naissance* ne rejoignent pas les significations habituelles des Maisons astrologiques.

Le *Référentiel de Naissance* se présente sous la forme d'une croix composée de treize Arcanes majeurs et d'un Arcane mineur, chacun contenant une proposition de développement personnel. Il propose une réinterprétation des Arcanes dans une perspective humaniste, évolutive et thérapeutique. Il est monté à partir de calculs s'inspirant de la numérologie traditionnelle, de la numérosophie, de l'enseignement cabalistique et de quelques autres sources occidentales et orientales qui mettent en résonance les nombres avec la nature de l'esprit.

Le *Référentiel* est donc composé de 14 Maisons, réparties le long d'une croix de Saint André, mêlant le X de l'inconnu à la croix de l'incarnation.

L'axe vertical se nomme l'*échelle de Jacob* ; l'axe horizontal, la *ceinture* ou l'*horizon ;* la diagonale qui descend de la gauche de l'observateur, la *Bande ;* l'autre diagonale, la *Barre*; l'espace situé au-dessus de l'*horizon*, l'*hémisphère nord* ; l'espace situé au-dessous, l'*hémisphère sud.*

Cette croix tourne de droite à gauche et détermine 12 espaces appelés Maisons, comme dans le dessin suivant.

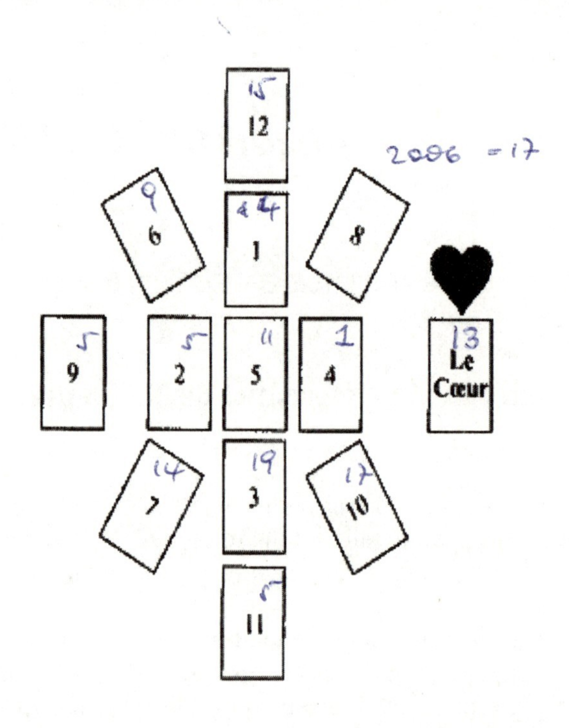

Chaque Maison concerne un domaine de l'activité humaine, et les lames de Tarot qui occupent ces Maisons forment ensemble des aspects (*voies, boucles, miroirs…)*

Il existe aussi des structures invisibles tels que les *doubles principes, Mat cachés et Arcanes modérateurs*. Toutes ces notions seront développées dans la suite de l'ouvrage.

Fonctions du Référentiel

On note au moins cinq fonctions différentes du *Référentiel de Naissance*.

1-Un outil de connaissance de soi et des autres dont la vocation première est essentiellement humaniste. Mieux comprendre les fonctionnements humains, s'ouvrir à la différence, développer une tolérance authentique ne peuvent que favoriser un esprit de fraternité. Le simple fait de s'interroger sur l'impact personnel d'un symbole universel témoigne de ce qu'il y a d'universel dans l'homme. Nos cultures et nos systèmes de pensée nous distinguent bien sûr les uns les autres mais les archétypes à l'œuvre dans l'inconscient collectif tissent la toile d'une humanité solidaire.

2-Un support à une démarche de développement personnel. Le *Référentiel* a sa place dans tout ce qui relève des ressources humaines et du coaching. Il a aussi sa place dans l'entreprise, dans le cadre de la gestion des conflits, sachant que le décryptage des conflits personnels inconscients permet de mieux comprendre les conflits que nous avons avec autrui.

3-Entre les mains d'un thérapeute confirmé, il remplit parfaitement le rôle d'outil thérapeutique. Il améliore la relation thérapeute/patient et favorise les processus d'auto-guérison.

4-Il complète, enrichit et élargit toute recherche en sciences de l'homme. Il ouvre de nouvelles perspectives très originales à la plupart des supports de connaissance de soi (astrologie, numérologie, tests psychologiques etc.). Il offre aussi un support éducatif et pédagogique efficace et concret.

5-C'est une méthode de créativité fondée sur l'hypothèse que toute souffrance humaine peut dans certains cas se ramener à un mécanisme de créativité bloquée. De nombreuses extensions du *Référentiel* sont possibles dans ce contexte : atelier d'écriture, art thérapie, construire son mythe personnel ou son mythe libérateur, revisiter son scénario de vie.

DEUXIÈME PARTIE

LE CORPS DU RÉFÉRENTIEL DE NAISSANCE

Chapitre I

MÉTHODE D'ÉLABORATION DU *RÉFÉRENTIEL DE NAISSANCE* ET SENS DES MAISONS

Un *Référentiel de Naissance* est composé de quatre orbites :

Première orbite : Maisons 1, 2, 3, 4 et 5
Deuxième orbite : Maisons 6, 7 et 8
Troisième orbite : Maisons 9, 10, 11, 12 et 13
Quatrième orbite : Maisons 4, 4bis et 4 ter (voir chapitre sur les *Référentiel*s d'alliance).

Première orbite

Maison 1 : Maison de la personnalité

Calcul de la Maison 1
La Maison 1 correspond au jour de naissance.

1/ Dans le cas d'une naissance intervenue entre le 1e et le 22e jour du mois, on trouve l'Arcane majeur par correspondance immédiate.

Exemple :

Naissance le 18 novembre,
Arcane correspondant : 18 soit la Lune.

Naissance le 22 mai,
Arcane correspondant : le Mat.
(il s'agit ici d'une convention du fait que le Mat ne porte pas la valeur 22 mais qu'il est le vingt-deuxième Arcane majeur).

2/ Pour les personnes nées entre le 23 et le 31, il s'agit d'additionner les chiffres qui composent ce nombre (réduction théosophique) et de remplacer le résultat obtenu par l'Arcane correspondant.

Exemple :

23 = 2+3 = 5 = le Pape
29 = 2+9 = 11 = la Force

Attention, un Pape obtenu par un 23 ne vibre pas de la même façon que s'il apparaissait directement.
Si je suis né le 23 mai ou le 5 mai, j'aurai toujours dans mon *Référentiel* le Pape en Maison 1. Mais dans le premier cas, mon interprétation du Pape (sens de l'Union) ne sera pas indépendante de la valeur de la Papesse et de l'Impératrice (Arcanes II et III) ; je devrai en tenir compte. Peut-être s'agira-t-il pour moi d'unir la connaissance révélée et intuitive (la Papesse) au discernement mental, expression de la supra-conscience, suggéré par la symbolique de l'Impératrice.

Cette Maison concerne avant tout les forces d'extraversion de l'individu : sa personnalité, son mode de communication avec son environnement ainsi que la façon dont il est perçu par le monde extérieur. La carte qui occupe cette position est un peu sa carte de visite, plus que sa carte d'identité. Sa façon de dire à l'autre :
« Je veux communiquer avec toi sur ce mode ». En pénétrant plus fermement dans le mystère de cette Maison, nous comprenons vite qu'au-delà de l'image qui s'imprime dans le champ de perception de l'autre, la carte symbolise aussi toute l'énergie qu'on peut mettre à apporter un peu de soi à autrui. Par exemple, Sigmund Freud avait l'Amoureux en Maison 1. Cette lame illustre bien le charme et la séduction avec lesquels le célèbre médecin se présentait aux autres, mais nous sentons aussi dans la force d'extraversion de cette lame, où se conjuguent en parallèle l'amour et la liberté, que Freud a réconcilié auprès d'un large public ces deux notions. Un des apports majeurs de la psychanalyse, qui restera vraisemblablement dans l'Histoire, est d'avoir désaliéné la sexualité.
Pour en finir avec le père de la psychanalyse, retenons l'image de ce jeune homme à la croisée des chemins qui hésite encore entre sa femme... et sa mère !

Mozart avec l'Hermite en Maison 1 se présente au monde comme un solitaire riche d'une connaissance et d'une lumière intérieures, mais aussi comme un guide psychopompe conduisant l'âme qui cherche vers les profondeurs de sa vérité propre. Tout se passe comme si le mode de communication que Mozart avait choisi était exclusivement intérieur. Quel étrange

paradoxe que de voir Mozart dès l'âge de quatre ans sous les traits du vieillard de l'Arcane IX! Un autre créateur d'un tout autre style, Claude François, présente comme carte de visite l'Arcane I, le Bateleur, symbole de l'enfant éclectique, aux multiples talents, jouant avec les énergies, offrant au monde qui l'entoure l'image de l'éternelle jeunesse.
Même si l'Arcane de la Maison 1 est censé représenter le personnage que nous sommes amenés à jouer dans le monde, une réflexion sur cette carte nous conduit aussi à percevoir la qualité d'un être au-delà des apparences.
Puisque nous sommes dans le cadre d'un processus d'évolution personnelle, on interprétera toujours la Maison 1 sous deux aspects : d'une part l'image de soi que l'on donne à voir, d'autre part ce que l'on peut apporter à autrui. Ainsi, celui qui a l'Empereur en Maison 1 peut très bien donner de lui-même l'image de quelqu'un d'autoritaire, matérialiste, doté d'une grande solidité personnelle, rigoureux, rationnel et concret. Même si le sujet ne se retrouve pas lui-même dans ces définitions, les autres lui renvoient souvent cette image. Le deuxième aspect de la Maison 1 réside dans les forces d'extraversion. À un certain niveau d'évolution, après avoir dépassé notre intérêt pour notre image, notre Maison 1 concerne aussi l'aide que nous pouvons apporter à l'autre pour qu'il puisse réaliser ses potentiels. Il ne s'agit plus ici d'apparaître sous les traits de l'Empereur, mais de favoriser chez l'autre le développement de son autorité, sa structure, sa matérialité, sa rationalité etc.

Maison 2 : Maison de la quête

Calcul de la Maison 2
La Maison 2 correspond au mois de naissance.

Elle est située bien sûr entre I et XII, soit entre le Bateleur et le Pendu, et correspond à un tour complet du zodiaque initiatique. À la tête du Bateleur - coiffé du symbole de l'infini et évoquant les cornes du Bélier Jason partant à la conquête de la Toison d'Or - correspondent les pieds du Pendu (Poissons), de haute spiritualité, qui annoncent l'inversion des énergies.

Ici, on conservera la tradition numérologique et celle du calendrier grégorien : à I correspond janvier ; à II, février etc.

Voici la Maison de l'Idéal. Celle dans laquelle s'inscrit la lame qui illustre notre quête d'absolu, notre part manquante, notre recherche intérieure. Elle est en effet Maison de l'intériorité tout comme la Maison 1 l'était de l'extériorité. Chaque fois que nous observons cette carte, nous sommes en contact avec nos états internes. Par contre, si nous détournons le regard de l'émotion suscitée par cet Arcane, nous nous retrouvons presque aussitôt en position de demande, cherchant à l'extérieur ce que nous portons déjà en nous.

Claude François a la Papesse en Maison 2. On y devine une recherche essentielle de la femme, en tant qu'initiatrice et inspiratrice, mais aussi la recherche de l'*Anima*, cette polarité Yin inscrite au fond de soi, quête tout intérieure du principe fécondant et créateur tel qu'il peut se manifester dans l'archétype de la Mère.

André Breton vit sur un autre plan une quête identique. Il a lui aussi la Papesse en Maison 2. L'étude de l'ensemble du *Référentiel* permet de nuancer l'interprétation en apportant des précisions plus sélectives.

Napoléon Bonaparte avec la Justice en Maison 2 cherche-t-il à compenser un déséquilibre intérieur en élargissant à l'extrême l'espace de sa conquête pour y installer son empire... qui s'achèvera dans l'un des plus petits territoires de la planète, l'île de Sainte-Hélène ? Nous n'oublierons pas, quoi qu'il en soit, que cette quête de justice débouchera sur le Code napoléonien encore en usage aujourd'hui !

Arthur Rimbaud a la Roue de Fortune en Maison 2. Quel autre Arcane du Grand Tarot illustrerait-il mieux la quête du jeune poète-voyant, à la recherche d'une liberté intérieure totale où il prendrait en main la manivelle blanche de sa destinée ?

Maison 3 : Maison de la pensée, siège des désirs et des peurs.

Calcul de la Maison 3
La Maison 3 correspond à l'année de naissance.

C'est par réduction théosophique que l'on obtient la valeur de la carte.

Exemple :

1960 = 1 + 9 + 6 + 0 = 16 = La Maison Dieu
2000 = 2 + 0 + 0 + 0 = 2 = La Papesse

Nous sommes ici dans le domaine du verbe Penser. Cette Maison est celle des limitations. La Maison 3 évoque les préoccupations constantes de la pensée de l'explorateur. Les agitations de son mental, l'ombre que l'intellect - les exigences de l'analyse et de la dualité - jette sur la conscience et sur l'être. La carte qui s'y trouve nous donne des indications très précises sur notre façon de percevoir la réalité. Mais cette Maison est très perverse ! En effet, en fonction de la carte que nous avons à cet endroit, nous percevrons la réalité différemment, et notamment la réalité de la carte que nous avons en Maison 3 !

Par exemple, si nous percevons le monde avec pessimisme, comment ressentir la Maison Dieu de façon positive si précisément elle illustre le fait que nous nous percevons nous-mêmes de façon négative ! Avant d'entrer

plus à fond dans cette migraineuse réflexion, notons, quel que soit le tour que prendra le débat, que la carte de la Maison 3 nous fait prendre conscience que nous ne percevons pas le monde tel qu'il est, mais à travers une sorte de prisme déformant. La Maison 3 nous incite à nous dissocier de ce que nous observons et à développer la vision clairvoyante, c'est-à-dire une vision débarrassée de tout préjugé. La méditation sur la Maison 3 m'invite à observer la réalité qui m'entoure sans tenir compte de la carte que j'ai en Maison 3. C'est donc en examinant mes limitations que je devrai les dépasser et élargir mon champ de perception.
La carte que nous avons en Maison 3 est une énergie collective. En effet, puisqu'elle s'obtient par l'addition des chiffres qui composent l'année de notre naissance, toutes les personnes nées la même année ont cette lame en commun. Cela devrait s'expliquer par la théorie de la mémoire astrale qui considère que la Terre enregistre dans ses corps subtils les informations émotionnelles émises par les hommes à un moment donné.

Prenons l'exemple de l'Arcane XIX, le Soleil. Cette image rayonnante de deux enfants presque nus, inondés de lumière et s'enlaçant devant un mur composé de cinq étages de briques, symbolise la joie dans la reconstruction sociale. Il est tout à fait intéressant d'observer que les personnes nées dans une année de fin de guerre ont le Soleil en Maison 3 dans leur *Référentiel de Naissance*. Comme si leur naissance était saluée par les cris de joie des peuples libérés qui tracent leur signature dans l'aura de la terre : 1918 et 1945, fin des deux premières guerres mondiales, se réduisent à 19 si on fait la somme de leurs chiffres :

(1+9+1+8=19 / 1+9+4+5=19).

Même constat pour 1936, fin de la guerre sociale en France avec le Front Populaire ; 1954, fin de la guerre d'Indochine ; 1990, fin de la guerre froide et bien d'autres exemples encore dont l'évidence est plus ou moins frappante à la première lecture.

La Maison 3 est aussi la Maison des peurs et des désirs. À ce titre, elle donne de l'énergie au sujet. Le thème de Napoléon est à cet égard très parlant avec le Pape en Maison 3, soit le besoin de reconnaissance par le père. On sait que toute sa vie Napoléon chercha à être reconnu par Pascal Paoli, le père de la nation corse.
Quant à son besoin « littéral » d'être reconnu par le Pape, il se traduisit par le quasi enlèvement de Pie VII dont il exigea le sacre à Notre-Dame le 2 décembre 1804. Chacun garde en mémoire le tableau de David où Napoléon s'empare de sa propre couronne d'empereur en l'arrachant des mains du souverain pontife.

Beethoven avec le Diable en Maison 3, Gandhi avec l'Amoureux, Jeanne d'Arc avec la Justice ou l'abbé Pierre avec la Non Nommée illustrent parfaitement à travers leur lame respective leurs peurs, leurs désirs, la préoccupation de leur pensée, leur vision du monde.
Dans un *Référentiel de Naissance*, la présence de l'Arcane XIII en Maison 3 indique un besoin vital chez le sujet de transformer sa propre nature pour construire une œuvre qui fasse école. Tchaïkovski, Vivaldi, Wagner, Verdi, Haydn, Gluck, K. Bach, J.C. Bach, J.C.H. Bach avaient tous l'Arcane XIII en Maison 3 ! Cet Arcane peut d'un point de vue numérologique se rapporter au nombre 4 par l'addition du 1 et du 3 qui forment le nombre 13. Dès lors, le nombre 4 nous renvoie au quatrième Arcane du Tarot de Marseille, l'Empereur, qui symbolise, on l'a vu, le travail, la matière, la structure. Quand on se réfère à des expressions populaires telles que « se mettre en 4 » ou « couper les cheveux en 4 », on reconnaît les thèmes de travail, de matérialité, mais aussi de rationalité. Car pour faire un rapide retour en arrière, l'Empereur est aussi l'Arcane de la rationalité. Sur un blason, le nombre 4, dit « Quatre de chiffre », indique pratiquement toujours l'appartenance de son propriétaire à une famille de commerçants. Avec l'Arcane XIII - dépouillement, renaissance, transformation - on repart sur un autre chemin après avoir donné un grand coup de faux dans un passé nourri d'anciennes références et valeurs.
On peut parler à propos de la Maison 3 de schéma perceptif a priori. Une sorte de formatage de la pensée qui nous prépare, en dehors de la conscience, à aborder notre environnement d'une certaine façon. Les philosophes allemands parlent de « Weltanschaung » : vision du monde.

D'une manière générale, n'oublions pas que notre façon de penser détermine nos choix et garantit notre liberté.

Maison 4 : Maison de l'action. Siège de la mission existentielle

Calcul de la Maison 4
La Maison 4 est le résultat de l'addition de l'année, du mois et du jour.

Pour prendre un exemple, les quatre Arcanes du *Référentiel de Naissance* de Charles Baudelaire, né le 9 avril 1821, sont donc :

1er nombre : 9 = l'Hermite
2e nombre : avril = 4 = l'Empereur
3e nombre : 1821 = 1+ 8 + 2 +1 = 12 = le Pendu
4e nombre : 1821 + 4 + 9 = 1834 = 1+ 8 + 3 + 4 = 16 = la Maison Dieu
Attention : La réduction ne doit se faire qu'à la fin de l'opération - Ne pas faire de réduction intermédiaire.

À proscrire : 1+8+2+1+4+9 = 25 = 7 = le Chariot. On obtient dans ce cas un résultat erroné (mais bien 1821 + 4 + 9 = 1834 = 16). Dès lors, ces quatre Arcanes sont distribués sur une croix sinistrogyre[9] et placés en quatre domiciles appelés Maisons tarologiques.

La Maison 4 est la Maison du verbe « faire ». Elle correspond en numérologie au Nombre Caché du Chemin de Vie. L'Arcane majeur qui se trouve en cette position donne des indications sur les choix d'existence qui nous sont proposés. Il nous suggère des orientations, voire des engagements dans les domaines les plus concrets qui soient.
La Maison 4 propose une mise en œuvre des pensées et des actions, en vue d'élever les énergies potentielles de la Maison 1, ou simplement de lui permettre de s'exprimer et de canaliser ses recherches vers la Maison 2, c'est-à-dire vers la connaissance de soi.
Réfléchir sur cette carte est un excellent moyen de se repérer par rapport à des objectifs précis, de mieux prendre possession de sa vie et même de s'engager dans des processus créatifs. Chez les enfants, les adolescents, les chômeurs, les gens dépressifs et découragés, le « travail » sur la Maison 4 aidera à une orientation professionnelle ou au renforcement des motivations par rapport à un projet ou à des objectifs concrets. Cet Arcane peut aussi nous aider à répondre à la question : « quel est le sens de ma vie ? » ou « quelle est ma mission sur terre ? ». Plus approprié encore que le mot « mission », le mot « mandat » illustre parfaitement le sens de la Maison 4.
Nous verrons aussi que la Maison 4 indique nos possibilités de réalisation personnelle dans le plan existentiel.
Lorsque cette lame est déchiffrée dans un processus de développement personnel par exemple, une porte à deux battants peut s'ouvrir sur les chemins du bonheur ; les errances s'abolissent et les choix de vie deviennent évidents. Charles de Gaulle avec le Diable en Maison 4 choisit le pouvoir, Sigmund Freud avec le Mat en Maison 4 choisit d'asseoir son empire à la frontière entre sagesse et folie, Jean-Jacques Rousseau avec la Lune s'investit dans la révolte et explore sa propre sensibilité pour permettre à l'humanité de faire un pas au-delà de l'Ancien Régime. Baudelaire avec la Maison Dieu s'engage corps et âme dans l'explosion des carapaces du mental, de l'ego et même du corps physique pour faire jaillir le feu qui dort dans ses cellules ; Mozart avec le Jugement se branche aux chants des Anges et fait descendre sur terre une musique qui vient des étoiles.
Bien sûr, la compréhension du message que nous livre la Maison 4 n'est pas toujours aisée ; ainsi, la même carte en Maison 4 chez deux personnes ne les prédispose pas à la réalisation d'une existence identique ni à l'accomplissement d'un même destin. C'est pourquoi je préfère parler de mandat ou de contrat plutôt que de destin ou de mission. Il est édifiant à cet

---

[9] Qui tourne à gauche, c'est-à-dire dans le sens inverse des aiguilles d'une montre. On appelle aussi ce mouvement : sens positif.

égard de consulter page 233 les *Référentiels* comparés de l'assassin et de sa victime.
Le décodage de la Maison 7 ou du *Cœur du Blason* permet de résoudre ces difficultés.

Un cas particulier de la Maison 4 : L'empreinte

L'empreinte correspond à la Maison 8 de l'année de naissance.

Elle indique ce que l'univers attend de nous. La plupart du temps, l'*empreinte* et la Maison 4 sont identiques. Dans le cas contraire, on note une exigence plus forte, comme si l'univers attendait que nous nous dépassions. Pour obtenir l'*empreinte*, on additionne la Maison 6 et la Maison 3, réduite entre 1 et 9, sauf 11 et 22 qui ne se réduisent pas, ce qui revient à calculer la Maison 8 de l'année de naissance (revoir le chapitre sur la Maison 8 pour bien comprendre cette configuration). Attention : Dans ce calcul particulier, seule la Maison 3 est réduite entre 1 et 9, sauf 11 et 22 qui ne se réduisent pas. La Maison 6, bien sûr n'est pas réduite, ni le résultat obtenu, formant *l'empreinte*, qui sera compris entre 1 et 22. Donc la formule est bien :

Maison 6 + Maison 3 réduite entre 1 et 9, sauf 11 et 22 qui ne se réduisent pas, (seule la Maison 3 est réduite).

Erratum
J'insiste sur ce point. Dans une édition précédente une faute de grammaire s'était glissée dans ce passage, dans laquelle un « S » avait été ajouté à la fin de « réduite ».Beaucoup de lecteurs ont donc pensé qu'il fallait réduire le résultat total entre 1 et 9, alors qu'il ne s'agit que de la Maison 3.

Exemple : J.J. Rousseau, Maison 4: la Lune, mais *empreinte* l'Hermite. Non seulement on attend de toi que tu exprimes toute ta sphère émotionnelle dans ton existence et que tu sois créatif et sensible (la Lune en Maison 4), mais encore on te demande de prendre ton bâton de pèlerin et ta lanterne pour cheminer sur les sentiers de la connaissance malgré la solitude, et apporter à autrui ta science et tes réflexions sur la nature humaine (l'Hermite en *empreinte*).
Étrangement, on trouve la même configuration chez Daniel Cohn-Bendit.
Krisnamurti, la Non Nommée en Maison 4, le Mat en *empreinte.*
Beethoven, l'Amoureux en Maison 4, le Diable en *empreinte.*
Fidel Castro, le Monde en Maison 4, l'Impératrice en *empreinte.*
François Mitterrand, l'Étoile en Maison 4, la Justice en *empreinte.*

Il existe une autre particularité de l'*empreinte* très intéressante à décoder, notamment dans un travail de développement personnel.

L'*empreinte* est une sorte d'inscription préexistant à notre incarnation. Elle peut s'interpréter également comme une exigence imposée au sujet et dont il devra apprendre à s'affranchir, notamment en investissant sa Maison 4 de manière libre et consciente. Un duel peut se jouer entre l'*empreinte* et la Maison 4. « Je t'ai marqué au fer rouge de ma volonté », dit l'*empreinte* ; « J'assumerai ma mission quoi que tu en dises », répond la Maison 4.

Deux possibilités peuvent se présenter :

1 – L'*empreinte* est différente de la Maison 4. La lecture ne présente aucune difficulté particulière. Par exemple : *empreinte* en Empereur, Maison 4 en Mat.
L'*empreinte* m'inscrit dans le rang des matérialistes et tente de m'enfermer dans des schémas rationalistes figés, voire rigides. Ma Maison 4 me propose de développer, hors les carcans et les structures, un chemin de liberté totale. Le tout pouvant se résumer à l'assertion suivante : « Je serai libre comme l'air, malgré tous les destins qui tenteraient de me figer dans la glace ».
Cette façon de vivre la Maison 4 de manière réactive lui donne du punch et de l'énergie.
Un autre exemple : *empreinte* en Pendu et Maison 4 en Monde.
« Tu vivras pieds et mains liés, affirme l'*empreinte* !
- Je parcourrai le Monde, répond la Maison 4 ».
L'exemple donné par le *Référentiel* de Jean-Jacques Rousseau est aussi très parlant. « Tu seras seul, détesté de tes contemporains et isolé dans le monde, sans parents, sans amis », semble indiquer l'*empreinte* ; « Je ferai briller la lumière dans la nuit et ouvrirai de nouvelles portes vers des mondes inconnus », répond la Maison 4. On comprend très bien ici les deux aspects de l'*empreinte*, car si l'on s'en tient à la première approche, on dira : « La vie me demande d'utiliser mon émotionnel pour découvrir de nouveaux mondes » et l'*empreinte* surenchérit, « tu iras encore plus loin et seras reconnu comme un guide éclairé et éclairant ». Un autre Hermite en Maison 5 confirme que l'auteur des *Rêveries du promeneur solitaire* fut un éclaireur éclairé de son siècle.

2 – L'*empreinte* et la Maison 4 sont identiques. Comme on le répète souvent, deux Arcanes identiques dans un *Référentiel* ne signifient pas la même chose. Ils doivent être interprétés à des niveaux différents ce qui offre l'opportunité d'un excellent exercice pour se familiariser avec les deux aspects contradictoires d'un même Arcane.
Par exemple : un Pape en *empreinte*, un Pape en Maison 4.
« Tu te soumettras à l'autorité et respecteras avec humilité les images de pères, claironne l'*empreinte* ! Je ne me laisserai pas manipuler par les

pouvoirs dogmatiques, et transmettrai la connaissance avec mon cœur, répond la Maison 4 ! ».
Bien sûr ces interprétations peuvent être dissemblables, selon le contexte, le vécu et la personnalité de chacun.

La Matrice du Référentiel

La Matrice du *Référentiel* est constituée des quatre premières Maisons formant le tracé originel de la croix. Matrice, car grâce à ces quatre Maisons on pourra calculer et donc générer toutes les autres Maisons du thème. Cette notion de matrice est importante lorsqu'il s'agit de calculer un *Référentiel* d'alliance ou un *Référentiel* généalogique (*Ruche*).

Maison 5 : Maison du passage obligé. Ce à quoi l'on est toujours confronté dans son existence

Calcul de la Maison 5
La Maison 5 est le résultat de l'addition des quatre Arcanes précédents. Attention : il ne faut pas additionner le jour, mois, année et Maison 4, mais bien les quatre lames.

Si les quatre premières Maisons forment la matrice, les cinq premières Maisons, elles, constituent le noyau du *Référentiel*. Ce noyau constitué de neutrons et protons formera avec les autres Arcanes un *atome référent,* concept utilisé dans le cadre du Tarot de Mendeleïev (voir plus loin). Le cinquième Arcane, quintessence des quatre premiers Arcanes, centre introuvable de la croix, est la somme des quatre nombres précédents. Il synthétise l'ensemble des forces en présence tout au long de l'existence.

Pour reprendre le cas de Baudelaire :

Maison 1 : 9
Maison 2 : 4
Maison 3 : 12
Maison 4 : 16
Maison 5 : 9 + 4 + 12 + 16 = 41 = 4 + 1 = 5

Passage obligé de Baudelaire, forces auxquelles il doit se confronter : le Pape ! C'est-à-dire le Père, qui chez Baudelaire prendra une forme d'autorité, habituellement dévolue à l'Empereur ; mais c'est l'aspect dogmatique du Pape qui s'exprime ici. On notera aussi la spiritualité humaine, l'alliance des énergies opposées !

Les baudelairiens reconnaîtront leur petit !

La Maison 5 est la quintessence des quatre premiers Arcanes. On l'appelle carte de synthèse ou passage obligé.
Dans certains cas, elle éclaire une des lames du *Référentiel*, notamment lorsqu'elle fait *miroir* avec elle (*miroir de passage)* ou bien quand elle lui est identique (*dialectique*) ; elle symbolise aussi ce à quoi nous sommes toujours confrontés dans notre vie, une sorte d'événement répétitif, qui n'aura d'ailleurs pas un caractère forcément négatif. L'Arcane de la Maison 5 est un panneau indicateur qui nous invite à prendre conscience de la signification de certains événements récurrents de notre existence.
Rien d'étonnant à ce que Jean-Jacques Rousseau soit obligé de passer par l'Hermite (voir *Les Rêveries du promeneur solitaire*), Napoléon par la Force, Edgar Poe par la Non Nommée, tout comme Mozart ; on pensera autant au Requiem de Mozart qu'à l'ultime combat de Don Juan avec la statue du Commandeur. Quant à l'œuvre d'Edgar Poe…
Une particularité intéressante de la Maison 5 en fait le double arithmétique exact de la Maison 4.

Exemples :

Napoléon : M4 : 19, M5 : 11.
Je double M4 ; 19 X 2 = 38, 3+8 = 11 (c'est la Maison 5).
Beethoven : M 4 : 6, M5 : 12.
Je double M4 : 6 X 2 = 12 (c'est la Maison 5)...
Mais :
Lawrence d'Arabie : M4 : 12, M5 : 6.
Je double M4 ; 12 X 2 = 24 ; 2+ 4 = 6 (c'est la Maison 5)

Étrange paradoxe qui fait de 6 le double de 12.

La règle est absolue et ne souffre aucune exception : dans un *Référentiel*, la Maison 5 est toujours le double arithmétique de la Maison 4. Si ce n'est pas le cas, il y a une erreur de calcul. Voilà ce que j'appelle la preuve par la Maison 5, qui permet de vérifier que l'on ne s'est pas trompé dans les calculs en montant un thème, ce qui aurait des conséquences fâcheuses.

Cette particularité est avantageuse à plus d'un titre. En effet, la Maison 5, dite aussi Maison de quintessence, est le passage obligé pour que fonctionne le thème et que s'incarne la Maison 4 dans toutes ses potentialités. Pour vivre ta Maison 4, tu dois nécessairement passer par ta Maison 5 ; les deux Maisons sont liées indissociablement : l'une est en quelque sorte déterminée par l'autre.

Cas particulier du Mat

Pour bien comprendre le Mat, il importe, dans un premier temps, de noter sa singularité. Il ne porte pas de numéro. Donc, sa place dans le chemin initiatique est libre.
Néanmoins, si la valeur ordinale (c'est-à-dire sa place dans le Tarot) varie selon les auteurs (22, 21, 0, 10), sa valeur numérique symbolique, par référence à la numérologie sacrée, peut être le 22 ou le 4.
En effet, lorsque les calculs visant à l'élaboration du *Référentiel de Naissance* aboutissent au nombre 22, il apparaît contradictoire de le réduire à 4 puisqu'en numérologie le 22 est un « maître-nombre » d'influence prométhéenne et ne se réduit pas à 4.

Toutefois, les exigences du 22 sont si difficiles à assumer (constructeur universel, don de soi) qu'un grand nombre d'individus chargés d'une mission « 22 » ont inconsciemment tendance à transformer ce 22 en 4, c'est-à-dire à vivre ce nombre à un niveau plus banal, plus matériel, passant ainsi à côté de potentiels extraordinaires.
Dans le *Référentiel de Naissance*, lorsque nous obtenons 22, nous proposons d'intégrer au jeu les deux cartes, le Mat et l'Empereur (IV), en les posant devant soi et de les étudier en parallèle. Nous ne procéderons ainsi que pour la Maison 4.
Gérard de Nerval, par exemple, né un 22 mai, conservera un Mat en Maison 1. Par contre, dans le thème de Sigmund Freud, pour lequel on obtient un Mat en Maison 4, on peut envisager d'associer un Empereur à ce Mat.
Ainsi, on apprendra à distinguer laquelle de ces deux notions sera exploitée dans le vécu de la personne. Il arrive souvent que les deux représentations soient mises en scène parallèlement, à un niveau différent d'intégration, ou à des moments différents de l'existence. Freud avait le choix entre le chemin du marginal, le Mat, et le chemin du savant rationnel, l'Empereur. Mais on peut également dire qu'il a créé un empire en rationalisant la folie !
Lorsque par la suite on développe les calculs pour identifier les autres Maisons, on utilise exclusivement le nombre 22 et jamais le nombre 4. Par exemple, pour calculer la Maison 5 de Freud né le 6 mai 1856, on posera :

Maison 1 : L'Amoureux : Arcane VI
Maison 2 : Le Pape : Arcane V
Maison 3 : Le Jugement : Arcane XX
Maison 4 : Le Mat : Arcane XXII ou l'Empereur : Arcane IV
Maison 5 : L'Amoureux + le Pape + le Jugement + le Mat (et non l'Empereur), soit :

VI + V + XX + XXII = VIII la Justice

Deuxième orbite

Maison 6 et Maison 7

Les Maisons 6 et 7 du *Référentiel* s'étudient ensemble. Elles constituent un couple d'opposés.

La Maison 6, ou Maison des ressources, inclut la lame qui modélise les réserves énergétiques dans lesquelles le sujet peut puiser pour accomplir le dessein que lui propose la Maison 4. En d'autres termes, la Maison 6 est celle des qualités innées, des dons, des ressources, de tout ce que l'on peut réaliser dans notre existence sans toujours en être conscient. Elle offre la solution ultime aux problèmes en apparence insolubles. Un Hermite en Maison 6, par exemple, est une porte de sortie ou plutôt une porte d'entrée pour quiconque éprouve des difficultés de communication ou d'intégration dans sa vie sociale. L'Hermite propose ici une solution puisqu'un tel sujet a la capacité de rentrer à l'intérieur de lui-même comme dans un refuge providentiel grâce à la rêverie ou à la méditation.

La Maison 7 ou Maison des défis contient la lame qui symbolise nos manques fondamentaux, nos barrages énergétiques, nos difficultés psychologiques, les obstacles à franchir... bref, les leçons que nous avons à apprendre de la vie, faute de quoi nous risquons de passer à côté de nous- mêmes. Un Pendu en Maison 7, par exemple, suggèrera une grande difficulté à lâcher prise, un manque total de confiance en soi ou en l'existence, une résistance à envisager les choses de la vie sous un angle différent de celui adopté habituellement, mais aussi une réelle cristallisation sur ses propres points de vue et une impossibilité quasi pathologique à inverser ses valeurs !

Bien sûr, ces définitions ne sont pas figées une fois pour toutes ; le *Référentiel* étant un outil d'évolution, il faut s'attendre à ce qu'un individu conscient des difficultés que lui réserve sa Maison 7 les considère comme un défi, puisque telle est la désignation de cette Maison ; il les combattra, les transmuera et les transformera en qualités. On reconnaît ici le processus de surcompensation tel qu'il est défini par le psychanalyste Alfred Adler. Un Empereur en défi, évocateur d'une difficulté à se structurer, peut, s'il est surcompensé par le travail sur soi, donner rigueur, autorité, rationalité. Tempérance en défi, image de l'intempérance, de la démesure, voire de la dépendance à l'alcool ou à la drogue, peut, si elle est transformée, exprimer une personnalité maîtresse d'elle-même, ouverte à la communication, assumant ses pouvoirs avec sagesse. Nous sourirons de découvrir une Impératrice en défi dans le thème de Napoléon Bonaparte, et serons peut-être moins étonnés de découvrir nombre de grands écrivains avec la même Impératrice en défi, dont nous rappelons la fonction d'expression et de création. Si tant

d'écrivains en sont dotés, c'est que précisément ils surent transformer un obstacle en tremplin en refusant une forme de destin... Albert Camus, né le 7 novembre 1913, en offre une illustration frappante. Le défi 3 qui représente ici une difficulté à s'exprimer et à créer quelque chose de concret est surcompensé au point de permettre à cet auteur d'obtenir... un prix Nobel de littérature !
Que reste-t-il de ce défi de l'Impératrice dans le thème surcompensé d'Albert Camus ? Peut-être une certaine forme de timidité et de réserve.

De la même manière, si un sujet n'exploite pas les qualités inhérentes à sa Maison 6, cette fois les alliés figurés par les symboles de la lame présente dans cette position vont se retourner contre lui, le desservir, réduire son champ d'action, inhiber son énergie. Une Lune en Maison 6 donne a priori une personnalité créative, féconde, intuitive et magnétique. Mais si ce caractère est refoulé, étouffé dans l'œuf, cet aspect de la Lune sera désinvesti de sa vibration première et le sujet sera timide, dépassé par ses émotions et souvent stérile. Voilà pourquoi la devise de la Maison 6 pourrait être « Noblesse oblige ! ». Quand on est conscient des dons que la Nature a mis dans notre âme, il est de notre devoir de les exploiter. Il nous est aussi offert de ne pas nous laisser déstabiliser par les volumineuses entreprises de découragement qui fleurissent à l'horizon de tous nos possibles... car après tout, nous avons tous une Maison 6, et même si le sens des potentialités qui l'animent est parfois bien mystérieux, leur présence n'en est pas moins réelle et mérite d'être reconnue.

Le but d'un travail avec le Tarot est donc de conjuguer avec sagesse les propositions faites par chacune de nos lames, notamment connaître et compenser nos défis et faire appel aux alliés vivant dans notre Maison 6.
Parfois les images tarologiques de certains *Référentiels de Naissance* nous interpellent à un niveau autre que psychologique et peuvent nous laisser une impression étrange, voire inquiétante.
Le poète Gérard de Nerval avait dans son *Référentiel de Naissance* un Hermite en Maison 9, signe indiscutable de la richesse de sa vie intérieure et de son intérêt pour l'hermétisme. Son Pendu en Maison 7 rappelle le fort sentiment de dualité, à la limite de la schizophrénie, contre lequel il dut se battre une grande partie de sa vie... N'est-il pas troublant de découvrir que Nerval est allé se pendre un matin de janvier... rue de la Vieille Lanterne à Paris... Mais après tout, Nerval connaissait parfaitement le Tarot et peut-être a-t-il codé sa mort comme il a codé quasiment tous ses textes.

Cet exemple n'est pas unique. La Maison 6 et la Maison 7 constituent les deux portes de sortie du thème lorsque nous sommes paralysés par les conflits, le stress ou les agressions, au point que seule la fuite peut nous être salutaire comme le développe Henri Laborit dans *Éloge de la fuite*.

Pour le dire simplement, il vaut mieux sortir par la Maison 6 que par la Maison 7 !
Marilyn Monroe, née le 1er juin 1926, porte elle aussi un Pendu en Maison 7. N'est-ce pas la démonstration que, malgré les suppositions récentes de certains investigateurs, Marilyn s'est bien suicidée... comme Gérard de Nerval dont on a dit parfois qu'il avait été assassiné ! (Cela dit, un suicide n'est-il pas souvent un crime déguisé de la société ?)
Dans le cas de Gandhi, la configuration inverse se produit. Le Pendu se trouve en Maison 6. Il est supposé jouer ici son rôle de ressource personnelle pour le sujet. Lâcher-prise, confiance, détachement, distance par rapport aux événements et à soi-même... non-violence !
N'est-ce pas la porte de sortie de Gandhi ? Et la porte de sortie aussi de l'Inde face à l'Empire britannique ? Le destin d'un homme confondu avec le destin de sa terre...
Le Pendu en Maison 6 symbolise la porte de sortie par la non-violence, issue paradoxale pour un pays essentiellement caractérisé par la violence, libéré par un homme dont la nature profonde est pétrie de violence contre soi-même et de conflit intérieur. C'est aussi l'un des caractères spécifiques du Pendu d'inverser les valeurs et de modifier un point de vue à l'égard de soi-même et du monde.
Dans *La Voie du Cœur*, voici ce que dit Arnaud Desjardins sur Gandhi :
« En vérité, Gandhi, le célèbre Mahatma Gandhi, n'a jamais dépassé sa propre violence. On l'a appelé le père de la nation, mais ce qu'on tait c'est que ses deux fils, à bout de déception et de révolte, se sont dressés contre lui.
Et Gandhi a été non pas un non-violent mais un violent réprimé. C'est d'ailleurs pour cela que la tradition hindoue s'est vérifiée et que Gandhi est mort d'une mort violente, assassiné...
Le Mahatma Gandhi, l'apôtre de la non-violence dans le monde était en fait un violent, et d'une violence qu'il retournait contre lui-même en s'imposant de terribles austérités... La non-violence de Gandhi a agi comme une arme violente dirigée contre tous ceux qui s'opposaient à lui, même indiens. Et ce qui est encore plus cruel à observer, c'est que cette non-violence admirée par le monde entier a abouti à une explosion de violence que vous n'imaginez pas parce qu'elle se déchaînait à mains nues et non pas à coup de bombes, et qui a décimé Hindous et Musulmans lors de la partition. »[10]

Doit-on parler de refoulement ou de transmutation de la violence dans le cas de Gandhi ? Son *Référentiel* peut apporter quelques éclairages.
Cette thématique de la violence transmutée chez Gandhi est parfaitement illustrée par les deux Maisons Dieu de son thème : une en Maison 11 (*nœud spirituel*), l'autre en Maison 9, formant à la fois *contrat karmique* (voir ce terme) et *dialectique* de la violence !

---

[10] In " La Voie du Cœur"- Éditions La Table Ronde - Pages 55 et 56.

Dans une perspective thérapeutique, il est possible d'établir un parallèle entre la géométrie symbolique du corps humain et les Arcanes majeurs, notamment dans l'étude de la Maison 7. En effet, la lame qui y réside dresse souvent une barrière à la libre circulation de l'énergie. Les zones définies ci-dessous seront donc considérées comme plutôt défaillantes et fragiles en Maison 7, alors qu'en Maison 6 elles indiqueront des réserves d'énergie ou des ressources parfois inconnues.
D'une manière générale, toute exploration approfondie des Arcanes de la Maison 6 et surtout de la Maison 7 nous permet de mieux comprendre le sens des combats que nous menons.

Maison 6 : Maison des ressources

Calcul de la Maison 6
La somme de la Maison 1 et de la Maison 2

Attention, il ne s'agit pas d'ajouter le jour et le mois de naissance comme on le fait en numérologie pour trouver le nombre de la première réalisation, mais d'additionner les valeurs numériques des cartes obtenues en Maison 1 et en Maison 2.

Exemple :

François Mitterrand né le 26/10/1916.
Maison 1 = 26 = 2 + 6 = 8 = La Justice
Maison 2 = 10 = La Roue de fortune

Formule : {Maison 6 = Maison 1 + Maison 2 }

Maison 6 = Maison 1 + Maison 2 = 8 (Justice) + 10 (Roue de Fortune) = 18 (La Lune)
et non pas : 26 + 10 = 36 ;
3 + 6 = 9 (L'Hermite)

Nota Bene : Quand on dit que la Maison 6 est une qualité, ce n'est pas au sens d'une valeur morale. Nous parlons là de la qualité spécifique dont le sujet a besoin pour fonctionner, en d'autres termes ce en quoi il peut se sentir qualifié.

Exemple : un Jugement en Maison 6
- Cette personne a besoin de juger et de trancher. Mais, me direz-vous, ce n'est pas une qualité !
- Si, c'est une qualité dans le sens où elle a besoin de développer ce comportement pour se sentir exister, et ce jusqu'à ce qu'elle puisse utiliser

d'autres aspects du Jugement, comme l'intuition, le don de transmettre etc. Par ailleurs « ne pas juger » peut aussi s'apparenter à une qualité présente dans l'Arcane XX.

Maison 7 : Maison des défis

Calcul de la Maison 7

Puisque la Maison 7, Maison des défis symboliques, représente un manque, l'opération consistera en une soustraction.
On soustrait la valeur de la Maison 2 de la valeur de la Maison 3 (ou l'inverse selon l'ordre des grandeurs). On dit que cette soustraction se fait en valeur absolue.
La même remarque que précédemment s'impose au calcul de la Maison 7.

{Maison 7 = Maison 2 - Maison 3}
ou
{Maison 7 = Maison 3 - Maison 2}

Exemple :

Elvis Presley né le 8/01/1935
Maison 1 : 8 = La Justice
Maison 2 : 1 = Le Bateleur
Maison 3 : 1935 = 1+9+3+5 = 18 (La Lune)
Maison 7 : Maison 2 - Maison 3 = 1 – 18 (ou 18 - 1) =
17 (L'Étoile)

Elvis s'est forgé lui-même sa bonne étoile...

Cas particulier
Lorsque le résultat de la soustraction de la Maison 2 et de la Maison 3 donne 0, la lame de Tarot utilisée pour signifier le défi de la Maison 7 sera le Mat.

Exemple :

Krishnamurti né le 12/05/1895
Maison 1 : 12 = Le Pendu
Maison 2 : 5 = Le Pape
Maison 3 : 1895 = 1+8+9+5 = 23 = 2 + 3 = 5
Maison 7 : Maison 2 - Maison 3 = 5 - 5 = 0 (Le Mat)

La leçon qu'a dû apprendre Krishnamurti, avec un défi du Mat... « Je suis ce que je cherche... »

Aspects particuliers liés aux Maisons 6 et 7

Les protections de l'Étoile.
La Maison 6 est la Maison des protections.

Cela signifie que l'Arcane qui occupe cette Maison protège le thème dans son ensemble. L'Empereur protège Édith Piaf, la Justice (cosmique) protège Bernadette Soubirous, l'Étoile protège Saint-Exupéry, le Pape protège Jean-Paul II (sic !).
S'il existe une Maison de protection, on peut aussi parler d'un Arcane de protection. L'Étoile remplit cette fonction. Là où est l'Étoile dans le *Référentiel*, se trouve la protection. Si l'Étoile est domiciliée en Maison 6, on peut alors parler de super-protection puisque l'on a une lame de protection dans une Maison de protection.

Il existe un autre aspect où ces deux Maisons interviennent. C'est le cas où les Maisons 6 et 7 contiennent un Arcane identique. Exemple : Jeanne d'Arc avec le Chariot en M6 et le Chariot en M7. Dans ce cas, on se référera au chapitre sur le *Cœur du Blason*, où sont expliquées les problématiques de chaque Arcane, dans leur fonction de rétention et d'expansion. On peut aussi s'inspirer de ce qui est exposé dans le chapitre sur le double principe.

Maison 8 : Maison des transformations

Familièrement appelée la Météo, l'Arcane présent en Maison 8 indique les énergies disponibles tout au long d'une année pour aider à la réalisation de son *Référentiel*. Il ne s'agit pas d'un destin, au sens événementiel, mais d'une proposition ponctuelle, une invitation à travailler sur un thème donné pendant une période donnée.
La combinaison symbolique de la Maison 8 avec les autres Arcanes du *Référentiel* constitue les *transits*.

Ils sont de deux sortes : Les *transits à effet loupe* et les *transits à effet miroir*.

Effet loupe :
Lorsque la même lame se trouve en Maison 8 et dans une autre Maison, cette dernière verra sa qualité s'amplifier pendant toute la durée de l'année en cours. S'il s'agit de la Maison 6, le sujet traversera une période plutôt bénéfique au cours de laquelle ses ressources et ses potentialités seront à leur plus haut niveau. S'il s'agit de la Maison 7, il faut savoir que les défis du sujet seront plus aiguisés. Il ne faut cependant pas s'en inquiéter plus que de raison, du fait que l'amplification du défi correspond à une plus grande conscientisation de ce défi, ce qui peut favoriser sa transformation, voire son élimination.

Effet miroir :

Lorsque la valeur de la Maison 8 ajoutée à une autre lame du *Référentiel* donne la valeur 22, on dit que la Maison 8 fait *miroir* avec elle.
Par exemple, une Maison 8 contenant l'Arcane XIII, dans un *Référentiel* où l'Hermite (valeur IX) est en Maison 2 : 13 + 9 = 22 - Ici la Maison 8 fait *miroir* avec la Maison 2. Les Arcanes *miroirs* montrent un transport d'énergie entre un point du *Référentiel* et un autre.
Dans ce cas précis, le sujet, avec la Non Nommée en Maison 8, accède à une période au cours de laquelle il sera confronté à un certain nombre de transformations. Ces expériences vont favoriser en lui ce qui caractérise l'Hermite : le travail intérieur, l'ambition d'être un guide ou le thème de la connaissance en général. On assistera dans ce cas à un transfert de substance entre la Non Nommée et l'Hermite, mais aussi entre la Maison 8 et la Maison 2.
Cette notion des Arcanes *miroirs* est particulièrement intéressante quand on étudie deux *Référentiel*s en parallèle, notamment dans les cas de couples où les apports respectifs d'énergie peuvent caractériser la santé d'une relation et le sens d'une alliance.
Dans les cas où la Maison 8 ne fait ni *loupe*, ni *miroir* avec le reste du *Référentiel*, on a affaire à des cartes pérégrines qui indiquent un travail spécifique à accomplir pendant une année et les énergies disponibles tout autour de soi pour réaliser ce travail.
La Maison 8 est la seule carte du *Référentiel* qui change chaque année. On admet par convention que le changement a lieu à l'une des neuf dates possibles prévues par le calcul qui suit.
Il existe un aspect original appelé « *Décontamination* », lorsque l'on observe une similitude entre la Maison 8 et la Maison 10. Tout au long de l'année concernée par cette similitude, on assiste à un processus d'élimination des toxines. Les maladies dans cette période peuvent être décodées comme favorisant ce processus de détoxination.
Dans son livre *La force de guérison de l'Arbre de vie*, Hemut Hark développe page 103 une réflexion qui illustre bien la manière dont fonctionne la Maison 8 :
« Les thérapeutes savent que la guérison se produit lorsque l'union du corps et de l'esprit devient possible à l'issue d'un cycle qui les a séparés et qui, ensuite, les réunit. Il y a donc un moment exquis pour la guérison, un moment précis, différent chez chacun. »

Il cite aussi un passage de l'Ecclésiaste que je ne résiste pas au plaisir de citer à mon tour, pour illustrer encore la Maison 8.

« Chaque chose a son heure sous le soleil
Il est un temps pour naître
Et il est un temps pour mourir.

Un temps pour planter
Et un temps pour déraciner. Un temps pour tuer
Et un temps pour guérir. Un temps pour détruire
Et un temps pour bâtir. Il est un temps pour pleurer
Et un temps pour rire
Un temps pour se lamenter
Et un temps pour danser.
Un temps pour jeter des pierres
Et un temps pour les ramasser
Un temps pour embrasser
Et un temps pour repousser les caresses
Un temps pour chercher
Et un temps pour perdre
Un temps pour conserver
Et un temps pour dissiper
Un temps pour déchirer
Et un temps pour coudre
Un temps pour se taire
Et un temps pour parler
Un temps pour aimer
Et un temps pour haïr
Un temps pour la guerre
Et un temps pour la paix. »

Calcul de la Maison 8

Première étape :

On commence par définir la valeur de ce que l'on appelle l'Année Universelle. Il s'agit du nombre obtenu après réduction de l'année pour laquelle on veut connaître la Maison 8.

Exemple:

1968 = 1 + 9 + 6 + 8 = 24 = 2 + 4 = 6
La réduction se fait sur la base 9, contrairement aux autres calculs du *Référentiel* où on utilise une base 22.

Exemple:

1980 = 1 + 9 + 8 + 0 = 18 = 1 + 8 = 9 et non pas 18 comme cela aurait été le cas pour le calcul d'une autre Maison du *Référentiel.*

Cas particulier :

Si le résultat de la réduction est le 11 ou le 22, on ne procède pas à une nouvelle réduction et on conserve ce nombre appelé en numérologie classique : Maître Nombre.

Exemple:
1993 = 1 + 9 + 9 + 3 = 22 et non pas 4
Par contre
1992 = 1 + 9 + 9 + 2 = 21 = 2 + 1 = 3
Exemple:
1901 = 1 + 9 + 0 + 1 = 11 et non pas 2
Par contre
1902 = 1+9+0+2 = 12 = 1+2 = 3

Seuls le 11 et le 22 ne sont pas réduits, tous les autres nombres au-delà de 9 sont réduits.

Deuxième étape :

On ajoute à cette valeur de l'Année Universelle la valeur de la Maison 6 du sujet.

Maison 8 = Maison 6 + Année Universelle

Exemple :

Charles de Gaulle né le 22/11/1890 a l'Arcane VI, l'Amoureux, en Maison 6. En 1968, l'Année Universelle est aussi 6 (l'Amoureux). L'addition de la Maison 6 et de l'Année Universelle donne en Maison 8 le nombre 12 : le Pendu.
Tout au long de l'année 1968, Charles de Gaulle vit l'expérience du Pendu : lâcher-prise, inversion des valeurs, sacrifice de l'ego.

Calcul de la date du changement d'année de la Maison 8

Parmi les questions qui reviennent le plus souvent, celle-ci : à quelle date change-t-on de Maison 8 ?
Est-ce à l'anniversaire, au début de l'année civile ?
En fait, j'ai pu observer que l'automne était une saison propice à la régénération de la huitième Maison (rentrée des classes, rentrée universitaire, reprise des activités après les vacances d'été et la nature bien sûr qui prépare sa métamorphose).

La Maison 8 se transforme donc en automne. Toutefois, la date précise de ce changement dépend de chaque *Référentiel de Naissance* et nécessite un calcul précis. Disons en premier lieu que neuf dates sont possibles. Les 7, 14 et 21 octobre ; 7, 14 et 21 novembre ; 7, 14 et 21 décembre.
Ces trois nombres évoquent le Chariot, Tempérance et le Monde qui, dans les trois initiations du Bateleur, constituent une halte, un relais, un refuge. Le Chariot marque la fin de la formation sociale du Bateleur, Tempérance, la fin de sa formation psychologique, le Monde, la fin de sa formation spirituelle. Ces trois Arcanes, en outre, forment ensemble la Voie du refuge.
Comment connaître, pour un sujet donné, la date du changement de Maison 8 ?

Appliquons, pas après pas, les formules suivantes :

1 - Première étape :

Calcul de la *Maison 3 différenciée* : il s'agit de la différence entre la Maison 3 du sujet et la Maison 3 virtuelle d'un sujet qui naîtrait l'année suivante.
Par exemple, Sarah a l'Arcane XX en Maison 3. Si l'étude se fait en 2006, toute personne qui naîtra l'année suivante en 2007 aura l'Hermite en Maison 3. Donc la *Maison 3 différenciée* sera : 20 – 9 = 11.

2 - Deuxième étape :

Formule pour connaître la date de changement de Maison 8 :
Maison 3 indifférenciée + Maison 8 + Maison 8 bis.
La Maison 8 bis contient l'Arcane que le sujet aura en Maison 8 dans l'année qui suit. Par exemple : en 2006, Sarah a le Pape en Maison 8, elle aura donc l'Amoureux en 2007 : voici la Maison 8 bis.
Application de la formule pour Sarah :

11+5+6 = 22 = 4 (le nombre obtenu dans ce résultat final doit être réduit entre 1 et 9).

3 - Troisième étape :

Ce nombre 4 sera rapporté sur la liste des neuf dates possibles. Ainsi, à la quatrième date, à savoir le 7 novembre 2006, Sarah changera de Maison 8 en passant du Pape à l'Amoureux.
Sarah aura donc l'Amoureux en Maison 8 dans son *Référentiel de Naissance* en 2007, mais cet Arcane sera présent dès le 7 novembre 2006.

Troisième orbite

Maison 9 : Maison du Soi

La Maison 9 est la Maison du Soi. L'Arcane qu'elle contient représente la partie la plus essentielle du sujet, celle qui ne s'exprime que rarement, si ce n'est dans ses rêves ou dans ses créations inconscientes. Cet Arcane vibrera à son plus haut niveau chez ceux qui sont parvenus à réaliser leur destin consciemment ou qui ont su rendre leur terrain fertile en développant ses meilleures pousses.
On appelle plus familièrement cette Maison, la Maison de la Réussite.
Elle ne peut jamais être interprétée d'une manière négative car chaque lame du Tarot renferme une qualité appelée à se développer, singulièrement dans la Maison 9.
Par exemple Coluche réussit dans la Roue de Fortune, « innovation et liberté », Gandhi dans la Maison Dieu « Violence transmutée », Martin Luther King dans l'Hermite « Sagesse, éclairage et cheminement »...

Maison 10 : Maison des échecs et des expériences

« L'expérience est un trophée composé des armes qui nous ont blessés » Anonyme.

Cette Maison, beaucoup plus difficile à cerner, est une des Maisons de l'ombre.
L'Arcane qu'elle contient fournit des indications sur les domaines dans lesquels le sujet connaît habituellement l'échec (Empereur, échec dans la matière, Lune dans l'émotionnel, Impératrice dans l'expression...). Mais cette notion d'échec ne doit pas être abordée avec fatalisme. La compréhension pleine et entière de la lame de la Maison 10 donne de précieux renseignements sur nos programmes inconscients et nos schémas répétitifs. Une fois que la Maison 10 a livré son secret, elle devient le lieu privilégié des expériences et constitue un solide point d'appui pour le sujet.
Comme l'expriment souvent les théoriciens de la PNL (programmation neuro-linguistique), l'échec n'existe que si nous croyons en lui. Nos croyances nous limitent. Il n'y a pas d'échec, il n'y a que des résultats inattendus. Un chemin sans attente est un chemin sans échec.
Rien d'étonnant à ce que les plus grandes découvertes scientifiques aient été faites à la suite d'une erreur ! La tarte Tatin, les bêtises de Cambrai, la pénicilline, le Roquefort, la porcelaine et... cherchez l'intrus !
Dès lors, la Maison 10 exprime l'échec tant qu'elle n'a pas été validée comme expérience ! D'autre part, cette Maison est la boîte noire du thème. C'est dans sa symbolique que se trouvent enregistrées toutes les expériences humaines vécues depuis la naissance. En méditant sur cet Arcane, mettant à jour ses différents niveaux d'interprétation, on peut voir défiler toute son

existence jusqu'à aujourd'hui. Elle nous aidera à construire notre avenir, plus que tout autre Arcane. Encore une fois, le Tarot ne sert pas à lire l'avenir, mais à le construire
Il existe une autre boîte noire dans le thème, la Maison 11. Mais ici les expériences imprimées se sont déroulées avant notre naissance (événements transgénérationnels, vie antérieure…)
La Maison 10 est probablement la Maison la plus riche du *Référentiel.* Elle joue un peu le rôle d'une prise de terre, permettant l'élimination des toxines symboliques accumulées dans les expériences mal intégrées de son existence. Voir ci-dessus l'année de la décontamination et dans le chapitre sur le Tarot de Mendeleïev, le calcul du remède éthérique.

Je n'ai jamais beaucoup aimé le sport à l'école et je cherchais souvent le moyen de m'en faire dispenser. Je n'aimais pas cet esprit de compétition qui m'évoquait les lois de la sélection naturelle. Je n'ai compris que beaucoup plus tard pourquoi on faisait du sport à l'école : pour apprendre à perdre ! Le sport est une pédagogie de l'échec. Celui qui sait perdre guérit en lui le sentiment d'échec.
La Maison 10 : c'est là où on apprend à perdre.

Calcul des Maisons 9 et 10

Puisque la Maison 9 ne peut s'exprimer que chez les personnes qui ont réussi à faire triompher leurs ressources sur leurs défis, on comprendra que le calcul impose la suprématie de la Maison 6 (Maison des ressources) sur la Maison 7 (Maison des défis). Ainsi :
Calcul de la Maison 9 = la somme de la Maison 6 et de la Maison 7.
Exemple:

Napoléon né le 15/08/1769
Maison 6 : le Pape : valeur 5
Maison 7 : l'Impératrice : valeur 3
Maison 9 : Maison 6 + Maison 7 : 5 + 3 = 8 = la Justice
Maison 10 : Maison 9 - 22 = 14 = Tempérance

Rappelons ici que la Maison 10 s'obtient en faisant une soustraction entre le nombre de la Maison 9 et la valeur 22, quel que soit l'ordre de cette soustraction :

Exemple: 14 - 22 = 8 ; 22 - 14 = 8

L'interprétation Maison 9, Maison 10 gagne à être construite par hypothèse. Si Napoléon fait triompher ses ressources personnelles sur ses défis, il réussit dans la Maison 9, c'est-à-dire dans la Justice. À un certain niveau, cette réussite est attestée puisqu'il léguera à l'humanité le code Napoléonien,

toujours d'actualité. Par contre, s'il se laisse dévorer par ses défis - l'Impératrice peut signifier ici son angoisse devant sa stérilité et son impuissance à avoir un héritier - il échoue dans Tempérance et s'abolit dans la démesure, l'incommunicabilité, la dépendance.
Toutefois, s'il valide cette expérience de Tempérance en Maison 10, il développera un niveau de communication subtile avec l'invisible et se ressourcera dans cette énergie. Le choix de l'aigle comme emblème, symbole alchimique de la sublimation, n'est sans doute pas anodin.

Cas particulier

Lorsque la Maison 9 est égale à 22, on admet que la Maison 10 est égale aussi à 22. Ce sont alors les deux aspects très contradictoires du Mat qui seront en conflit :

Sagesse / Folie
Cheminement / Errance
Originalité / Marginalité

Le couple Maison 9/Maison 10 constitue un *miroir*. Cela suppose que chaque *Référentiel* contient au moins un *miroir* et un Mat caché. Voir la liste des *miroirs* page 136.

Les deux notions qui occupent les Maisons 9 et 10 sont supposées s'exclure mutuellement.

Maison 11 : Maison du Nœud Sud : Capteur enregistreur des mémoires du sujet

Maison 11 et Maison 12

Ces deux Maisons constituent respectivement le *nœud sud* et le *nœud nord* du *Référentiel*. Elles gagnent aussi à être étudiées ensemble car elles contiennent les Arcanes mémoires du sujet. Mémoires anciennes pour la Maison 11, mémoire du futur pour la Maison 12. Tout sujet est inscrit entre ces deux pôles, un *nœud sud* d'où il vient, un *nœud nord* où il va.

La Maison 11

La lame qui occupe cette Maison symbolise les acquis du sujet : qualités, dons innés, héritages karmique, génétique ou généalogique avec lesquels il est venu au monde et sur lesquels il peut s'appuyer pour évoluer. Mais paradoxalement, ils peuvent aussi constituer un frein. Nous avons besoin de nos bagages pour voyager mais ceux-ci nous encombrent lorsqu'il

s'agit de nous déplacer en flânant ! Le bagage le plus léger reste encore celui du Mat !
La Maison 11 s'appelle aussi le projet parental inconscient et s'étudie en lien avec la Maison 4 et la Maison 3.
La Maison 4 représentant alors le projet personnel, le travail consiste à passer du projet parental au projet personnel. Pour ce faire, on utilise la Maison 3 qui illustre le moyen que l'on peut utiliser pour passer de l'un à l'autre.

Par exemple, Natalia a dans son *Référentiel* l'Empereur en Maison 11, le Pape en Maison 4 et la Maison Dieu en Maison 3.

Son projet parental, comme on le verra dans le commentaire de son thème (page 254), est défini par l'Empereur : « Tu seras professeur de mathématiques, parce que moi, je n'ai pas réussi à l'être ». Effectivement, l'Empereur correspond aux mathématiques. Il est carré, rationnel et structuré. Dans sa Maison 4, on découvre le Pape. Un autre transmetteur. Mais qui transmet de manière plus spirituelle, avec le cœur, plus par passion d'enseigner que par amour des chiffres ! Sa Maison 3, la Maison Dieu, doit l'aider à passer d'un projet à un autre, en brisant toutes les murailles psycho-caractérielles !

La Maison 11 présente aussi la particularité de former les *nœuds du Référentiel* (voir ce point dans le chapitre consacré aux aspects).

Maison 12 : Maison du nœud nord : VPT (valeur personnelle de transmission)

Ce phare du *Référentiel* indique les destinations les plus élevées vers lesquelles un sujet peut tendre. Arcane de l'idéal, motivation sublimée, force magnétique considérable, la lame qui concerne cette Maison donne l'énergie qui permettra au sujet de se projeter vers l'avenir. Elle représente aussi le patrimoine spirituel et les valeurs que le sujet transmettra à ses descendants; on l'appelle v*aleur personnelle de transmission* (*VPT*).

L'Arcane présent en Maison 12 est indicatif du destin d'un sujet ou du moins de l'image qu'il laissera de lui-même à la postérité. Quelques exemples frappants : Gorbatchev, né le 2/03/1931 ; l'Hermite en Maison 12. Après avoir été l'un des hommes les plus puissants du monde, Michael Gorbatchev est perçu comme un pèlerin, donnant des conférences dans les deux hémisphères, mais solitaire dans son propre pays. Jean-Paul II, avec la même configuration, Hermite en Maison 12, figurera pour la postérité l'éternel pèlerin, l'infatigable voyageur. Cet Hermite en Maison 12 illustre le thème de François Mitterrand, né le 26/10/1916, enveloppé de son grand manteau et grimpant la roche de Solutré appuyé sur un bâton, comme celui de Beethoven, né le 15/12/1770, offrant à l'humanité 9 symphonies initiatiques, ou encore les thèmes de Martin Luther King ou d'Édith Piaf. La Roue de Fortune en Maison 12 est un signe fort dans le *Référentiel* de sujets qui apportent du nouveau à leur descendance ou qui font évoluer l'humanité en recyclant les vieilles valeurs. Nostradamus et Augustin Lesage en sont des exemples typiques. L'Empereur en Maison 12 caractérise ceux qui laissent une œuvre si bien construite et structurée qu'elle devient le socle de toute une école de pensée. Gandhi, Nelson Mandela, Mozart, Barbara, Gérard de Nerval, Jean-Jacques Rousseau, Staline et Jacques Brel ont l'Empereur en Maison 12 dans leur *Référentiel de Naissance* !

La puissance de cette lame en fait l'Arcane de guérison du *Référentiel de Naissance*.
Le quartz ou minéral correspondant à cette Maison 12, selon les équivalences données par le « Tarot de cristal » (voir annexes), sera approprié au travail de guérison : on l'appellera Cristal de guérison.

Mode de calcul des Maisons 11 et 12

La Maison 11 : on additionne les trois lames de l'*hémisphère sud*, à savoir les Maisons 7, 3 et 10. Ces trois Maisons réunissent les plus grandes difficultés du sujet, son défi, les contenus de son inconscient et ses expériences de l'échec. Leur synthèse en Maison 11 fait de cette dernière la source des conflits originels du sujet.

La Maison 12 : elle s'obtient par la somme des trois Arcanes les plus dynamiques de l'*hémisphère nord*, les Maisons 6, 2 et 4.

Exemple dans le *Référentiel de Naissance* de Charles Baudelaire né le 9/04/1821 :

Maison 11 = 8 (Maison 7) + 12 (Maison 3) + 1 (Maison 10) = 21 le Monde.

Cet Arcane représente le sentiment d'étouffement que le poète maudit éprouvait, mais aussi le fort appel du voyage et des mondes exotiques, cet appel désespéré à parcourir les mondes extérieurs et intérieurs pour s'en aller jusque « Au fond de l'inconnu pour trouver du nouveau... »

Maison 12 = 13 (Maison 6) + 4 (Maison 2) + 16 (Maison 4) = 33 = 6 l'Amoureux.

Guérison par la liberté, engagement sur les chemins de l'amour, aspiration ultime à la réconciliation avec les femmes, sa mère bien sûr, mais aussi toutes les femmes de la création.

Maison 13 : Maison de la problématique dite « Le Cœur du Blason »

Calcul de la Maison 13

Le *Référentiel* est articulé autour de deux axes, l'axe horizontal, appelé aussi la *ceinture*, et l'axe vertical appelé l'*échelle de Jacob*. C'est en additionnant la valeur des lames de chacun de ces axes que l'on obtient la valeur du *Cœur du Blason*.

Ceinture : {Maison 9 + Maison 2 + Maison 5 + Maison 4 = A}

Échelle de Jacob : {Maison 11 + Maison 3 + Maison 5 + Maison 1 + Maison 12 = B}

Cœur = A+B
Le résultat, bien sûr, se réduit dans la proportion habituelle du nombre 22.
Nous observons que la lame contenue dans la Maison 5 est comptée deux fois dans ce calcul.

Exemple dans le thème de Baudelaire :
Échelle de Jacob : 21+ 12 + 5 + 9 + 6 = 53
Ceinture : 21 + 4 + 5 + 16 = 46
Cœur : 53 + 46 = 99 = 9 + 9 = 18 la Lune

Expression de l'émotivité, de la tendance dépressive du poète, mais aussi de toute sa créativité, de sa clairvoyance et de son aspiration à voyager au-delà des mondes connus...
Spleen et Idéal !

Le Cœur du Blason

Tarot et Blasons, une même origine.
Si au Moyen Âge l'écu protégeait le cœur du chevalier engagé au combat, le blason dessiné sur cet écu avait vocation à préserver le cœur de son cœur, c'est-à-dire son identité et l'honneur de sa lignée. Contrairement à ce que pensent la plupart des gens, les blasons n'ont jamais été le privilège de l'aristocratie. Les paysans, les commerçants, les gens de lettres, les bourgeois pouvaient porter blason. Aujourd'hui encore, et la législation est très claire à ce sujet, tout citoyen a le droit d'arborer un blason, d'en faire protéger le dessin, de le transmettre en patrimoine.

Beaucoup d'idées fausses circulent aussi sur le Tarot. La tarologie telle qu'elle est pratiquée à l'heure actuelle comme outil de voyance ou vague psychologie caressant l'ego dans le sens du poil est à l'Art Royal ce que les pin's, les tatouages et les badges commerciaux sont à l'art héraldique... un résidu, un avatar.

L'art héraldique, tout comme la science sacrée des nombres et l'iconographie du Tarot, est un art d'inspiration alchimique, pensé dès son origine pour aider l'homme dans son évolution sociale, psychologique et spirituelle. Il lui indique aussi avec force la quête de l'unité.
En fait, le blason serait au nom que l'on porte ce que l'esprit est à la lettre. C'est-à-dire la face cachée et véritablement sacrée d'un nom. Construire ou déchiffrer son blason dans un travail de développement personnel relève autant de la quête initiatique que de la quête identitaire.
Confronté à l'expérience de son blason personnel, on découvre aussi bien la puissance laissée en héritage par la lignée, que le dragon qu'il nous reste à combattre dans notre vie et dont nous inscrirons les armes sur notre écu quand nous l'aurons vaincu.
Le blason serait notre véritable patronyme. Le nom que nous portons bien haut, plutôt que le nom qui nous porte depuis tant de générations.
Lorsque le chevalier se présentait au tournoi et que les hérauts décrivaient les armes, meubles ou couleurs chargés sur l'écu, ceux-ci réactualisaient d'une certaine façon les hauts faits qui, en des temps reculés, avaient fondé la lignée du chevalier en question. Un peu comme dans les rituels sacrés au cours desquels le prêtre, en récitant la cosmogonie dont il est lui-même issu, réactive l'acte créateur.

Le mot « blason » prendrait son origine dans un ancien mot germanique signifiant « souffler dans un cor ». Si cette étymologie est exacte, elle nous fait entrevoir la force et la portée de la notion de souffle : souffle créateur, souffle de l'esprit. Lorsque le grand prêtre des Juifs souffle dans le schofar à l'approche d'événements aussi considérables que celui du Grand Pardon, il reprend en écho le souffle que Dieu Lui-même poussa à l'aube de la création. Nous pensons ici à l'Arcane XX : le Jugement. « Seul l'esprit s'il souffle sur la glaise peut créer l'homme », dit Saint-Exupéry.
On comprend dès lors que la réalisation d'un blason soit un acte créateur fondamental mettant en jeu des forces spirituelles très élevées.
En argot, le mot « blase » indique tout aussi bien un nez (canal du souffle) qu'un patronyme.
Or, l'argot est une langue codée que les spécialistes de l'art gothique (argotique) employaient pour échapper aux persécutions.

Le Tarot lui-même est un blason, aussi bien dans sa structure globale, Arcanes majeurs et mineurs, que dans chacune de ses lames. Les personnages comme les armes ou meubles (épées, tours, aigles, etc.) sont posés indifféremment sur un fond blanc que l'on décrirait, en suivant le langage héraldique, comme un champ d'argent. Ce champ symbolise la préparation à la naissance intérieure dont parle Gérard de Sorval dans son remarquable ouvrage *Le langage secret du blason*. Une première étape vers la connaissance de soi que les écrivains connaissent bien, confrontés à l'angoisse de la page blanche. L'espace est vierge, pur. Un acte sacré et créateur peut y être posé en conscience. Dans ce champ, on a carte blanche. Tout est possible. Selon la manière dont ce champ d'argent sera chargé, le chevalier exprimera le degré de conscience et d'éveil qu'il a atteint, les défis qu'il lui reste à relever, les alliés sur lesquels il peut compter. Par exemple, dans l'Arcane XIII du Tarot de Marseille, le champ n'est d'argent que sur les deux tiers supérieurs. Le tiers restant est de sable (noir), chargé de divers meubles héraldiques, têtes de carnation (couleur chair) dont une couronnée d'or. On y voit aussi des flammes bleues et jaunes (d'azur et d'or), des pieds, des mains etc. Cette modification du champ est caractéristique de l'étape transitoire que symbolise l'Arcane XIII : la rencontre alchimique avec sa terre noire. De nombreux mythes illustrent cette étape presque toujours nécessaire dans l'évolution d'un être humain (Orphée, Perséphone, Ishtar). Une sorte de descente en enfer préparant à une nouvelle naissance. Cette carte dite la Non Nommée n'est pas la carte de la mort mais celle de la renaissance et de la transformation profonde de l'être, son passage vers la vraie vie par la prise de conscience de ce qui doit mourir en lui.

Le chevalier qui a vaincu la peur de la mort en faisant de chaque instant la mort de l'instant précédent pourra témoigner symboliquement de sa victoire dans son blason. La démarche qui consiste à inscrire de façon plus ou moins stylisée une valeur dans son blason est en soi un acte de chevalerie. Ce travail exige, hormis la parfaite connaissance des outils symboliques et de l'art héraldique, l'authenticité la plus totale dans son rapport avec soi-même et la volonté tenace de triompher de son dragon intérieur. Cela revient à faire le choix d'évoluer dans l'existence avec un esprit de chevalerie, c'est-à-dire en dominant son épée, en se mettant au service du roi qui siège dans les terres les plus élevées de la conscience, le Soi, et au service de la Dame qui nous guide sans faillir dans notre quête : l'âme.

La 13e Maison du *Référentiel*, dite *Cœur du Blason*, synthétise l'ensemble d'un thème. Pour un tarologue expérimenté, le simple examen de cet Arcane résume on ne peut mieux la totalité des informations contenues dans le *Référentiel*. Le *Cœur du Blason* constitue la problématique fondamentale d'un individu, c'est-à-dire d'une manière ambivalente, la source de ses difficultés mais aussi sa capacité à les résoudre. Avec cette lame, nous sommes au cœur du problème, nous nous approchons de la nature profonde, essentielle et paradoxale du sujet.
Voir le développement de chaque problématique dans le chapitre sur les aspects.

Chez un artiste, l'Arcane au *Cœur de Blason* est la signature identitaire et conceptuelle de son œuvre : Valadié peint des femmes nues, ainsi que Gauguin, tous les deux l'Étoile au *Cœur du Blason* ; Joan Baez milite pour la paix et la liberté, Pendu au *Cœur* ; Baudelaire décrit les paradis artificiels et voyage au-delà des mondes connus, la Lune en Maison 13 ; Van Gogh explose ses carapaces dans des natures tourmentées, la Maison Dieu en Maison 13 ; Chagall fait tourner le vertige de la vie, Roue de Fortune ; Léonor Fini, charme et magnétisme de ses personnages, le Diable, etc.

Un beau chemin d'extériorisation et d'intériorisation s'accomplit lorsque l'on interprète la voie qui conduit le *Cœur* d'un thème au *Cœur* d'un autre thème. Ce travail s'appelle *le chemin de l'un à l'autre.* On l'étudie dans le chapitre sur les *Référentiel*s *de couple.*

Maison 14 : Arcane Mineur de Synthèse

Calcul de la Maison 14

L'Arcane mineur de synthèse se calcule à partir du nombre caché de la Maison 5.
Si la somme des quatre premiers Arcanes du *Référentiel* donne par exemple 48, la Maison 5 contiendra le Pendu (4 + 8 = 12). Mais le nombre 48 en soi présente un intérêt. On le rapprochera du tableau suivant pour le mettre en correspondance avec un Arcane mineur dont la valence est 48 - en l'occurrence le 2 de Deniers.
Si le nombre obtenu est supérieur à 56, il sera simplement réduit en ses composantes.
Par exemple 57 = 5 + 7 = 12, ce qui correspond au 8 de Bâton (voir tableau).

Tableau des Arcanes mineurs

	Bâton	Coupe	Épée	Deniers
Roy	1	15	29	43
Reyne	2	16	30	44
Cavalier	3	17	31	45
Valet	4	18	32	46
1	5	19	33	47
2	6	20	34	48
3	7	21	35	49
4	8	22	36	50
5	9	23	37	51
6	10	24	38	52
7	11	25	39	53
8	12	26	40	54
9	13	27	41	55
10	14	28	42	56

Les Arcanes mineurs remplissent plusieurs fonctions au sein du *Référentiel de Naissance* dont la plus importante concerne l'Arcane mineur de synthèse.
On utilise aussi les mineurs dans le processus d'actualisation du *Référentiel de Naissance*. On pose pour cela, de manière aléatoire, après avoir mélangé les Arcanes mineurs, une lame sur chacune des cinq premières Maisons. Les mineurs suggéreront dans quels domaines les majeurs du *Référentiel* s'exprimeront pendant une période donnée. Exemple : un Amoureux avec un As de Coupe, engagement dans l'affectif, un Empereur avec un 3 de Coupe, structuration des sentiments, une Justice avec un 4 de Deniers, équilibre matériel. Il s'agit toujours d'une proposition de travail intérieur et non pas d'événements à prévoir !

Nous interprétons l'Arcane mineur de synthèse comme le moyen de traverser le passage obligé. Le travail consistera donc à puiser dans l'Arcane mineur de synthèse tout le ressort nécessaire à ce passage. Dans certains cas, cet Arcane s'associe à celui de la Maison 6.

Le Tarot est un hologramme. Cela signifie que chaque Arcane contient inscrite en soi, d'une manière ou d'une autre, la totalité du Jeu.
Ainsi les Arcanes mineurs sont-ils présents dans les Arcanes majeurs, comme les majeurs sont présents dans les mineurs... nous allons le montrer tout à l'heure...

Exemples :

Cavalier de Deniers :	Khalil Gibran, Jean-Jacques Rousseau, Saint-Exupéry, Daniel Cohn-Bendit.
Valet de Deniers :	Louis XIV
Reyne d'Épée :	Jeanne d'Arc (!)
3 d'Épée :	Krischnamurti
4 d'Épée :	Gandhi
As de Deniers :	Barbara, Napoléon
9 d'Épée :	Marylin Monroe, Baudelaire
3 de Deniers :	Mozart
4 de Deniers :	Kennedy
Roy de Deniers :	l'Abbé Pierre
9 de Coupe :	May Ziadah
10 de Coupe :	Verlaine
Roy de Coupe :	Rimbaud
7 de Deniers :	Freud, Léo Ferré

Résumé des modes de calcul

Maison 1 : le jour de naissance
Maison 2 : le mois de naissance
Maison 3 l'année de naissance
Maison 4 la somme du jour, du mois et de l'année de naissance. On réduit à la fin du calcul
Maison 5 la somme des Maisons 1, 2, 3, 4.
Maison 6 la somme des Maisons 1 et 2
Maison 7 la soustraction entre les Maisons 3 et 2
Maison 8 la somme de la Maison 6 + l'année concernée réduite entre 1 et 9, sauf 11 et 22 qui ne se réduisent pas.
Maison 9 la somme des Maisons 6 et 7
Maison 10 la différence entre la Maison 9 et le nombre 22
Maison 11, la somme des Maisons, 7, 3 et 10
Maison 12, la somme des Maisons 6, 2 et 4
Maison 13, la somme des Maisons 12, 1, 5, 3, 11, constituant l'*échelle de Jacob* ajoutée à la somme des Maisons 4, 5, 2 et 9, formant la *ceinture*. On ne réduit qu'à la fin. On observe qu'il faut compter deux fois la Maison 5.

On appelle réduction le nombre formé par l'addition des chiffres qui composent un nombre donné. Exemple 34 = 3 + 4 = 7
Les réductions pour le *Référentiel* se font toujours entre 1 et 22.
Seule l'année pour laquelle on cherche la Maison 8 se réduit entre 1 et 9 (sauf 11 et 22 qui ne se réduisent pas). La Maison 8, elle, se réduit entre 1 et 22. Quand une soustraction donne 0, on utilise le Mat.

Chapitre II

SENS GÉNÉRAL DES ARCANES MAJEURS ET MINEURS DANS LE RÉFÉRENTIEL

Arcanes majeurs

Structure des Arcanes majeurs

Une construction étrangement rationnelle

La structure du Tarot n'est pas le fait du hasard. Si le Tarot avait résulté d'une inspiration sauvage et spontanée, comme le pensent certains, ou s'il avait été recomposé a posteriori à partir d'éléments éparpillés, il ne serait pas aussi structuré. Cette structure même désigne le Tarot comme l'un des supports symboliques les plus élevés et les plus évolués de la pensée humaine.
La plupart des Tarots, et notamment le Tarot de Marseille, sont composés de 78 cartes. Habituellement, on ne prononce pas le mot carte, ou alors dans le sens d'une carte d'état-major, pour nous repérer lorsque nous sommes en terre inconnue. On lui préfère le terme de lame ou d'Arcane. Le mot Arcane évoque le secret, proche en cela par une étymologie commune du mot arcade qui désigne le dessus d'un coffre à l'intérieur duquel se trouve un trésor. Pensons à l'arcade sourcilière, protection de nos yeux fragiles et précieux!
Les 78 cartes se répartissent en différents critères selon que l'on adopte une base astrologique ou numérique. Une première division en deux parties laisse apparaître 22 Arcanes majeurs numérotés de 1 à 21, augmentés d'un Arcane non numéroté, le Mat, et 56 Arcanes mineurs qui entretiennent un rapport lointain mais évident avec nos jeux de 52 cartes.
Les Arcanes majeurs se subdivisent eux-mêmes de plusieurs manières selon l'angle adopté.

En se fondant sur l'idée généralement reconnue que les Arcanes majeurs symbolisent les diverses portes à ouvrir pour accéder à un état de conscience éclairé, on peut les répartir en trois axes.
Le premier axe, l'axe d'initiation (ou première initiation), commence avec le Bateleur (I) et se termine avec le Chariot (VII). Nous sommes confrontés aux premiers Maîtres et au déploiement de nos potentialités créatrices dans le plan physique et social.
Le deuxième axe, l'axe de transformation, commence avec la Justice (VIII) et se termine avec Tempérance (XIV). C'est la rencontre des Maîtres intérieurs et du déploiement de l'être dans le plan psychologique.

Le troisième axe, l'axe de mutation, commence avec le Diable (XV) et se termine avec le Monde (XXI). C'est la rencontre avec les Maîtres symboliques et le déploiement ultime dans les plans énergétiques supérieurs et spirituels. Ultime mais non définitif, car l'Arcane sans nombre, le Mat, joue le rôle d'une modulation en musique ; il nous enseigne, une fois notre initiation achevée sur un plan, que nous pouvons reprendre notre bâton de pèlerin et repartir sur la route entamer un nouveau chemin d'évolution dans d'autres plans.

Cette division des Arcanes majeurs en 22 chapitres ne manque pas de nous rappeler la structure d'un grand nombre de textes aux destinations élevées. La Cité de Dieu de saint Augustin comporte 22 chapitres dont le chapitre IV « Comment accroître les Empires » (Arcane IV du Tarot : L'Empereur), le chapitre XVI « Confusion des langues » (Arcane XVI du Tarot : La Maison Dieu qui évoque la Tour de Babel), le chapitre XX « Résurrection, Jugement dernier » (Arcane XX du Tarot : Le Jugement). Nous trouvons aussi 22 chapitres dans *le Tableau Naturel des Rapports qui existent entre Dieu, l'Homme et l'Univers* de Louis Claude de Saint Martin, ainsi que dans *l'Apocalypse* de Jean pour ne citer que ces œuvres.
Les 56 Arcanes mineurs sont divisés en quatre sous-parties, ou polarités, de 14 Arcanes chacune et concernent essentiellement des domaines énergétiques. Ces 4 polarités, nommées dans le langage tarologique Bâton, Coupe, Épée et Deniers, correspondent respectivement, dans le langage des couleurs héraldiques et emblématiques des jeux de cartes traditionnels, au trèfle, cœur, pique et carreau. Ces quatre énergies sont associées aux quatre éléments des polarités fondamentales de l'énergie cosmique et universelle, c'est-à-dire le Feu, l'Eau, l'Air et la Terre. On a donc, en quelque sorte, 14 Arcanes de Feu, 14 Arcanes d'Eau etc.
Ces 14 Arcanes sont à leur tour divisés en deux parties. Une première déclinaison des nombres de 1 à 10, auxquels s'ajoute une deuxième série de quatre figures : la famille royale, constituée d'un Roi, d'une Reyne, d'un Cavalier et d'un Valet.

Un cheminement

Quand on regarde les 21 Arcanes majeurs du Tarot de Marseille dans leur ensemble en les disposant l'un à côté de l'autre suivant leur valeur numérique et en plaçant le Mat en marge, on observe devant soi les trois initiations que devra parcourir le Bateleur. En tant que livre d'images, le Tarot nous raconte en effet, à la manière d'une bande dessinée, comment ce petit personnage peut, au cours de son évolution, réaliser en lui la totalité illustrée par le dernier Arcane, l'Arcane XXI, le Monde.
Nous employons le mot initiation dans son sens premier, c'est-à-dire une régénérescence de la conscience par une descente à l'intérieur de soi qui ne soit pas une simple introspection mais une véritable mise en résonance avec nos états internes.

La première initiation conduit le Bateleur jusqu'au Chariot et concerne le plan social. Le jeune débutant part à la rencontre de ses premiers Maîtres qui tour à tour lui proposent un enseignement spécifique.
La Papesse, sage femme dans le Haut Tarot, l'invite à conjuguer Naissance et Connaissance, l'Impératrice lui propose de développer son discernement dans toutes les directions, l'Empereur lui fait prendre conscience du lien indissociable entre l'esprit et la matière et le Pape, en parlant à son cœur, lui apporte la bénédiction. Riche de ces enseignements, le Bateleur opère sa première transformation et réapparaît sous les traits de l'Amoureux à la croisée des chemins, prêt à s'engager sur les voies de l'Amour et de la Liberté. Cette première initiation se clôt par le Chariot, image du triomphe facile, de l'équilibre précaire mais aussi d'une certaine réussite.

La deuxième initiation se situe à un niveau essentiellement psychologique. La vraie rencontre se fait cette fois avec les Maîtres intérieurs auxquels le Bateleur, devenu Chariot, devra se confronter. L'axe qui réunit les sept Arcanes de cette initiation forme l'axe de transformation et comprend la Justice, miroir et transformateur, l'Hermite, guide intériorisé, la Roue de Fortune, image de nos mécanismes inconscients, la Force, centre de toute chose, le Pendu, subtil balancement des valeurs, la lame XIII, dite la Non Nommée, présence d'une renaissance, et Tempérance, la chenille devenue papillon.

La troisième initiation concerne le plan spirituel et la rencontre des maîtres symboliques. Il est amusant de constater que ce niveau, où le Bateleur est censé expérimenter le plan divin, débute par l'Arcane XV : le diable ! Peut-être faut-il comprendre ici que la rencontre avec Dieu doit nécessairement passer par l'antichambre du Diable !!! Peut-être trouverons-nous plus rassurant de dire les choses différemment : la rencontre avec le Diable débouchera sur la rencontre avec Dieu !

Les six Arcanes qui suivent sont caractérisés par un ciel animé de présences, ce qui n'était pas le cas jusque-là, excepté dans l'Amoureux. La Maison Dieu - Maison de Dieu ne l'oublions pas - l'Étoile, expérience du pouvoir dépassé, la Lune, limite des mondes connus, le Soleil, énergie rayonnante de joie, le Jugement, Arcane de l'éveil, le Monde, réalisation de la totalité de l'être.

À ces trois initiations, ne manquons pas d'ajouter le Mat. Ce n'est pas parce qu'il est privé de valeur numérique que ce royal « joker » ne compte pas ! Bien au contraire. Le SDF du Tarot de Marseille se comporte d'une façon tout à fait originale. Dépourvu d'un nombre qui lui conférerait une place dans l'échelle des initiations, le Mat échappe à toute tentative d'enfermement ou de classification ; il est partout à sa place, libre plus qu'errant, sage plutôt que fou... Mais où est donc la frontière ?
En fait, le Mat chevauche les frontières, celles qui séparent le rationnel de l'irrationnel, le visible de l'invisible, le monde sensible du monde intelligible, le monde connu du monde inconnu. À cheval entre deux univers, deux espaces-temps, le Mat rappelle non seulement les personnages féeriques des mondes divins qui parfois, dissimulés sous des apparences trompeuses, visitent les mondes humains, mais il rappelle aussi les chamans, capables pour venir en aide à un être dans la souffrance, de se désincorporer et de ravir des mains de la Gueuse l'âme d'un malheureux qui ne parvient plus à rester fixée à son corps d'attache.
Si on observe la manière dont chacune des trois initiations débute, on s'étonnera peut-être de la répétition du symbole de l'épée. Le Bateleur ouvre la première initiation, la deuxième initiation commence par la Justice et le Diable introduit la troisième. Dans les trois cas, la présence de l'épée est évidente.
L'épée symbolise la conscience éclairée. Le Bateleur n'a pas encore pris conscience de tous ses potentiels ni du sens de sa vie. Voilà pourquoi il n'a pas pris l'épée ! Prendre l'épée dans le Tarot signifie prendre conscience. Or, l'épée du Bateleur se limite à une dague ou à un poignard...
C'est-à-dire une épée non encore réalisée, un embryon d'épée, un embryon de conscience.
L'Arcane VIII, la Justice, et l'Arcane XV, le Diable, arborent, quant à eux, leur épée avec solennité. Si prendre l'épée dans l'iconographie sacrée, c'est prendre conscience, les deux Arcanes en question nous signalent que toute initiation commence nécessairement par une prise de conscience. Dans l'axe de transformation, introduit par la Justice, le candidat doit se confronter à lui-même ; dans la dernière ligne droite que le Diable inaugure, le candidat va rencontrer Dieu. La rencontre avec soi, tout comme la rencontre avec son étincelle divine, nécessite une prise de conscience préalable.

Fonction des Arcanes majeurs

Beaucoup d'idées reçues circulent sur le Tarot. Selon l'une d'elles, le Tarot répondrait aux questions qu'on lui pose. Je ne crois pas qu'il faille l'aborder ainsi. Plutôt que de répondre aux questions qu'on lui pose, le Tarot met des questions là où nous croyions avoir des réponses. Il ne contient pas un savoir figé qui serait enfermé ici et là dans ses petites images cartonnées, mais il interroge le savoir que nous avons emprisonné dans nos grandes cervelles intelligentes. C'est dans ce sens que l'on peut dire que le Tarot est philosophe, qu'il est un Maître authentique : il ne transmet pas un savoir, mais il interroge celui que nous portons en nous. Il nous permet en fait de dépasser la notion de « savoir », pour toucher au pur domaine de la connaissance. Dans le mot savoir, on devine le verbe « avoir ». Le savoir, c'est de l'accumulation de données ; on « possède » des savoirs, en informatique, en anglais ou en mathématiques. Tandis que l'étymologie du mot « connaissance » montre l'aspect inné de tout savoir. Co-naissance : « naître avec ».... Cette étymologie, qu'Henri Corbin a mise en évidence à plusieurs reprises, évoque la théorie de la réminiscence de Platon. Découvrir la naissance dans le mot connaissance, c'est se relier davantage à un état intérieur en gestation qui n'aspire qu'à mûrir.
Peut-être la vraie connaissance devrait-elle passer par l'élimination progressive de tous les savoirs. Voilà un projet audacieux pour la réforme des Universités du troisième millénaire !

Un autre préjugé mérite d'être jeté aux oubliettes des idées reçues : le Tarot permettrait de prédire l'avenir. Écoutons attentivement l'histoire que le Tarot nous raconte et nous comprendrons que les images symboliques inscrites sur ces cartes nous permettent davantage de prévoir notre devenir que de prédire notre avenir... Ici encore le Tarot apparaît plein de sagesse, dans la mesure où, respectant notre liberté, il ne nous enferme pas dans la fatalité d'un destin qui serait tracé de main de maître dans je ne sais quel ciel, mais nous invite à prendre conscience des situations, des problématiques présentes, pour nous conduire progressivement, pas après pas, vers la réalisation de notre futur. En fait, le Tarot prédit le présent, nous le montre dans toutes ses strates, un peu comme le ferait un archéologue. Il nous permet de plonger dans ce présent, d'y repérer des racines, de nous y rattacher, de nous nourrir d'un terreau fécond. D'ailleurs, que les étymologistes me pardonnent, le mot terreau ne pourrait-il être le véritable sens premier du mot Tarot?

Par le questionnement qu'il nous propose, le Tarot nous facilite ainsi le chemin vers la santé du corps, de l'âme et de l'esprit. C'est pour cette raison qu'en plus d'être philosophe il est aussi thérapeute.

En tout cas, pour le thérapeute, il constitue un support idéal, un outil de recadrage très pratique.

Description des Arcanes majeurs : explication Arcane par Arcane

Le Bateleur part à la conquête du monde. Première lame du Tarot, ce personnage rappelle le Petit Prince de Saint-Exupéry, quittant sa planète pour descendre sur la Terre afin de réveiller le cœur endormi d'un aviateur cloué au sol. Le Petit Prince quitte sa planète, sa rose, nettoie les volcans (même celui qui est éteint, on ne sait jamais). Il profite d'une envolée d'oiseaux pour s'évader. Et il descend de planète en planète. Sur chacune d'entre elles, il rencontre les principales expériences humaines, les vices et les vertus, les défauts et les défis, l'orgueil, la vanité et des personnages pittoresques : l'allumeur de réverbères, le banquier... Puis il touche enfin le cœur de l'aviateur, assoiffé d'envol mais dont l'envol précisément est en panne ! Le Petit Prince raconte à sa manière un thème bien connu : la descente en incarnation. Il s'agit en fait d'un archétype présent dans beaucoup de contes. On retrouve la même histoire dans le Petit Poucet, renoncer à la famille tout en gardant la trace de la filiation (les petits cailloux), partir sur les chemins de la liberté qui se manifesteront à la fin de l'histoire par les bottes de sept lieues, tout en sachant qu'il y a une forêt à traverser et un ogre à rencontrer. Voici le modèle universel de toutes les histoires humaines.
Le Bateleur est au début de son chemin. Il a une boîte à outils à sa disposition. Tout est là sur la table, en désordre. Ces objets représentent ses potentiels, son patrimoine. Le Bateleur est aussi bien enraciné au sol, par ses deux pieds couleurs bleue et rouge, qu'au ciel, avec ce chapeau en forme de huit horizontal qui représente son lien avec les mondes infinis. Il est au centre de lui-même. Il vit cependant encore dans le monde des illusions. Il est bateleur comme le furent les bateleurs au Moyen Âge sur le parvis des cathédrales, c'est-à-dire devant le Temple. En latin, « devant le Temple » se dit *pro fanum* : le Bateleur doit donc passer du profane au sacré. Il s'agit de rentrer dans le Temple, de sortir du monde des illusions, de faire cette rotation, dont parle Platon dans le livre VII de *la République*, sortir de la caverne, tourner son regard vers le soleil et prendre contact avec le premier maître rencontré sur le chemin : la Papesse.

Mots clés : I – Le Bateleur : le commencement, l'enfance, les potentialités créatrices, l'énergie de vie, le savoir-faire, l'illusion.
Devise : *Vaille que vaille !*

La Papesse, deuxième lame, correspond à une figure plutôt légendaire. Elle tend un livre ouvert à toutes sortes de lectures et de lecteurs. Ce livre est de couleur chair comme s'il avait quelque chose à délivrer du néant et à mettre au monde. La Papesse est le premier maître, la première femme, la sage femme. Elle vient mettre le Bateleur au monde en le révélant à lui-même. La Papesse implique tout l'univers maternel. Mère, déesse mère, grande déesse archaïque, ventre rond de la fécondité, Gaïa, Isis, Vénus. La Papesse symbolise le pouvoir de dialoguer avec l'invisible intra-utérin, la puissance absolue de mettre des enfants au monde, la Sage-femme, celle qui nous ouvre la première porte, qui déchire le premier voile.[11]

La mère est bien évidemment la première de toutes les femmes, celle avec laquelle nous avons vécu notre première relation et qui définira le modèle de nos futures façons de rentrer en relation avec les autres. La Papesse symbolise ce qu'il y a de sage dans la femme, ce qu'il y a de féminin dans la sagesse. Je me souviens du sens profond du mot Sofia qui évoque « la part féminine de Dieu ». Cette Papesse ressemble à l'Isis voilée des ésotérismes d'inspiration égyptienne. Symbolique insondable du voile, dont l'actualité populiste voile le sens sacré et fausse le débat. Il s'agit moins de mettre un voile sur la tête des femmes en leur disant « tu m'appartiens », que d'enlever les voiles que nous avons à l'intérieur de nos têtes.

La Papesse symbolise le passage du voile, la première porte, l'ouverture du chemin, la frontière vers la terre promise. Le Bateleur, en fin de compte, vient au Monde. Toute connaissance ramène encore une fois à cette étymologie: « co-naissance », naître avec. Il n'y a pas d'autre naissance que de naissance à soi-même. La connaissance consiste à révéler, dévoiler ce que nous portons d'essentiel en nous et que nous ignorons. Maïeutique socratique, accouchement de l'âme.

Mots clés : II – La Papesse : la mère, la sage-femme, la femme sage, le féminin, la naissance, la connaissance, l'initiation, le secret, l'intériorité, le mystère, l'invisible, le passage d'un plan à un autre.
Devise : *Passe ou trépasse !*

---

[11] Voile en grec se dit « hymen »…

Ainsi, le Bateleur peut circuler. Il continuera à rencontrer ses maîtres.

L'Impératrice, troisième lame, définit cette fois ce qu'il y a de masculin dans la femme. Elle est le lieu de l'expression, de l'autorité et de la force, mais aussi de la manifestation. Arcane androgyne, elle a une pomme d'Adam ce qui n'est pas chose communément admise pour la gent féminine. Cette pomme d'Adam serait, paraît-il, restée au travers de la gorge des hommes ! Est-ce à dire que les femmes l'auraient mieux avalée que nous ?

La pomme d'Adam de l'Impératrice évoque aussi le cinquième plexus ; nous rencontrons ici l'Arcane de la parole, de l'expression, de la manifestation de l'esprit dans la matière : je pense, je dis, je fais, et les trois verbes se conjuguent au même temps… en même temps.

Impératrice, Tiki, divinité océanienne, aux formes trapues et ramassées, réunissant en un seul mouvement virilité et fécondité.

Dans l'Impératrice, nous expérimentons aussi ce que je nommerai le *fréminin* .

Le fréminin : celle qui a compris que le féminin ne s'enracine pas dans sa féminité mais dans sa capacité à dialoguer avec l'invisible.
Mots clés : III – L'Impératrice : l'expression, la pensée créatrice, l'intégration des forces psychiques dans l'action, la médiumnité, l'équilibre de la pensée, un pouvoir féminin.
Devise : *Qui s'y frotte s'y pique !*

Le Bateleur entend ces leçons. Avec la Papesse, il a emprunté le chemin de la connaissance. Avec l'Impératrice, il développe son discernement, sa parole, son expression. Avec l'Empereur, il rencontre le monde de la structure et de la matière.

L'Empereur, Arcane du territoire, de l'espace, de la rencontre entre deux plans dont l'aigle établit la liaison : les mondes de l'esprit et de la matière. Les pieds blancs de l'Empereur établissent qu'il respecte la terre sur laquelle il marche ; il est matérialiste dans le bon sens du terme. L'Empereur évoque aussi le thème du père. Son collier en forme d'épi de blé annonce déjà la Non Nommée : l'Arcane XIII. L'Empereur crée l'empire alors que le royaume crée le Roi. Cela souligne que l'Empereur n'a pas d'héritage. Contrairement au Chariot qui dans les Arcanes majeurs peut être associé au Roi des mineurs. Le Chariot n'a rien à conquérir d'autre que ce qui lui a été transmis. D'où la notion d'immobilité que l'on peut ressentir dans ce septième Arcane.

En parallèle avec le concept de *fréminin* présent dans l'Impératrice, on peut parler ici de *Basculin* : celui qui bascule lorsqu'il prend conscience que le masculin ne s'enracine pas dans sa virilité mais dans son humanité.

Mots clés : IV – L'Empereur : la matière, la structure, l'autorité, la limite de la forme, la pensée rationnelle, la notion de territoire, le père.
Devise : *Que nul n'entre ici s'il n'est géomètre !* [12]

Le chemin continue jusqu'à la rencontre d'un autre maître, le Pape, une figure différente du père. Le papa, expliquerait Françoise Dolto. La célèbre psychanalyste avait bien différencié ces deux notions, le père qui produit de la structure en apportant le non et le nom, et le papa dans sa fonction plutôt nourricière et sécurisante.

Les deux petits personnages qui se présentent au-devant du Pape, comme pour demander une bénédiction sont, en effet, une manifestation double du Bateleur dans son intelligence comme dans son intuition ou, en le disant de manière plus scientifique, dans la recherche d'un équilibre harmonieux entre son cerveau gauche et son cerveau droit. Les deux tonsures des personnages tournent dans des sens opposés évoquant des spirales énergétiques. Le travail d'union et de bénédiction est celui d'une harmonisation en soi des différentes fonctions de l'âme.
Mots clés : V – Le Pape : la parole, la bénédiction, la reconnaissance, l'alliance, le lien avec le monde spirituel, la liberté, un autre aspect du père : le papa.
Devise : *L'union fait la force.*

Le Pape bénit le Bateleur, il l'encourage à tracer sa route. Riche de tous ces enseignements, le jeune explorateur se trouve enfin à la croisée des chemins. Jambes nues, pieds nus, il s'affranchit de l'énergie de la terre (le

[12] Cette phrase, inscrite au fronton de L'Académie platonicienne, sous-entendait que seuls ceux qui avaient un esprit très rationnel pouvaient bénéficier d'un enseignement philosophique.

sol est en forme d'ondes vibratoires)[13] relié à une énergie spirituelle suggérée par l'ange qui, au-dessus de lui, surgit du soleil. De chaque côté, les mondes humains, deux personnages dont les bras entrecroisés laissent circuler un fluide d'harmonisation. Peut-être sommes-nous ici dans une représentation de l'Œdipe. On assisterait à une sorte de transmission, de la mère à la future épouse. Le personnage du milieu pourrait d'ailleurs être une femme. Certains spécialistes ont démontré que, sur d'anciens Tarots, on distinguait plutôt une femme entourée de deux hommes.
L'Amoureux est souvent mal compris. Il souffre d'une mauvaise réputation, suite aux commentaires très dualistes écrits par les auteurs du XIXe siècle, qui avaient tendance à voir dans cette lame une sorte de dualité : il faut choisir, pensaient-ils, entre la voie charnelle, sexuelle, qui serait représentée par la jolie jeune femme et la voie aride et spirituelle évoquée par la « moche ». Fromage ou dessert !
En fait, l'Amoureux ne représente pas l'Arcane du choix mais plutôt celui de l'engagement. Quand on s'engage, on ne renonce à rien. Peut-être, effectivement, que le seul choix que nous ne puissions jamais faire est celui du renoncement, mais en même temps, l'engagement ne suppose aucun renoncement. L'idée d'engagement guérit l'angoisse de choisir.
Mots clés : VI – L'Amoureux : l'engagement, l'affectif, l'amour, la liberté, le choix, la protection, l'énergie sexuelle, l'adaptabilité et la peur du renoncement, le sens du service, l'amour dans une démarche spirituelle.
Devise : *Aime et fay ce que vouldra.*

L'engagement ayant été pris, le Chariot, septième lame, arrive au sommet de lui-même. Il est couronné. Le voici, maître de ses chevaux, c'est-à-dire de ses pulsions. Contrairement à l'Amoureux, cet Arcane a une bonne réputation dans le Tarot. On y voit du triomphe, de la réussite, l'image d'un prince, maître de « lui-même comme de l'univers ». En observant l'image de plus près on peut douter de cette quasi perfection ! Les chevaux, en effet, ne regardent pas vraiment où ils vont, ils ne tirent pas dans la même direction. Le conducteur ne tient pas de rênes, semble assez nonchalant, même s'il arbore, sur ses épaules, les dessins du Soleil et de la Lune rappelant ses liens avec les mondes spirituels. D'autre part, la roue est placée de telle sorte qu'elle laisse difficilement envisager une avancée constructive du chariot. L'Arcane VII n'avance pas et l'étrange roue exposée de face anticipe une autre roue : la Roue de Fortune.

La Roue de Fortune désigne les histoires qui reviennent, les mémoires archaïques, les schémas répétitifs. Tant qu'on n'a pas libéré dans l'Arcane X la mémoire des programmes génétiques, on ne peut pas avancer.

---

[13] Dans le Tarot de Marseille, les sols représentés par des lignes jaunes et noires suggèrent que la terre est source d'une énergie tellurique.

Mots clés : VII – Le Chariot : la maîtrise, la voie, le triomphe, la dualité, la réussite sociale, le pouvoir, la nécessaire maîtrise des pulsions instinctives et des tensions contradictoires.
Devise : *Nul ne s'oppose !*

La Roue tourne et le Bateleur se retrouve à nouveau devant un certain nombre d'expériences.

La Justice qu'on aimerait appeler la justesse : la rencontre avec soi-même, l'équilibre entre les mondes intérieurs et extérieurs.
Mots clés : VIII – La Justice : la conscience, la justice sociale, la transformation, le sens de l'équilibre et de l'harmonie, la dynamique, l'énergie, la liberté, la recherche des causes profondes, le face à face avec soi-même.
Devise : *Ny plus ny moins !*

L'Hermite, figure traditionnelle du sage que l'on réduit souvent à un thème de solitude ou d'isolement. Quand on est confronté à cette image, il s'agit de transmuter la solitude, de lui donner une dimension supérieure : l'Hermite est un éclaireur, un guide, il apporte la douce lumière. Mais ce n'est pas facile d'être un éclaireur. Ceux qu'on envoie en première ligne, car ils connaissent déjà le terrain, prennent le risque de se faire flinguer les premiers ! L'histoire en est nourrie de ces amis de l'humanité stoppés en plein envol d'une balle de ciguë, ou crashant leur rêve sur l'ombre d'une croix ! L'Hermite est un méditant, un père du désert, un pèlerin, il sait éclairer le monde parce qu'il a su entretenir la petite flamme bleue qu'il a rencontrée au centre de lui-même.
Si les auteurs de l'ancien Tarot de Marseille, qui étaient de véritables initiés, ont écrit « Hermite » avec un H, c'est qu'ils ont voulu évoquer la présence d'Hermès, le dieu qui fait le lien entre le Ciel et la Terre, le dieu de l'hermétisme et de l'alchimie. La science hermétique ne se réduit pas à la notion de vide, mais plutôt à vider le trop-plein qu'on accumule à l'intérieur de soi. La vacuité est un processus positif, et non négatif comme pourrait le laisser supposer l'idée de faire le vide ! Il s'agit d'un authentique travail spirituel consistant par exemple dans le yoga, la méditation ou dans certaines autres formes d'exercices spirituels, à opérer un retour à la source. C'est en

faisant le vide des trop-pleins encombrant notre mental que nous pouvons espérer faire de vraies rencontres au cœur de soi et au cœur de l'autre.
Mots clés : IX – L'Hermite : la sagesse, la profondeur, la solitude, l'isolement, l'intériorité, le rapprochement de la nature, la guidance, la connaissance, le cheminement, la sensibilité, l'initiation.
Devise : *Lentement mais sûrement !*

Après avoir traversé l'expérience de l'intériorité, le Bateleur rencontre la Roue de Fortune, cette machinerie complexe qui symbolise le retour de l'histoire familiale ou personnelle. Pensons à la définition que Jacques Lacan donne de l'inconscient : « Ce qui fait retour ».

Mots clés : X – La Roue de Fortune : la transition, le changement de cycle, la répétition, le déterminisme, les lois de cause à effet, l'action de l'homme sur le temps et le destin, l'innovation, le libre arbitre, l'évolution spirituelle.
Devise : *Connais- toi toi-même !*

Ayant pris conscience dans la Roue de Fortune de ce qui lui appartient et de ce qui ne lui appartient pas, le Bateleur arrive à la Force, onzième Arcane majeur du Tarot de Marseille.

Dans cette image, il n'y a ni décor, ni paysage, ni sol, ni entourage. Seul un personnage au centre de l'image semble accumuler sa force au niveau du *hara* (deuxième plexus), là où réside sa puissance énergétique. Il repose sur lui-même, en tenant ouverte la gueule d'un lion. On y voit aussi un pied étrange, avec sept orteils, représentant le siège de l'âme dans ses sept plans (physique, énergétique, émotionnel, mental inférieur, mental supérieur, psychique profond, et causal). Dans la Force, on retrouve ce chapeau en forme de lemniscate[14] qui établit le lien avec le monde spirituel. Le personnage est désormais capable de s'appuyer sur lui-même. Il accède à l'autonomie, au centrage, à l'intériorité.

---

[14] Forme de huit horizontal, utilisé en mathématique pour désigner l'infini. On peut aussi parler de *lacs d'amour.*

Cet Arcane est aussi celui de l'amitié et de la lignée avec les frères et sœurs. Cela évoque bien sûr l'une des fonctions symboliques de la Maison 11 en astrologie, qui nous relie à nos amis, mais en même temps à toute la communauté humaine. « L'humanité est faite davantage de morts que de vivants », disait Auguste Comte. Ainsi, avec cette Force, le Bateleur s'appuie désormais sur lui-même. « Si je peux m'appuyer sur moi, tu peux t'appuyer sur moi. Je peux m'appuyer sur toi si tu t'appuies sur toi. Par contre, si je me repose sur toi, c'est très différent parce que je te fatigue et je m'endors… ». Nous connaissons ces systèmes où l'on se repose les uns sur les autres. Cela ne donne jamais rien de bon. Par contre, quand on s'appuie sur l'autre, on lui signifie la confiance que l'on porte en sa force. Voilà le vrai sens de la Force dans le Tarot : l'autonomie, le centrage…Pour reprendre une image donnée, je crois, par Graf Durkheim, il s'agit de « s'asseoir à l'intérieur de soi ».

Je pense à ces films muets des années 1920… Un personnage s'apprête à s'asseoir, un autre protagoniste lui retire sa chaise, et notre personnage demeure quand même dans la position assise… Comme s'il était assis à l'intérieur de lui-même. La Force, c'est le pouvoir de s'asseoir en soi. Si tu es dans la Force, tu peux t'appuyer sur toi-même… Si tu échoues, tu ne feras pas porter la responsabilité de ton échec à l'autre.
Mots clés : XI – La Force : le centrage, l'alignement, la maîtrise des énergies, l'autonomie, la maîtrise de soi, le lien avec la source, la guérison spirituele, la force sans violence.
Devise : *La force fait l'union !*

Le Pendu est l'Arcane de l'expérience, du lâcher-prise, du détachement et de la confiance. Il nous rappelle que pour arriver à lâcher prise sur ce qui nous tient attachés, bloqués, figés, il faut être capable de changer de point de vue, de regarder les choses sous un autre angle. Avec ses deux mains derrière le dos, le personnage exprime une certaine vulnérabilité. En effet, quand on place ainsi les mains, on ne se protège pas, on est confiant, disponible, sans résistance. Cela illustre l'idée principale du Pendu : lorsque, au lieu de résister à la poussée des courants, on se laisse porter par eux, on parvient plus vite et sans effort vers des berges salutaires. Ce point de vue qui consiste à lâcher prise sur toute volonté et à faire confiance au vaste mouvement de la vie est sensiblement différent de celui que l'on peut adopter lorsqu'on est confronté à la signification de l'Arcane X, la Roue de Fortune. Là, on ne nous demande pas de lâcher prise, mais d'agir, de prendre en main notre destinée ou de transformer quelque chose en nous.
Envisageons une autre façon de comprendre cet Arcane. Le Pendu regarde le monde à l'envers et s'en crée une vision différente. Cela laisse supposer que le deuxième enseignement contenu dans le Pendu est une invitation à inver-

ser son point de vue et ses valeurs, sachant que celles que nous accordons aux choses sont précisément celles qui nous attachent. Nous ne sommes aliénés ni à la matière ni aux dogmes ni à l'affectif mais aux valeurs que nous accordons à la matière, aux dogmes, à l'affectif. Quand nous rencontrons le Pendu dans le Tarot de Marseille, nous recevons deux enseignements. D'une part, détachement, lâcher-prise par rapport à tout ce sur quoi nous avons cristallisé notre volonté, notre pensée, nos valeurs ou nos concepts, d'autre part changement de point de vue, invitation à regarder le monde sous un autre angle avec un nouvel éclairage. Voici d'ailleurs un petit exercice très parlant : observons le Pendu et imaginons que l'on coupe la corde. Le personnage tombe sur la tête. Mais si nous tournons la carte de sorte que le personnage nous apparaisse à l'endroit, dans la même disposition que les autres Arcanes du Tarot, et si nous tranchons alors la corde qui tient son pied attaché à la poutre, nous aurons l'impression qu'il retombe sur ses pieds. Comme si pour retomber sur ses pieds, il était nécessaire dans un premier temps d'inverser ses valeurs, dans un deuxième temps de se détacher de ce qui nous tient prisonnier par le pied, demeure traditionnelle du Moi.

Une fois cette étape franchie, le Bateleur rencontre une nouvelle expérience à peu près identique mais sensiblement plus violente, la confrontation avec la Non Nommée !

Mots clés : XII – Le Pendu : la dissociation pathologique, le dédoublement astral, le lâcher-prise, le détachement, la confiance, l'inversion des valeurs, le sacrifice de l'ego, l'obéissance aux lois de la gravitation spirituelle, l'abandon, l'abandon à la volonté du Père.

Devise : *Je plie mais ne romps point !*

Avec l'Arcane XIII, nous sommes encore dans une expérience du détachement, mais bien plus poussé puisqu'il s'agit d'un dépouillement radical. Voilà le grand Arcane alchimique : le coup de balai dans le passé. Plus rien ne résiste, même pas les têtes couronnées. L'Arcane donne un coup de faux dans tout ce qui est faux. On retrouve ici cette colonne vertébrale en forme d'épis de blé déjà rencontrée dans l'Empereur : cet Arcane est, bien entendu, celui de la vie, de la renaissance et de la reconstruction. Il s'agit quand même d'un squelette, c'est-à-dire une structure, une construction. L'essentiel de cet Arcane consiste en un travail sur l'identité. Cet Arcane n'a pas de nom ; on l'appelle la Non Nommée. Quand il apparaît dans un tirage ou un exercice de développement personnel, on est interpellé sur nos problématiques d'identité. Voilà le grand Arcane du « Qui suis-je ? ». Amusant de constater au passage que le mot squelette a la même étymologie que le mot escalade, lui-même cousin du mot « école ».

Mots clés : XIII – La Non Nommée : la renaissance, la transformation, la structuration, la construction, le dépouillement et la croissance spirituelle, la recherche de l'identité, la revalorisation de soi.
Devise : *Je meurs où je m'attache ! Je meurs ou je m'attache !...*

Lorsque ces expériences de détachement et de dépouillement ont été vécues et intégrées, on aborde l'Arcane Tempérance. Harmonisation des polarités. Le personnage angélique de cette lame tient deux urnes polarisées, maintenant entre elles un flux énergétique. Elle nous rappelle le Verseau, messager de la communication subtile. Tempérance est l'Arcane de la communication dans les trois plans. Communication sociale et personnelle, communication avec soi-même et communication avec les mondes invisibles. Le lien somatique est établi avec les poumons, le souffle. En fait, il s'agit d'un ange incarné. Les ailes couleur chair semblent le confirmer, qui nous invitent à nous élever au-dessus de nous-mêmes avant de rencontrer le Diable.
Mots clés : XIV – Tempérance : la communication, la télépathie, la maîtrise des émotions et des passions, la respiration, la connaissance de soi, le pouvoir sur les énergies, la fraternité.
Devise : *Jamais trop !*

Le Diable, quinzième Arcane, le *Diabolos*, archétype de la dualité.
Le Diable représente effectivement tout le plan du mental, mais, en même temps, ses bois de cerf évoquent la notion de service.
Il n'y a rien de négatif dans le Tarot. Je peux puiser mon énergie, dans la Force comme dans le Diable, dans la puissance comme dans le pouvoir. Il n'y a pas de problème avec le pouvoir, mais seulement avec l'usage que l'on en fait.
Mots clés : XV – Le Diable : l'aliénation, le charme, la dualité, l'énergie, le magnétisme, le mental, la peur, la puissance et le pouvoir, la séduction, le service, la sexualité.
Devise : *Ny Dieu ny maître !*

Que se passe-t-il exactement dans La Maison Dieu ? Une énergie s'est cristallisée au niveau de l'ego. L'ego souffre. Blessure narcissique. Je ne sais plus où j'habite. Voici le grand Arcane de la somatisation. Les cervicales enflammées, le cou rigide, les omoplates tendues. Les clavicules de Salomon, petites clefs du grand Temple, douloureuses. Trouble de la personnalité.
La Maison Dieu évoque la dislocation du Moi précédant l'épanouissement et la plénitude du Soi.

Celui qui traverse en conscience la Maison Dieu peut s'abandonner en toute confiance dans les bras aimants de L'Étoile qui s'annonce. Fluidité, dispersion de l'énergie, amour maternel et non pas maternant.
Force, Maison Dieu, Étoile. En me reliant à ma force intérieure, dont le siège, chacun désormais le sait, est dans le cœur, je peux, dit le Bateleur, traverser les murs les plus compacts et accueillir ce qui m'accueille, l'amour inconditionnel de l'Étoile... Si je parviens à dissoudre les murs qui sont à l'intérieur de moi, je pulvériserai aussitôt les murs qui me limitent, à l'extérieur de moi. Je suis le passe-muraille.

La translocation suggère le moment où tu changes de « maison », où tu changes de camp. Transcendance de l'habitat. Tu t'élèves à la Maison de Dieu dans un transport amoureux. Coup de foudre uranien, une énergie si intense que tu te satellises au-dessus de toi-même, téléportation, extase infinie, orgasme cosmique.
Les églises sont vides, Maison Diev ou la lettre U est remplacée par un V. Anagramme anarchique, la Maison Vide. Les inquisitions de tout poil en chassant les hérétiques ont chassé Dieu de la maison du seigneur. Je me souviens de cette histoire que ma mère se plaisait à raconter souvent : C'est la période de l'occupation, un dimanche à la messe, le prêtre brame dans son homélie : « Que tous les juifs qui espèrent trouver refuge dans cette église déguerpissent immédiatement d'ici ! »
À ce moment, on entend un grand fracas juste derrière l'autel, le petit Jésus que Marie tenait dans ses bras se retrouve au sol, et se tournant vers sa mère en lui tendant la main s'exclame : « Viens maman, on n'a plus rien à faire ici ! »

La casa dei.
La Chaise Dieu. La chaise où Dieu s'assoit pour mieux contempler son absence de nombril.
La Maison Dieu, en rappelant la Tour de Babel et la Maison haute de la Pentecôte, concerne aussi le thème du langage. Langage enfermé, citadelle blindée décrite par Edgar Morin, *La forteresse vide* de Bettelheim, souffrances autistes, silence assourdissant. Ce thème sera évoqué dans l'étude du *Référentiel* de Natalia décrit page 254. Si la princesse enfermée dans la haute tour s'appelle « Réponse », c'est une confirmation supplémentaire que la Maison Dieu est le grand Arcane de la parole blessée, de la question brûlante sur les lèvres humaines.
Mots clés : XVI – La Maison Dieu : la violence, l'orgueil spirituel, l'enfermement, la surprotection, la force de caractère, l'aptitude à bâtir et à sublimer son énergie, l'inspiration divine, la déconstruction.
Devise : *Jamais ne faillirai !*

Quand le Bateleur rencontre l'Étoile, il pénètre le monde de l'abandon; le voici prêt à contacter dans cette étape cruciale la joie de l'espérance, l'amour infini, la compassion, la lumière manifestée sur la terre. Les deux urnes rappellent celles de Tempérance. Un rapport unit ces deux Arcanes. J'ai souvent pensé que Tempérance et l'Étoile représentaient le même personnage, mais qu'une transmutation s'était produite entre les deux femmes. Si Tempérance se déshabille et s'agenouille, nous retrouvons l'Étoile. Quant aux urnes, elles sont bleues et rouges dans Tempérance, rouges dans l'Étoile, laissant échapper un liquide bleu. Tout se passe comme si les changements que nous opérons dans notre vie intérieure, nos mentalités, nos pensées les plus secrètes savaient influencer le monde extérieur, comme si le contenu influait sur le contenant. Comment est-ce possible? La rencontre initiatique du Diable et de la Maison Dieu a permis à Tempérance de se transformer en Étoile. Ce changement a trait au thème du pouvoir. Tenir en équilibre et maîtriser les deux urnes dans Tempérance concerne la maîtrise de soi et le pouvoir sur le monde étrange des ondes. Les déverser sur la terre et dans l'eau signale l'abandon de tous les pouvoirs. Peut-être atteignons-nous là un des hauts niveaux de l'initiation : le moment, non pas où l'on accède au pouvoir, mais où l'on accepte d'y renoncer. Voilà pourquoi rayonnent dans l'Étoile une humilité authentique, une réelle spiritualité et un amour infini. Le liquide bleu que l'Étoile déverse avec abondance, c'est sa générosité. On assiste à une sorte de restitution de l'énergie à la terre. L'Étoile nous relie à l'éternel féminin. Tous les plans, humains, animaux, végétaux, minéraux, cosmiques sont mis en relation. La vérité est nue et l'Étoile nous propose d'abandonner tous nos pouvoirs. Et ce n'est pas simple ! On ne peut pas renoncer à ce que l'on ne connaît pas, à ce que l'on n'a pas expérimenté. La plupart des êtres humains confondent refoulement et sublimation !

Teilhard de Chardin laisse parler *l'Éternel féminin* :

« Je suis apparue dès l'origine du monde. Dès avant les siècles, je suis sortie des mains de Dieu, - ébauche destinée à s'embellir à travers les temps, coopératrice de son œuvre.

Tout, dans l'Univers, se fait par union et fécondation, -par rassemblement des éléments qui se cherchent, et se fondent deux à deux, et renaissent dans une troisième chose.

Dieu m'a répandue dans le multiple initial comme force de concentration et de condensation.

C'est moi la face conjonctive des êtres – moi le parfum qui les fais accourir et les entraîne librement, passionnément, sur le chemin de leur unification.

Par moi, tout se meut et se coordonne.

Je suis le charme mêlé au Monde pour le faire se grouper, - l'idéal suspendu au-dessus de lui pour le faire monter.

Je suis l'essentiel Féminin[15]. »
Mots clés : XVII – L'Étoile : la reliance, l'amour inconditionnel, le pardon, la compassion, le sens cosmique et spirituel, l'espérance, la croissance, l'abandon.
Devise : *Paix sur la terre pour les hommes de bonne volonté !*

Avec la Lune, on pénètre le monde astrologique, l'univers des émotions créatives. Les deux tours représentent les colonnes d'Hercule, c'est-à-dire le détroit de Gibraltar, correspondant, dans les anciens livres de géographie, aux limites du monde connu. Cette allusion indique donc l'accès à la vision pure et à l'exploration des *terra incognita*. Dans son expérience lunaire, le Bateleur est invité à développer en lui son imagination créatrice, l'intuition, la sensibilité fertile et féconde de la Mère cosmique, l'émotion subtile.
Mots clés : XVIII – La Lune : l'émotion, l'affectif instinctif, l'illusion, la créativité, la maternité, la clairvoyance, le subconscient, l'âme, l'imaginaire, la sensibilité.
Devise : *Forget me not !*

Le Soleil est le pendant de la Lune, l'*animus*, là où on avait l'*anima*, le Yang, là où vibrait le Yin. L'expérience fondamentale du Bateleur à cet état de son évolution est de mesurer l'importance de la fraternité humaine dans tout projet humanitaire ou de reconstruction sociale. Il s'agit donc de reconstruire du neuf, de l'humain, du fraternel, du joyeux. Le Soleil s'accompagne de cette thématique de la joie qui illumine tout projet à caractère social. Si on a deux loups dans la Lune, et deux enfants dans le Soleil, c'est que probablement les auteurs anonymes du Tarot de Marseille ont voulu évoquer le mythe de Romulus et Remus. Dans l'Arcane XIX, il est question de bâtir une cité !
Mots clés : XIX – Le Soleil : la joie, l'enfance, le partage social, l'énergie et la force créatrice, la construction, la fraternité, la diffusion d'énergie, l'humanisme triomphant.
Devise : *À cœur vaillant rien d'impossible !*

Le tonitruant Jugement vient nous éveiller à la conscience en nous faisant sortir du tombeau, à condition, bien sûr, que l'on se soit libéré de l'ignorance et de la culpabilité. Cette lame peut aussi concerner un certain niveau d'évolution où le Bateleur est devenu apte au jugement et au discernement.

---

[15] Pierre Teilhard de Chardin « *L'Éternel Féminin* »- Éditions Fates

Mots clés : XX – Le Jugement : le jugement de soi et des autres, l'intuition, l'inspiration, l'éveil, le sentiment de culpabilité, l'engagement à éveiller les consciences, la musique, la parole.
Devise : *Faire et laisser dire !*

Le Monde, Arcane holistique, évoque la fin du chemin. Un hologramme de la conscience universelle : là, tout est présent. Si je ne prends qu'un morceau de l'image, je vais retrouver la totalité du Tarot. Le Monde est celui que j'ai conquis. Pour chacun d'entre nous, il sera différent.
Mots clés : XXI – Le Monde : la conscience, la totalité, la globalité, le besoin d'expression sociale, le sentiment d'enfermement, la recherche de sa place dans la société, l'adaptation, la synthèse.
Devise : *Tout Un !*

Simplement, ce que je sais, c'est que, quand c'est fini, ça recommence, avec le Mat qui reprend son bâton de pèlerin. Il repart sur le chemin de la Sagesse, plutôt que sur celui de la Folie. Cheminement plutôt qu'errance. Le petit chien essaye de l'empêcher d'avancer en lui mordant les fesses, mais le Mat avance quand même : personne ne peut l'empêcher d'avancer.
Mots clés : Le Mat – L'errance, la folie, le génie, la provocation contre la société, la marginalité, la quête d'aventure, le cheminement hors des sentiers battus, le constructeur universel.
Devise : *Qui m'aime, me suive !*

Verbes et mots clés des Arcanes majeurs - pour résumer et donner un outil de travail concret

Pour chaque Arcane une liste de termes « positifs » ou « négatifs » selon que l'Arcane est bien vécu ou mal vécu.

Le Bateleur : Je joue. Je m'amuse. Je découvre.
Début, Commencement, Enfance, Potentialités créatrices, Énergies de vie, Savoir-faire, Illusions, Éclectisme.

La Papesse : Je dévoile. J'accouche. Je cache. Je dissimule.
Naissance, Accouchement, Connaissance, Culture, Passage, Seuil, Ouverture, Mère, Initiation, Secret, Sage-femme, Femme sage, Invisibilité, Intériorité, Mystère, Maïeutique, Révélation, Dévoilement.

L'Impératrice : Je dis. J'affirme. Je décrète.
Intelligence créatrice, Expression, Parole, Manifestation, Incarnation, Médiumnité, Autorité, Perspicacité, Lucidité, Équilibre de la pensée, Pouvoir du féminin.

L'Empereur : Je structure. J'interdis. J'autorise.
Rigidité, Territoire, Matière, Structure, Travail, Réalisation, Concret, Rationalisation, Autorité, Rigueur, Rationalité, Paternité.

Le Pape : Je bénis. Je protège. Je rassure.
Alliance, Union, Bénédiction, Parole, Humanisme, Savoir, Transmission, Enseignement, Dogmatisme, Reconnaissance, Papa.

L'Amoureux : Je m'engage. Je choisis. Je renonce.
Engagement, Amour, Liberté, Choix, Désir, Protection, Énergie sexuelle, Vitalité, Affectif, Service.

Le Chariot : Je maîtrise. Je triomphe.
Maîtrise, Voie, Triomphe, Pouvoir, Réussite, Coaching, Éducateur, Formateur, Épanouissement social.

La Justice : Je rétablis. J'équilibre. Je tranche.
Dette, Victime, Conscience, Transformation, Harmonisation, Équilibre, Liberté, Miroir de Soi, Ajustement, Justesse, Adaptation.

L'Hermite : Je guide. J'éclaire.
Pèlerin, Quête, Ancêtre, Sagesse, Profondeur, Connaissance, Cheminement, Intériorisation, Chamanisme, Sensibilité, Initiation, Humilité, Retour aux sources, Isolement, Nature, Lenteur, Guide.

La Roue de Fortune : Je répète. Je reproduis. J'invente.
Avant-garde, Innovation, Révolution, Répétition, Changement de cycle, Habitude, Transition, Déterminisme, Libre arbitre, Conditionnement, Renouvellement, Automatismes, Liberté, Karma (loi de cause à effet), Temporalité, Évolution spirituelle, Connaissance de soi.

La Force : Je lutte. Je gagne. Je me centre. Je me dépasse. Je résiste.
Fermeté, Centrage, Alignement, Énergie, Maîtrise de soi, Reliance, Autonomie, Indépendance, Lien avec la source, Guérison spirituelle.

Le Pendu : Je m'abandonne. J'abandonne. Je délègue. Je me conforme. J'attends.
Dédoublement, Délégation, Inversion des valeurs, Lâcher-prise, Détachement, Confiance, Sacrifice de l'ego, Abandon, Non-violence

La XIII : Je suis. Je me transforme. Je balaie. Je renais. Je détruis. J'élimine. Je pourris.
Auto-sabotage, Identité, Mort, Renaissance, Transformation, Structuration, Construction, Nettoyage, Dépouillement, Revalorisation de soi.

Tempérance : Je communique. J'échange. Je maîtrise. Je capte.
Dépendance, Communication, Télépathie, Maîtrise de soi, Respiration, Connaissance de Soi, Pouvoirs chamaniques, Fraternité.

Le Diable : Je manipule. Je sabote. Je charme. Je sers.
Énergie, Puissance, Pouvoir, Dualité, Charme, Magnétisme, Ressentiment, Angoisse, Menace, Fascination, Aliénation, Mental, Peurs, Séduction, Service, Sexualité, Illusions.

La Maison Dieu : J'explose. J'implose. J'étouffe. J'agresse.
Déconstruction, Orgueil, Surprotection, Violence, Langage, Enfermement.

L'Étoile : Je restitue. Je donne.
Espérance, Pardon, Partage, Nudité, Reliance, Amour inconditionnel, Éternel Féminin, Vérité, Sens cosmique et spirituel, Croissance, Abandon, Confiance absolue, Dénuement.

La Lune : Je reflète. Je rêve. Je me cache.
Apparence, Chagrin, Reflet, Miroir, Mémoire, Émotions, Illusions, Créativité, Imagination, Maternité, Clairvoyance, Sensibilité, Âme, Subconscient.

Le Soleil : Je bâtis. Je partage. Je brûle. Je brille. Je chauffe.
Joie, Enfance, Social, Construction, Chaleur, Fraternité, Diffusion d'énergie, Humanisme triomphant.

Le Jugement : Je me libère. Je juge. Je transmets.
Culpabilité, Intuition, Inspiration, Éveil, Sentiment de culpabilité, Musique, Parole, Renaissance, Jugement de soi et des autres.

Le Monde : Je me relie. J'étouffe. Je participe.
Chez soi, Conscience, Totalité, Globalité, Expression, Esprit de synthèse, Accomplissement, Réunification, Écologie, Universalité, Danse, Archaïque féminin.

Le Mat : Je chemine. Je m'égare.
Égarement, Rébellion, Contrebande, SDF, Différence, Errance, Folie, Sagesse, Irrationnel, Cheminement, Liberté, Pèlerin, Marginalité, Originalité, Tolérance, Détermination, Génie, Quête d'aventure, Bâtisseur universel.

Arcanes mineurs

Le mythe du Graal

Le Bateleur est l'image holographique par excellence. Il n'est pas un détail de cet Arcane qui ne figure ici ou là, déployé dans un autre Arcane.
Les quatre éléments qui caractérisent les Arcanes mineurs sont potentiellement présents dans la lame du Bateleur et développés deux par deux dans les Arcanes majeurs.
La baguette que notre jeune initié tient dans sa main gauche évoque les quatorze Bâtons des Arcanes mineurs mais aussi celui sur lequel s'appuient le Mat et l'Hermite, les deux pèlerins du Tarot de Marseille. On remarque la pastille dorée annonciatrice du Deniers, dans l'Empereur (médaillon de jade autour du cou), et dans la Maison Dieu (les 37 pastilles qui tombent autour de l'édifice). Les deux Épées sont arborées dans la Justice et le Diable et les Coupes se retrouvent dans Tempérance et dans l'Étoile.

On peut voir bien sûr la baguette comme la forme non encore développée du Bâton ou comme un bâton réduit à sa plus simple expression. On peut dire aussi que le poignard préfigure l'Épée, la pastille étant le modèle à partir duquel on élaborera les Deniers et le gobelet la forme la plus primitive de la Coupe.
Cette interprétation est d'autant plus intéressante qu'elle confirme l'idée selon laquelle le Bateleur contient en puissance tous les germes de la connaissance ; son initiation consistera à découvrir et faire grandir les potentiels qu'il porte en lui depuis sa naissance.
Toutefois, réfléchir sur l'usage que le Bateleur peut faire de ces quatre objets nous amène à éclairer la fonction et le sens des Arcanes de Bâton, de Coupe, d'Épée et de Deniers.
En tenant la pastille et la baguette respectivement dans sa main droite et dans sa main gauche, l'Arcane I respecte une des lois fondamentales de l'énergétique et des polarités. La main gauche reçoit, ressent, écoute, enregistre. Sa polarité est féminine. La baguette dès lors joue le rôle d'une antenne orientée de manière à capter une onde qui, en la traversant, établira un lien entre le ciel et la terre. La pastille dans l'autre main transmet (peut-être par reflet) une force solaire dynamique : réception, émission.
Les aspects, masculin de la baguette et féminin de la pastille, ne sont pas contradictoires, car on constate un réel équilibrage des polarités. La main gauche (Yin) tient une baguette évocatrice du lingam (Yang) avec une fonction de réception d'ondes (Yin) ; la main droite (Yang) tient une pastille évocatrice du yoni (Yin) avec une fonction d'émission (Yang).
Voici peut-être l'un des aspects primordiaux que les auteurs anonymes du Tarot de Marseille ont voulu mettre en évidence dès le départ de la quête : la nécessaire mise en équilibre des polarités.
Cette hypothèse semble confirmée par ce que nous voyons dans l'image : le pied rouge et le pied bleu du jeune homme solidement ancrés à la terre, le chapeau dessiné comme une lemniscate (symbole de l'infini), les dunes de sable doré, la couleur rouge du gobelet, le bleu du poignard et de son fourreau. Autant d'exemples qui témoignent de cette exigence d'harmonie entre le ciel et la terre.

> J'ai deux petits petons
> L'un est carré et l'autre est rond
> J'ai deux pieds qui me bougent
> L'un d'eux est bleu et l'autre est rouge
> Mon pied premier dort à la ville
> Et ses orteils sont dociles
> Mais l'autre pied est cul terreux
> Il rame dans un jardin boueux

La baguette est donc sensible aux vibrations énergétiques de l'environnement. La pastille capte et transmet, le poignard et la coupe sont prêts à servir, à trancher et à contenir.
La baguette et le bâton correspondent au trèfle des jeux de cartes traditionnels. Tri-folium, triple feuille de la providence divine ou trèfle à quatre feuilles, puis quintefeuille héraldique jusqu'à la rose spirituelle des alchimistes. Voilà une bonne raison d'associer le Bâton à la foi.
La foi, l'autorité, la force intérieure sur laquelle on peut s'appuyer pour avancer. Chaque fois que dans un tirage le Bâton apparaît, la première question à se poser est la suivante : quel est mon point d'appui ? Cela participe bien évidemment du principe selon lequel les lames du Tarot questionnent plus qu'elles ne répondent, à l'instar de l'oracle de Delphes qui ne répondait jamais aux questions qu'on lui posait mais avait la fâcheuse habitude de répondre à celles qu'on ne lui posait pas.

Le gobelet comme la coupe est un contenant. Il suppose le partage du breuvage. Il permet de se désaltérer, c'est-à-dire, stricto sensu, de sortir de l'altérité. Il suggère donc le chemin vers l'unité. L'amour n'est-il pas le sentiment par lequel on peut passer de l'altérité à l'unité ? Et le cœur n'est-il pas dans les jeux de cartes la couleur traditionnellement consacrée à la coupe ?

Le poignard et l'épée sont facilement reconnaissables dans le pique des jeux de cartes. Pointes de la lance, armes aussi pénétrantes que la parole ou la pensée, symbolisées par les quatorze Épées du Tarot de Marseille, quatorze stations sur le chemin de la Passion, quatorze mortifications. Le Christ, en effet, a souvent été associé à la symbolique de l'épée. Épée pour guérir plus que pour punir, épée aux deux tranchants comme la langue, la chose la meilleure et la pire, au regard d'Esope, fabuliste de l'antiquité.
Image surréaliste, apocalyptique pour le moins, telle que celle annoncée dans ledit Apocalypse par saint Jean : « L'Épée est sortie de la bouche du Verbe ».
Les Deniers-Carreaux, eux, montrent l'importance de la matière, de la terre-mère, mais confirment aussi l'une des plus notables découvertes scientifiques du XXe siècle, à savoir le lien indissociable entre la matière et l'énergie.

La présence de ces quatre objets dans l'Arcane du Bateleur, développés sous la forme des quatre « couleurs » des Arcanes mineurs (Bâton, Coupe, Épée, Deniers), n'est pas sans nous rappeler l'un des plus grands mythes fondateurs de la Sagesse occidentale : « La Quête du Graal ».

La Quête du Graal

Ce récit légendaire paru au Moyen Âge relate l'extraordinaire aventure de Perceval parti à la conquête du saint vase qui recueillit le sang du Christ sur la croix. Ramener cette coupe à la cour du Roy Arthur, c'était garantir au roi une assise spirituelle mais c'était aussi guérir la terre de sa souffrance, de l'infamie et de l'injustice. Lorsque, dans le château du roi pêcheur, Perceval assiste au cortège du Graal, il voit un bien étrange spectacle :
« Tandis que son hôte, sans se lever, invite le jeune homme à s'asseoir près de lui, survient un valet qui apporte une épée de bon acier, telle que celui qui l'a forgée n'en fera jamais plus après celle-ci, et le Seigneur de la lui donner comme celle qui lui fut jugée et destinée ». Mais ce n'est que le prélude d'un autre spectacle bien plus extraordinaire. Comme ils parlaient de choses et d'autres :

Un valet d'une chambre vint
Qui une claire lance tint,
Empoignée par le milieu ;
Et passa à côté du feu
Et de ceux qui là s'asseyaient,
Et tous ceux là-dedans voyaient
La lance claire au fer brillant.
Coulait une goutte de sang
Du fer de la lance au sommet
Et jusqu'à la main du valet,
Cette goutte rouge coulait...
Alors deux autres valets vinrent
Qui chandeliers en leurs mains tinrent
De fin or tout ouvré en nielle.
Les figures étaient très belles
De ceux qui chandeliers portaient
Et chaque chandelier ardaient
Dix chandelles à tout le moins :
Un Graal entre ses deux mains
Une pucelle le tenait,
Qui avec les valets venait,
Belle, élancée et bien parée ;
Quand elle fut dedans entrée
Avec le Graal qu'elle tint
Une si grande clarté en vint
Qu'ainsi perdirent les chandelles
Leur clarté, comme les étoiles
Quand soleil se lève ou la lune.

Après elle il en revint une
Qui tenait un plateau d'argent.
Le Graal qui allait devant
De fin or, le plus pur, était,
Pierres précieuses avait
Ce Graal de maintes manières,
Des plus riches et des plus chères
Qui en mer ou en terre soient.
Toutes autres pierres passaient
Celles du Graal sans doutance.
Ainsi qu'il en fut de la lance
Par devant lui elles passèrent
Et d'une chambre à l'autre allèrent,
Et le valet les vit passer
Et n'osa mie demander
Du Graal à qui on servait,
Car tous jours au cœur il avait
Le conseil du preud'homme sage...

La quête du Graal est certainement le mythe le plus marquant dans la tradition et la sagesse occidentales. Les exploits qui y sont narrés remontent aux IVe et Ve siècles après Jésus-Christ mais le récit lui-même a pris ses premières formes littéraires aux XIe et XIIe siècles de notre ère dans les textes de Chrétien de Troyes entre autres. Ce mythe est inscrit d'une manière symbolique dans le Tarot qui porte en lui notre aspiration à découvrir notre unité intérieure, à trouver le bonheur et l'amour et à réaliser ce que le psychanalyste suisse Carl Gustav Jung appelle « l'homme total ».

Cette inscription est symbolique au vrai sens du terme, c'est-à-dire en redonnant au mot symbole son sens premier ; à l'origine, il s'agissait du morceau d'un objet qui avait été séparé en deux et rappelait à celui qui en conservait une partie le temps où cet objet était entier.

Le symbole ne peut se déchiffrer que s'il est vivant, vécu, porté en soi plutôt que sur soi ; il permet alors de changer de plan de conscience, de contacter un autre état d'être, d'ouvrir son esprit à une dimension nouvelle, ce que les Grecs appellent « métanoïa ». Le symbole invite dès lors à l'action, en quoi il se distingue de l'allégorie qui part de l'idée pour aller vers l'image. Il est différent du signe, panneau indicateur. Une différence lisible lorsque l'on compare l'ancien Tarot de Marseille aux jeux de tarot tels qu'ils sont pratiqués dans certains milieux militaires ou étudiants. Dans ce dernier cas, les images dessinées sont purement allégoriques : elles décrivent, illustrent, racontent mais n'invitent pas à l'action.

La quête du Graal peut être actualisée. D'ailleurs, le texte original de Chrétien de Troyes est inachevé. Libre à tous les auteurs qui le souhaitent de prolonger le récit, de l'adapter ; depuis le Moyen Âge des centaines d'auteurs ont relevé ce défi et donné leur version personnelle, jusqu'à John Boorman au XXe siècle avec l'extraordinaire film *Excalibur*. Cette version cinématographique de la quête du Graal, visionnaire et illuminée, ne laisse rien au hasard. Il n'est pas un plan, pas une image, pas un regard dans ce film qui ne soit pensé, médité et mis en relation avec les aspects les plus codifiés du mythe.

On peut aujourd'hui parler d'un nouveau Graal, d'une nouvelle Sophia, holistique, écologique, voire thérapeutique. Cette nouvelle Sophia est inscrite dans le Tarot, livre de transformations, source d'inspiration créatrice et poétique, outil de développement personnel et d'accompagnement de l'être. D'ailleurs, il est bien dit dans les textes médiévaux que le Graal doit nous transformer. Peut-être faut-il comprendre ici transformation au sens fort, c'est-à-dire non pas simplement changer de forme mais transcender la forme pour contacter l'être essentiel.

Commençons par le commencement.

Depuis des temps immémoriaux, à l'époque où le temps n'existait pas encore, un combat terrifiant s'était engagé entre l'archange Michaël, porteur du message de l'unité cosmique, et Lucifer, porteur de lumière. Au cours de ce combat - qui rappelle bien sûr le combat que saint Georges livra contre le dragon, et en fait tout combat que chaque homme livre à sa part obscure - Lucifer fut défait et l'émeraude qu'il portait en guise de troisième œil tomba sur une plage de la planète Terre.
Un pêcheur ramassa dans ses filets cette énorme émeraude et la creusa pour en faire un bol puis, suivant des chemins que l'histoire a oubliés, cette coupe se retrouva entre les mains d'un riche propriétaire terrien de Palestine, Joseph d'Arimathie, qui comptait parmi ses amis intimes un dénommé Jésus de Nazareth, charpentier[16]. Jésus se servit de cette coupe lorsqu'à son dernier repas il partagea avec ses apôtres le pain et le vin, moment sacré, fondateur de l'eucharistie chrétienne. Quelques jours plus tard, lorsque Jésus agonisait sur la croix, le sang qui coulait de ses plaies fut recueilli dans cette même coupe. Après la mort de Jésus, Joseph d'Arimathie obtint l'autorisation de déposer le corps de son ami dans une grotte qu'il possédait. Lorsque trois jours plus tard Jésus ressuscita, la police romaine crut à une manipulation politique et accusa Joseph d'avoir subtilisé le corps du Christ. Il fut jeté en prison et privé de nourriture. Mais le Christ se révéla à lui dans une lumière éblouissante et lui restitua sa coupe. Grâce à cette coupe et à une colombe qui tous les jours venait y déposer une hostie, nous dit la légende, Joseph

[16] À cette époque on appelait « charpentier » un homme sage.

resta en vie sans s'alimenter autrement pendant une trentaine d'années. En 70 de notre ère, Joseph est libéré et avec un petit groupe d'amis, il s'embarque pour traverser les mers et les océans. Ici, les versions divergent : certains pensent qu'ils débarquèrent dans la région de Marseille et fondèrent la Sainte Baume, d'autres les imaginent poursuivant leur course jusqu'en Angleterre, créant la première basilique dédiée à Marie à Gladstonesbury, d'autres encore croient le Graal caché dans les forêts de Bretagne ou dans les Gorges du Verdon. Quoi qu'il en soit, Joseph confie la garde du Graal à l'un de ses compagnons, vraisemblablement son frère, qui portera désormais le titre de « Roi pêcheur » ou « Roi Méhaigné », c'est-à-dire le roi blessé. En effet, plusieurs récits mentionnent un événement mystérieux au cours duquel le Roi aurait été blessé, certains disent à la cuisse, d'autres dans les parties génitales, d'autres encore au flanc. Dès lors, la terre entière devint stérile. Tous les ingrédients sont désormais disponibles pour qu'à l'époque d'Arthur, trois ou quatre cents ans plus tard, puisse débuter la quête du Graal. La cour du roi Arthur siège à Camelot, mais le roi est malade et la Terre l'est aussi, ce qui revient à dire que si l'esprit est perturbé, le corps lui aussi se dégrade.
La quête du Graal, c'est donc la quête de l'unité intérieure. Unité du corps et de l'esprit, du Roi avec sa terre, de Dieu avec les hommes.

Nous devons à Merlin, symbole de la double nature contradictoire de l'homme, d'avoir insufflé aux chevaliers de la table ronde le projet d'entreprendre cette quête d'unité.

Il ne peut pas y avoir de quête du Graal sans Merlin l'Enchanteur car il ne saurait y avoir de quête d'unité sans conscience de notre dualité intérieure.

Merlin l'Enchanteur

Le personnage de Merlin est apparu en littérature au début du XIIe siècle dans un texte de Geoffroy de Monmouth, *Vita Merlini*, que l'auteur prétend avoir traduit du breton en latin et qui contiendrait les prophéties de Merlin. Merlin est présenté comme un barde breton assez fruste, une sorte d'homme des bois, pourvu pourtant d'une grande sagesse et d'une connaissance infinie. Quelques années plus tard, Robert de Boron reprend le personnage de Merlin et le fait rentrer dans le cycle du Graal. Le barde breton devient très rapidement un personnage ambivalent, voire ambigu, sorte de chaman avant l'heure réunissant dans la même dynamique le magicien et le poète, le petit gnome des forêts et le grand prêtre du Christ. Cette ambiguïté est contenue dans les origines mêmes de Merlin. En effet, on raconte cette

histoire « généalogique » selon laquelle la filiation de Merlin est aussi bien païenne et démoniaque que chrétienne et angélique.
En ces temps-là, les démons désespérés de voir tant d'âmes leur échapper du fait de la christianisation galopante de l'Europe choisirent de mettre un frein au salut des âmes et de récupérer une part importante de ce juteux marché qui risquait de leur échapper à tout jamais.

Puisque Dieu le Père lui-même s'était infiltré sans le déflorer à travers le vitrail génital de Marie pour féconder (in vitro) le sauveur de l'humanité, pourquoi ne pas imaginer que le monde démoniaque délègue sur Terre le démon parfait qui fécondera une jeune fille vierge pour mettre au monde un antéchrist, disons plutôt un antichrist, qui contrebalancera les pouvoirs du Christ ? La jeune fille vierge fut rapidement repérée : elle était très pieuse et suivait à la lettre les conseils de son confesseur lui recommandant de toujours dormir la lumière allumée, car jamais le démon n'oserait se glisser dans la chambre éclairée d'une jeune fille. Or, une nuit, oubli freudien s'il en est, la jeune fille oublia d'oublier d'éteindre la lumière. Aussitôt, l'incube pénétra dans la chambre et entre ses jambes ! Le lendemain au réveil, la demoiselle sentit une drôle d'impression, une impression de « pas déjà vu » ; elle s'en ouvrit à son confesseur qui, certainement au fait de ces questions, comprit aussitôt ce qui s'était passé. Il lui ordonna de boire force eau bénite et de réciter plusieurs chapelets. Les prières de la jeune fille furent si ferventes qu'en haut lieu on eut pour sa requête une compassion attendrie. Lorsque la société de son époque s'aperçut qu'elle était enceinte, elle l'enferma dans une haute tour pour qu'elle y attende la naissance de son enfant avant d'être condamnée à mort et exécutée.

Quand l'enfant vint au monde, il était si velu et si laid que la jeune maman ne put s'empêcher de le laisser tomber de ses bras. L'enfant hurla et les servantes accoururent, persuadées qu'elle avait tenté de tuer son bébé. On allait la frapper lorsque le bébé s'écria : « Laissez cette femme tranquille ». L'assistance, éberluée d'entendre parler un enfant si jeune, alerta les autorités et quelques jours plus tard, la mère et le fils se retrouvaient au tribunal devant le juge qui voulut condamner à mort la jeune maman sous prétexte qu'elle avait mis au monde un enfant de père inconnu. À l'énoncé de ce verdict, le petit Merlin âgé de trois jours dit au juge : « Je connais mieux mon père que vous ne connaissez le vôtre ». Le juge offusqué somma le bébé de s'expliquer ; ce qu'il fit en apprenant au juge que la mère de ce dernier avait fauté avec un prêtre pendant l'absence de son époux et que c'était de ce prêtre qu'il était le fils. Le juge, interdit, ne voulut pas entendre un mot de cette affaire mais dut bien se ranger à l'avis de Merlin quand celui-ci lui proposa de convoquer ladite mère. Ce qu'il fit. À l'issue d'un interrogatoire serré, la mère finit par avouer ce que le petit Merlin avait dénoncé auparavant. Ainsi, il sauva la vie de sa jeune mère et commença sa carrière avec effervescence par une parole salvatrice.

Merlin est légataire d'un double héritage. Il tient de son père la vibration démoniaque, ce qui lui accorde le pouvoir de connaître le passé. Grâce à la ferveur spirituelle de sa mère, il porte aussi la vibration christique qui lui donne le don de connaître l'avenir. Par cette double filiation qui le caractérise, Merlin symbolise la double nature de l'homme. Plus tard, il deviendra le conseiller des hommes politiques, des rois, d'Uther Pendragon par exemple, mais aussi d'Arthur à qui il demande de construire une table ronde où un jour prendra place le chevalier qui trouvera le Graal.

Merlin est porteur d'une dualité, d'un conflit intérieur ; c'est grâce à la conscience et au dépassement de ce conflit qu'il peut enseigner au chevalier dont il est le maître que les haines nourries à l'égard de nos adversaires sont la projection de nos propres conflits non résolus. On ne peut gagner la guerre, vaincre l'adversaire et construire l'Europe - puisqu'il s'agissait bien de cela à l'époque - que si on a réussi à maîtriser nos conflits inconscients. Cette double nature de Merlin est très présente dans l'Arcane IX du Tarot de Marseille, l'Hermite, qui dans la profondeur de sa solitude trouve la force d'enseigner aux hommes la solidarité et la fraternité.

Concluons en disant que Merlin est un maître, incarné au Moyen Âge pour faire évoluer les mentalités et aider au passage de l'ombre à la lumière. Il montre aux hommes et aux femmes dont il est très proche la nécessité dans toute évolution de rester ouvert aux racines du passé car, tout comme lui, l'homme a une double nature. Il a échoué dans son entreprise de guider les chefs politiques et les rois de l'époque vers la construction d'une Europe unie par l'alliance souveraine de chacune de ses forces.
Les hommes, non conscients de leur dualité, la projettent vers le monde extérieur. Voilà pourquoi depuis deux mille ans les guerres et les conflits se succèdent en Europe ; voilà pourquoi, dans les années 1950, Merlin s'est à nouveau manifesté pour donner de nouvelles impulsions qui devraient nous conduire vers la conquête de soi et une construction pacifique de l'Europe.

Ce mythe de la quête du Graal et cette figure de Merlin l'Enchanteur apparaissent en filigrane dans le Tarot de Marseille. On retrouve en effet dans ce livre sacré, patrimoine de la culture humaine, le sens profond de la quête comme attitude intérieure et les différentes facettes de Merlin telles qu'elles se perçoivent dans l'Hermite : mage, sage, visionnaire et chaman. Le Graal comme le Tarot ont pour mission de nous transformer.

Structure des Arcanes mineurs

Les 56 Arcanes mineurs sont divisés en quatre sous-parties ou polarités de 14 Arcanes chacune et concernent essentiellement des domaines énergétiques. Ces quatre polarités, nommées dans le langage tarologique Bâton, Coupe, Épée et Deniers, correspondent respectivement, dans le langage des couleurs héraldiques et emblématiques des jeux de cartes traditionnels, au trèfle, au cœur, au pique et au carreau. Ces quatre énergies sont associées aux quatre éléments des polarités fondamentales de l'énergie cosmique et universelle, c'est-à-dire le Feu, l'Eau, l'Air et la Terre. On a donc, en quelque sorte, 14 Arcanes de Feu, 14 Arcanes d'Eau etc.
Ces 14 Arcanes sont à leur tour divisés en deux parties. Une première déclinaison des nombres de 1 à 10, auxquels s'ajoute une deuxième série de quatre figures : la famille royale, constituée d'un Roi, d'une Reyne, d'un Cavalier et d'un Valet.

Fonction des Arcanes mineurs

Les Arcanes mineurs n'ont de mineur que le nom. Il faut entendre le mot mineur au sens musical, comme on parlerait d'une symphonie en la mineur.
Peut-être que ce mot « mineur » évoque les travaux mineurs des sciences occultes et ésotériques qui mettent l'accent sur l'action concrète, dans le plan physique, matériel ou existentiel.

Description des Arcanes mineurs : explication Arcane par Arcane

La famille royale

En se référant aux récits de la table ronde, on identifiera facilement le Roi des Arcanes mineurs au Roi Arthur, la Reyne à Guenièvre, le Cavalier à Lancelot et le Valet à Perceval. En fait, ces quatre figures n'en constituent qu'une seule, Perceval, Lancelot, Guenièvre et Arthur figurant quatre étapes dans le processus de maturation, de la même manière que le Valet symbolise l'enfant, le Cavalier, l'adolescent devenant jeune homme, les Reynes, le principe féminin et les Rois, le principe masculin.
Les Valets nous livrent un double message. D'abord une mise en garde. Servir n'est pas être asservi ! Attention de ne pas devenir esclave : esclave de la matière (Valets de Deniers), de la foi (Valets de Bâtons), des sentiments (Valets de Coupe) et de la doctrine (Valets d'Épée). Ensuite apprendre à

servir l'Esprit, l'Amour, la Raison et la Matière énergie (Bâton, Coupe, Épée, Deniers).
Les Cavaliers - qui ont disparu des jeux de cartes traditionnels, excepté les jeux espagnols - se lancent à la poursuite d'un idéal avec une grande vigueur. Ils sont remplis d'énergie, de courage et de vertus. Ils symbolisent la Quête, quête spirituelle (le Cavalier de Bâton), quête d'amour (Cavalier de Coupe), quête de raison éclairée (Cavalier d'Épée), et quête d'un équilibre nécessaire entre le monde de l'esprit et celui de la matière (Cavalier de Deniers). Si on se souvient que les Arcanes du Tarot de Marseille posent davantage de questions qu'ils ne fournissent de réponses, nous retiendrons de la rencontre avec le Cavalier l'impérieuse nécessité de répondre à la question : « Quelle est ta quête ? ».
Lorsque nous croyons interroger le Tarot, il nous faut bien admettre que c'est le Tarot qui nous interroge.

Les Rois et les Reynes forment les deux faces d'une même médaille. Les Rois en sont le recto, forces d'extraversion, pôle actif, principe Yang, les Reynes en sont le verso, forces d'introversion, pôle négatif, principe Yin. Les Rois - fonction *animus* de la psyché - entrent en relation avec le monde extérieur ; les Reynes - fonction *anima* - établissent une relation avec les diverses faces de l'âme, les espaces oniriques et le monde des profondeurs en général.
Les Rois symbolisent la maîtrise et les Reynes l'aide nécessaire à cette maîtrise. Les Rois agissent sur le monde visible, les Reynes sur les mondes invisibles.

Dans les correspondances qui suivent, certains Arcanes mineurs seront mis en relation avec l'astrologie. Cette correspondance n'est pas systématique et ne doit pas être prise au pied de la lettre. On ne peut pas modéliser le Tarot sur l'astrologie ni réciproquement. Toutefois des similitudes étonnantes entre les deux matières méritent d'être signalées. J'appelle valence la valeur numérique des Arcanes mineurs telle qu'elle se retrouve dans la liste qui suit.

ROY·DE·BATON

REYNE·DE·COUPE

CAVALIER·DE·COUPE

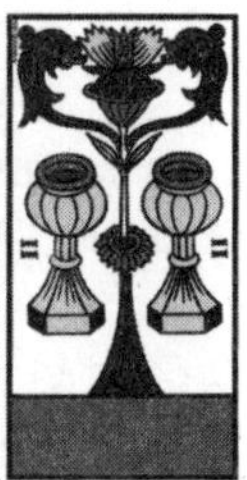

CAVALIER·D'EPEE

VALET·D'EPEE

CAVALIER·DE·DENIERS

VALET·DE·DENIERS

Symbolisme des Bâtons

Le pouvoir. L'autorité. La conscience. Tout point d'appui sur le chemin.
Partez chercher un bâton dans la forêt. Vous le reconnaîtrez facilement. Il vous attend. Vous saurez intuitivement quoi en faire. Le tailler, l'écorcer, le polir.
Ce bâton symbolisera votre axe, le tuteur autour duquel s'enrouleront vos sentiments et vos émotions, pour s'aligner sur vos pensées.
Le Bâton nous rattache au Père.

Roi de Bâton
Maîtrise spirituelle - Les potentiels humains sont au service du plan divin, ou au service de l'humanité. Le gouvernement de soi-même permet l'auto-fécondation. La force en érection est le résultat d'un long cheminement. Le Roi est le Maître du désir et non le désir le maître du Roi.
Valence 1 - En lien avec le Bateleur. Astrologie : Bélier extraverti.

Reyne de Bâton
Équilibre intérieur extérieur. Il ne saurait y avoir autorité sur le monde extérieur sans maîtrise des mondes intérieurs. Le féminin et le masculin cherchent la conciliation. Le dialogue évite l'écrasement.
Valence 2 - En lien avec la Papesse. Astrologie : Bélier introverti.

Cavalier de Bâton
L'âme cherche l'équilibre spirituel. L'homme se dresse au-dessus de lui-même pour assurer son humanité. Le vrai chevalier maîtrise son cheval et domine son épée.
Valence 3 - En lien avec l'Impératrice. Astrologie : Lion.

Valet de Bâton
Rétablissement de l'équilibre entre les polarités matérielles et spirituelles. Attention de ne pas devenir esclave de sa spiritualité (délire mystique, dépendance à l'occulte). Mais apprendre à se mettre au service des valeurs spirituelles.
Valence 4 - En lien avec l'Empereur. Astrologie : Sagittaire.

As de Bâton
Émergence d'une nouvelle force sur laquelle s'appuyer. Expression de son autorité. Prise de pouvoir. L'homme qui plante un arbre retrouve ses racines.
Valence 5 - En lien avec le Pape.
Astrologie : Conjonction à l'ascendant en signe de feu.

Deux de Bâton
Alliance spirituelle. Besoin de se dépasser. Besoin de coopérer avec soi-même, de se faire confiance. Nos deux bras ensemble au service d'un idéal.
Valence 6 - En lien avec l'Amoureux.
Astrologie : Opposition à dominante feu.

Trois de Bâton
Exprimer sa foi et sa spiritualité. Une famille d'esprit, une parole spirituelle.
Valence 7 - En lien avec le Chariot. Astrologie : Trigone à dominante feu.

Quatre de Bâton
Construire spirituellement. Un esprit structuré. Une foi concrète.
Valence 8 - En lien avec la Justice. Astrologie : Carré à dominante feu.

Cinq de Bâton
Liberté spirituelle. Un esprit libre libère avant tout son esprit.
Valence 9 - En lien avec l'Hermite.
Astrologie : le Pentagone parfait

Six de Bâton
Au service des valeurs spirituelles. Choisir un chemin spirituel.
Le berger s'engage sur une voie où l'amour spirituel fait autorité.
Valence 10 - En lien avec la Roue de Fortune. Astrologie : le sceau de Salomon

Sept de Bâton
Méditation - Prière - Études philosophiques, théologiques ou métaphysiques.
Sept chandelles pour un huitième jour. Travail d'intériorisation.
Valence 11 - En lien avec la Force.

Huit de Bâton
Transformation et renaissance spirituelles. Un jour nouveau me fait une promesse, l'horizon se déplie, une colombe dévore un rameau d'olivier.
Valence 12 - En lien avec le Pendu.

Neuf de Bâton
Le voyage intérieur. L'initiation absolue. Une porte s'ouvre dans la sphère noire, l'aventure a débuté.
Valence 13 - En lien avec la Non Nommée.

Dix de Bâton
Transition spirituelle. Nécessité de changer de plan. Harmonisation et équilibrage de tous les plans. Nous applaudissons, les mains tendues vers le ciel.
Valence 14 - En lien avec Tempérance.

Symbolisme des Coupes

La Coupe symbolise tout ce qui relève de la relation à l'autre : amour, sentiment, émotion mais aussi relations sociales et affectives. Boire à la même coupe renvoie à la notion d'alliance, de mariage.

Roy de Coupe
La maîtrise des émotions. La puissance et le pouvoir de l'Amour, libéré de l'affectif. Je suis amoureux de l'amour, je suis le roi de ma passion.
Valence 15 - En lien avec le Diable. Astrologie : Cancer extraverti.

Reyne de Coupe
La connaissance intérieure. La créativité qui s'élabore alchimiquement. Tout être porteur d'un germe qu'il attend de faire croître. Le partage de la vie, la préparation à l'accouchement.
On note une similitude avec la Papesse.
Valence 16 - En lien avec la Maison Dieu. Astrologie : Cancer introverti.

Cavalier de Coupe
L'âme qui cherche l'Amour. Le quêteur d'Absolu. L'examen détaillé de l'image laisse planer une ambiguïté. Le personnage apporte-t-il sa coupe comme un don d'amour en offrande ? Ou cherche-t-il une source où il pourrait remplir son calice vide ? La coupe semble former un fond d'écran. Le Cavalier dès lors avancerait la main tendue, l'Amour le soutenant dans sa quête, tout en animant et éclairant sa route.
Valence 17 - En lien avec l'Étoile. Astrologie : Scorpion.

Valet de Coupe
Ivresse, enthousiasme, passion de la découverte. Attention de ne pas devenir esclave de ses émotions. Apprendre le silence. Mythe de Dionysos. Une proximité avec l'initiation orphéïque. Ici le silence est d'or.
Écoutons ces quelques phrases de Rolt-Wheeler, qui nous explique ailleurs qu'à trop parler, le peu qu'on a reçu se dissiperait.
Peu d'Arcanes possèdent une signification si puissante. Le Page de Coupes, ou le Serviteur de Coupes, est celui qui vient de comprendre la profondeur et la beauté du monde des sentiments. C'est le jeune homme qui sent en lui, pour la première fois, le sentiment romanesque pour la jeune fille vers laquelle il n'ose pas lever les yeux ; c'est le jeune néophyte qui se trouve ébloui par les merveilleuses connaissances qui s'étendent devant lui ; c'est la jeune âme ardente qui saisit pour la première fois la Vibrance Spirituelle dans le Calice de la Vie, c'est l'écuyer qui a eu une vision du Saint Graal que son maître, le Chevalier dont les buts sont moins idéalistes, n'a pas pu voir.
Valence 18 - En lien avec la Lune - Astrologie : Poisson.

As de Coupe

Émergence des forces de l'amour. Engagement dans la voie du cœur. Prise en charge des émotions.
Cet Arcane évoque aussi une démarche universelle des religions lorsqu'elles ne perdent pas de vue que si Dieu est Amour, le Dieu c'est l'amour. Regardez bien l'image, vous y verrez mêlés une basilique, une synagogue, une mosquée, un temple, une pagode et les grandes ailes de l'oiseau bleu du bonheur, prisonnier des dogmes et qui se prépare à l'envol.
Valence 19 - En lien avec le Soleil. Astrologie : conjonction à l'ascendant en signe d'eau.

Deux de Coupe

Cette lame très ambivalente évoque aussi bien l'alliance amoureuse que le conflit au sein du couple. Une très grande richesse iconographique au plan énergétique ; en effet, cette lame représente la montée de la Kundalini, notion très importante dans les méditations orientales.
La base de l'image, rectangle rouge, illustre le fond indifférencié de nos instincts vitaux, réserve d'énergie et de sexualité.
La tige bleue transforme l'énergie sexuelle en énergie spirituelle. Le relais est pris par des fleurs en corolles (chakras) qui conduisent cette force à prendre la couleur blanche, énergie pure, prête désormais à se diviser en deux canaux et à illuminer le lotus aux mille pétales. Les deux coupes recueillent le nectar de cette transformation. Tout conflit qui prend sa source dans les profondeurs de l'âme peut être transmuté en sagesse et amour.
Valence 20 - Lien avec le Jugement. Astrologie : Opposition à dominante eau.

Trois de Coupe

Équilibre des sentiments et des émotions. Importance d'exprimer ses sentiments et d'harmoniser le cœur et la parole. Je dis ce que j'aime, j'aime ce que tu dis.
Valence 21 - Lien avec le Monde. Astrologie : Trigone à dominante eau.

Quatre de Coupe

Construire la relation. Donner une forme à son amour. Transformer ses émotions en qualités concrètes. Je me mets en quatre pour consolider mes sentiments et protéger ceux que j'aime. Valence 22 - Lien avec le Mat. Astrologie : Carré à dominante eau.

Cinq de Coupe

La liberté que donne l'amour. L'amour de la liberté.
Valence 23 - Lien avec le Pape - Astrologie : Aspect en quinconce.

Six de Coupe
Apprendre à se servir de ses émotions plutôt que d'en être l'esclave. C'est aussi l'Arcane de l'engagement sur les chemins de l'amour.
Valence 24 - Lien avec l'Amoureux - Astrologie : Sextil.

Sept de Coupe
Idée de la perfection de l'amour et de l'intériorisation des sentiments.
Apprendre à s'aimer pour aimer vraiment.
L'occultiste anglais Waite a fait dessiner une carte sur laquelle un jeune homme ne peut pas se décider entre sept coupes qui contiennent: 1° le saint sacrement, 2° la tête d'une jolie jeune femme, 3° le serpent de la sagesse, 4° un château, 5° les bijoux et la richesse, 6° la couronne de laurier et la gloire, 7° une salamandre, indice des pouvoirs venant de la magie noire.
Valence 25 - Lien avec le Chariot. Astrologie : Cycle septénaire

Huit de Coupe
Transmutation des sentiments. La justice mue par l'amour, la compassion et la bonté.
Cet Arcane symbolise aussi l'amitié.
Valence 26 - Lien avec la Justice. Astrologie : Scorpion dominant.

Neuf de Coupe
Voyage intérieur. Pèlerinage aux sources de l'amour et des sentiments. Amour infini et inconditionnel. Sentiment d'universalité. Transmutation de l'émotionnel.
Valence 27 - Lien avec l'Hermite. Astrologie : Lune en Cancer

Dix de Coupe
Tout ce que l'homme transmet sera mieux intégré s'il le transmet avec amour
Aspect philosophique très élevé du X de Coupe qui touche au don de soi et au thème de la terre promise. Une vision intéressante de Rolt-Wheeler sur cette lame : « La colombe de l'arche après le déluge ».
Neuf petits oisillons tendent leur bec vers la divine mamelle.
Valence 28 - Lien avec la Roue de Fortune. Astrologie : Milieu du ciel en signe d'eau.

Symbolisme des Épées

L'épée est l'outil de transmission d'une certaine forme d'énergie. Mais, selon la sagesse médiévale, c'est un outil conscient. Pour cette raison, les épées sont baptisées d'un nom qui leur donne leur puissance. L'épée de Charlemagne se nommait Joyeuse, celle de Roland Durandal et d'autres épées non moins célèbres s'appelaient Nothung, Excalibur, Hauteclaire etc.

L'épée représente donc la conscience mais aussi tout ce qui relève de l'expression et de la parole. Elle est parfois reliée au Christ.

Roi d'Épée
Maîtrise du mental, aptitude au discernement. La couronne rayonne comme une auréole, il a atteint le parfait discernement. Il peut trancher dans n'importe quelle situation sans risque d'erreur car, étant pleinement conscient, il est toujours dans la voie juste. Cet Arcane évoque le Roi Salomon. L'épée qu'il tient dans sa main gauche évoque l'incarnation de la justice divine dans le plan humain. Dans sa main gauche, un bâton symbolise le contact avec le domaine spirituel. Je suis le roi de mon épée.
Valence 29 - Lien avec les majeurs : le Chariot. Astrologie : Balance extravertie.

Reyne d'Épée
Cet Arcane nous invite à nous servir de notre intelligence et à prendre appui sur nos capacités intellectuelles.
La Reyne d'Épée nous apporte toute l'aide nécessaire pour cheminer vers la juste appréciation des choses et leur expression claire. Elle rappelle beaucoup la Justice des Arcanes majeurs. Elle est au service de la vérité et favorise l'émergence d'une pensée et d'une parole justes.
Valence 30 - Lien avec les majeurs : la Justice. Astrologie : Balance introvertie.

Cavalier d'Épée
L'âme qui cherche la vérité. L'épée est dressée dans la puissance d'une érection conquérante. Le Cavalier d'Épée lutte contre les ténèbres, l'ignorance. On croit reconnaître en lui le protecteur des pèlerins, des voyageurs et des marchands. Le sens de cet Arcane est à rapprocher du sens de la Chevalerie.
Dresse-toi ! Prends ce flambeau et porte-le plus haut !
Valence 31 - Lien avec l'Empereur. Astrologie : Verseau.

Valet d'Épée
Aspect ambivalent du Valet d'Épée. On ne sait s'il s'apprête à sortir ses armes ou à les ranger. Pour forger les armes de son cœur, peut-être faut il ranger les armes de la raison ?
Il nous met en garde contre les dangers des dogmes, des idées toutes faites, des systèmes de pensée et nous propose de devenir un serviteur de l'Intelligence supérieure.
Range tes armes !
Valence 32 - Lien avec le Pape. Astrologie : Gémeaux.

As d'Épée
Unité de la pensée, prise de conscience. Prendre les armes, rassembler toute son énergie, agir, trancher, frapper.
Prends les armes !
Valence 33 - Lien avec l'Amoureux. Astrologie : Conjonction à l'ascendant en signe d'air.

Deux d'Épée
Conflit cerveau gauche/cerveau droit. Combat avec soi-même, dualité interne.
Apprendre à croiser le fer avec soi-même plutôt que de projeter sur l'autre ses propres conflits. Risque d'agressivité négative.
Je me bats avec moi-même !
Valence 34 - Lien avec le Chariot. Astrologie : opposition air dominant.

Trois d'Épée
Équilibre mental. Importance de s'exprimer, de trouver la parole juste et créative. Solidarité.
Un pour tous, tous pour un !
Valence 35 - Lien avec la Justice. Astrologie : Trigone d'air dominant.

Quatre d'Épée
Réflexion constructive, pensée créatrice. Attention au risque d'enfermement dans un système de pensée. Matérialiser la pensée, lui donner une structure, une forme.
Un toit, quatre murs et que la parole fuse au cœur de ta famille.
Valence 36 - Lien avec l'Hermite. Astrologie : Carré à dominante air.

Cinq d'Épée
Liberté de penser, actions pour la liberté.
Agis pour ne pas réagir !
Valence 37 - Lien avec la Roue de fortune. Astrologie : Quinconce.

Six d'Épée
Service, adaptation, responsabilité.
Humanité, première servie !
Valence 38 - Lien avec la Force. Astrologie : sextil.

Sept d'Épée
Intériorisation. Pensée méditante. Le Sept d'Épée est l'Arcane de la méditation. Selon le philosophe Heidegger, il existe deux formes de pensée : une pensée méditante et une pensée calculante. Cette dernière est rationnelle, analytique. Elle fait progresser la connaissance. La pensée méditante est

plutôt éthique. Elle nous permet de nous arrêter de penser pour méditer sur les conséquences de nos actes.
Cesse de penser et pense enfin !
Valence 39 - Lien avec le Pendu.

Huit d'Épée
Transformation de nos pensées et de notre langage.
La parole sait se faire chair.
Valence 40 - Lien avec l'Empereur.

Neuf d'Épée
Chez les anciens cartomanciens, cet Arcane signifie la mort. Il faut le comprendre comme un achèvement du fonctionnement de la pensée qui se prépare à passer le relais à une autre forme d'intelligence (intelligence du cœur - vibration spirituelle…)
Meurs pour vivre !
Valence 41 - Lien avec le Pape. Astrologie : Lune noire

Dix d'Épée
Changement de point de vue. Évolution et transition dans la conscience que l'on a de soi et des autres. Invitation à développer d'autres analyses, originales, innovantes.
Valence 42 - Lien avec l'Amoureux.

Symbolisme des Deniers

L'étymologie du mot Deniers précise son sens symbolique. Deniers vient de Dionysos, le dieu grec de l'initiation, dont le propre sens étymologique est : « deux fois né ». Cette divinité, née de la cuisse de Jupiter, symbolise l'énergie de la terre, la vibration primordiale. Nous ne pourrons donc pas limiter le Deniers à une simple notion matérialiste.
Cet élément concerne ainsi l'interdépendance homme/terre qui sont indissociablement solidaires et se nourrissent mutuellement.
Cet élément concerne de près la conscience de notre incarnation matérielle et des responsabilités personnelles vis-à-vis de soi-même et du monde dans son ensemble. Le Deniers interpelle la dimension corporelle et les sensations qui vont avec.

Roy de Deniers
Maîtrise du plan matériel et du monde des énergies. Il sait se servir de la matière. Le Roi de Deniers nourrit le monde. On pense à la nature, à la faune et à la flore mais aussi à l'Abbé Pierre qui a cette lame en Arcane mineur de synthèse.

Je suis le roi de ma nature !
Valence 43 - Lien avec le Chariot. Astrologie : Capricorne extraverti.

Reyne de Deniers

Elle aide à l'ancrage, elle apporte un soutien à toute incarnation. On la retrouve dans l'Arcane VI, dans l'une des deux femmes qui entoure l'Amoureux. L'autre femme à notre droite sur l'image évoque la Reyne de Coupe. Celle-ci favorise l'élévation du jeune homme vers des sphères plus spirituelles, tandis que la première le tient bien ancré à la terre pour qu'il ne s'envole pas trop haut...
La Reyne de Deniers nous aide à garder les pieds sur terre.
Valence 44 - Lien avec la Justice. Astrologie : Capricorne introverti.

Cavalier de Deniers

L'âme qui cherche l'équilibre entre l'esprit et la matière. D'ailleurs, il porte un bâton pour bien montrer ce nécessaire équilibre entre le plan du Deniers et celui du Bâton.
« J'avance vers moi-même ! »
Valence 45 - Lien avec l'Hermite. Astrologie : Taureau.

Valet de Deniers

L'image est exemplaire. Un Deniers dans le ciel, l'autre sur la terre :
« Ce qui est en haut est comme ce qui est en bas. »
Encore une fois, le nécessaire équilibre entre ces deux thèmes est attesté. Une nouvelle dimension se prépare à émerger. Attention de ne pas devenir l'esclave de la matière, apprenons à nous mettre au service de la terre.
Valence 46 - Lien avec la Roue de Fortune. Astrologie : Vierge.

As de Deniers

Arcane très lumineux et très énergétique. Sorte de mandala, qui nous invite au centrage et à la recherche de l'unité corporelle. En méditant sur le centre du mandala, on médite sur le centre de soi-même. L'As de Deniers engage aussi à un déploiement de soi dans le plan physique et concret.
Sachons aussi que, même dans la matière la plus inerte, une force vibratoire très intense peut être perceptible.
Mémoire cellulaire ! Soleil intérieur ! Bouclier de lumière !
Valence 47 - Lien avec la Force. Astrologie : Conjonction en signe de terre.

Deux de Deniers

Dualité matérielle. Importance de laisser circuler toutes les énergies dans le corps, même celles que l'on peut croire négatives. C'est en laissant circuler la vie en soi que l'on peut se reconnaître dans son unité.
Le serpent rectifie et orchestre les forces vives.
Valence 48 - Lien avec le Pendu. Astrologie : Opposition à dominante terre.

Trois de Deniers
Équilibre matériel et énergétique. Les bases sont favorables à l'expression et à la création.
Comme une pyramide assise à l'intérieur d'elle-même !
Valence 49 - Lien avec la Non Nommée. Astrologie : Trigone à dominante terre.

Quatre de Deniers
Ce graphisme approche la perfection.
Le nombre 4 est illustré par le Quatre de Deniers (donc quatre cercles) entourant un carré (donc symbole du Quatre) incluant lui même une forme courbe qui pourrait éventuellement évoquer le calice ou la fleur de lotus. La matière symbolisée par le carré, et l'esprit par le cercle, s'harmonisent ici de la plus agréable manière. Le cercle dans le carré est le symbole des écoles gnostiques. Le cercle animant le carré, l'absolu vivifiant le relatif, le divin agissant dans la matière. Depuis des millénaires, géomètres et mathématiciens cherchent à élucider le mystère de la quadrature du cercle. Ils n'ont jamais trouvé et ne trouveront jamais tant il est vrai que la solution de cet insondable mystère ne réside ni dans la géométrie ni dans les mathématiques mais dans la capacité de l'homme à spiritualiser la matière et à matérialiser l'esprit... Rendre le cercle carré... le carré circulaire. Faire passer le cercle au carré, c'est mettre de la conscience dans l'existence. On dit que le Graal a été porté par trois tables : une ronde, une carrée, une rectangulaire. La table ronde que le Roi Arthur a fait bâtir pour réunir ses chevaliers (c'est-à-dire les quêteurs d'âme) est le saint des saints du Château. Les Architectes royaux construisirent d'abord la table, puis tout autour... le château. Voilà pourquoi le seul chevalier capable de réussir la quadrature du cercle, c'est le cavalier du jeu d'échec, qui se déplace en faisant un cercle dans un carré. Ainsi le Quatre de Deniers est-il prince de la matière. Mais avant toute chose il nous fait aimer cette matière. Il la sait laboratoire alchimique où peut se développer l'expérience de la conscience et de l'amour. Le Quatre de Deniers enseigne la beauté de la nature, l'amour de la matière, et la nécessité dans toute quête spirituelle de s'ancrer solidement au monde concret. Une pyramide peut s'élever vers les cimes les plus élevées, elle n'en possède pas moins une solide base enracinée à la terre.
Valence 50 - Lien avec le Pape. Astrologie : Carré à dominante terre.

Cinq de Deniers
Cet Arcane est une sorte de Joker. Il indique que toutes les possibilités sont offertes pour traverser les épreuves. Il renvoie aussi à l'incarnation matérielle de l'homme et à son corps physique.
Valence 51 - Lien avec l'Amoureux.

Six de Deniers
Notion de responsabilité personnelle et d'engagement écologique. Cet Arcane suggère vigilance et humilité. Attention au gaspillage des énergies. C'est en agissant rapidement avec de la vivacité d'esprit que l'on peut résoudre dualités et conflits.
Valence 52 - Lien avec le Chariot.

Sept de Deniers
Le corps comme lieu de l'épiphanie et de la manifestation de l'esprit. Toute la philosophie et la spiritualité du Sept *fleurissent* vibratoirement dans le mouvement du corps. L'ego doit retourner à son état embryonnaire. La danse, la méditation, le yoga sont les outils de croissance et de métamorphose les mieux adaptés. Un Sept de Deniers bien employé permet de transformer le dur en doux, la haine en amour, la souffrance en joie, les ténèbres en lumière incandescente.
J'ai eu cette vision du Sept de Deniers : une femme déployant ses ailes, marchant droit, le corps cambré, la tête haute, regardant le soleil et tenant dans sa main gauche un chandelier à sept branches.
On relève aussi dans cet Arcane les notions de vérité, d'honnêteté, de sincérité et de franchise.
Valence : 53 - Lien avec la Justice.

Huit de Deniers
Travail alchimique. Transformation de la matière. Création artistique durable. Pouvoir sur la matière et l'énergie. Nécessité de traverser ses propres conflits pour accéder à un état d'équilibre parfait.
La nature régénérée, la mort vaincue.
Valence 54 - Lien avec l'Hermite.

Neuf de Deniers
Exploration de soi dans le but de venir en aide à la cité. Thème politique. Pour reprendre la pensée de Platon, le roi doit être philosophe et le philosophe, roi. Il s'agit de politique au sens étymologique, c'est-à-dire comment organiser la cité pour que ses habitants y vivent libres, heureux et en sécurité. Cet Arcane invite aussi à achever ce que l'on entreprend et à mettre tous ses moyens au service de ses buts.
Valence 55 - Lien avec la Roue de Fortune.

Dix de Deniers
Être maître de soi et chez soi. Cet Arcane invite à utiliser la matière comme une transition pour aller vers autre chose, et non pas comme une fin en soi.
Valence 56 - Lien avec la Force.

Chapitre III

LES ASPECTS DANS LE *RÉFÉRENTIEL*

Aspects fondateurs

Lames en dialectiques

On appelle dialectique la présence par deux fois du même Arcane dans un *Référentiel* donné. Cet aspect est très courant et il suppose toujours pour le consultant la nécessité de faire un travail d'évolution personnelle en rapport avec la symbolique de cet Arcane. Par exemple : deux fois la Lune, travail d'évolution à faire au niveau de l'émotionnel ; deux fois l'Impératrice, travail d'évolution sur l'expression…
Selon les Maisons dans lesquelles se situent les deux mêmes lames, on observe des caractéristiques particulières.

Perspective asymétrique (M1 = M3)

Lorsque la Maison 1 et la Maison 3 sont identiques.
Les deux lames étant identiques, le sujet se préoccupe de son image. Il est soit dans le désir, soit dans la peur du jugement que l'on pourrait porter sur lui.
Le Corbusier né le 6 octobre 1887 et Beethoven né le 15 décembre 1770 ont une perspective asymétrique, l'un avec l'Amoureux, l'autre avec le Diable.

Référent compensatoire (M7 = M4)

Lorsque la Maison 7 et la Maison 4 sont identiques
Même lame en Défi et en Maison 4. Dans ce thème de surcompensation, le sujet est incarné pour réaliser ce qui est le plus difficile pour lui. Ainsi, Démosthène était bègue et s'efforçait tous les matins de combattre son défi en parlant avec des cailloux dans la bouche. Il est devenu l'un des plus grands orateurs de l'humanité.

Bernadette Soubirous avec la Maison Dieu, Milosevic avec le Chariot illustrent cet aspect.

Référent conjuratoire (M7 = M1)

Même lame en Maison 7 et en Maison 1.
Qu'est-ce qu'une conjuration ? C'est utiliser une superstition plus forte que celle dont on est victime. Dans ce cas de figure, plutôt rare, on utilise l'énergie de son défi pour s'exprimer, pour gagner sa place. Le sujet a tendance à produire un automatisme qui lui permet de prendre de la distance par rapport à un comportement qui lui pose problème, qui est dommageable pour lui. La Maison 7 pose un interdit ; la Maison 1 le reprend à son compte mais à un autre niveau, comme si, pour conjurer le mauvais sort, il fallait le provoquer et le braver.
Le sujet gère sa vie dans ses relations avec l'autre pour conjurer le mauvais sort qui pèse sur lui depuis sa naissance.
L'exemple de l'abbé Pierre est très parlant. Le Pape en Défi lui dit: « tu ne seras pas père », mais le Pape en Maison 1 répond : « ok, je ne serai peut-être pas père mais j'aurai beaucoup d'enfants ! »
Un autre exemple, Che Guevara avec Tempérance en Référent conjuratoire ! Avec Tempérance en Défi, le Che est viscéralement bloqué au niveau de la communication. Il prend les armes pour communiquer son message à un niveau planétaire et devient une sorte de mythe en communiquant son image à toute une génération.

Référent contradictoire (M1 = M2)

Lorsque la Maison 1 et la Maison 2 sont identiques.
Le sujet est tiraillé entre ce qu'il présente de lui-même et sa propre quête.
« L'image que je donne ne correspond pas à la réalité. Vous voyez en moi (Maison 1) des qualités que je crois ne pas posséder. Bien au contraire, je m'en sens privé et je les recherche comme un idéal (Maison 2). »
Exemple : Daniel Cohn-Bendit avec un Empereur en Maison 1 et en Maison 2. « Je vous donne l'image d'une personne très structurée, autoritaire, maîtresse d'elle-même comme de l'univers, bien incarnée, un modèle paternel, concret et matérialiste, alors que ces qualités constituent en fait ma quête, mon idéal, ma recherche incessante. »
Autre exemple : Mère Térésa.

Référent exploratoire (M1 = M4)

L'individu est invité à s'engager tout entier dans son projet de vie. Exemple : Agatha Christie avec le Diable en Maison 1 et en Maison 4.

Défi défigurant (M7 = M10)

Lorsque la Maison 7 et la Maison 10 sont identiques.
Un renforcement des obstacles nécessite de mobiliser toutes ses forces vaillantes contre l'adversité. Mais parfois l'obstacle est tellement énorme qu'il devient sur-motivant.
Exemple : Mère Térésa née le 26 août 1910 avec une Impératrice en Maison 7 et en Maison 10. La petite institutrice sort de l'insignifiance le jour de la révélation et s'engage corps et âme à descendre dans la rue au milieu des souffrants. Avant cela, elle ne parvenait pas à donner tout ce qu'elle avait à donner. Sa créativité était insatisfaite.
Par contre, le « jour de l'inspiration », le 10 septembre 1946, fut pour elle une renaissance. On peut monter le *Référentiel de Naissance* pour ce jour et le comparer à son thème de naissance; c'est ce que l'on appelle un *Référentiel* instantané (voir dans *Tarot l'Enchanteur*, opus cité - les Instantanés du Roi Charles VI, page 205 et suivantes).
Dans l'Instantané de Mère Térésa, ce « jour de l'inspiration » qui fut si capital pour son destin, l'Impératrice se retrouve en Maison 9, Maison de la réalisation pleine et entière de son Soi le plus profond.
Attention aux oreilles sensibles ! Le *défi défigurant* s'exprime parfois sous une formule très évocatrice : « Les deux pieds dans la merde ! ». Chacun trouvera « matière » à réflexion.

La Totale Conversion (M11=M12)

Lorsque la Maison 11 et la Maison 12 sont identiques. Nœud sud = *Nœud nord.*
Cette configuration illustre au mieux le concept selon lequel deux Arcanes identiques n'ont pas le même sens. Chaque Arcane pouvant s'interpréter, a minima, selon trois niveaux différents, on établira qu'en Maison 11, l'Arcane doit être compris à son premier niveau et en Maison 12 à son troisième niveau (voir chapitre sur les boucles). Il s'agit d'une invitation radicale à transformer ses forces instinctives en valeurs supérieures. Le parcours de l'Échelle de Jacob, et notamment l'expérience de la Maison 5, vont donner tout son sens à cette conversion. Précisons encore une fois :
La Maison 11 : mémoire génétique de l'individu - niveau où se sont nouées les tensions et les difficultés fondamentales du sujet lors des six premières années de vie, excepté pour le Nœud karmique, (Arcanes X, XIII ou XVIII en Maison 11), où on doit faire remonter l'origine des Nœuds à des périodes antérieures à la naissance du sujet.
La Maison 12 : un des deux phares du *Référentiel* (l'autre étant la Maison 9) - Cette position est idéale, rarement atteinte du vivant du sujet et constitue son patrimoine spirituel, ce qu'il léguera à la postérité, ou tout simplement les valeurs humaines qu'il transmettra à ses descendants. Cette Maison

contient aussi l'Arcane de guérison, suivant en cela le principe selon lequel la Maison 11 contient la source des souffrances et la Maison 12 la source de la guérison, la configuration la plus caractéristique étant l'Arcane VI en Maison 11 et en Maison 12 : malade de l'amour, guéri par l'amour. On ressent bien ici que l'Arcane VI, l'Amoureux, ne revêt pas du tout la même signification dans un cas et dans l'autre. Dans le premier cas, nous sommes dans les vibrations basses de l'Amoureux. Il s'agit de l'affectivité au sens premier : affection = être affecté, de la même manière que passion = passif. L'état amoureux n'est pas l'état d'amour. L'être amoureux désire être aimé en aimant le désir de l'autre lorsqu'il est lui même l'objet de ce désir. Dans l'état d'amour, l'être aimant s'exprime dans un amour quasi inconditionnel... Aimer, c'est jouir de la jouissance de l'autre.

L'état amoureux est le plus souvent un état de souffrance car dépendant d'une attente ; l'état d'amour est guérisseur de la totalité de l'âme car sans attente.
La question du choix présente dans l'Arcane VI est liée à l'état amoureux. Dans l'état d'amour, c'est la question de l'engagement qui prend toute la place.

Exemple de totale conversion :
Martin Luther King né le 15 janvier 1929 avec l'Hermite en Maison 11 et en Maison 12.
En Nœud sud, on ressent la solitude dans laquelle a commencé le combat ainsi que le Nœud paternel. Le Jugement en Défi et le Monde en Maison 3 précisent le sens de la lutte. Il s'agit de sortir de l'enfermement dans lequel l'intolérance et le jugement avaient emprisonné le peuple noir. L'Hermite en Maison 12 montre le sujet réalisé à son ultime niveau comme un maître, un pèlerin, un guide, un sage.

Aspect dit « théorie de l'empêchement »

On appelle théorie de l'empêchement la configuration particulière dans laquelle la Maison 6 est identique à la Maison 10.
En effet, dans ce cas bien précis, une contradiction saute aux yeux. Chaque fois que je puise dans mes ressources, je tombe dans mon échec, du moins tant que je n'ai pas réussi à retirer une expérience de mes échecs et à valoriser ma Maison 10. Cette situation peut être tout à fait fâcheuse et décourager le sujet de puiser dans les réserves de sa Maison 6. Lorsque l'on constate que les choses se passent ainsi, il sera tout à fait judicieux d'inciter le consultant à explorer sa deuxième ressource, voire sa troisième.

- la deuxième ressource est inscrite dans le *Cœur du Blason*. N'oublions pas que l'Arcane présent en Maison 13 a toujours un double aspect ambivalent (cette Maison fonctionne aussi bien comme ressource que comme défi). Il s'agira donc d'exploiter la dimension ressource du *Cœur du Blason.*

- la troisième ressource se trouve dans la Maison 12 qui, en tirant le sujet vers le haut, l'amène à se dépasser.

Exemple : George Sand, née le 1er juillet 1804 avec une Justice en empêchement, puisera avec bonheur une possibilité de se régénérer elle-même dans une Tempérance au *Cœur du Blason*, ambivalence sexuelle, équilibrage des polarités, communication intérieure et extérieure et affirmation d'un *animus* positif dans un féminin tout aussi positif. Une Tempérance qui au demeurant se trouve aussi en Maison 9, confirmation de l'énergie dynamique de cet Arcane qui forme un *miroir* avec les deux Justice en empêchement. La femme au prénom d'homme (caractère ambivalent de Tempérance) puisera aussi avec succès une troisième ressource dans un Hermite en Maison 12 qui tire le sujet vers le haut, lui révélant sa capacité à créer, à transmettre, à guider. L'Hermite est d'ailleurs en totale conversion (c'est-à-dire que l'Arcane se trouve aussi en Maison 11), ce qui aura peut-être favorisé le passage d'Aurore Dupin à George Sand.

Cet aspect somme toute assez rare se retrouve étonnamment chez Mussolini né le 29 juillet 1883 et chez Franco né le 4 décembre 1892.

Chez le Duce, c'est l'Arcane XVIII, la Lune, qui est en empêchement et l'Empereur en deuxième ressource au *Cœur du Blason.* La Lune marque sans doute dans ce thème un dérèglement psychique fondé sur le refoulement de ses illusions ainsi qu'une perception chimérique de la réalité. Sa seule issue : investir le personnage de l'Empereur pour agrandir son territoire au-delà de ses propres limites. L'Empereur faisant *miroir* avec la Lune apporte à cet aspect une étrange saveur.

Chez Franco, l'empêchement se fait avec la Maison Dieu, orgueil, démesure, hyper protection émotionnelle, violence et cuirasse caractérielle qui se libèreront dans un Diable au *Cœur du Blason* dont l'expression ici se passe de commentaire. Ne pourrait-on pas voir dans cette corrélation Maison Dieu/Diable le tableau de Picasso « Guernica » ?

Voici quelques exemples issus des commentaires de plusieurs étudiants au cours d'un atelier sur les dialectiques dans le *Référentiel de Naissance.*

La dialectique dans un *Référentiel de Naissance* se définit donc par la présence de deux arcanes identiques dans un même *Référentiel de Naissance.* Dans ce cas, les arcanes en dialectiques ne se renforcent généralement pas. Au contraire, cette configuration dénote plutôt une certaine dualité et exprime presque toujours la nécessité de faire un travail d'évolution quant à la symbolique de l'arcane concerné. Le travail consiste alors à passer d'un vécu limitant ou douloureux de l'Arcane à un vécu harmonieux.

- l'Arcane XIII en dialectique nécessite de passer « de l'inexistence à l'identité » ou encore « de personne à quelqu'un ».
- Le Chariot : « de la voie sociale à la voie spirituelle » ou encore « du tiraillement à l'union des forces ».
- La Justice : « de la justice des hommes à la justice divine », « du sentiment d'injustice à l'attitude juste », « de l'obsession de justice à l'idéal de justice » ou encore « des notions de bien et mal aux notions de bon et mauvais ».
- La Force : « de la force extérieure à la force intérieure » ou « du volontarisme à la volonté et de la force violente à la force tranquille ».
- L'Impératrice : « de la parole enfermée à l'expression de sa parole » ou « de l'autoritarisme à l'autorité »
- La Lune : « de l'illusion à la créativité »
- Le Pendu : « de la peur de l'abandon au lâcher-prise »
- L'Amoureux : « de la dépendance affective au Service humain »
- Tempérance : « de la dépendance à la transcendance », « de la dispersion à l'alignement », « de la colère à la réconciliation », « de la démesure à la tempérance », « de l'incommunicabilité à la communication ».
- L'Hermite : « de la quête extérieure à la quête intérieure », « de la solitude à la solidarité » ou encore « de l'isolement à la solitude ».
- L'Étoile : « de la soumission à l'affirmation de son féminin », « de la coupure à la reliance ».

Lames en miroir

On appelle *miroirs* deux Arcanes qui, lorsqu'on les additionne, donnent 22. Par exemple le Bateleur (1) et le Monde (21).

Miroir de transit (le miroir se fait avec la Maison 8)

La météo, c'est-à-dire les énergies extérieures, sociales, économiques ou spirituelles viennent stimuler une des Maisons du *Référentiel* par un apport considérable d'énergie. Voici une année formidable pour changer de rythme, modifier son allure, s'ouvrir aux autres, réussir habituellement là où on échoue.

Miroir de passage (le miroir se fait avec la Maison 5)

L'Arcane *miroir* de la Maison 5 aide par sa symbolique la traversée des portes étroites et des seuils d'airain. C'est en se nourrissant de toute la richesse de l'Arcane que le sujet verra son évolution se faciliter et sa capacité à réduire les obstacles augmenter. Toujours, bien sûr, selon la symbolique particulière des Arcanes en *miroir*.

Miroir au défi (le miroir se fait avec la Maison 7)

L'Arcane *miroir* du défi est la meilleure aide possible pour compenser nos manques et apprendre les leçons essentielles de la vie et de l'existence. La recherche d'un *miroir* au défi est toujours favorable ; on peut le trouver dans le *Référentiel* d'une autre personne[17]. Mais attention, si le défi n'est pas intégré, si le sujet ne tient pas compte des leçons qu'il doit en tirer, ce défi finira par contaminer la Maison 4 et invalider l'action du sujet dans son existence.

Miroir compensateur (Maison 4 et Maison 7 en miroir)

Le travail personnel sur le défi sera déterminant pour favoriser l'incarnation dans la Maison 4. En effet, le défi contamine la Maison 4 plus que jamais lorsqu'il est en *miroir*. Il faut savoir aussi que l'Arcane en Maison 4 contient des informations spécifiques, utiles à l'adaptation du sujet à son environnement social et humain. L'analyse et le décodage en finesse du défi en *miroir* permettent de libérer les informations contenues dans la Maison 4, sorte de mémoire dormante.

Miroir de cohérence (Maison 6 et Maison 4 en miroir)

Ce *miroir* de cohérence est particulièrement intéressant lorsqu'il met en relation puissance et pouvoir : la Maison 6 est une Maison de puissance et la Maison 4 de pouvoir. Une bonne compréhension du jeu symbolique et du transfert d'énergie de l'une à l'autre aidera le sujet à réaliser ses potentiels. La configuration la plus favorable est celle qui propose un Arcane de puissance en Maison 6 et un Arcane de pouvoir en Maison 4.

Miroir asymétrique (Maison 1 et Maison 3 en miroir)

Il existe un lien entre l'image que j'ai du monde et l'image que le monde a de moi. L'harmonisation de ces deux notions est très équilibrante pour permettre au sujet une bonne intégration sociale.

Miroir royal (Miroir avec le Cœur de Blason)

Signature particulière des receveurs universels.

---

[17] Voir à ce sujet la Voie du Cœur, dans le chapitre sur les *Référentiels de Couple*

Miroir cosmique (la Maison 11 et la Maison 12 sont en miroir)

C'est en récapitulant la symbolique de mon Histoire et le vécu de l'Arcane en Nœud sud que je peux trouver toute l'énergie nécessaire à me projeter dans un futur libre, conscient, joyeux et créatif.

L'Auto-contamination

On appelle *auto-contamination* le cas où le *Miroir* de passage se fait avec le défi. En d'autres termes lorsque la Maison 7 est en *miroir* avec la Maison 5. Cette expérience rentre dans le cadre d'une expérience initiatique particulièrement difficile. Chaque fois que le sujet traverse une épreuve, il doit en exploiter l'énergie pour son évolution personnelle faute de quoi il reste bloqué à un stade inférieur.
Quelques exemples :
Passage obligé 10 - Défi 12
L'expérience personnelle du lâcher-prise et du détachement, la nécessité d'inverser nos valeurs et de regarder le monde et nous-mêmes sous d'autres perspectives que celles auxquelles nous sommes habitués, nous plongent dans une souffrance inévitable si nous ne prenons pas en main notre propre évolution en nous opposant aux forces inconscientes qui freinent notre progression.

Passage obligé 8 - Défi 14
La nécessité de passer par une harmonisation de soi-même, par un équilibre juste nous mettant en phase avec l'équilibre de la société (passage obligé par la Justice) nous enseigne la leçon de la mesure, de la maîtrise de soi et de l'indépendance des passions (Tempérance en défi).
Cette configuration se retrouve chez Che Guevara né le 14 juin 1928.

Année de l'ensemencement

En additionnant le jour, le mois et l'année de naissance, nous obtenons un total : l'année au cours de laquelle intervient un événement qui aura une résonance tout au long de l'existence. Cet événement n'est pas toujours perceptible à première vue, mais il est bien rare que cette date ne marque pas le sujet à un niveau ou à un autre. Au cours de cette année, un germe commence à se développer, qui donnera ses fruits plus tard. On appelle cette année : Année de l'ensemencement.
Par exemple l'abbé Pierre né le 5 août 1912 :
1912 + 5+8 = 1925, l'abbé Pierre a treize ans.
C'est en effet à l'âge de treize ans qu'il confie à son père son désir de devenir missionnaire.

Jacques Brel, année de l'ensemencement : 1941, il a 12 ans, son père lui fait visiter la cartonnerie familiale en lui montrant que son avenir est tout tracé. La révolte contre le destin débute alors, et l'enfant du plat pays crée son propre destin.
Yasser Arafat, année de l'ensemencement : 1948, création de l'État d'Israël, le 14 mai... Sans commentaire.
Napoléon, date d'ensemencement en 1792, cette année devient l'An I de la République et voit l'abolition de la royauté.
Écoutons Max Gallo : le 28 mai 1792, Napoléon traverse Paris... « on ne le remarque pas, il se regarde dans une vitre, petit officier maigre en uniforme sombre, au teint bilieux mais au port altier, il s'éloigne seul, les yeux pleins de défis. Cette indifférence des gens qui l'entourent le stimule. Il sortira de l'ombre ».
Max Gallo : Napoléon - Tome 1 Page 66

Année de l'ensemencement et relation avec la M6

Une recherche menée en 2003 et 2004 par le groupe italien d'étude du *Référentiel de Naissance*, animé par Barbara Elia, a permis de constater une étrange coïncidence. L'âge que nous avons au cours de l'année de l'ensemencement correspond à la valeur de l'Arcane que nous avons en Maison 6. Mon année personnelle d'ensemencement est 1967. Étant né en 1950, j'ai 17 ans cette année-là. En Maison 6, j'ai l'Arcane 17 ! Cette caractéristique est une particularité liée au calcul, soit. Mais elle tend quand même à démontrer que l'année de l'ensemencement correspond à la symbolique de sa ressource : 17 ans, ressourcement à l'Étoile, 21 ans, ressourcement au Monde etc. Il arrive parfois que l'Arcane de la Maison 6 ne corresponde pas exactement à l'âge que nous avons au cours de notre année d'ensemencement; dans ce cas, on peut envisager plusieurs âges possibles au cours desquels le sujet trouvera ses ressources. Tout au moins deux périodes précises : celle qui correspond à l'année de l'ensemencement, celle qui correspond à l'âge de la Maison 6. On observe dans tous les cas que si la Maison 6 ne correspond pas précisément à l'âge que l'on a à l'ensemencement, elle en est une forme arithmétique réduite.
Par exemple, 17 en Maison 6, 8 ans à l'ensemencement (1 + 7 = 8).
21 ans à l'ensemencement, 12 en Maison 6 (21 et 12 se réduisent tous les deux à 3).
On constatera donc plusieurs âges possibles de ressourcement.
Il existe en outre 7 âges particuliers qui correspondent à des majorités symboliques

La question n'est pas de savoir ce qui va se passer lorsque on atteindra ces âges mais plutôt de comprendre le sens des événements vécus à ces âges-là en fonction de cette grille symbolique

18 ans majorité illusoire
21 ans majorité politique et sociale
29 ans majorité adulte et saturnienne
33 ans majorité solaire
40 ans majorité transhumante (la fin de la traversée du désert)
52 ans majorité du nouveau départ. Noé a mis 52 ans pour construire son arche
66 ans deuxième renaissance
72 ans majorité du souffle

Les Voies

Une Voie est une configuration particulière. On appelle Voie dans le *Référentiel de Naissance* la présence simultanée de trois Arcanes qui ont un thème en commun. Celui-ci peut être figuratif, révélé par la présence d'un personnage commun à chacune des trois lames données, ou bien conceptuel quand trois lames différentes sont sous-tendues par un concept commun. Il peut être aussi suggéré par la numérologie.

Dans le premier cas, la présence simultanée dans un même *Référentiel* de l'Amoureux, de Tempérance et du Jugement met en évidence la figure de l'ange dans chaque carte. Dans le deuxième cas, le thème du pardon sous-tend le Pape, le Pendu et l'Étoile ; dans le troisième cas, les nombres qui caractérisent l'Impératrice, le Pendu et le Monde, à savoir 3, 12, 21 peuvent se réduire à 3 (12 = 1+2 = 3, 21 = 2+1 = 3) qui est le nombre de l'expression. Nous identifions dès lors dans ce triple contexte, respectivement la Voie de l'ange, la Voie de l'abandon et la Voie de l'expression.

Qu'est ce qu'une Voie ?

Il s'agit dans le *Référentiel* d'un élément d'interprétation secondaire que l'on s'attache à analyser dans certains cas de dépression avec perte de motivation et de désir ou encore errance dans l'orientation de sa vie. L'analyse de la Voie ouverte (voir ce terme) est particulièrement intéressante lorsqu'un sujet cherche des points d'appui pour progresser au cours d'une année donnée.

La Voie n'est pas un destin mais une piste, à ne pas prendre au pied de la lettre. Ainsi la voie du prêtre n'engage pas l'individu à devenir prêtre mais à analyser et comprendre certains événements de sa vie comme s'il était prêtre. La présence de cette Voie dans un *Référentiel* peut inviter le sujet à se rapprocher d'un prêtre pour l'aider à résoudre ses difficultés ou à comprendre le sens exact du mot prêtre : les différentes manières d'exercer ce sacerdoce, la signification que ce terme peut prendre dans son vécu particulier, voire dans son histoire familiale. Dans certains cas, il serait question de devenir le prêtre d'un domaine particulier comme André Breton fut le Pape du surréalisme. De la même manière, dans la Voie du thérapeute, il ne s'agit pas de s'orienter à tout prix vers ce métier mais peut-être de se rapprocher d'un thérapeute pour dénouer certains conflits et développer ses potentiels. Ou bien, là encore, il convient d'examiner avec discernement ce terme, son sens dans notre vécu ou dans notre engagement pour en tirer des enseignements féconds.

Suivre une Voie, c'est donc essentiellement suivre une réflexion en la fondant sur un concept riche de sens et de connotations.

Le *Référentiel de Naissance* propose l'étude de 22 Voies mais ce nombre n'est pas limitatif, il existe en réalité près de 1540 voies possibles ! Nous en conservons 22 pour des raisons pédagogiques et pour encourager l'étudiant à en découvrir d'autres. Dès lors, et pour éviter une confusion de terme, nous appellerons « chemin » une voie caractéristique non prévue dans ce cadre.

On appelle donc Voie la configuration formée par trois Arcanes différents réunis dans un *Référentiel*, sans tenir compte de leur place en Maison. Ainsi, lorsqu'une Voie est formée, le sujet est appelé à réaliser, ou tout au moins à pressentir, un appel particulier dans une direction donnée. La présence d'une Voie donne une tendance, une couleur, un climat général au thème.

La Voie de l'ange
L'Amoureux, Tempérance, le Jugement

Les trois Arcanes concernés expriment une idée de dépassement, de transcendance. La présence de l'ange dans l'Amoureux et le Jugement appelle le personnage central de l'Arcane à un engagement, à une renaissance. Qu'il soit prêt à décocher sa flèche ou à insuffler le contenu de son cœur, l'ange est présence protectrice. Dans Tempérance, la présence angélique est intégrée à même la chair du personnage central ; il a pris sa place, il s'est incarné comme dans *Les ailes du désir*, le film de Wim Wenders. Suivre la Voie de l'ange, c'est donc se mettre à l'écoute de ce qui nous transcende, c'est un processus d'évolution. Si dans certains cas la quête ou l'écoute de l'ange prend un caractère mégalomane, voire paranoïaque (l'épidémie d'angélite aiguë qui a frappé l'Occident ces dernières années en est une triste démonstration), dans d'autres cas, cette voie nous conduit à laisser s'exprimer en nous la part la plus subtile, la plus lointaine et la plus juste sans que nos émotions et autres résistances inconscientes nous barrent le chemin. Exemple : Khalil Gibran, le poète et écrivain libanais né le 6 janvier

1883, a la voie de l'Ange dans son thème : Tempérance en Maison 12 et Maison 10, l'Amoureux en Maison 1 et le Jugement en Maison 3.

La Voie du père

L'Empereur, le Pape, l'Hermite (voir le chapitre sur les Nœuds paternels)

Lorsque ces trois Arcanes sont simultanément présents dans un thème, on dit que le sujet est invité à suivre la Voie du père. C'est le cas dans le *Référentiel de Naissance* de Charles Baudelaire. On sait que le jeune Charles fut considérablement traumatisé par la mort de son père dans sa petite enfance et encore plus choqué par le remariage de sa mère avec un officier de l'armée française à qui il vouera toute sa vie une haine féroce. Il dit quelque part que le jour de la mort du général Aupick fut le plus beau jour de sa vie.
Suivre la Voie du père est une quête d'absolu qui va bien au-delà du besoin de reconnaissance.

La Voie karmique

La Justice, la Roue de Fortune, la Lune

Elle est constituée à mon sens par les trois Arcanes karmiques du Tarot. Nous interprétons le mot karmique dans son sens original, c'est-à-dire l'expression de la loi de cause à effet. Rien à voir avec le sens commun totalement erroné de « péché » ou de « mauvaise action ». Le terme le plus proche de l'indien serait « action ». Le Karma est à l'Orient ce que l'Histoire est à l'Occident.
La Justice est karmique parce qu'il ne saurait y avoir de justice sans examen rigoureux des causes profondes, voire archaïques, des faits qui réclament son attention. L'Arcane X est karmique dans le sens où il suggère que tout renouveau passe par la connaissance et la transformation des anciennes structures dans une rotation de cycle. Quant à la Lune, miroir révélé de la lumière solaire, elle est aussi mémoire de l'inconscient et, selon la tradition hermétique, l'étape où séjournent les âmes défuntes entre deux incarnations. Nous comprenons ici le Karma davantage dans le sens écologique que dans le sens strictement psychologique ou mystique. Chaque cause a son effet et l'homme est responsable de tout, devant tous, et de tous devant le Grand Tout.
Le peintre Augustin Lesage, visionnaire exceptionnel, a la Voie karmique dans son thème. Alors qu'il grattait dans les entrailles de la terre, voué au labeur ingrat et dangereux du mineur, Augustin Lesage que vraiment rien ne destinait au métier d'artiste entendit une voix lui souffler :
« Un jour tu seras peintre... Nous tiendrons ta main ».

Une incroyable aventure débuta alors. Obéissant à ses guides invisibles, Lesage peignit près de 800 chefs-d'œuvre exposés un peu partout dans le monde et sur lesquels se sont penchés les plus grands spécialistes de ce siècle. Ces peintures forment aujourd'hui une œuvre maîtrisée, aussi sublime que déroutante. Cet homme extraordinaire, rayonnant de sagesse et d'humilité, utilise dans cette vie des expériences qu'il a vécues sous d'autres formes, des centaines, voire des milliers d'années plus tôt. Mais laissons-le lui-même s'exprimer à propos d'un voyage en Égypte :

« Mais surtout, je veux raconter ce qui m'est arrivé dans la Vallée des Reynes et qui m'a fortement impressionné. Deux ans auparavant, dans cette vallée, on avait mis à jour un petit village. L'archéologue nous a conté qu'au temps de Ramsès II, sous la XVIIIe dynastie, environ mille cinq cents ans avant notre ère, ce petit village avait été habité par 700 ou 800 ouvriers, spécialistes des travaux funéraires. Ils étaient employés à tailler des pierres, à tracer des plans, à peindre des fresques et à sculpter des statues. Ces ouvriers étaient précieux car les Égyptiens attachaient plus d'importance à leur demeure éternelle qu'aux maisons qu'ils habitaient durant leur vie et qui avaient moins besoin, selon eux, d'être richement décorées, puisque la vie est si courte.

Un des ouvriers s'appelait Ména. On a retrouvé son tombeau personnel, un tombeau plein d'inscriptions et de scènes qui renseignent sur ce que fut sa vie. C'est ainsi que l'on a appris son nom.

Or, pendant le temps qu'il ne travaillait pas dans la Vallée des Reines aux tombeaux officiels, Ména avait obtenu le droit de travailler à son propre tombeau, un peu à l'écart du village. Nous visitâmes ce petit tombeau qui pouvait contenir une vingtaine de sarcophages et tout à coup, j'aperçus sur un mur une grande fresque bien peinte, bien conservée et dans cette fresque je reconnus la scène de la Moisson égyptienne que j'avais faite dans ma dernière toile à Burbure, avant de partir. Une émotion puissante et complexe s'empara de moi et j'aurais bien du mal à en donner une idée exacte. Il me sembla tout à coup, à être si près de cette petite scène encore intacte, à la voir si semblable à celle que j'avais faite moi-même, il me sembla que j'en étais aussi l'auteur.

Il s'établit entre la peinture et moi une indéfinissable correspondance comme si je ne pouvais plus discerner si je venais de la peindre ou seulement de la retrouver. J'aurais voulu rester dans ce tombeau, devant ce mur émouvant, devant cette fresque vivante. Je me sentais immobilisé, à la fois soutenu et écrasé par la surprise. Et la joie, une joie immense m'envahissait, comme la joie d'un exilé qui retrouve son village. J'étais soulevé d'enthousiasme, un vif argent coulait dans mes veines, je respirais dans ce tombeau un air pur, tout chargé d'amitié et, peu à peu, se gravait en moi, en traits ineffaçables, ce souvenir si émouvant, cet événement le plus nettement important de tout ce que j'ai vu dans ma vie, pourtant si fertile en surprises. »[18]

Les trois lames qui caractérisent une Voie peuvent être disposées indifféremment dans n'importe quelle Maison du *Référentiel.* Nous n'y accorderons pas une importance dominante dans l'interprétation sauf pour trois cas :

1er cas : *La Voie nodale.* Lorsqu'une des trois lames est présente en Maison 11 et constitue ainsi un Nœud. Exemple de la Voie de l'Ange chez Khalil Gibran avec le Jugement en Maison 11.

2e cas : *La Voie ouverte* est une voie dans laquelle la troisième lame est présente dans la Maison 8. Elle ne diffusera son influence que pendant une année. Dans certains cas, cette Voie se représente tous les neuf ans.

3e cas : *La Voie royale* est constituée par la présence de la troisième lame dans le *Cœur du Blason.* Ce cas de figure requiert toute l'attention du consultant.

Dans ces trois cas, la Voie sera considérée comme dominante dans l'interprétation d'un *Référentiel.*

L'absence de Voie dans un *Référentiel* ne porte jamais à conséquence. Selon une règle bien établie, on n'interprète pas un aspect absent. Cette règle est à rapprocher de bien d'autres : ainsi l'absence d'Arcane de puissance ne signifie pas que le sujet manque de puissance, l'absence de carte féminine ne signifie pas que le sujet manque de féminité, etc.

Liste des 22 Voies

La Voie de la Mère	l'Impératrice, la Papesse, la Lune
La Voie de l'Ange	l'Amoureux, Tempérance, le Jugement
La Voie de l'Amour	le Pape, l'Étoile, l'Amoureux
La Voie de la Liberté	l'Amoureux, le Mat, la Roue de Fortune
La Voie de la Libération	le Pendu, le Jugement, le Diable
La Voie de la Transformation	la Justice, l'Arcane XIII, la Maison Dieu
La Voie du Social	le Chariot, le Soleil, le Monde
La Voie du Karma	la Justice, la Roue de Fortune, la Lune
La Voie du Pardon	le Pape, le Pendu, l'Étoile
La Voie du Thérapeute	l'Hermite, la Force, Tempérance, le Jugement (3 lames sur 4 suffisent à orienter le sujet dans cette voie)
La Voie de l'Artiste	le Bateleur, l'Empereur, le Monde
La Voie du Prêtre	la Papesse, le Pape, le Jugement

[18] In *Augustin Lesage ou le Pinceau des dieux* - Jean-Louis Victor -

La Voie du Communicateur	le Pape, l'Amoureux, Tempérance
La Voie du Créateur	l'Impératrice, l'Empereur, le Soleil
La Voie de l'Expression	l'Impératrice, le Pendu, le Monde
La Voie de la Connaissance	la Papesse, le Pape, l'Hermite
La Voie de l'Enfant	le Bateleur, la Lune, le Soleil
La Voie de l'Épée :	voie de conscience : le Bateleur, la Justice, le Diable
La Voie du Deniers :	voie de construction : le Bateleur, l'Empereur, la Maison Dieu
La Voie de la Coupe :	voie de lumière : le Bateleur, Tempérance, l'Étoile
La Voie du Bâton :	voie du Pèlerin : le Bateleur, l'Hermite, le Mat

Autres voies secondaires, liste non exhaustive

La Voie de la Tortue	la Papesse, l'Hermite, la Maison Dieu
La Voie du Refuge	le Chariot, Tempérance, le Monde
La Voie du Guerrier	le Diable, la Maison Dieu, le Mat
La Voie de la Soumission	le Pendu, le Diable, l'Étoile
La Voie de la Nuit	l'Hermite, la Treize, La lune
La Voie de la Peur	la Treize, le Diable, le Jugement
La Voie de l'Énergie universelle	l'Étoile, le Soleil, le Jugement
La Voie de la Famille	la Force, le Soleil, le Monde.

Quelques exemples :

- Nostradamus, avec une Voie royale du Thérapeute
- Marilyn Monroe avec une Voie de l'Enfant qui souligne bien l'aspect femme/enfant de l'artiste
- L'abbé Pierre ainsi que François Mitterrand cheminent dans une Voie de la nuit
- Jacques Brel incarne parfaitement la Voie de l'artiste, mais il se rebelle aussi contre la Voie de la soumission
- Freud ne surprendra personne avec une Voie du thérapeute, une Voie du prêtre , une Voie de la communication et une Voie de la peur !
- Quant à Jeanne d'Arc, pas de commentaires sur sa Voie de l'Épée et sa Voie de communicateur !

Toute Voie peut être réduite à deux Arcanes, dans ce cas elle s'appellera *sentier,* mais elle peut aussi s'enrichir d'une quatrième lame, dans ce cas on parlera de *Voie carrée.*

Je propose au lecteur cet exercice : imaginer quel est le quatrième Arcane complémentaire à une voie donnée. Quelques exemples sont donnés dans le chapitre sur la *Ruche*, notamment sur la Voie de la famille.

Les Miroirs

Définition des 11 miroirs

Nous avons tous au moins un *miroir* dans notre *Référentiel*, ne serait-ce que dans les Maisons 9 et 10, puisqu'elles sont définies ainsi par le calcul.
À chaque *miroir* se cache un Mat désigné sous le concept de Mat caché (puisqu'un *miroir*, on l'a vu, est l'ensemble de deux lames dont la somme fait 22). Il est question dans ce cas d'originalité, de fantaisie, de liberté et de rébellion non manifestées, voire refoulées.

I / XXI	Le *miroir* de l'initiation
II / XX	Le *miroir* de la connaissance
III / XIX	Le *miroir* de la manifestation
IV / XVIII	Le *miroir* de la créativité
V / XVII	Le *miroir* de la spiritualité
VI / XVI	Le *miroir* de l'amour
VII / XV	Le *miroir* Puissance / Pouvoir
VIII / XIV	Le *miroir* de l'équilibre parfait
IX / XIII	Le *miroir* de l'auto-dévalorisation
X / XII	Le *miroir* de la non-action en mouvement
XI / XI	Le *miroir* de la force dans son obscurité et sa lumière.

Dans chaque *miroir*, une question peut se poser : «quelle qualité manque à l'un des deux Arcanes, que l'on peut retrouver dans l'autre ? »

Examen des qualités complémentaires circulant entre les Arcanes en *miroir* :

Nous pouvons adopter deux hypothèses possibles pour comprendre la manière dont l'énergie transite entre deux Arcanes *miroir*s :

a- 1e hypothèse : les 11 premiers Arcanes laissent apparaître un manque, comblé dans les 11 Arcanes suivants formant un *miroir*.

b- 2e hypothèse : les 11 derniers Arcanes laissent apparaître un manque, comblé dans les 11 Arcanes précédents.

Première hypothèse

1er *miroir* : Bateleur/Monde

Le Bateleur a tous les outils mais ils ne sont pas à leur place. Il manque un ordre, une organisation, une harmonie, qui se réaliseront dans le Monde. Ce *miroir* pourrait s'appeler « la boîte à outils ».

2e *miroir* - Papesse/Jugement

La Papesse invite le Bateleur à accéder à la connaissance d'un secret. Mais lui montre-t-elle vraiment quelque chose ? Il semble bien au contraire que la Papesse révèle au Bateleur ses propres manques. La Papesse nous interpelle sur notre part manquante, dissimulée derrière le voile. Le contenu de ce secret sera révélé dans le Jugement.

3e *miroir* - Impératrice/Soleil

Malgré son autorité et son allure altière, il manque à l'Impératrice une forme de joie et de luminosité qui seront apportées par le Soleil. Une Impératrice en *interdit* par exemple symbolise une parole qui ne se dit pas, une création qui ne s'incarne pas. Dans le Soleil on s'exprime et on reconstruit avec enthousiasme.

4e *miroir* - Empereur/Lune

L'Empereur représente la structure, la matière, la rigueur, la construction, le territoire, la fermeté, mais l'effet pervers de ces qualités peut les transformer en matérialité, rigidité, limitation, fermeture ! La Lune permet de s'affranchir du « territoire », d'agrandir la vision dans son exterritorialité en accédant à des niveaux de perception que seules l'imagination, l'intuition ou l'extra lucidité peuvent contacter. La Lune contient ce qui manque à l'Empereur : l'irrationnel, quand le rationnel nous limite ; la poésie, quand les mathématiques colonisent l'espace de la pensée ; la métaphysique quand la physique atteint ses limites ; l'essentiel lorsque l'existentiel ne suffit plus à s'approcher de l'Être. L'Empereur raisonne, La Lune résonne.

5e *miroir* - Pape/Étoile

L'Arcane V symbolise le lien entre les hommes, les alliances mais surtout la relation entre le plan divin et le plan humain. Comme son nom l'indique, le Pape est l'Arcane du Religieux. Mais, ô paradoxe des paradoxes, ce qu'il manque la plupart du temps à la religion se dénomme spiritualité ! L'Étoile apporte cette spiritualité en proposant un lien direct entre l'homme et le divin, sans passer par l'intermédiaire des dogmes. L'amour au sens de l'Étoile précise la capacité de l'homme à se relier par lui-même à la nature, au cosmos, à l'Être.

6e *miroir* - Amoureux/Maison Dieu

Si on limite l'état amoureux à l'affectif, à l'émotionnel et à la sexualité, il manquera à l'Arcane VI l'essentiel de l'amour ! La Maison Dieu apporte cet essentiel sous la forme d'une vérité sans appel. Il ne peut y avoir d'amour sans abandon de ses protections (sinon la relation d'amour sera toujours basée sur la notion d'abandon !). La Maison Dieu permet d'expérimenter l'authenticité de l'Amoureux par une sorte de réception spirituelle d'une énergie supérieure, mais aussi par la sublimation de la violence, le passage de la destruction à la déconstruction et de cette dernière à la reconstruction.

7e *miroir* - Chariot/Diable

Le Chariot offre l'image d'un Prince, sûr de lui, couronné d'or et triomphant sur son attelage d'apparat. Il a le pouvoir ! Mais que faire d'un pouvoir sans la puissance qui va avec ? Une carcasse vide ! Le Diable apporte cette puissance en remplissant la corbeille de mariage de ces deux lames, d'énergie, d'intelligence, de charisme, de magnétisme.

8e *miroir* - Justice/Tempérance

L'immobilité est la fiancée du mouvement. Et la Justice semble figée, immobile. S'il n'y avait ce décalage entre les deux plateaux de la balance signalant encore un semblant de vie, on la supposerait morte. Pour que la Justice puisse fonctionner sereinement, il lui faut de la tempérance ; pour qu'elle sorte de sa rigidité, il lui faut de l'échange, de la communication, une libre circulation des fluides et des énergies entre les uns et les autres. L'Arcane XIV apporte ces qualités.

9e *miroir* - Hermite/Non Nommée

Que cherche l'Hermite, dont il se sentirait privé ? Que lui manque-t-il ? Pourquoi s'enfonce-t-il seul dans la forêt ? Il part à la recherche de sa propre nature, il lui manque l'essentiel, il se risque à la conquête de son identité. La Non Nommée apporte cet essentiel. La Treize : Arcane de l'identité !

10e *miroir* - Roue de Fortune/Pendu

Quand on observe simplement la représentation de la Roue de Fortune, on note rapidement qu'il manque une main pour faire tourner cette roue !
Ces mains sont derrière le dos du Pendu. Il lui suffit de les libérer pour mettre en mouvement les mécanismes ancestraux inconscients. Il les libèrera lorsqu'il aura pris conscience que les déterminations qui jusque-là l'animèrent ne lui appartiennent plus. Ce *miroir* très particulier peut se résumer au couple « Agir/Non agir ».
Agir c'est agir dans le non-agir, sans réagir !

11e *miroir* - Force/Force

Cet Arcane est son propre *miroir*. Ce qui manque à la Force, lorsqu'elle s'exprime de manière violente ou perverse, c'est le vrai sens de la Force : alignement, centrage intérieur, ancrage.
Cette force dont George Lucas nous a montré les côtés lumineux et obscurs est la même que cherche à discipliner Merlin, et qu'il appelle « souffle du dragon ».

Deuxième hypothèse

1e *miroir* - Monde/Bateleur :

Que manque-t-il au Monde pour qu'il puisse exprimer sa complétude ? Un germe, l'alpha et l'oméga, une potentialité créatrice ainsi que l'ensemble des matériaux élémentaires qui fondent l'édifice en le structurant. Toutes ces qualités sont données par le Bateleur.

2e *miroir* - Jugement/Papesse :

Si l'Arcane XX désigne le Jugement, peut-être manque-t-il la loi, la sentence ou le délibéré qui donne sa légitimité au Jugement ? Autant de notions qu'apporte la Papesse.

3e *miroir* - Soleil/Impératrice :

Les deux enfants de l'Arcane XIX illustrent vraisemblablement Romulus et Remus, les enfants de la louve fondateurs de la civilisation romaine, ce qui confère à cet Arcane un caractère social. Mais d'où viennent ces enfants et qui leur a donné réellement naissance ?
Ne manque-t-il pas ici une mère ? Fondatrice autant que nourricière, structurante autant qu'impériale ? L'Impératrice vient combler ce manque. L'esprit

de fraternité plane sur le dix-neuvième Arcane. Le lien avec le Soleil serait corroboré par une probable similitude étymologique entre le mot loup et le mot lumière.
La question oraculaire que l'Arcane pose au consultant : « Qui est ton frère ? » est extrêmement large. Cette question ne présuppose pas que l'on s'interroge sur les qualités ou l'identité personnelle de celui que l'on considère comme frère, mais plutôt que l'on interroge le monde pour y dénicher les alliés qui marcheraient à nos côtés dans les combats qu'un juste idéal animerait.
Le « Qui » de « qui est ton frère ? » signifie à la fois Qui et Où !
Le Soleil nous enseigne que nous ne sommes jamais vraiment seuls. Il fait contrepoids à l'Hermite, qui à son tour évoque la pensée de Montaigne : « La solitude c'est l'amitié avec soi-même ».

4e *miroir* Lune/Empereur :

La Lune est fluide, intuitive, parfois mystique, souvent émotionnelle. Elle incite à la créativité mais dans son expansion infinie nous prive de repère. L'Empereur nous apporte ces repères.
Grâce à sa qualité de cadrage, de rationalité, de structuration et d'incarnation, il aide la créativité de la Lune à trouver son canal d'expression.

5e *miroir* - Étoile/Pape :

Ce *miroir* est proche du précédent. L'Étoile directement reliée aux sources les plus élevées déverse sans compter son flux d'amour et de connaissance. Mais ne risque-t-elle pas parfois de le gaspiller ? C'est un risque fréquent de l'Étoile en Hémisphère sud. Le Pape apporte la pédagogie nécessaire. Il dispense cette connaissance d'une manière plus officielle, accessible au grand public et répond avec son cœur à chaque demande qui lui est formulée ; l'Étoile risque de perdre la lumière dont elle est dépositaire. Le Pape traduit cette lumière dans un langage abordable par tous.

6e *miroir* - Maison Dieu/Amoureux :

Si la Maison Dieu devait s'effondrer lorsque les bases psychologiques, sociales ou affectives de l'existence sont amenées à se métamorphoser, la seule chose qui pourrait manquer à la reconstruction d'un nouvel édifice vivant et solide se trouverait dans l'Amoureux, seul Arcane capable de faire circuler l'énergie d'amour dans toutes les directions, de haut en bas, de gauche à droite, etc.

7e *miroir* - Diable/Chariot :

De tous les Arcanes du Tarot, le Diable est vraisemblablement celui qui détient le plus de puissance. Mais qu'est-ce que la puissance sans l'autorisation de l'utiliser ? Le Chariot, l'un des Arcanes fondamentaux du Pouvoir donne cette autorisation (voir développement dans le chapitre Puissance/ Pouvoir).

8e *miroir* - Tempérance/Justice :

Dans Tempérance, une énergie céleste semble se manifester sur la terre (les ailes de l'Arcane sont de couleur chair), les fluides circulent harmonieusement mais comment cette magie peut-elle opérer parmi les hommes, si elle n'est pas inscrite dans la société ? La Justice permet cette réalisation sociale et humaine de la justice cosmique.

9e *miroir* - Non Nommée/Hermite :

Que manque-t-il à l'Arcane XIII ? À la fois tout et à la fois rien. Tout, car ce personnage est réduit à sa plus simple expression, un squelette qui au demeurant perd ses os. Rien, car cet Arcane nous ramène à l'essentiel de l'essentiel. D'ailleurs son propre nom, la Non Nommée, en fait l'Arcane de l'Identité, « my name is Nobody… ». L'Hermite apporte le tout, apporte le rien. Il chemine vers la connaissance, il s'enfonce dans la nature profonde de l'être, rempli du vide qui guérira la XIII, vide d'un trop-plein qui aveugle les hommes.

10e *miroir* - Pendu/Roue de Fortune :

Dans sa position d'abandon, le Pendu attend peut-être qu'on le prenne en main, qu'on lui ouvre les bras, qu'on l'adopte en le décrochant de l'arbre, tel Œdipe abandonné sur le mont Cithéron. La Roue de Fortune offre la manivelle à celui qui veut la prendre. Elle nous force à une prise en charge, nous met face à notre responsabilité d'homme libre. Que le Pendu ouvre les bras et prenne en main son destin !

11e *miroir* - Force/Force :

Et la Force manque encore à la Force.

D'une manière générique on considèrera que les six *miroir*s II/ XX, III/ XIX, IV/ XVIII, V/XVII, VII/ XV et VIII/ XIV sont des *miroir*s Puissance/ Pouvoir.

Développement sur Puissance et Pouvoir

Le puissance (*potentia* en latin, énergie féminine et intériorisée) exprime une forte énergie introvertie et condensée. Une sorte de centrale électrique qui, pour ne pas tourner à vide, doit s'associer à un Arcane de pouvoir. Si ce dernier est absent du *Référentiel*, son rôle sera rempli par la Maison 4, secteur par lequel en général s'exerce le pouvoir. Tout comme la Maison 6 remplira le rôle d'un Arcane de puissance en cas d'absence dans un *Référentiel*.

Arcanes de puissance (XIIII, XV, XVII, XVIII, XVIIII, XX)

Tempérance : puissance vibratoire - puissance énergétique, magnétique.
Le Diable : puissance sexuelle, puissance de vie, énergie vitale fondamentale, énergie psychique - puissance de combat.
L'Étoile : puissance cosmique - puissance de l'amour, de la compassion et de la générosité.
La Lune : puissance créatrice - puissance d'expansion.
Le Soleil : puissance de rayonnement - puissance de communication et de rayonnement social.
Le Jugement : puissance de résurrection - puissance d'inspiration et d'éveil.

Le pouvoir (*potesta* en latin, énergie masculine et extérieure) montre le canal par lequel la puissance peut s'exercer. En effet, une puissance sans pouvoir tourne sur elle-même et génère de multiples frustrations, un dérèglement de sa propre qualité, voire un état constant de tension ou de dépression. Les Arcanes de pouvoir sont judicieusement choisis parmi les Arcanes *miroirs* des Arcanes de puissance.

Arcanes de pouvoir (VIII, VII, V, IV, III, II)

La Justice : pouvoir de transformation - pouvoir juridique.
Le Chariot : pouvoir social - pouvoir du prince capable de conduire un groupe.
Le Pape : pouvoir de transmission - pouvoir d'enseigner - pouvoir de bénir et d'unir - pouvoir spirituel.
L'Empereur : pouvoir d'imposer des limites et de protéger un territoire - pouvoir sur la matière - autorité politique et temporelle. Dans la notion d'autorité et de limite, on sous-entend aussi la notion de respect, de distance sociale.
L'Impératrice : pouvoir d'organisation - pouvoir de la parole et de la manifestation.
La Papesse : pouvoir de mettre au monde - pouvoir initiatique.

La Force, qui est son propre *miroir*, sera considérée comme puissance et pouvoir à la fois, ce que semble confirmer la présence d'un masque dans cet Arcane : puissance derrière le masque, pouvoir devant.
Cette analyse n'exclut pas, bien entendu, que les autres lames du Tarot puissent jouer le rôle de puissance ou de pouvoir selon le contexte. Il y a de la puissance ou du pouvoir dans le Bateleur, l'Amoureux ou l'Hermite. Mais il s'agira là d'un aspect secondaire alors qu'il domine dans les 12 Arcanes précités.

Les Nœuds et les Contrats

Les Nœuds

On appelle Nœud une difficulté que le sujet doit résoudre et qui trouve son origine dans les six premières années de la vie. Cette difficulté se manifeste par une tension psychique ou une incompréhension que le sujet a de lui-même. Quand cette tension est dénouée, elle donne une couleur et une tonalité à l'intérêt que le sujet porte à son entourage ou à autrui d'une manière générale. Ainsi l'abbé Pierre avec son propre Nœud d'abandon va se pencher sur les personnes abandonnées ; Rousseau, avec un Nœud spirituel, va devenir le fer de lance du Siècle des lumières et incitera les hommes à élever leur esprit vers des cimes éclairées.

Cas particulier du Nœud karmique : dans ce cas, la tension prend son origine dans des temps ancestraux, antérieurs à la naissance du sujet.

Les Contrats

On appelle contrat une forte détermination de l'inconscient à défaire le Nœud en question de manière prioritaire, ce qui évitera sa transmission aux générations futures. Il y a contrat lorsque la même lame se trouve en Maison 11 et ailleurs dans le thème.

Un autre aspect original du Nœud est qu'il permet de conserver la force magique et vitale, à l'instar des macles que l'on trouvait sur certains blasons médiévaux. C'est-à-dire qu'il récapitule une qualité qui vient d'un passé très lointain, héritage génétique ou karmique (notamment dans le cas du Nœud karmique). Le sujet peut puiser dans cet héritage une ressource originale, sous réserve qu'il soit libéré des aspects problématiques de la Maison.
Par exemple, Baudelaire avec un Nœud de fraternité (le Monde en Maison 11) parviendra à dénouer la misanthropie qui le caractérisait, en se sublimant dans la découverte de mondes inconnus. Il transforme son sentiment

d'étouffement et réussit à explorer des mondes interdits dont il s'est senti exclu, comme après une chute originelle :
« J'ai longtemps habité sous de vastes portiques ».
Autre exemple : Barbara fait ressurgir de son Nœud dans le lien affectif (Amoureux en Maison 11) toute l'inspiration amoureuse qui illustre son œuvre.
Napoléon, avec un Mat en Maison 11 (Nœud d'abandon, sentiment d'errance, névrose d'exil), part à la conquête du monde et construit un Empire.

Nœud de fraternité : XIV XIX XXI

Cet aspect illustre souvent la difficulté qu'a eue un sujet pour trouver sa place au sein de sa famille dans la petite enfance.

Nœud spirituel : XVI XVII XX

Chez les personnes qui présentent un Nœud de ce type, l'engagement spirituel peut être compris comme une tentative de réparation des blessures de la petite enfance. Rousseau et Gandhi présentent cet aspect dans leur thème.

Nœud de pouvoir : VII XV XI

Idée d'un pouvoir à restaurer ou à rapatrier pour compenser une frustration ou une impuissance de l'enfance. Charles de Foucault, Édith Piaf, Jean-Paul II, Coluche, Nelson Mandela, Salvador Dali...

Nœud karmique (ou Nœud ancestral) : VIII X XVIII

Revenir au chapitre sur les Voies pour comprendre le sens karmique de ces trois Arcanes. La Justice est karmique dans le sens où, lorsque nous rencontrons cette lame dans le Tarot, elle nous rappelle que chacun de nos actes nous engage, et ce sur tous les plans. La Roue de Fortune nous signifie de manière solennelle que des machineries complexes sont à l'œuvre dans notre inconscient et nous font reproduire schémas et comportements à l'identique, selon des rythmes très réguliers, parfois même à travers les générations. Quant à la Lune, elle est l'*empreinte* et la mémoire des émotions anciennes. Elle teinte le présent et freine l'évolution du sujet. D'anciennes peurs retentissent, des plaies mal cicatrisées continuent à suinter, des réflexes de fuite ou d'auto-destruction parasitent toute velléité de créativité.

Nœud dans le lien amoureux : VI

Dans l'impossibilité d'aimer sans aliénation, dévorés par les passions ou pétrifiés par le gel qui enserre leur coeur, les sujets prisonniers de ce Nœud doivent apprendre à dissocier amour, liberté et souffrance. Barbara et Marilyn Monroe ont cet aspect dans leur thème, de même que Vincent Van Gogh.

Nœud d'abandon : XII XIII Le Mat

Nœud caractéristique de l'abbé Pierre qui, avec un Mat en Nœud d'abandon a su œuvrer toute sa vie pour venir en aide aux démunis, abandonnés par la société. Le Mat, rappelons-le, est le SDF du Tarot de Marseille.

Nœud créatif : III

Comme si la capacité de créer, de s'exprimer, de mettre ses pensées en forme était bloquée depuis la toute petite enfance. Il s'agit pour le sujet de retrouver sa force d'expression en puisant dans les réserves de sa Maison 6.

Nœud paternel : IV V IX

Nous avons tous trois pères. Un père géniteur, un père nourricier et un père spirituel. L'idéal serait qu'un seul homme remplisse les trois fonctions. C'est malheureusement rarement le cas, surtout dans notre époque de familles éclatées. La quête du père, le sentiment d'absence du père tel qu'il est souvent exprimé en thérapie ne prend tout son sens que si l'on a défini au préalable de quel père on parle, et quel père nous manque.
L'Empereur représente le père créateur. Le nombre 4 évoque le concret, le rationnel, la mise en forme, la matière. Le Pape figure le père nourricier qui bénit, au sens étymologique du terme : « dire le bien ». La bénédiction du Pape assimilable à la bénédiction du père : « vas-y petit, tu peux y aller ». L'Hermite, lui, est le père spirituel. L'enseignement spirituel apparaît ici comme un rapprochement avec soi-même ; de la même manière que l'Hermite vit près de la nature, il nous invite à nous rapprocher de notre propre nature, à devenir ce que l'on est.

Cas particulier du Nœud maternel

On peut dire a priori qu'il n'y a pas de nœuds maternels, puisque personne n'en est dépourvu. Nous avons tous un nombril, donc nous avons tous un nœud maternel !

Toutefois, il existe une configuration particulière du *Référentiel* dans laquelle on peut parler de blocage de maternité : lorsque dans l'Hémisphère sud nous avons au moins trois des six lames suivantes : la Papesse, l'Amoureux, la Force, l'Étoile, la Lune, le Monde.

La Papesse est l'Arcane de la mère. En Maison 7 et en Maison 10, cette lame exprime une difficulté dans la relation à la mère ou un problème de stérilité. Voir le chapitre sur la problématique de la Mère.

L'Amoureux renvoie au thème de la mère dans la mesure où il évoque le choix d'abandonner la mère au moment du mariage. Plus qu'un Arcane de choix, l'Amoureux est un Arcane d'engagement qui suppose un travail de détachement par rapport à la mère.
D'ailleurs, lorsqu'on trouve trois Amoureux dans le *Référentiel*, la configuration obtenue est appelée boucle d'Œdipe.

La Force n'est pas, stricto sensu, un Arcane de la mère, elle joue aussi un rôle d'accoucheur. D'ailleurs, cette force est bien celle qui est nécessaire à l'ouverture à la vie. Dans cette expérience de la Force, le Bateleur renaît à lui-même.
On peut aussi associer cette lame à la mémoire de la Terre.

L'Étoile évoque le thème de la mère universelle, mère cosmique, mère nature, mère divine. L'Ami inconnu, auteur anonyme de l'extraordinaire *22 Méditations sur les lames majeures* (voir bibliographie), dit de l'Étoile qu'elle représente le principe maternel entre la constellation d'espérance au-dessus d'elle et le fleuve de la continuité de la vie biologique au-dessous d'elle. Toute mère professe une double foi, nous dit l'auteur, la foi de l'espérance céleste (l'avenir sera plus glorieux que le présent), la foi de la continuité terrestre ; le fleuve des générations qui se succèdent va de l'avant dans la direction indiquée par l'espérance d'en haut. L'Étoile est la mère de l'avenir.
Chaque fois que nous rencontrons l'Étoile dans le *Référentiel* ou dans un tirage, nous sommes invités à nous relier aux branches maternelles ascendantes pour comprendre la direction vers laquelle nous devons apporter notre eau au moulin de la vie. La Lune est le maternel par excellence.
Le Monde évoque l'œuf cosmique de la création. Cet Arcane suggère le mythe de Gaïa et de la déesse mère en général.

Les Boucles

On appelle boucle la triple répétition d'un même Arcane dans un *Référentiel de Naissance.*

La présence d'une boucle dans un thème signifie que la lame en boucle fonctionne au moins à ses trois niveaux. Quelle que soit la place des Arcanes en Maison, tous leurs aspects doivent être considérés pour offrir une interprétation de qualité.
Le nom donné à ces boucles fait référence à un mythe, un concept ou une œuvre littéraire dont la fréquentation aidera le sujet à mieux comprendre son thème. On n'hésitera donc pas à lui conseiller de lire *Le Petit Prince*, d'explorer le mythe d'Œdipe ou d'Héraclès, de s'interroger sur le sens de *L'éternel retour* ! Cela étant, chaque Arcane peut être interprété au moins à trois niveaux.
Parfois, le biais par lequel la boucle est signifiante prend des détours... disons déroutants ! Je me souviens de P., un patient en crise professionnelle, au chômage depuis un an et incapable de trouver un emploi satisfaisant. Il vient en consultation demander une aide d'orientation et faire un bilan de compétences à l'aide du *Référentiel de Naissance.*
À l'issue de l'interprétation, nous évoquons la boucle de Thésée ouverte dans son thème pour l'année en cours. P. se remémore quelques vagues souvenirs du héros athénien combattant le Minotaure dans le labyrinthe de Cnossos. Nous concluons la séance en admettant l'un et l'autre que la période est propice à sortir du labyrinthe et à trouver de nouvelles forces. Je lui conseille tout de même en le raccompagnant d'étudier ce mythe d'un peu plus près et d'en analyser tous les aspects. Le lendemain, P. se rend à la bibliothèque municipale de Nice pour consulter un ouvrage sur la mythologie grecque. À cette occasion, il rencontre un de ses excellents amis qu'il n'avait pas vu depuis près de dix ans.
Les deux compagnons décident de se revoir. Or, cet ami providentiel, chef d'une petite entreprise, cherchait à cette époque à recruter un collaborateur dont les compétences correspondaient précisément à celles de P.
Depuis ce jour, P. a retrouvé du travail, un équilibre et une nouvelle estime de lui-même. Bien sûr, je n'érige pas en modèle cet exemple atypique. Il atteste néanmoins que le *Référentiel de Naissance* est parfois déclencheur de situations inattendues !

Boucle du Petit Prince
Les trois niveaux du Bateleur :
L'enfance, l'immaturité, l'illusion, la candeur
L'éclectisme, le savoir-faire, les potentiels énergétiques
L'initiation, la préparation à la quête, la conscience de soi

Boucle d'Isis
Les trois niveaux de la Papesse :
La mère, la sage-femme, la femme sage, le féminin
La connaissance, l'initiation
Le secret, l'intériorité, le mystère, l'invisible, le manque, l'absence

Boucle de Sémiramis
Les trois niveaux de l'Impératrice :
L'expression, la parole, l'autorité féminine
La pensée créatrice, l'intégration des forces psychiques dans l'action
La médiumnité, le lien entre l'esprit et la matière

Boucle de Jade
Les trois niveaux de l'Empereur :
La matière, la structure, l'autorité, le père
La limite de la forme, le territoire
La pensée rationnelle, le cœur créateur

Boucle des Maîtres
Les trois niveaux du Pape :
La parole bienveillante, la bénédiction
La reconnaissance, l'alliance
Le lien avec le monde spirituel, la liberté

Boucle d'Œdipe
Les trois niveaux de l'Amoureux :
Le choix, l'adaptabilité et la peur du renoncement, mais aussi l'affectif et la sexualité
L'engagement, le sens du service
L'amour dans une démarche spirituelle

Boucle de Thésée
Les trois niveaux du Chariot :
La réussite sociale, le pouvoir
La nécessaire maîtrise des pulsions instinctives et des tensions contradictoires
La voie, la pensée méditante

Boucle de Thémis
Les trois niveaux de la Justice :
La justice sociale, le sens de l'équilibre et de l'harmonie
La justesse, le face-à-face avec soi-même, la recherche des causes profondes et archaïques

La justice cosmique, la mise en résonance du macrocosme avec le microcosme, l'ajustement à soi et au monde.

Boucle de Merlin
Les trois niveaux de l'Hermite :
L'homme sauvage, la solitude, l'isolement
L'intériorité, le rapprochement de la nature
La sagesse, la guidance, l'éclaireur, l'enchanteur

Boucle de l'Éternel retour
Les trois niveaux de la Roue de Fortune :
Le déterminisme, les lois de cause à effet, les schémas répétitifs
L'action de l'homme sur le temps et le destin
L'innovation, l'évolution spirituelle

Boucle d'Héraclès
Les trois niveaux de la Force :
La maîtrise des énergies, la force intérieure, le ciment social
L'autocentrage, l'autonomie, l'auto-référence
Le lien avec la source, la guérison spirituelle, la fraternité invisible

Boucle de saint François
Les trois niveaux du Pendu :
Le lâcher-prise, le détachement, la confiance
La souplesse de l'esprit, le sacrifice de l'ego, la métanoïa (changement de plan de conscience en changeant son niveau de perception)
L'abandon à la volonté du Père

Boucle du Phénix
Les trois niveaux de la Non Nommée:
La transformation, la renaissance,
La reconstruction, la structuration, les problématiques d'identité
Le dépouillement et la croissance spirituelle

Boucle de Ganymède
Les trois niveaux de Tempérance :
La maîtrise des émotions et des passions, la mesure, la douceur
La communication avec soi, avec les autres et avec l'invisible
Le souffle spirituel, la communication télépathique, une certaine forme de chamanisme

Boucle des Sirènes
Les trois niveaux du Diable :
La dualité, le mentalisme, l'activité intellectuelle, le charme, la sexualité

L'énergie psychique et magnétique, la puissance et le pouvoir
Le service à l'humanité par transfert du feu (thématique prométhéenne)

Boucle du Paraclet
Les trois niveaux de la Maison Dieu :
La violence, l'orgueil spirituel, l'enfermement, la surprotection
La force de caractère, l'aptitude à bâtir et à sublimer son énergie, la déconstruction, le langage
L'inspiration divine, l'accueil des forces de l'esprit saint, le langage universel

Boucle de Sothis
Les trois niveaux de l'Étoile :
L'éternel féminin, la vérité nue, certaine forme de soumission
Le pardon, l'abandon, l'espérance
La compassion, l'amour inconditionnel, la protection universelle

Boucle de Delphes
Les trois niveaux de la Lune :
L'émotion, l'affectif instinctif, l'illusion
L'imagination créatrice, la sensibilité
La clairvoyance, l'extra-lucidité

Boucle de Mithra
Les trois niveaux du Soleil :
La fraternité, le partage social, la joie
L'énergie et la force créatrice
L'humanisme triomphant

Boucle d'Orphée
Les trois niveaux du Jugement :
Le jugement de soi et des autres, le sentiment de culpabilité, le besoin de reconnaissance
L'engagement à éveiller les consciences
La création vibratoire en phase avec des forces d'inspiration créatrices

Boucle de Gaïa
Les trois niveaux du Monde :
Le sentiment d'enfermement, l'étouffement
Le besoin d'expression sociale, la recherche de sa place dans la société
La conscience d'appartenir à un grand Tout, la philosophie cosmique et holistique

Boucle de l'Alchimiste
Les trois niveaux du Mat :
L'errance, la folie, la provocation contre la société, la marginalité
La quête d'aventure, l'originalité, la rébellion
La sagesse, le cheminement hors des sentiers battus, le constructeur universel

Les informations délivrées par la triple présence d'un Arcane dans le *Référentiel* reviennent en boucle tout au long de la vie. On observe parfois une répétition compulsive de la thématique en question.

Cette triple présence compose déjà un aspect étonnant, mais on peut trouver encore plus extraordinaire. Lorsqu'un Arcane se présente quatre fois dans un même *Référentiel*, on obtient une « Rose des sables ».

5 fois : Un Pentalfa
6 fois : Un sceau de Salomon
7 fois : Un Heptagone étoilé
8 fois : Un Baptistère
9 fois : Un Temple initiatique

Je n'ai pas encore rencontré un même Arcane dix fois, mais ma recherche est loin d'être achevée !

Ces aspects particuliers s'interprètent comme une boucle mais avec, pour chacun, une caractéristique spécifique.

La Rose des Sables : aspect de limitations
Le Pentalfa : une sorte de joker, on observe une grande liberté dans la symbolique de l'Arcane
Le sceau de Salomon : un fort équilibrage des qualités spirituelles et matérielles du thème. On peut aussi parler dans ce cas de la traversée de l'âme juive.
L'Heptagone : une forte intériorisation
Le Baptistère : un thème de transformation
Un Temple initiatique : une mission sacrée très élevée pour l'humanité

Chacune de ces configurations s'interprétera en fonction de la sensibilité personnelle du tarologue. On ne peut pas donner de « trucs » didactiques qui en limiteraient le sens.

Un exemple particulièrement troublant, le *Référentiel de Naissance* du poète italien Cesare Pavese. Pas moins de 6 Hermites !

Cesare Pavese Né le 09.09.1908

"Je passais la soirée assis devant ma glace pour me tenir compagnie"

Six Hermites, trois Lunes, un Empereur et deux Arcanes Treize. On pourrait presque en oublier le sens des Maisons tant les Arcanes répétitifs frappent par leur originalité. Les six Hermites déterminent ce que l'on appelle un « *Sceau de Salomon de Merlin* ». Cette configuration fait se télescoper dans une même individualité l'isolement, la solitude, la connaissance cachée, l'humanisme, la sagesse de l'âme, la quête initiatique, le retour à la nature essentielle de l'homme. De plus, l'Hermite doit parvenir par cette sextuple expression à concilier dans l'existence du sujet la désespérance mélancolique et la sagesse intuitive. Le destin de l'être sera fonction de sa capacité à faire triompher le côté lumineux de l'Hermite sur son côté obscur. Les trois Lunes, formant une boucle de Delphes, peuvent consolider les qualités philosophiques ou spirituelles de ces six Hermites en apportant le maximum de potentiel créateur. D'autre part, la présence de six Hermites plus trois Lunes peut se traduire en numérologie sous la forme d'un 9 x 9, autrement dit la signature des visionnaires. Par ailleurs, si on s'en tient au décryptage des Hermites en Maison, le sens en devient encore plus éclairant.

Maison 1 : celui qui apporte la connaissance et la lumière.
Maison 2 : celui qui cherche la vérité intérieure.
Maison 5 : passage obligé par un retour sur soi. Traversée solitaire très exigeante.
Maison 7 : apprendre à tirer le bénéfice de l'expérience solitaire. Difficile leçon de la vie que le poète ne pourra résoudre que dans la mort.
Maison 9 : le soi profond est marqué par l'identité du Sage. La vérité ne peut se trouver que dans l'exploration de l'inconscient.
Maison 12 : les traces laissées comme un testament aux générations futures, l'archétype du poète solitaire.[19]

Un autre exemple tout aussi édifiant, le *Référentiel de Naissance* de Mère Amma, née le 27 septembre 1953.

[19] Un commentaire plus approfondi du *Référentiel de Naissance* de Cesare Pavese est dans *Tarot l'Enchanteur* (quatrième édition uniquement) – même auteur – même éditeur.

Mère Amma

Née le 27.09.1953

Écoutons le très beau commentaire qu'en propose Patricia Favreau

« L'Hermite, sept fois présent, compose un superbe heptagone. La Non Nommée, en double et en *Cœur du Blason*, porte avec la Lune, elle aussi doublée, toute la dialectique de l'incarnation de la Mère. Quant à l'Empereur, seul, mais profondément enraciné, il offre sa base solide à « l'ossature » de toutes les Maisons du *Référentiel.* Un magnifique arbre de vie se déploie devant nous.
Mais laissons là le côté visible de ce thème pour pénétrer dans l'invisible grâce à la lanterne de l'Hermite et à la lueur de la Lune. Approchons-la de façon holistique.
Une observation fine de l'occupation des Maisons vues du Ciel, en trois dimensions, va nous aider à comprendre de façon subtile comment chaque Arcane vibre en la personne d'Amma.

L'Hermite, sous ses traits, sept fois présent, ne peut que vibrer à son plus haut niveau et nous délivrer son message essentiel. D'ailleurs, mère Amma n'a-t-elle pas de cesse de le diffuser dans le monde entier tant par ses paroles que par ses actions ?

Amma, cette toute petite femme, si humble et si simple, issue d'une famille de pêcheurs, très pauvre et pieuse, a réussi à faire triompher l'amour malgré toutes les épreuves de sa jeunesse. Elle a pris son bâton de pèlerin sur lequel elle s'est appuyée avec ferveur, sans douter. Le seul sur lequel elle pouvait compter : sa FOI !

Et c'est grâce à sa persévérance qu'un jour la mère divine lui est apparue et lui a confié comme mission d'incarner son énergie divine sur cette Terre, ici et maintenant, et de montrer à l'humanité le chemin qui retournait à elle.

Existe-t-il un plus beau témoignage vivant de l'image de l'Hermite qui a intégré les sept étapes conduisant à la Sagesse et atteint son plus haut niveau de réalisation : celui de la Science de l'être ? Grâce à une émouvante alchimie du processus involutif et évolutif de tous les Arcanes accompagnant l'Hermite, le *Référentiel* de Mère Amma n'est pas qu'une « banque de données » mais la signature de sa réalisation, son sceau !

Une architecture parfaite pour cette grande âme qui a choisi de voyager au-delà du nombre et du nom tel un pèlerin accompli venu s'incarner pour guider l'Humanité. Telle une fille de Dieu puisque l'addition de tous les Arcanes donne 26, nombre de Dieu selon la kabbale hébraïque !
D'autres Arcanes portent en eux le mythe de la déesse mère à travers Déméter et Dionysos (Arcane XIII et le Mat)...

On ne peut dès lors s'empêcher de penser à Mère Amma invoquant Kali, la terrible déesse traditionnellement représentée dansant sur des crânes !
Surtout lorsque l'on sait qu'Amma a été chassée par sa famille, incomprise et maltraitée par la plupart des villageois. On a même tenté de l'assassiner et on la prenait pour une folle tant elle dérangeait par ses étranges comportements. Oui, folle aux yeux des hommes, mais sage aux yeux de Dieu ! Elle a atteint des états proches de la mort afin que jaillisse et s'incarne l'essentiel, l'essence de son ciel, c'est-à-dire, pour elle, l'Esprit de la Mère Divine. On raconte qu'elle s'enterrait nue dans le sable de la plage où elle avait élu domicile.
Une de ses disciples les plus fidèles prenait soin de son corps pour la maintenir en vie lors de ses longs états méditatifs.
Ultime dépouillement ? Transmutation sublime de la femme terrestre en archétype de l'éternel féminin ? Mort de Soudhamani la jeune fille pour donner naissance à Mata Amritananmadayi, la sainte Mère ? Chut ! Secret divin...

Tout a été planifié pour que cet être réalise la mission qui lui a été confiée sur cette Terre, ici et maintenant, (Hermite en Maisons 4 et 9, Arcane XIII en *Cœur du Blason* et Maison 10).
Complètement libre, Mère Amma a ainsi réalisé le Soi, placé en Maison 9 dans le *Référentiel de Naissance.*
Ce lieu du *Référentiel*, très ponctuellement accessible par « fragments de lumière » dans nos vies communes... lorsqu'on capte à sa source l'Essence divine en chacun de nous. Pourtant, cette Maison est la Maison d'Amma puisqu'elle a intégré l'être Divin. C'est son siège, son trône !
D'ailleurs, l'axe sur lequel se trouve la Maison 9 n'est habité que par l'Hermite tel un lacs d'amour qui vient confirmer par cette quadruple position l'intégration totale de l'être Divin (4 fois 9 égale 36 : 3 + 6 = 9) !

Aujourd'hui mondialement reconnue, c'est en humble porte-parole qu'elle contribue à « l'écologie planétaire » et qu'elle invite chacun à trouver sa propre voie vers sa nature profonde. Nature que chacun de nous peut reconnaître en Jésus-Christ, Bouddha, Krishna, Allah... ou toute autre forme de représentation du sacré de la vie en Soi. La boucle est ainsi bouclée sur ce beau symbole vivant de l'amour inconditionnel, au-delà de toutes les frontières sociales, culturelles et religieuses qui parfois divisent tant les hommes.

Les problématiques du *Cœur du Blason*

Les 22 Problématiques

Treizième Arcane du *Référentiel*, le *Cœur du Blason* est le lieu des conflits personnels qui, lorsqu'ils ne sont ni résolus ni conscientisés, se projettent sur autrui et colorent le type d'affrontement qui nous oppose à notre entourage.
Le *Cœur du Blason*, c'est-à-dire la carte centrale du *Référentiel de Naissance*, représente la problématique fondamentale de la personne. Il conviendra donc de considérer les deux aspects opposés de l'Arcane qui s'y trouvera car s'il donne des indications précieuses sur le conflit intérieur, il apporte aussi les informations nécessaires pour le dépasser. Une lame est à la fois clef et serrure. La problématique doit être résolue sans quoi le conflit se projettera dans nos relations avec les autres.

La lame que nous portons au *Cœur du Blason* est à la fois l'image de ce qui nous tire vers le bas en imposant une limitation à notre croissance personnelle, et l'image de ce qui nous élève, de ce qui nous augmente. Dans ce sens, on peut dire que la lame en Maison 13 s'interprète de la même façon que la configuration présentant cette lame en Maison 6 et en Maison 7.
En outre, le double principe du *Référentiel*, qui met en balance la Voie du sud et la Voie du nord (voir ces concepts plus loin), complète souvent l'interprétation du *Cœur du Blason*. Dans les deux cas (double principe et *Cœur du Blason*), on rencontre des concepts paradoxaux, ou au moins contradictoires.

On verra donc que deux voies opposées peuvent co-exister dans un *Référentiel de Naissance*. L'aspect le plus dur et l'aspect le plus favorable d'un Arcane fonctionnent ensemble, créant une situation conflictuelle qui, non résolue en conscience, risque de devenir l'essence même de mon conflit avec autrui. Dans d'autres circonstances, le conflit non conscientisé et non résolu est introjecté et devient la cause de maladies dites psychosomatiques. N'oublions pas qu'un conflit est une énergie motrice et qu'en cela il est utile à l'évolution d'un être ; nous ne rencontrons un conflit que pour le dépasser.

Le Bateleur :	Problématique de l'enfant
La Papesse :	Problématique de la mère
L'Impératrice :	Problématique du maître de la forme
L'Empereur :	Problématique du territoire
Le Pape :	Problématique de la connaissance
L'Amoureux :	Problématique de l'engagement
Le Chariot :	Problématique de la voie
La Justice :	Problématique de Mars et Venus

L'Hermite :	Problématique du pèlerin
La Roue de Fortune :	Problématique du novateur
La Force :	Problématique de la puissance et du pouvoir
Le Pendu :	Problématique de l'abandon
La Non Nommée :	Problématique du Phœnix
Tempérance :	Problématique de la communication
Le Diable :	Problématique de l'énergie
La Maison Dieu :	Problématique de la violence
L'Étoile :	Problématique de la vérité
La Lune :	Problématique de la création
Le Soleil :	Problématique de la fraternité
Le Jugement :	Problématique de la parole entendue
Le Monde :	Problématique cosmique de l'enfermement
Le Mat :	Problématique de la terre promise

Les dix-huit problématiques au Cœur du Blason

I - Problématique de l'ENFANT (le Bateleur)

L'enfant intérieur est toujours en demande, dépendant ; il ne sait que faire de ses potentiels. Il représente, certes, la partie de nous non aboutie qui vit dans l'insécurité mais aussi notre innocence, notre énergie de vie, joyeuse et douée. Cet enfant intérieur, il faut à la fois « le tuer », c'est-à-dire se débarrasser de son manque d'autonomie, et l'accueillir afin de profiter de tous ses potentiels créatifs.
Les paradoxes sont résolus si je parviens à me libérer de mes attentes d'enfant non autonome tout en faisant vivre en moi l'enfant joyeux qui sommeille.
Exemple : Jacques Brel (né le 8 avril 1929) illustre dans de nombreuses chansons cette problématique du Bateleur au *Cœur du Blason* :
« Mon enfance passa, de servantes en servantes » ou bien « Tous les enfants sont des poètes ».

II - Problématique de la MÈRE (la Papesse)

Devenir une mère, c'est à la fois devenir sa propre mère, à savoir se donner le droit de se mettre au monde, mais aussi révéler, enseigner, transmettre la connaissance et ainsi guider les autres. Les gens avec la Papesse au *Cœur du Blason* sont tiraillés entre une maternité assumée dans la famille et son expression symbolique dans une vie au service des enfants de la terre. Barbara a résolu sa problématique de la mère, accentuée par son « Nœud dans le lien affectif » (Amoureux en Maison 11) et son Hermite en « carte de visite » (Maison 1), en devenant une sorte de mère universelle. Sa chanson « Ma plus belle histoire d'amour » qu'elle dédiait à son public à la fin de chacun de ses concerts le montre bien. J'ai observé chez des Papesse au *Cœur* et notamment dans le cas de Papesse en défi (Maison 7), parfois une stérilité, souvent une difficulté à se livrer et à révéler la réalité créatrice que l'on porte en soi. Une problématique de la mère mal vécue sera ressentie comme un interdit à devenir mère, voire une impossibilité à échapper au conflit avec la mère. Coluche né le 28 octobre 1944 a aussi la Papesse en treizième Maison, comme Camille Claudel née le 8 décembre 1864 et Sigmund Freud né le 6 mai 1856.

III - Problématique du MAÎTRE DE LA FORME (l'Impératrice)

L' Impératrice nous interpelle à trois niveaux : la pensée, la parole, l'action.
Toute la difficulté consiste à harmoniser ces trois domaines. Le cas idéal : je pense ce que je dis et je dis ce que je pense - je dis ce que je fais et je fais ce que je dis - je pense ce que je fais et je fais ce que je pense. Souvent, les personnes porteuses de cet Arcane en treizième Maison ont du mal à réussir cette harmonisation : « Je parle et je n'agis pas » ou bien « j'agis et je ne parle pas ».

Cas d'Edgar Poe : Impératrice au *Cœur du Blason* qui forme un *miroir* royal avec son Soleil en Maison 1 - L'auteur des histoires extraordinaires souffrait dans sa chair de ne pouvoir exprimer autour de lui les tourments de son âme. Il découvrira dans la littérature un moyen d'exorciser ses démons intérieurs ineffables.
Mozart présente aussi dans son *Référentiel de Naissance* une Impératrice au *Cœur du Blason*.

IV - Problématique du TERRITOIRE (l'Empereur)

Avec les autres, il est important de faire respecter son territoire, mais aussi de savoir garder la distance. Intérieurement, connaître ses limites, c'est explorer toutes ses possibilités mais c'est aussi s'y enfermer. Dépasser ses limites, c'est s'accorder le droit d'explorer des mondes inconnus. C'est le cas de Beethoven né le 15 décembre 1770. Le compositeur a su construire un univers sonore en dépassant les limites dans lesquelles l'avait enfermé sa surdité.

V - Problématique de la CONNAISSANCE (le Pape)

Savoir n'est pas connaître... Savoir, c'est accumuler des notions extérieures à soi-même ; connaître c'est « naître avec », autrement dit l'inné en nous que nous re-découvrirons au fil de notre vie grâce à notre intuition. Antoine de Saint- Exupéry libère dans sa vie et dans son œuvre (notamment dans *le Petit Prince*) la part de sagesse que, comme tout homme, il porte en lui dès sa naissance. Le « Mozart assassiné » de Terre des hommes en offre aussi un exemple frappant.

VI - Problématique de l'ENGAGEMENT (l'Amoureux)

Choisir ne signifie pas obligatoirement renoncer. S'engager n'est pas fuir : pas d'engagement sans amour ni d'amour sans liberté. Être amoureux, c'est désirer se faire l'objet du désir de l'autre tandis qu'être aimant, c'est aimer de manière inconditionnelle. Alors, toutes les énergies circulent et toutes les aides sont possibles. Jean-Jacques Rousseau, Nelson Mandela, Jeanne d'Arc, Martin Luther King portaient l'Amoureux au *Cœur du Blason*.

VII - Problématique de la VOIE (le Chariot)

La voie sur laquelle je m'engage me permettra-t-elle d'être reconnu socialement, d'avoir du succès, une meilleure image de moi ? Ou bien suis-je sur une voie de sagesse qui me mènera à l'équilibre intérieur? Est-ce que je me laisse tirailler par mes instincts ou est-ce que je conduis ma vie avec un esprit de chevalerie et de quête? Être sur la voie, c'est être avant tout maître de soi-même. Exemple : Agatha Christie, née le 15 septembre 1890.

VIII - Problématique de MARS et de VÉNUS (la Justice)

Dans la mythologie grecque, la déesse Harmonie est la fille de Mars et de Vénus... Mars était le dieu de la guerre, Vénus la déesse de l'amour, deux notions qui semblent vouées à entrer en conflit. L'harmonie résulte de la transcendance des conflits. Combattre pour et non contre. Comment être juste avec les autres? En étant tout d'abord juste avec soi-même, c'est-à-dire en relativisant notre sentiment d'être une victime et en désinvestissant notre désir de justice pour autrui de son aspect obsessionnel. Exemples : Saddam Hussein, né le 28 avril 1937, Charles de Foucault, né le 15 septembre 1858.

IX - Problématique du PÈLERIN (l'Hermite)

Le pèlerin ne chemine pas uniquement pour lui. La solitude est un ressourcement, elle ne doit pas se vivre dans la douleur. Elle permettra plus tard au sujet de guider et d'éclairer son entourage. Cette problématique du Pèlerin incite au passage de la solitude vers la solidarité. Exemples très parlants : Gandhi, né le 2 octobre 1869, Hermite au *Cœur du Blason* ; Krisnamurti, né le 12 mai 1895, Hermite au *Cœur du Blason*.

X - Problématique du NOVATEUR (la Roue de la Fortune)

Le novateur est dérangé par la routine et la bouleverse. Mais à quoi bon changer les choses autour de soi si l'on ne se change pas soi-même ? Les bouleversements extérieurs que l'on provoque doivent aller de pair avec notre évolution intérieure sous peine de vivre la transformation dans le malaise. Lawrence d'Arabie né le 15 août 1888, Fidel Castro né le 13 août 1926 en sont des exemples frappants.

XI - Problématique de la PUISSANCE et du POUVOIR (la Force)

La puissance sans pouvoir provoque un grand gaspillage d'énergie. Le pouvoir sans puissance (sur soi) favorise l'entrée dans la violence et la démesure. L'un ne peut aller sans l'autre ; ensemble ces deux énergies peuvent se mettre au service de l'homme. Un exemple éloquent : Christine de Suède née le 8 décembre 1626. La Constitution suédoise dut être modifiée pour permettre à Christine d'accéder au trône sous le titre de « Roi de Suède ». Toute sa vie fut marquée par sa difficulté à choisir entre exprimer sa puissance ou assumer le pouvoir. Elle bouleversa les mœurs de son temps mais ne fut pas comprise par son peuple. Déçue et découragée, elle abandonna le pouvoir en faveur de son cousin Charles X Gustave, mais continua à exprimer sa puissance de manière occulte dans les gouvernements d'Europe et créa une académie pour protéger les artistes, peintres et musiciens qu'elle admirait.

XII - Problématique de l'ABANDON (le Pendu)

La peur d'être abandonné crée la peur de s'abandonner. Ainsi, l'être reste perpétuellement en tension, sur ses gardes, en attente. S'abandonner, lâcher-prise, c'est s'en remettre à plus haut que soi, c'est dénier aux autres le pouvoir de nous abandonner. Se libérer de l'attente, c'est se libérer de la souffrance. Khalil Gibran, poète et philosophe libanais, né le 6 janvier 1883, auteur du *Prophète*, exprime dans cette œuvre tout ce que l'on peut comprendre du Pendu. Milosevic, né le 29 août 1941, était considéré par nombre de ses contemporains comme un négociateur difficile... encore un effet de la problématique du lâcher-prise !

XIII - Problématique du PHŒNIX (Non Nommée)

Nous nous trouvons confrontés à la transformation. Cela crée inévitablement de l'angoisse et nous risquons de refuser d'avancer, de nous figer. La seule solution possible consiste à accepter de nous défaire de nos mauvaises bases afin de devenir nous-mêmes. C'est une véritable conversion, concilier l'inconciliable, revenir à l'unité, mourir et renaître : François Mitterrand né le 26 octobre 1916.

XIV - Problématique de la COMMUNICATION (Tempérance)

Selon la légende, les Atlantes maîtrisaient l'énergie mais pas la sagesse. Ils n'ont pas fait un bon usage du pouvoir et ont détruit leur propre civilisation.

La problématique de la communication nous invite à ne pas tomber dans les mêmes travers. Pour cela il faut communiquer avec soi-même et lutter contre toutes les démesures. L'alcool, la drogue, la passion ne sont que les exemples les plus spectaculaires des dépendances : il en existe bien d'autres, plus pernicieuses, qui ne disent pas toujours leur nom. L'ultime dépendance ne serait-elle pas la dépendance à la communication ! Exemples : : Daniel

Cohn-Bendit né le 4 avril 1945, Augustin Lesage né le 9 août 1876. Mais aussi Bernadette Soubirous et Marguerite Duras.

XV - Problématique de l'ÉNERGIE (le Diable)

Cette problématique concerne aussi la puissance et le pouvoir mais sous l'angle de l'énergie, à savoir l'utilisation que l'on fait de son charisme, de son magnétisme.
Il convient de se poser des questions sur sa façon d'employer son énergie : l'utilise-t-on pour soi-même ou pour les autres ? Sert-elle à détruire ou à construire ? À se construire soi-même ou à construire l'autre ? Au service de qui place-t-on son pouvoir ou sa puissance ? Marilyn Monroe, Franco ont vécu cette problématique à des niveaux différents ainsi que Salvador Dali.

XVI - Problématique de la VIOLENCE (la Maison Dieu)

Violence et enfermement, violence de l'enfermement. C'est dans les moments de plus grande contrainte que l'on peut trouver la force de faire tomber les murailles qui nous enferment à l'intérieur de nous-mêmes. « Il faut que l'être fasse sa brèche », disait Durkheim. C'est le sommet de la tour qui s'ouvre, ouverture spirituelle donc, mais il est nécessaire d'accepter de faire tomber quelques protections...Vincent Van Gogh né le 30 mars 1853... Sans commentaire !

XVII - Problématique de la VÉRITE (l'Étoile)

Qu'est-ce que la vérité ? Elle est intérieure. Il n'y a pas d'autre vérité que celle qui demeure en nous, qui nous met en accord avec nous-mêmes. Elle ne s'acquiert pas : il suffit de la retrouver, d'en prendre conscience. On ne peut la retenir et la garder ; on peut seulement la laisser couler, la laisser nous traverser. Gorbatchev, Jean-Paul II, Auguste Rodin présentent cette problématique de la vérité.

XVIII - Problématique de la CRÉATION (la Lune)

Impossible de créer sans faire appel à son imaginaire qui est pourtant une arme à double tranchant : d'un côté l'imaginaire créatif, poétique, la sensibilité fertile ; de l'autre l'émotion, l'illusion, le mensonge.
On trouve chez Charles Baudelaire une problématique de cette nature.

Les Quatre problématiques supplémentaires
Le Référencement aléatoire

Les quatre problématiques qui suivent n'apparaissent jamais dans un *Référentiel*. Toutefois, nous les citons pour enrichir la réflexion sur les Arcanes et parce que cette configuration se dévoile dans un cas particulier nommé « *le Référencement aléatoire* ». Il s'agit d'un tirage fondé sur la structure du *Référentiel*. Deux protocoles sont possibles. Avant tout on clari-

fie et on pose sa question. On évitera les questions binaires, celles qui supposent une réponse « oui » ou « non » et qui commencent toujours par « est-ce que? ». On leur préfèrera les questions pragmatiques qui débutent par « comment faire pour… », les questions métaphysiques, celles qui commencent par « Pourquoi ou Pour quoi ? » ou encore les questions ouvertes qui démarrent par « qu'est ce que…. ».
Premier protocole : on mélange les 22 Arcanes majeurs, on coupe, on ferme la coupe, et on distribue devant soi les quatre premiers Arcanes de la pile en les disposant selon le schéma de la croix sinistrogyre, c'est-à-dire en suivant la structure classique du *Référentiel*. Nous obtenons ainsi une matrice. Si la Maison 2 est supérieure à 12, on la réduit. Les autres cartes seront calculées selon les méthodes connues, en partant de la matrice (la Maison 6 correspondant à la somme des deux premières Maisons, etc.). Nous obtenons ainsi un tirage à 13 cartes, dont certaines peuvent être similaires, qui seront commentées en fonction du sens des Maisons.
La Maison 3 étant définie habituellement par « ce qui préoccupe notre pensée », il sera judicieux de l'aborder en priorité, pour tester la pertinence de la question. En effet toute question est supposée préoccuper notre pensée.
Les deux premières Maisons peuvent indiquer une date. Il faudra vérifier si elle correspond à une date connue susceptible d'éclairer le tirage.
Deuxième protocole : on pose la question, on mélange, on coupe, on ferme la coupe et on distribue les 13 premières cartes de la pile dans l'ordre du *Référentiel*. Aucun calcul : l'ensemble de l'exercice est aléatoire. Dans ce cadre, on peut obtenir les Arcanes XIX, XX, XXI et le Mat au *Cœur du Blason*, mais aussi des lames dont la valeur est supérieure à 12 en Maison 2 etc. Dans ce tirage, on ne tient pas compte de la date donnée éventuellement par les Maisons 1 et 2.
Ce tirage gagne en finesse si on le réalise avec deux, voire trois jeux de Tarot.

XIX - Problématique de la FRATERNITÉ (le Soleil)

Qui est mon frère, qui est réellement ma sœur ? Quel sens donner à cette relation ?
Est-ce l'expérience du lien que j'établis avec mon frère ou ma sœur de sang qui servira de modèle à mes relations avec l'humanité, ou est-ce ma conception fraternelle de l'humanité qui me dictera la manière de me conduire avec mon frère ou ma sœur de sang ?

XX - Problématique de la PAROLE ENTENDUE (le Jugement)

Notre intuition nous confie des messages. Elle nous exhorte à nous éveiller à une nouvelle conscience, à écouter notre voix intérieure et à transmettre ce qui doit l'être.

XXI - Problématique COSMIQUE DE L'ENFERMEMENT (le Monde)

Cette problématique nous invite à trouver l'équilibre entre l'intérieur et l'extérieur : être en accord avec soi-même et prendre sa place dans le monde. Si nous restons enfermés dans notre coquille, si nous nous isolons dans notre petit monde, il se révélera bientôt trop étroit. Par ailleurs, tout est relié et nous avons notre place dans ce grand Tout.

XXII - Problématique de la TERRE PROMISE (le Mat)

Entre errance et cheminement, entre sagesse et folie, le monde entier appartient à celui qui avance sur sa voie, qui a fait du chemin son but.

Les filiations temporelles

La Maison 11 concerne le projet parental inconscient avec subjectivité maximale : il s'agit de MA Maison 11, non pas de celle de mes parents. Cette Maison définit le projet parental tel que je le conçois selon ma propre compréhension. La Maison 11 est un capteur de mémoire.

La Maison 4 est le projet personnel inconscient (jusqu'à ce que j'en prenne conscience) : qu'est-ce que je suis venu faire dans cette galère ? Je me suis peut-être construit à partir d'un projet parental, et de fait me suis éloigné de moi-même.

Passage de la Maison 11 à la Maison 4 : qu'est-ce que j'attends de moi ? Qu'attend-on de moi ?

La Maison 3 est le moyen de passer de la Maison 11 à la Maison 4, c'est-à-dire du projet parental au projet personnel.

Il existe bien sûr diverses façons d'utiliser sa Maison 3 pour sortir d'un projet parental et affirmer son projet personnel.

Ainsi, avec le Mat en Maison 3, je quitte ma famille, voire la société, je pars faire le tour du monde, je me marginalise.

Avec le Diable en Maison 3 : j'utilise mon épée, je coupe, je transperce, je me coupe moi-même en plusieurs tranches pour espérer sortir du projet parental.

La ligne verticale du *Référentiel,* dite Échelle de Jacob, évoque elle aussi notre filiation temporelle : elle nous relie à nos ancêtres (Maison 11) et nous projette sur nos descendants (Maison 12). Cette Échelle de Jacob représente le tronc de l'arbre généalogique d'un être.

Cas de figure :

Bernard a le Pendu en Maison 11, le Mat en Maison 3 et la Lune en Maison 4 :
- Projet parental, le Pendu : les liens ; attachement aux valeurs du passé, Nœud d'abandon, manque de bases solides et d'encouragements de la part de la famille. L'enfant grandit sur des sables mouvants.
- Projet personnel, la Lune : désir de développer un espace de créativité.

Pour pouvoir réaliser son Projet, il lui faut échapper à tous les liens ancestraux en empruntant le chemin du Mat.

La grande différence entre le Pendu et le Mat, c'est que le premier est attaché, tandis que le second est libéré de toute attache ; même le petit chien qui semble s'accrocher à ses basques ne l'empêche pas d'avancer.

Marc a un Chariot en Maison 11, un Pape en Maison 4 et Le Monde en Maison 3.
- Projet parental : un très grand désir de réussite sociale pour leur fils. Il prendra les rênes de l'entreprise familiale et réussira là où le père a le sentiment de stagner.

Mais Marc a d'autres ambitions ; il veut transmettre, devenir formateur ou professeur (le Pape en Maison 4). La solution consiste à sortir du monde dans lequel il se sent enfermé (le Monde en Maison 3) pour parcourir le monde à la recherche de lui-même. C'est ce qu'il fera en prenant une année sabbatique, déterminante dans ses choix de vie.

Chaque être humain est inscrit dans cette relation spatio-temporelle, inscrit mais également prisonnier.

Étude de la filiation temporelle chez Martin Luther King.

Martin Luther King

Né le 15.01.1929

L'Hermite en Maison 11 rappelle une douloureuse mémoire de solitude, d'exil et d'abandon.

Mémoire de l'apartheid, de l'isolement où aucune communication n'est possible. Pour échapper à cette solitude, le sujet se construit une vision du monde dans lequel il se trouve encore plus seul (le Monde en Maison 3).

Le Soleil en Maison 4 l'engage à rayonner et à construire dans un esprit de fraternité un monde meilleur, plus juste et plus social.

Avec le Monde en Maison 3, il a su utiliser les médias et internationaliser son combat. Orateur de premier ordre, il a permis à toute une population opprimée de commencer à prendre sa place dans le monde, alors qu'il lui était jusqu'à présent impossible de prendre sa place dans le bus... Le passage de l'Hermite au Monde et du Monde au Soleil lui permet de sortir de la solitude et de l'isolement pour construire un nouveau monde fraternel où chacun aurait sa place.

D'autres aspects sont frappants dans ce thème.
La Maison Dieu en Maison 6 lui donne l'énergie de faire éclater les anciennes structures.
Le Jugement en Maison 7 lui apprend l'obligation de sortir du « jugement » pour parvenir à transmettre un message et à éveiller les consciences.
L'Arcane XIII en Maison 10 semble évoquer toute sa difficulté à affirmer son identité et celle de son peuple. Cette Non Nommée forme avec l'Hermite le *miroir* de l'auto-dévalorisation, qu'il a su compenser au cours de sa vie.
L'Amoureux en *Cœur de Blason* souligne sa problématique de l'engagement.
Le Diable en Maison 1 témoigne de son charisme et de la puissance qu'il mettra en jeu dans sa vie pour défendre ses valeurs et rendre le pouvoir à ceux qui en ont été privés.

Le passage de l'Hermite de la Maison 11 à la Maison12, aspect de *totale conversion*, montre comment l'on passe d'un statut d'exilé solitaire à celui d'un guide éclairé de sagesse, un King !

Il importe de distinguer :
- ce qui est vécu dans mon RN : subjectivité maximale,
- ce qui est transmis par le RN de mes parents : subjectivité minimale.

L'Amoureux en Maison 11, par exemple, est en rapport avec la notion de modèle du couple. Je ne suis pas là pour copier ou nier l'histoire amoureuse de mes parents mais pour construire ma propre histoire.

La transmission familiale

On définit une filiation temporelle à plusieurs degrés d'interaction : ma Maison 11 est un capteur temporel (une antenne) par lequel je récupère quelque chose du passé, alors que ma Maison 12 est un transmetteur. Avec ma Maison 11, je récupère la Maison 12 de mes parents (1er degré), et avec ma Maison 12, je transmets à mes enfants ce qu'ils vont récupérer avec leur propres Maisons 11 (2e degré).

La Maison 11 est donc un héritage (à ne pas confondre avec l'hérédité) ; la Maison 12 est le testament (mot qui a la même étymologie que « testicule » et témoigne de la mémoire du futur).

Nous pouvons travailler ici avec les *Arcanes modérateurs* (voir ce terme) et notamment avec le MTP : *Modérateur Transgénérationnel Parental,* moyen que l'enfant trouve pour ne pas se couper de ses parents mais aussi pour s'en couper à certains moments de sa vie. Ce symbole est utilisé pour conserver le lien chaque fois que l'on se sent menacé : un modérateur aide toujours à trouver un équilibre entre ma Maison 11 et la Maison 12 de mes parents. Il tempère. C'est une ancre que l'on jette pour revenir en permanence aux ports d'attache parentaux. On y reconnaît la symbolique du cordon ombilical.

Le MTP – *Modérateur Transgénérationnel Parental* – se définit par la soustraction de la Maison 11 et de la Maison 12.

Schéma n° 1

M 11
Maisons 12
des deux parents
Maisons 11 des quatre grands-parents
Maisons 12 des huit arrière grands-parents

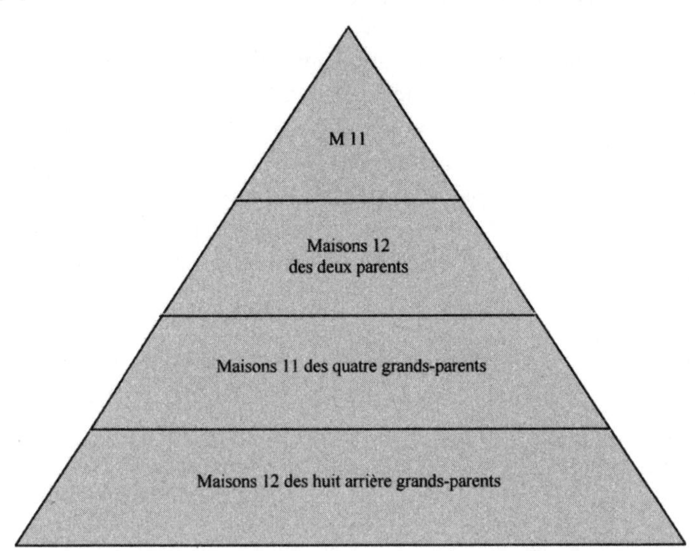

Schéma n° 2

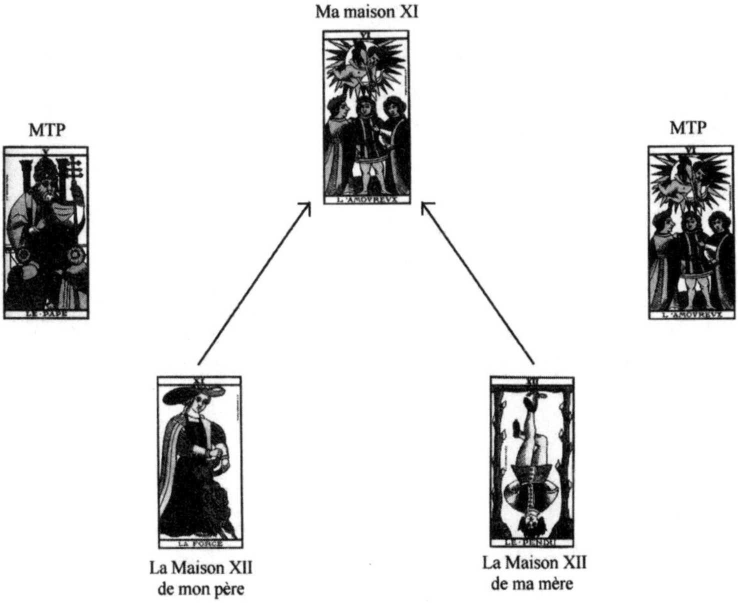

Ma maison XI
MTP
MTP
La Maison XII
de mon père
La Maison XII
de ma mère

Donneur et Receveur universel

On appelle *Donneur universel* un sujet dont le *Cœur du Blason* ne fait *miroir* avec aucune des lames présentes dans son *Référentiel*. Le *Donneur universel* se construit lui-même à partir des autres. C'est en entrant en relation avec les autres que le *Donneur universel* apprend quelque chose sur lui. Il se soigne, par exemple, en soignant les autres. Exemple : Jeanne d'Arc née le 6 janvier 1412, *Donneur universel* avec l'Amoureux, tout comme Nelson Mandela né le 18 juillet 1918. Napoléon est aussi un *Donneur universel* mais cette fois-ci dans l'énergie du Pape.

On appelle *Receveur universel* un sujet dont le *Cœur du Blason* fait *miroir* avec une des lames présentes dans son *Référentiel*, quelle que soit la Maison.

Par exemple, Saint-Exupéry avec un Pape au *Cœur du Blason* et une étoile en Maison 6 (Pape: 5 + Étoile : 17 = 22). Le Receveur puise en lui les forces et les énergies qu'il peut apporter aux autres. Contrairement au *Donneur universel*, c'est parce qu'il s'est soigné lui-même que le Receveur peut soigner les autres. C'est en entrant en relation avec son âme qu'il peut entrer en relation avec autrui. Jean-Jacques Rousseau né le 28 juin 1712 et Martin Luther King né le 15 janvier 1929 sont tous les deux Receveurs universels avec l'Amoureux qui fait *miroir* à une Maison Dieu en Maison 6, symbole uranien des révolutionnaires.

On peut noter avec intérêt que Jeanne d'Arc, Mandela, Rousseau et Luther King ont tous les quatre un Amoureux au *Cœur du Blason*, problématique transmutée de l'engagement.

Les Maisons 8 progressées et régressées

Il est toujours possible, dans le cadre d'une étude, de faire varier l'Arcane de la Maison 8 en choisissant une année particulière de l'existence du sujet. Nous appliquons pour cela la formule de la Maison 8 :

{Maison 8 = Maison 6 + année choisie réduite entre 1 et 9}sauf 11 et 22 qui ne se réduisent pas (voir page 63).

Il est par exemple très instructif de se demander quel Arcane Cohn-Bendit ou de Gaulle avaient dans leur Maison 8 en 1968, ou bien Kennedy en 1963, l'année de son assassinat, ou bien encore Mitterrand en 1981.

Cette méthode qui consiste à faire varier la Maison 8 en fonction d'événements spécifiques est très didactique. Elle permet de mieux comprendre certains choix que le sujet est amené à faire dans sa vie.

On appelle cette méthode la Maison 8 progressée lorsque l'on cherche la Maison 8 dans les années futures, et Maison 8 régressée lorsque l'on déroule les années passées.

Le Mythe Personnel : Travail sur le *Mythogramme*

Ma vision du mythe a évolué par rapport aux éditions précédentes. L'expérience et la pratique de la mythologie grecque dans le travail de développement personnel m'ont conduit à repenser complètement le lien entre le Tarot, le *Référentiel* et la mythologie.

Le Mythogramme

Le Mythogramme est un outil original de gestion des conflits qui s'inspire d'une pensée du philosophe Paul Diel. Selon lui, les combats qui se déroulent dans la mythologie grecque sont une projection des conflits inconscients qui se développent chez l'homme.
Dans le cadre du Mythogramme, on est invité d'une part à redéfinir le sens symbolique d'un certain nombre de grands mythes, d'autre part à vérifier la façon dont nous reproduisons dans notre existence - sans le savoir la plupart du temps - les comportements des protagonistes de ces mythes, leurs difficultés, voire leurs quêtes. Toutefois l'originalité du Mythogramme est ailleurs. Si dans un premier temps il s'agit de s'approprier un mythe et de s'identifier au grand concept qu'on peut y percevoir, il est capital aussi de s'en libérer. Connaître l'histoire dans laquelle nous sommes inscrits, la jouer pour mieux la comprendre et la réécrire pour assumer sa liberté : voilà les trois temps forts du Mythogramme.
Grâce à des calculs inspirés du *Référentiel de Naissance*, le Mythogramme offre une structure composée de sept mondes. Chacun d'entre eux nous aide à prendre conscience que nous vivons dans des mondes symboliques. Les mythes contiennent de la mémoire, ils donnent un sens à notre existence en nous structurant et nous permettent de nous élever dans un processus d'évolution. Ils sont réparateurs en nous désignant la source de nos maux et le signe de notre guérison. Pour finir, ils nous rapprochent de nos parts d'absence en nous projetant dans une quête d'unité et d'identité.

Par ailleurs, le Mythogramme nous offre toutes les possibilités de réécrire notre histoire et de réinventer de nouveaux chemins. C'est en effet en travaillant sur notre *mythe libérateur* que nous pouvons alors élargir la perspective de notre vie.

Ce travail qui consiste à mettre en scène une mythologie personnelle et à créer de toutes pièces son mythe libérateur se fait à l'aide de plusieurs types d'exercices : jeux de rôles, créativité, relaxation, analyse psychologique, art-thérapie, le but étant d'obtenir en fin de compte la pacification de nos conflits et de notre stress pour accéder à une vision nouvelle.

Le Mythogramme est aussi exploitable en groupe qu'en séance individuelle. Il s'adapte parfaitement bien aux ressources humaines et à la communication sociale dans l'entreprise, puisqu'il part du principe que nos conflits avec l'environnement humain (supérieur hiérarchique, collègue de travail) sont la projection inconsciente de conflits que nous avons avec nous-mêmes.
Le Mythogramme est donc ludique, vecteur d'un gai savoir, poétique, éducatif, thérapeutique. Il stimule l'imaginaire, la créativité et propose un outil complémentaire à d'autres techniques : thérapie familiale, psycho généalogie, décodage biologique, P.N.L., analyse transactionnelle, psychodrame etc. Sa fonction est universelle, ouverte au langage symbolique, proposant des grilles de lecture des relations humaines, non figées, non dogmatiques, stimulantes.
Des versions simplifiées peuvent s'adapter aux enfants. Les mythes sont alors remplacés par les contes de fées.
Le Mythogramme répond assez clairement à la triple fonction de la thérapie telle que je l'ai définie plus haut : le désir, le sens et la place. Là encore, les mythes s'apparentant à de grandes histoires de famille, on y retrouve les thèmes de la généalogie thérapeutique, comme les secrets de famille, par exemple. Héritages et hérédités, testaments et transmissions, tout est là.

Ces notions sont largement développées dans le précédent ouvrage *La Fonction Thérapeutique des Symboles.*

Les relations qui existent entre la mythologie personnelle d'un sujet et son *Référentiel de Naissance* sont multiples et en évolution permanente. On peut envisager au minimum quatre voies de recherche :

Le *champ de cohérence*, structure du mythe personnel
Le *mythe universel*
Les *boucles*
Le *Mythogramme* et le *mythe libérateur*

Dans ces quatre notions la thématique mythologique (notamment la mythologie grecque) renvoie le sujet à sa dimension universelle en le rattachant symboliquement à des archétypes qu'il pourra s'approprier. Des explications sont données dans le chapitre sur les *boucles*, et les protocoles du *mythe libérateur* sont développés dans le chapitre Mythogramme de *La Fonction Thérapeutique des Symboles*.
Le travail sur le *champ de cohérence* demeure original et créatif.
La Maison 4 représente la « mission du héros », la Maison 6 « les armes et les alliés » dont il dispose pour sa quête et la Maison 7 « les démons et les dragons » qui s'opposent à son avancée victorieuse ! Proche du jeu de rôle, cette idée qui consiste à mettre en parallèle le *champ de cohérence* et le *mythe personnel* s'adapte parfaitement à un travail thérapeutique dans lequel un sujet, grâce à sa propre créativité, parviendrait à mieux identifier son projet

de vie, ses ressources et ses défis personnels. Tout comme dans l'art-thérapie, on invitera le sujet à réinventer son histoire en la recréant de toute pièce, s'inspirant pour cela des Arcanes présents dans les Maisons 4, 6 et 7 de son *Référentiel*.
Cette structure du récit : une mission, des armes et un démon, illustre précisément la plupart des textes mythologiques, de nombreux contes de fée (par exemple le Petit Poucet)[20] et en fin de compte tout parcours humain.[21]
On appelle *mythe universel* le mythe correspondant à l'Arcane obtenu par la somme des Maisons 4, 6 et 7. La correspondance est donnée dans la liste suivante.
Ainsi, dans le thème du Docteur Bach le champ de cohérence est égal à 11. (Jugement en M4, Diable en M6, Empereur en M7 : soit 20 + 15 + 4 = 12, le Pendu).
Le mythe correspondant : Énée.

Martin Luther King semble rejouer dans sa vie le mythe de Sisyphe, Jeanne d'Arc celui d'Héraclès, l'Abbé Pierre celui de Thémis... Et vous ?

Relations entre les Arcanes majeurs et la mythologie grecque

I	Jason
II	Gaïa
III	Électre
IV	Dédale
V	Zeus
VI	Œdipe
VII	Thésée
VIII	Thémis
IX	Tirésias
X	Sisyphe
XI	Héraclès
XII	Enée
XIII	Déméter
XIV	Ganymède
XVI	Icare
XVI	Persée
XVII	Deucalion

[20] Dans le Petit Poucet, la mission consiste à devenir un adulte libre et libéré de la matrice familiale, la traversée de la forêt et la rencontre de l'ogre symbolisent les démons quotidiens de l'existence et l'intelligence du petit Poucet son allié le plus efficace. La botte de sept lieues suggère la notion de liberté.
Le Petit Prince, le Chaperon rouge, Blanche neige et tant d'autres contes renvoient aux mêmes idées. Le serpent, le loup ou la sorcière sont des défis facilement identifiables.
[21] Il existe une interprétation freudienne (Bettelheim) et jungienne (M.L Von Franz) des contes de fées. Voir bibliographie en annexes.

XVIII	Cassandre
XIX	Castor et Pollux
XX	Prométhée
XXI	Ulysse
Le Mat	Dionysos

Les Cinq configurations

Il s'agit d'une sorte d'engagement inconscient que le sujet a pris avec lui-même.
Lorsque deux Arcanes bien particuliers coexistent dans un thème, quelle que soit la place en Maison, nous avons affaire à ces configurations.

La Maison Dieu / Le Soleil : Serment de la liberté retrouvée

Le sujet s'est engagé à réparer une blessure en rapport avec la notion de liberté, comme s'il portait plus ou moins consciemment la responsabilité de restaurer un esprit de liberté dans sa famille (trangénérationnel) ou dans la société (histoire, politique).
Exemple : Michael Gorbatchev, né le 3 mars 1931, avec le Soleil en Maison 4 et la Maison Dieu en Maison 9. Le rapport de ces deux Arcanes s'explique de la manière suivante : dans la Maison Dieu, le sujet a appris à déconstruire l'édifice qu'il avait bâti pour se protéger de ses peurs. Cette bâtisse composée de 22 étages de briques se métamorphose dans l'Arcane XIX, le Soleil, en un mur constitué de cinq étages de briques. Le nombre 5 évoque l'aspect humain, alors que le nombre 22 est plutôt occulte. Dans le Soleil, le sujet reconstruit un nouveau mur, mais cette fois à l'échelle de l'homme. Un mur qui rassemble plutôt qu'il ne sépare. En 1989, année de l'effondrement du mur de Berlin, événement auquel le visionnaire de la « glasnotz » n'a pas été étranger, Gorbatchev a « Tempérance » en Maison 8. Cet Arcane qui symbolise l'harmonie entre les opposés, la communication absolue et la fin des limitations se trouve aussi dans la Maison 3 du chef d'un État encore soviétique. Les énergies extérieures (Tempérance en Maison 8) sont donc en conformité avec ce qui préoccupe la pensée de Gorbatchev (Tempérance en Maison 3). Les murs peuvent s'effondrer, et la liberté se retrouver.

Tempérance / L'Étoile : Serment de l'abandon des pouvoirs

« Le plus grand des pouvoirs est de ne pas posséder de pouvoir », affirme la sagesse orientale ! Et les plus grands Maîtres de l'Asie ancestrale sont ceux qui ont accepté de perdre tous leurs pouvoirs pour n'en conserver qu'un : la compassion.
Quel meilleur exemple que celui de Daniel Cohn- Bendit né le 4 avril 1945, qui depuis plus de trente ans se bat sans langue de bois pour la justice sociale, apparemment sans compulsion de pouvoir personnel. Son thème pré-

sente une configuration royale de l'abandon des pouvoirs, Étoile en Maison 10, Tempérance au *Cœur du Blason*. Cette approche doit être affinée par une analyse plus pointue, car Dany le Rouge porte aussi un Diable en Maison 7 (donc il y a un défi du pouvoir, il a mis le pouvoir au défi, mais il a aussi une leçon à tirer de cette histoire-là) et une Justice en Maison 6, ressource, motivation personnelle, réserve d'énergie.

La Force / Tempérance : Serment du rétablissement de l'énergie

Rétablir la communication subtile entre deux niveaux de conscience. Cas intéressant de Nostradamus avec Tempérance en Maison 1 et 3, Force en Maison 9, en Maison 10 et au *Cœur du Blason*.

L'Hermite / Le Soleil : la Configuration de la lumière révélée.

Il n'y a pas de lumière sociale, aussi ténébreux soit le siècle qui la révèle, sans libération des lumières intérieures, aussi camouflées soient-elles. Voici le véritable humanisme, lorsque l'homme prend acte de l'étincelle divine qui le fonde et dont il est le dépositaire, pour la faire grandir dans l'ombre qui l'entoure.

L'Impératrice/ La Maison Dieu : La configuration de la parole enfermée.

La Maison Dieu a un lien avec la notion de langage, ne serait-ce que par son rapport avec la Tour de Babel. En ces temps reculés de l'Histoire biblique, les hommes décidèrent de créer une tour suffisamment haute pour s'élever jusqu'à la demeure de Dieu. Ils furent punis de cet acte d'orgueil démesuré. Ainsi s'explique la disparité des langues sur la terre, signe de notre incommunicabilité, surtout lorsque l'on sait que même en parlant la même langue, on ne se comprend souvent pas. Cette tour représentée par la Maison Dieu rappelle aussi celle dans laquelle des rois jaloux enferment leur princesse de fille pour la mettre à l'abri de prétendants à la rivalité oedipienne. Silence, on tourne ! Sois belle et tais-toi ! cette tour de silence n'est pas sans nous rappeler la «*forteresse vide*» de Bruno Bettelheim, essai consacré à l'autisme, ou les citadelles blindées de l'incommunicabilité chères au psychosociologue Edgar Morin. L'Impératrice quant à elle a des choses à dire, à affirmer, à manifester, sous réserve que son émotivité ne lui reste pas au travers de la gorge, comme le laisserait supposer la pomme d'Adam qui semble lui transpercer la peau.
Lorsque ces deux Arcanes se trouvent ensemble dans un *Référentiel de Naissance*, trois questions majeures se posent : Qu'as-tu à dire ? Qu'est-ce qui t'empêche de le dire ? Comment peux-tu faire pour le dire ?
Nombreux exemples : Natalia, Mère Térésa…

Nous serons étonnés de voir au demeurant que Gorbatchev porte simultanément les trois serments dans son thème.

Michael Gorbatchev

Né le 02.03.1931

Les Aspects Ouverts, Royaux et Impériaux

Lorsque ces aspects apparaissent dans un *Référentiel*, ils prennent un caractère dominant et nous suggèrent de les interpréter en priorité.
Un aspect ouvert se fait avec la Maison 8. Il se développera tout au long de l'année concernée par la Maison 8 mais perdra de son importance l'année d'après.
Un aspect Royal se fait ave le *Cœur du Blason*
Un aspect impérial se fait à la fois avec le *Référentiel* et le *Cœur du Blason.*

Les Transferts minimes

Les transferts minimes ou la parabole des trois talents dans le *Référentiel de Naissance.*

Un Bateleur, donc, avait trois talents. Il place le premier à la caisse d'épargne, le second dans des obligations et investit le troisième dans des actions. Le premier talent ne lui rapporte qu'une piètre rémunération. Le deuxième talent l'aliène à la loi morale et le troisième talent lui fait courir bien des risques.

Il peut aussi transférer ce capital. C'est un transfert de fonds. Mais un transfert n'est pas un investissement. Il place son énergie d'amour sur une image, un rêve, un personnage imaginaire, sur soi-même dans une attitude narcissique primaire, mais à aucun moment l'amour n'est investi simplement sur l'autre pour le nourrir, pour le faire croître.

Qu'est-ce qu'un transfert minime ? L'art d'investir démesurément notre énergie dans un domaine pour tenter symboliquement de rembourser ce qu'inconsciemment nous croyons être une dette envers notre mère. Parce qu'elle a souffert en nous mettant au monde, pour la souffrance de la condition de la mère en général, nous nous évertuons à réparer ! Réparer notre propre mère en créant une nouvelle mère symbolique, dont nous sommes nous-même le géniteur... Et nous n'échapperons pas non plus à la douleur de l'enfantement ; mais, comme ce n'est que rêve et vapeur, nous allons souffrir beaucoup, travailler beaucoup, perdre beaucoup, pour n'obtenir en définitive que beaucoup... de rien.
Le transfert minime est un aspect généralement masculin du *Référentiel de Naissance.*

L'idée de mettre au monde sa propre mère revient à mettre au monde dans la relation avec l'autre, notamment la femme, une mère réparée. À chaque fois que je fais l'amour, je guéris la souffrance que ma mère a vécue en

me mettant au monde et me libère ainsi de ma responsabilité dans cette affaire. Dans le transfert minime, ma femme joue le triple rôle de mère. Elle me permet de réparer la souffrance de ma mère, elle jouera le rôle de mère dans ma vie et me donnera l'occasion de la transformer en mère.
Je suis le père de ma mère...
Œdipe était bien le père de sa sœur, le fils de sa femme....

L'exemple est donné par la lame XVIII, la Lune :

Archétype maternel. Arcane du féminin profond...Elle évoque la déesse mère... elle est l'image de la lune-mère-déesse telle que la mythologie grecque l'illustre à travers les figures d'Artémis, Gaïa, Déméter ou Héra. Elle montre aussi l'image castratrice de la déesse-mère qui ne laisse pas le mystère de son sexe se dévoiler et punit tous ceux qui s'en approchent d'un peu trop près. Artémis transforme en cerf le Prince Actéon qui la regarde se baigner nue, Déméter frappe la terre de stérilité pour lui avoir ravi sa fille Perséphone, la part la plus intime de son absolu féminin, Héra crève les yeux de Tirésias pour avoir révélé au monde le secret de la jouissance féminine.

La Lune... reflet mystérieux de la lumière, cycle menstruel, lumière dans la nuit, fascination des enfants... « Ouvre-moi ta porte, pour l'amour de Dieu ! ». La Lune, porte du mystère, laisse apparaître les colonnes d'Hercule, détroit de Gibraltar, limite des mondes connus.
Comment utiliser la Lune du Tarot sans transfert minime ?
La Lune symbolise le potentiel visionnaire et créateur de chacun. Toute la partie bleue de la lame où nage l'écrevisse, eau souterraine, rappelle l'encrier Waterman dans lequel les gens de ma génération trempaient leur plume pour s'exprimer. Waterman ! « L'Homme-eau » !
Imaginons la Lune du Tarot comme un encrier dans lequel nous puisons l'énergie créatrice nécessaire à l'élaboration progressive de notre sensibilité et de notre identité, encre bleue utérine où se mêlent et fusionnent les gamètes génitrices, eau bleue des bleus de l'âme, vague de l'eau de l'âme, vague à l'âme créatrice, féconde, que l'on reconnaît dans les chansons de Barbara, les rêveries de Rousseau ou la patiente révolte de Gandhi !
La Lune, liquide géniteur.
Gratter le noir du papier pour en ressusciter le jour. Souvenir de l'école primaire.
Les encriers de verre bleu insérés dans le bois des bureaux, que le maître dans son tablier gris, et d'un geste précis, rituel, remplissait d'encre liquide aux premières heures de la journée. Et nos plumes Sergent Major qui grattaient, grinçaient, tâchaient, se tordaient…
Quand je regarde la Lune, je pense à un encrier. Je pense au bleu de la nuit qui court sur le papier… Créativité, puissance de l'eau, pouvoir de l'homme gicleur de rêve, Waterman, lapis-lazuli. Tant de créativité dans les symboles

du Tarot : l'écriture avec la Papesse, la peinture avec la Lune, la musique avec le Jugement, la danse avec le Monde.
Et tous les jeux du cirque, Bateleur saltimbanque, Chariot dresseur de chevaux, Roue de Fortune équilibriste, Force dompteur, Pendu acrobate, Tempérance magicienne, Diable cracheur de feu, Mat clown et qui sera Monsieur Loyal ? Une Papesse qui annonce le programme, un Empereur, organisateur infaillible de la bonne marche des événements, un Pape conciliateur, un Amoureux qui rassemble tous les personnages autour de lui dans une parade finale ?

Toute la finesse de la Lune consiste à passer de l'étourdissement à l'émerveillement. Qu'en est-il du Réel ? L'ésotérisme tel qu'il était pratiqué au XIXe siècle dans les salons dorés avait déjà galvaudé les vers dorés de Pythagore. L'ésotérisme comme genre littéraire de l'étourdissement. La démarche thérapeutique est initiatique, dans le sens où elle conduit l'âme qui cherche à l'intérieur d'elle-même. Le cheminement initiatique est thérapeutique, il la fait passer par la porte étroite pour la conduire vers sa renaissance.

C'est en mettant des enfants en route, en développant ses potentiels artistiques, en développant une vision juste et clairvoyante du monde que l'on utilisera au mieux la Lune de son *Référentiel de Naissance*. Sinon, l'aspect bouillonnant et puissamment énergétique de la Lune monte en pression et se développe en auto-pression ou en transfert minime.
L'auto-pression entraîne des dépressions et des débordements émotionnels parfois auto-destructeurs ou paralysants chez les sujets qui se définissent eux-mêmes comme hyperémotifs, incapables d'établir des relations simples et amicales avec leurs semblables.
Le transfert minime est la conséquence d'un surinvestissement de cette énergie créatrice dans une action qui ne peut jamais aboutir, dans laquelle le sujet se perd et perd son énergie. Ce transfert est d'autant plus minime que l'objet de l'investissement est énorme.
Évitons la confusion entre un projet créatif, aussi démesuré soit-il, mais réalisé par amour et dans la conscience de sa propre problématique, et une création mégalomaniaque qui apparaît comme une réparation symbolique de la dette envers la mère pour liquider la souffrance de l'enfantement. D'ailleurs, ce type de projet s'achève souvent par une « liquidation de biens ».

Complexe d'Héraclès : douze travaux démesurés et inutiles qu'Héraclès doit accomplir dans l'espoir d'être reconnu par sa mère divine.
Héraclès porte dans sa quête le désir d'une réconciliation. Il est le fruit de l'union de Zeus avec une mortelle, comme tant d'autres héros de la mythologie grecque. Mais Héraclès, c'est aussi la gloire d'Héra… Tout le mythe repose sur le désir d'Héraclès d'être reconnu par Héra.

Les travaux qu'il accomplit représentent tous les efforts inutiles que nous sommes prêts à fournir pour être reconnus par notre mère. Voici l'exemple type du transfert minime. Chacun de ces travaux peut être décodé et réinterprété à la lueur de diverses grilles. Alice Bailey, par exemple, associe chacun des douze travaux à un signe astrologique. Le combat d'Héraclès contre l'Hydre de Lerne, le monstre à neuf têtes, dont chaque tête repoussait après avoir été coupée, correspond au signe du Scorpion. Pour maîtriser le « serpent du désir », nous dit Alice Bailey, Héraclès, le Dieu-soleil est obligé de s'agenouiller. C'est dans l'humilité de cette position qu'il élève le serpent dans les airs et ainsi apporte l'espoir d'une délivrance.[22]
Du sang de l'Hydre de Lerne naquit la fleur d'Aconit. En homéopathie, le remède Aconit est rattaché à l'angoisse de mort ! Encore une fois, mais par des associations de pensées différentes, nous constatons la fonction thérapeutique des symboles. Des univers très différents se croisent et s'interpénètrent. La mythologie, l'astrologie, l'homéopathie, la psychologie des profondeurs… c'est à la jonction précise de ces croisements que le symbole prend toute sa signification.
D'autres monstres que la Sphinge ou l'Hydre de Lerne hantent parfois nos cauchemars sous une forme ou une autre, et le travail sur les rêves permettra d'en comprendre le sens, d'en domestiquer la force : le chien Cerbère, le Minotaure, les Cyclopes et autres dragons…

Alors que Héra, épouse de Zeus, s'était assoupie, les nourrices d'Héraclès l'approchèrent vers la sublime mamelle, pour qu'il puisse accéder à l'éternité en gouttant au lait de sa divine mère. Héra aussitôt réveillée rejeta l'enfant mais une gerbe de lait jaillit dans l'univers générant la voie lactée.
On dit qu'une goutte de ce lait divin, tombée sur le sol, donna naissance au lys.

D'une manière générale, on appelle transfert minime dans le *Référentiel de Naissance* tout usage perverti d'un Arcane de puissance (XIV, XV, XVII, XVIII, XVIIII, XX) dans un domaine où la réparation du passé supplante la création mais surtout l'invention de l'avenir.

Généralités sur Trous noirs et Étoiles

De tous les symboles du Tarot, l'Étoile est vraisemblablement l'un des plus lumineux. N'oublions pas que le Soleil est une Étoile. Ces deux Arcanes présentent de nombreux points communs.

---

[22] *Astrologie ésotérique* – Volume III - Alice A. Bailey – Éditions Lucis – Genève.

L'Étoile, c'est d'abord celle que chacun d'entre nous peut voir dans le ciel : il suffit de lever la tête, pour regarder un objet… qui a disparu depuis fort longtemps.
En effet, les étoiles que nous observons dans le ciel ne sont pas les étoiles qui sont réellement présentes dans l'univers. En d'autres termes, ce que nous voyons est une image fantôme de ce qui n'est plus là. Ce que je vois dans le ciel est un fossile, une mémoire, une empreinte, mais point une réalité objective. La présence de l'étoile est subordonnée à la fonction de ma vision et de mon regard. En fait, nous ne voyons pas d'étoile : nous voyons la lumière de l'étoile. Cette lumière n'est pas la lumière de l'étoile que je vois, mais la lumière projetée par une étoile qui a disparu des écrans radars de notre vue depuis des millions, voire des milliards d'années ! Nous savons en effet, depuis le début du XXe siècle, grâce aux travaux d'Einstein, que la lumière a une vitesse : 300 000 kilomètres à la seconde. Ce qui veut dire qu'un objet se trouvant à 300 000 kilomètres de nous n'apparaîtra à nos yeux qu'une seconde après qu'il se soit manifesté.

Ainsi, un rapide calcul nous informe que si un objet se trouvant à 60 000 000 kilomètres disparaît de l'univers, je continuerai à le voir pendant 20 secondes.

En conséquence, je vois certains objets qui n'existent plus, et je ne vois pas encore ceux qui existent déjà. Nous comprenons mieux cet étrange phénomène en regardant passer un avion. On ne l'entend pas à l'endroit où il se trouve, comme s'il y'avait un décalage entre l'information que me donne l'audition et celle que me donne la vue. En effet le son, tout comme la lumière, se déplace à une vitesse donnée (300 mètres seconde pour le son, 300.000 Km seconde pour la lumière). Il met donc un certain temps à nous parvenir.
Cela signifie que les étoiles observées dans le ciel ont pour la plupart disparu depuis des millénaires : nous ne voyons pas les objets, mais la lumière qui en émane.
En d'autres termes, quand on regarde les étoiles dans le ciel, on regarde le passé.
La simultanéité est impossible entre ce que l'on dit, et ce qui est : si je dis « *l'arbre que je regarde* », ma phrase est problématique, car l'arbre dont je parlais au début de ma phrase a déjà changé pendant le temps où je la disais. « On ne se baigne jamais deux fois dans le même fleuve », dit le philosophe grec Héraclite.

En observant les étoiles, on n'observe donc pas une réalité en soi, mais l'image d'une réalité.
Les anciens disaient que les galaxies, créatrices d'étoiles, étaient la matrice des âmes, ce qui laisse supposer qu'il y a autant d'étoiles dans le ciel qu'il y a eu, qu'il y a, et qu'il y aura d'êtres humains sur la terre.

- « L'humanité est davantage composée de morts que de vivants », rappelait Auguste Comte.

Chaque humain est donc relié à une étoile et peut s'y ressourcer, comme à une source de vie, ce que confirme bien la sagesse populaire par l'expression « avoir sa bonne étoile ».
Cela pourrait signifier que nous avons tous une sorte d'étoile énergie, une énergie totem. Beaucoup de traditions et de religions ont développé cette idée selon laquelle, lorsque nous mourons, notre gaz de vie, substance essentielle, réintègrerait notre étoile de naissance.
L'Étoile est une source d'où jaillit en permanence le désir d'aimer. Non pas le désir d'aimer une étoile, mais d'aimer l'humanité. L'Étoile nous tire vers le haut, nous levons le menton, le regard interrogateur. Dix-septième Arcane, correspondant dans notre alphabet à la lettre « Q ». Selon la numérologie sacrée, cette lettre représente le questionnement de l'homme face au mystère de l'univers. Questionner le ciel sans attendre de réponse, humilité de l'astrologue qui prend un bain d'étoiles allongé sur le sable.
Dane Rudyard, astrologue, philosophe et musicien, explique que chaque homme, chaque être humain, est relié à son étoile, et que notre colonne vertébrale est un segment de la ligne imaginaire qui s'origine dans notre étoile de naissance et se termine au centre de la terre. Ainsi, nous nous relions tous à la même « prise de terre », mais nous nous individualisons en allant vers le ciel…
Nous sommes tous différents par « en haut », mais tous réunis « par en bas ».

Les Étoiles indiquent toujours un degré de conscience spirituelle et une responsabilité à assumer en rapport avec ce degré de conscience. Chaque fois que nous rencontrons l'Étoile dans le *Référentiel de Naissance*, nous sommes amenés à évaluer ce degré de conscience spirituelle.

L'Étoile nous parle d'énergie. Dans le *Référentiel*, elle nous indique deux choses :
- S'il se trouve dans l'une des Maisons de *l'hémisphère nord* et de la *Ceinture*, l'Arcane XVII nous convie à un branchement aux sources supérieures de l'énergie, une reliance aux forces vives du cosmos, aux énergies d'amour inconditionnel, à la matrice des âmes…
- Quand nous avons une Étoile dans *l'hémisphère sud*, cela symbolise une perte, une fuite, un dérèglement de notre énergie : L'Étoile, dans ces positions, « perd ses eaux ». Tandis que dans le haut du thème elle perd ses eaux pour abreuver les autres Maisons du thème pour lesquelles elle constitue alors un apport d'énergie, une nourriture énergétique et spirituelle.[23]

[23] *Hémisphère nord* : les maisons 1, 6, 8, 12. *Hémisphère sud* : Maisons 3, 7, 10, 11. *Ceinture* : Maisons 4, 5, 2, 9. La Maison 13 (*Cœur du blason*) joue sur les deux hémisphères.

L'Étoile est une protection. Là où est l'Étoile, est la protection.
Une Étoile dans une Maison difficile montre que les épreuves sont protégées.

L'Étoile symbolise aussi l'éternel féminin, dans sa pure reliance au monde de l'énergie, dans sa mission de faire descendre l'énergie cosmique sur la Terre. Là où est l'Étoile, est le féminin de l'être. Pour une femme, il est intéressant de vérifier comment son pôle féminin peut s'épanouir dans la Maison où elle se trouve. Pour l'homme, envisageons la notion jungienne d'*anima*. Là où est l'Étoile, règne son *anima*, de la même façon que l'on peut dire : là où est la Lune dans le thème d'un homme se trouve sa représentation de la femme et son idéal féminin.

Dans un *Référentiel de Naissance*, la Maison 4 est pour les femmes la Maison de l'*animus* : là où la femme agit, à l'extérieur d'elle-même…
Si elle est en bonne harmonie avec cette partie masculine en elle, elle aura de bonnes relations avec l'homme.
Dans un *Référentiel de Naissance*, la Maison 6 est pour les hommes la Maison de *l'anima* car nos ressources se trouvent à l'intérieur de nous-mêmes.
Puiser dans la Maison 6 est une manière d'explorer les profondeurs de son âme.

Nous avons tous l'Étoile dans le *Référentiel*. En effet, même si cet Arcane n'est pas matériellement présent dans l'une de nos Maisons, nous avons tous une Maison 6. Or, la Maison 6 est la Maison de l'Étoile.

L'Arcane présent dans notre Maison 6 joue pour nous le rôle de l'Étoile. C'est-à-dire que tout ce qui précède et suit concernant l'Arcane XVII s'applique également à l'Arcane présent dans la Maison 6.

On peut donc dire que la lame qui se trouve en Maison 6 nous permet de nous délivrer de nos emprisonnements spatio-temporels. C'est également l'Arcane qui nous apporte sa protection. C'est aussi, pour les hommes, la lame de l'*anima*. C'est elle qui nous permet le branchement aux forces supérieures, elle nous en indique le moyen.
Une Étoile en Maison 6 est donc dite « en domicile » et représente la « protection des protections ». Il existe douze étoiles possibles en Maison 6, en fonction de la date anniversaire du sujet. En effet, un sujet né le 16 janvier et un autre le 15 février n'ont pas exactement la même étoile. Voir ci-dessous.

Si l'on imagine que le *Référentiel* est un port d'attache, la Maison 6 est la « navette spatiale » qui nous permet de nous désincarcérer des contraintes spatio-temporelles.

Si une Étoile en *hémisphère sud* peut représenter un problème ou une souffrance, elle évoquera, plus précisément pour une femme, un blocage au niveau de la lignée des femmes, l'inscription d'une blessure qui vient de cette lignée (mère, grand-mère…)
Cela peut occasionner une difficulté dans la relation à l'homme.
Pour un homme, l'Étoile dans *l'hémisphère sud* peut rappeler une blessure au niveau de l'*anima*, également marquée dans la lignée des femmes de la famille : la femme est donc blessée en lui, et il projette sur les femmes qu'il rencontre une empreinte négative.

D'autre part, l'Étoile exprime toujours des qualités (un peu comme le Bateleur) en germe chez le sujet et qui sont donc à développer : qualités d'amour, de compassion, de dépassement personnel. Mais également un intérêt pour la métaphysique, le lien avec l'univers, la nature (les cheveux sont bleus : le bleu du ciel coule dans ses cheveux manifestant ainsi le lien avec le cosmos).

L'Étoile peut être présente dans toutes les Maisons du *Référentiel*, excepté en Maison 2. Sans tenir compte de la Maison 8, on peut retrouver l'Étoile dans 11 Maisons.
La Maison 8 est à étudier dans le cadre des cycles annuels du *Référentiel* : lorsqu'une Étoile apparaît en Maison 8, elle est alors appelée « Comète » et traduit la proposition faite par le cosmos de nous placer face à notre destinée.

L'Étoile symbolise la protection : rappelons que le chlore, qui sert à désinfecter l'eau et à la rendre potable, a une masse atomique de 17.

Trous noirs

Un *trou noir* permet une lecture claire de nos conflits psychiques inconscients et nous indique comment ils se projettent dans la relation à l'autre, souvent avec violence, tant qu'ils n'ont pas été décryptés correctement. Comme le suggèrent les pontes de la psychologie analytique, la meilleure façon de découvrir son ombre, c'est encore de regarder ce qui nous insupporte chez l'autre. Une des caractéristiques essentielles de l'ombre est bien de se projeter !

Définition en astrophysique : les « trous noirs » ont été découverts assez récemment. Un « trou noir » est une étoile qui s'est effondrée sur elle-même. Elle n'a pas explosé, elle a implosé. Elle s'est effondrée sur elle-même en raison de son extrême densité, et dans le même temps elle a entraîné toute la matière qui la constituait et qui l'entourait vers son centre, jusqu'à ce qu'elle crève l'univers.

Le noir absorbe la lumière et la chaleur. Porter du noir signifie accepter la responsabilité d'absorber les énergies qui nous entourent : lumière comme obscurité. Le blanc, lui, renvoie la lumière : habillés en noir nous sommes réceptifs, habillés en blanc, nous sommes émetteurs.

Un *trou noir* absorbe totalement la lumière. Ce corps céleste est si dense qu'il dévore la lumière, c'est un vampire cosmique lové au cœur des galaxies.

Première idée : effondrement.

Deuxième idée : dévoration.

Troisième idée : loi de la gravitation universelle. Mais il existe également une loi de gravitation spirituelle, qui, lorsque nous lâchons prise, nous attire vers le haut. Mais, pour relever de cette loi, il est nécessaire d'avoir inversé ses valeurs, sans quoi nous risquons de tomber sur la tête. Nous reconnaissons bien entendu dans cette expérience la signification du *Pendu*. Nous savons que, pour échapper à la loi de gravitation, il est nécessaire d'exercer une certaine force, appelée « force de libération », d'une vitesse équivalent à 11 kilomètres par seconde. Un objet lancé à cette vitesse ne retombe pas et se met en orbite autour de la terre. La Force, du Tarot, peut être assimilée à cette force de libération.

Dans le *Référentiel de Naissance*, un *trou noir* représente un conflit psychique inconscient que l'on va tenter de rendre conscient.

Ces *trous noirs* sont au nombre de 8, nombre de la transformation et de la renaissance.

On peut en avoir, ou ne pas en avoir. Rappelons ici l'une des règles d'or du *Référentiel* : on n'interprète pas un aspect absent. La présence d'un *trou noir* dans un *Référentiel* offre un éclairage supplémentaire pour la compréhension d'une problématique particulière, son absence n'ajoute rien à l'interprétation. Toutefois il est possible, même si on n'a pas de *trous noirs* dans son *Référentiel*, d'avoir des Arcanes qui font *trou noir* avec le *Référentiel* de quelqu'un d'autre, ce qui permet de mieux comprendre le sens de certaines relations, notamment conflictuelles.

Les *trous noirs* se définissent comme étant des *miroirs* à l'Étoile, c'est-à-dire deux Arcanes qui, lorsqu'on les additionne, font 17.

Ces conflits intrapsychiques peuvent se manifester dans la relation à l'autre, et créent alors l'effet inverse des *miroirs*, qui eux, donnent de la force à la relation : le *trou noir* avec l'autre représente la nature et l'intensité d'un conflit.

Mais tout conflit, lorsqu'il est transcendé, procure un supplément d'énergie.

LES HUIT *TROUS NOIRS*

1e Arcane	2e Arcane	Trou Noir	Symbolique
I Le Bateleur	XVI La Maison Dieu	Conflit enfant-adulte	Conflit entre vulnérabilité et surprotection. Conflit touchant à la communication et au langage, en raison de la symbolique de l'Arcane XVI relié à la tour de Babel.
II La Papesse	XV Le Diable	Conflit homme-femme	Conflit entre le pouvoir de la sagesse et la volonté de puissance.
III L'Impératrice	XIV Tempérance	Conflit expression-communication	L'expression parle de soi, la communication permet d'écouter l'autre. Conflit entre autorité sur les autres et pouvoir sur soi-même.
IV L'Empereur	XIII L'Arcane sans nom	Conflit construction-destruction	Conflit de transformation. Construire pour détruire, détruire pour construire…
V Le Pape	XII Le Pendu	Conflit don-réception	Problématique de l'échange. « Je peux donner, mais j'ai du mal à recevoir ». Ou vice-versa…
VI L'Amoureux	XI La Force	Conflit amour-sexualité	Difficulté à s'engager dans une relation en étant maître de ses instincts, maître de son énergie : sans cela, il y aura effondrement de l'énergie, de l'amour. Il convient de penser à ne pas placer son centre dans l'autre.
VII Le Chariot	X La Roue de Fortune	Conflit immobilité-mouvement	Conflit entre stagnation et évolution. *Le Chariot* ne peut avancer sans une claire conscience de l'évolution. Il doit comprendre la loi des cycles et accepter qu'il y a un temps pour tout : il doit apprendre à agir quand c'est l'heure.

1e Arcane	2e Arcane	Trou Noir	Symbolique
VIII La Justice	VIII L'Hermite	Conflit rigueur-miséricorde	Résoudre ce conflit mène à faire l'expérience de l'amour inconditionnel.

Ces huit conflits peuvent également être appelés complexes. Ces conflits sont internes, mais également externes. On compte le nombre d'Étoiles cachées dans un *Référentiel* de la même façon que l'on compte les Mats cachés dans un *Référentiel*. Chaque *trou noir* est une Étoile cachée en plus d'être une étoile cassée. Nous devons essayer d'en restaurer l'unité, d'en récupérer la lumière.

Bateleur / Maison Dieu : le conflit enfant/adulte

Vulnérabilité d'un côté, surprotection de l'autre.

La question est la suivante : comment les enfermements et les protections étouffent-ils la spontanéité et l'innocence, notamment celles de l'enfant intérieur ?
Lorsque l'on a ces deux Arcanes dans le *Référentiel*, quelles que soient leurs places en Maisons, nous avons un trou noir de type 1 qui explique comment l'enfant en nous se blesse à vouloir communiquer naturellement et sans protection.
La Maison Dieu symbolise la « parole enfermée ». Cette image rappelle d'une part la tour de Babel, mythe de l'origine de la multiplicité des langues, d'autre part la « tour haute » dans laquelle se sont réunis les apôtres au moment de la Pentecôte, mythe symétrique du précédent, évoquant cette fois le langage universel.
Il y a donc du langage dans la Maison Dieu ; une parole enfermée, qui demande à être libérée.
La partie « enfant » en moi ne s'exprime plus en raison des murailles de protection que l'adulte « en moi » a élaborées. Cela peut déboucher sur du bégaiement, du mutisme plus ou moins grave, et même, certaines formes d'autisme (si je ne parle pas, je ne prends pas de risque). Quand je n'ai pas les mots pour le dire, je fais du bruit.
Parfois, ces personnes attendront des années sans parler, puis un jour, au cours d'une phase de résolution de conflit, la Maison Dieu fait sauter tous ses verrous et la parole se libère.
Le rôle d'un thérapeute est d'être là quand la Maison Dieu s'effondre, et non point d'empêcher cet effondrement …
Rappelons-nous l'étymologie latine du mot enfant : « in-fans », dénué de parole.
Les pensées de mon cœur ne traversent pas les murailles de mon esprit.

Exemples de paroles d'enfants qui s'expriment sans protection et qui seront écrasés par la société :
- Bernadette Soubirous (Bateleur en Maison 2 / Maison Dieu en Maison 4, Maison 7 et Maison 10)
- Jean-Jacques Rousseau (Maison Dieu en Maison 6 /Bateleur en Maison 10) : l'enfant Rousseau était dyslexique, bégayait et a souffert d'énurésie toute sa vie (*Fomalhaut,* Étoile en Maison 11, « perte des eaux »). Il a été incompris, persécuté en permanence, ce qui est une réalité et non un délire paranoïaque : il suffit de relire la préface des *Confessions*...
Bien sûr, le philosophe s'est enfermé longtemps dans une tour d'ivoire (Maison Dieu en Maison 6), mais il a su y construire les fondements d'une pensée qui, 20 ans après sa mort, influencera les révolutionnaires français provoquant la destruction de la Bastille.
- « Je suis tombé par terre, c'est la faute à Voltaire, le nez dans le ruisseau, c'est la faute à Rousseau. »

Rousseau était considéré comme un être solitaire. Il n'aimait ni la vie en société ni la vie de salon et ne contrôlait pas ses sphincters. On peut dire que Jean-Jacques a vécu tous les échecs liés à l'enfance : sa mère est morte alors qu'il était encore bébé ; à 6 ou 7 ans, il est mis à la porte de Genève ; il appelait sa première maîtresse « maman » ; il n'a pas élevé ses enfants car il s'en sentait incapable. Il a pourtant su valider ses expériences et sublimer son incapacité à être père en écrivant un remarquable traité de pédagogie, *L'Émile,* qui fait encore autorité aujourd'hui.
Dans son cas, on observe une inversion du conflit. En effet, la Maison de l'échec (le Bateleur) devient la Maison des ressources : c'est tout le travail sur la thématique de l'enfant intérieur qui lui a permis de créer la majeure partie de son œuvre. D'autre part, ce qui était *ressource* dans son thème (Maison Dieu en Maison 6) se transforme en échec, à cause de ses enfermements personnels.

L'Étoile en Maison 11 est proche de la thématique de l'abandon, comme l'est le Pendu.

Pour résumer, ce *trou noir* représente un conflit entre vulnérabilité et surprotection, entre parole interdite et parole reconnue.

Phrase-clef en thérapie : « Ayez la force d'être faible ! »

Papesse / Diable : conflit pouvoir/puissance

Conflit entre la volonté de puissance symbolisée par le Diable et le pouvoir de la sagesse évoqué par la Papesse.

Le conflit se résout en accédant au pouvoir de canaliser la puissance.

La Puissance est une énergie féminine, *potentia* en latin. L'exemple type en est la Lune.

Le Pouvoir est une énergie masculine, extérieure p*otesta* en latin. L'exemple type en est l'Empereur.

L'idéal consiste à rechercher l'équilibre des deux. Cependant, nous avons tout cela en nous. Car avoir la puissance, c'est avoir l'énergie : si je possède une *Ferrari*, j'ai beaucoup de puissance, mais sans permis de conduire, je n'ai pas le pouvoir de la conduire.

Le pouvoir est l'autorisation d'utiliser la puissance (le permis de conduire la *Ferrari*...).

Le Diable correspond plutôt à la puissance, car il a une énergie énorme (son *miroir*, le Chariot, lui confère le permis de conduire).

Dans l'étude d'un *Référentiel*, le Diable évoque la volonté de puissance. La meilleure façon de la canaliser consiste à lui donner l'autorisation de se manifester dans le cadre des valeurs supérieures que l'on est prêt à servir. Dès lors, la volonté de puissance se transforme en puissance de la volonté qui permet à l'homme de se dépasser lui-même.

La résolution du conflit passe par l'accès au pouvoir, c'est-à-dire, encore une fois, la canalisation de sa puissance. Le travail consiste à équilibrer puissance et pouvoir. Pour bien comprendre cette capacité de transformer en alliance ce qui pourrait être perçu comme conflit, pensons aux systèmes politiques de certains pays. L'Angleterre en est un exemple frappant. La puissance est entre les mains de la Cour, le pouvoir est entre les mains de la Chambre. C'est en harmonisant les relations entre la Cour et la Chambre que ce système politique a pu trouver une force et un équilibre durables.

Le couple aussi permet d'équilibrer la puissance (qui appartient à la femme) et le pouvoir (qui appartient à l'homme). Au cœur de la puissance se trouve le germe du pouvoir et au cœur du pouvoir, le germe de la puissance. Un couple fonctionne bien si le flux est permanent entre la puissance de l'un et le pouvoir de l'autre.

Exemples : Ce *trou noir* se rencontre dans la *voie du cœur* entre Camille Claudel et Auguste Rodin : elle, avec la Papesse au *Cœur du Blason*, lui, avec le Diable en Maison 10 et la Papesse en Maison 7). Il recherchait la puissance et l'a trouvée en Camille. Tout s'est bien passé, jusqu'au jour où l'élève a dépassé le Maître... La souffrance de Camille résulte du fait que sa puissance a débordé du lit du pouvoir... Elle fut inondée.
Verlaine trouve la puissance chez Rimbaud.
Rimbaud peut utiliser le pouvoir de Verlaine.

Phrase-clef en thérapie : « Conjugue le verbe pouvoir, libère ta puissance »

Impératrice / Tempérance : conflit communication/expression et conflit autorité sur les autres/autorité sur soi

Ce conflit naît de la confusion entre communication et expression. On peut communiquer sans s'exprimer et on peut s'exprimer sans communiquer. Lorsque nous vivons ce conflit, nous devons résoudre cette confusion.

C'est également un conflit et une confusion entre l'autorité que l'on peut exercer sur les autres (l'Impératrice) et l'autorité que l'on peut exercer sur soi-même (Tempérance, qui se maîtrise en se tempérant). Lorsque l'on trouve dans un *Référentiel* Tempérance en M10, sans que le sujet en ait décodé le sens, on rencontre souvent des personnes qui exercent une autorité absolue sur les autres, ou qui en ont le fantasme, mais qui sont incapables d'exercer la moindre autorité sur leur émotionnel. Ils gouvernent les autres alors qu'ils ne se gouvernent pas eux-mêmes. Avec Tempérance en défi, on rencontre des phénomènes d'addiction, de colère, de démesure, de déréglage énergétique.

S'exprimer se traduit par un mouvement qui va de soi vers les autres. Communiquer traduit un mouvement qui va des autres vers soi. L'expression suppose la parole, la communication suppose l'écoute.

Un artiste sera davantage dans l'expression, un thérapeute plutôt dans la communication.

Exemple : Nostradamus avec une Impératrice en Maison 7 avait de grandes difficultés à exprimer ce qu'il ressentait. Il avait bien trop de pouvoir et vivait sous la pression des Médicis qui ne plaisantaient pas avec le pouvoir. En tant qu'astrologue officiel de la cour, il avait une influence considérable. Le problème de Nostradamus fut de trouver le moyen juste pour exprimer ses prévisions.

Par le canal de Tempérance en Maison 1, il reçoit des messages de sa Source, mais son Impératrice en Maison 7 fait barrage et l'empêche de s'exprimer. Il transformera son défi en écrivant les *Centuries*, forme poétique particulière, codées dans un langage hermétique, seul moyen pour lui d'arriver à rendre tangibles les messages de l'invisible.

Phrase-clef en thérapie : « Marche ta parole, écoute l'inaudible »

Empereur / Non Nommée : conflit de transformation : construire/détruire

Une partie de Moi veut construire (Empereur), l'autre partie veut détruire (Non Nommée), ce qui génère un conflit. Ou bien : une partie de moi veut se transformer, tandis que l'autre veut s'établir dans l'immobilité.

Résolution : c'est en détruisant ce qui est ancien que je vais construire ce qui est neuf.

Exemple : Jacques Brel, la Non Nommée en Maison 11, Empereur en Maison 12.

À partir du moment où l'on prend conscience que l'on peut détruire pour construire, on se dirige alors vers une construction de soi-même qui permettra de construire son propre territoire.

Exemples : Abbé Pierre, la Non Nommée en Maison 4 et Maison 6 et L'Empereur en Maison 10.
Mozart : la Non Nommée en Maison 5 et Maison 11, Empereur en Maison 12
Mussolini : la Non Nommée en Maison 5 et Maison 7, Empereur en Maison 9
Édith Piaf : la Non Nommée en Maison 5, Empereur en Maison 7.
Phrase-clef en thérapie : « Détruire pour construire »

Pape / Pendu : conflit donner/recevoir

Je sais donner, mais je ne peux pas recevoir. Je sais recevoir, mais je ne peux pas donner.
Rester dans ce conflit entretient une dualité. Par un travail sur l'alliance, on développera l'équilibre entre « donner » et « recevoir ».
La plus belle manière de remercier quelqu'un de ce qu'il vous a apporté est certainement de lui en accuser réception, ce qui peut se faire par des micro signaux.

Exemples :

Rimbaud : je prends mais je ne donne pas
Nostradamus : je sais recevoir, mais ne sais point donner
Krisnamurti : je ne veux pas recevoir

Phrase-clef en thérapie : « La loi de la vie c'est la loi de l'échange »

Amoureux/Force : conflit amour/sexualité

Comment s'engager dans la relation en restant maître de ses instincts ?
Ce conflit assez terrifiant nous invite, lorsque nous sommes dans des périodes de rupture avec l'autre ou de rupture avec nous-même, à recoller les morceaux. C'est un conflit très intense. La Force nous permet de recoller les morceaux cassés, éparpillés dans l'Amoureux. Dans la Force, on devient autonome, alors que dans l'Amoureux, on est dépendant de l'autre et particulièrement de son regard. Si l'autre ferme les yeux, c'est la mort, pour l'Amoureux. La mort pour l'Amoureux, n'est pas de ne pas être aimé, mais de ne pas être préféré, de ne pas être regardé.

La Force vient au secours de l'Amoureux en lui demandant de s'aimer lui-même et de rétablir l'unité là où il y a eu dislocation.

Exemples :

Rodin et Claudel ont ce *trou noir* en *voie du cœur.*
John Kennedy

Phrase-clef en thérapie : « La force d'aimer »

Chariot/Roue de Fortune : conflit mouvement/immobilité, stagnation/évolution

Le Chariot est bloqué et ne peut avancer car la Roue de Fortune est dissimulée derrière l'image ; cela signifie que, tant que l'on ne se libère pas des schémas répétitifs, on ne peut pas avancer.
- « Je roule pour moi » : si je dois tirer plusieurs wagonnets derrière moi (tout ce qui n'a pas été intégré par le passé, généalogique ou karmique), j'ai intérêt à avoir une locomotive très puissante pour avancer sans répéter.
C'est pour cela que, juste avant la Roue de Fortune, nous trouvons l'Hermite, car sans un temps d'exil, on répète les schémas.
Le Chariot s'arrête également pour poser les choses avant d'avancer, et être sûr de ne pas entraîner derrière lui des wagons qui ne lui appartiennent pas.
Le Chariot doit maîtriser ses émotions et prendre conscience des mécanismes anciens qui le freinent.
On ne peut donc pas comprendre le Chariot si l'on n'a pas compris la Roue de Fortune… Il s'agit de déprogrammer pour reprogrammer, de prendre ensuite conscience de ce qui nous appartient et de ce qui ne nous appartient pas. Nous assumerons ainsi ce que nous sommes.

Exemples : Mitterrand, Nostradamus, Luther

Phrase-clef en thérapie : « Lâche tes freins !»

Justice/Hermite : conflit rigueur/miséricorde, rigueur/rigidité

La Justice, nous apporte la rigueur, la loi, l'équilibre, la recherche d'harmonie, recherche d'ajustement de soi avec le monde. Il y a quelque chose d'un peu austère, d'un peu sévère dans cet Arcane. L'Hermite quant à lui offre beaucoup de tendresse, de bonté, de douceur, d'amour du prochain et de générosité.
Comment équilibrer cette nécessaire rigueur et l'amour pour l'humanité ?
Exemple frappant : l'abbé Pierre, qui faisait trembler les politiques par sa Justice, était plein d'amour pour les pauvres et les sans-abri.

Rigueur et Rigidité s'opposent dans la Justice, rigueur symbolisée par exemple par la Justice en Maison 6, et rigidité par la Justice en Maison 7…

Exemple : Mao Tse Toung

Phrase-clef en thérapie : «Sois ferme sans être fermé… »

L'Étoile et ses variations dans un *Référentiel*

L'Étoile, que je nomme souvent « l'Arcane du Chevalier nu », montre une jeune femme nue, aux cheveux bleus, un genou posé à terre, déversant le contenu de deux urnes rouges qu'elle tient dans les mains. De ces deux urnes coule un liquide bleu qui, en se séparant aux pieds du personnage, se mêle d'un côté à la terre et de l'autre rejoint une rivière.

Sur le sol en forme de dune, on observe deux arbres. Sur l'un d'eux, un oiseau noir (il s'agit d'un corbeau, symbole alchimique du commencement de l'œuvre), et dans le ciel huit étoiles étincelantes. Devant cette image, nous éprouvons l'intuition de sa vérité intérieure et de son authenticité. L'Arcane de la nudité. Ce thème apparaîtra ici de façon manifeste alors que dans les Arcanes précédents, mis à part le Diable, les personnages sont habillés et très protégés. Celui qui se sait protégé n'a plus besoin de se protéger. On assiste à l'entrée du Bateleur dans le domaine de l'abandon. Le voici prêt à établir le lien entre le monde spirituel et le monde de la nature. Il contacte aussi dans cette étape cruciale l'espérance, l'amour infini, la compassion, la lumière manifestée sur la terre. Les deux urnes rappellent celles de Tempérance. Un lien étroit unit ces deux Arcanes. J'ai souvent pensé que Tempérance et l'Étoile représentaient le même personnage, mais qu'une transmutation s'était produite entre ces deux femmes. Si Tempérance se déshabille et s'agenouille, nous retrouvons l'Étoile. Quant aux urnes, elles sont bleue et rouge dans Tempérance, et toutes les deux rouges dans l'Étoile, laissant échapper un liquide bleu. Tout se passe comme si les changements que nous opérons dans notre vie intérieure, nos mentalités, nos pensées les plus profondes savaient influencer le monde extérieur, comme si le contenu influait sur le contenant. Comment est-ce possible ? La rencontre initiatique du Diable et de la Maison Dieu a permis à Tempérance de se transformer en Étoile. Ce changement a trait au thème du pouvoir. Tenir en équilibre et maîtriser les deux urnes dans Tempérance symbolise la maîtrise de soi et le pouvoir sur le monde étrange des ondes ; les déverser sur la terre et dans l'eau signale l'abandon de tous les pouvoirs. Peut-être atteignons-nous là un des plus hauts niveaux de l'initiation : non pas le moment où l'on accède au pouvoir, mais celui où l'on accepte d'y renoncer. Voilà pourquoi rayonnent dans l'Étoile une humilité authentique, une profonde spiritualité et un amour infini. Le liquide bleu que l'Étoile déverse avec abondance, c'est sa générosité. Il n'y aura jamais de fin à cette fluidité. Si je regarde cette lame aujourd'hui, demain, dans 5 ans, dans 20 ans, je verrai toujours le liquide couler de l'urne, comme si le fait de donner avec générosité le contenu de son cœur nous permettait de ne jamais être privé ni coupé de notre source. Pensons à la symbolique de la multiplication des pains dans la tradition chrétienne. Ce ruisseau de l'Étoile rappelle une autre source connue dans la mythologie grecque, celle du Léthé. Les âmes défuntes devaient y boire avant de se réincarner pour oublier leur vie antérieure, nettoyer tout leur passé et préparer l'espace vierge de leur vie future. C'était donc la source de l'oubli que l'on retrouve dans le sens initial du mot grec léthé : oubli. Il existe un autre mot très proche : *aletheia*, vérité. Il se compose du préfixe privatif alpha, « a », et de la racine léthé: oubli. Dans l'esprit d'un Grec de l'Antiquité, toute vérité se définit comme la privation de l'oubli. La vérité ne s'acquiert pas, elle est inscrite en nous et nous ne pouvons que nous en souvenir. Ce thème de la réminiscence est largement développé chez Platon.

L'Étoile vient nous parler de cette vérité intérieure, de cette connaissance à laquelle on accède en se vidant de tous les savoirs et en se reliant à la grande Nature, voire aussi - car après tout cette femme est fort jolie - à l'éternel féminin qui dort en chacun d'entre nous et que les psychanalystes appellent *anima*.
Il y a de la sagesse dans les étoiles. Plus nous regardons le ciel, plus les étoiles nous apprennent à relativiser notre perception de la terre.
Celle-ci devient plus lucide, plus éclairée, pour autant toutefois que le vertige métaphysique auquel nous convie cet éblouissant spectacle nous permette de mesurer ce que nous sommes avec plus d'humilité. « En regard de ce qui est », dirait Pascal.
Notre rapport aux étoiles est un rapport de regard. Il semblerait que les étoiles aient œuvré pendant des milliards d'années pour qu'à l'aube d'un jour nouveau l'espèce humaine se dresse au-dessus de sa condition animale et observe ses célestes ancêtres avec reconnaissance. L'étoile a créé l'homme un peu comme l'homme a créé le miroir pour se regarder, se voir plus nettement, mieux se comprendre et s'améliorer.

Nos yeux comme notre cerveau sont composés de particules créées il y a des milliards d'années au centre ou à la périphérie des étoiles.
Celui qui voit, ce qui est vu et ce qui permet de voir, c'est exactement la même chose. Chaque fois que nous observons une étoile, que sa lumière fossile s'imprime dans notre rétine et s'inscrit dans la zone occipitale de notre cerveau, la mémoire archaïque de nos origines célestes s'éveille en nous et devient le signal déclencheur de tout un processus qui, imperceptiblement, de proche en proche, d'heure en heure, nous conduit à transcender la condition humaine. Plonger son regard dans le ciel étoilé est une manière

de nourrir son âme à la source de ses origines. Lever la tête vers l'étoile dont les rayons nous tiennent dressés dans un monde qui nous écrase, c'est se remplir d'un carburant qui, tout en nous faisant grandir à la conscience et à l'amour, nous mène vers plus de liberté, plus de joie et plus de responsabilité. Tout être - poète, artiste, mystique, ou simplement amoureux - s'il rentre en contact avec son étoile, fait l'expérience directe d'une régénération de la conscience, se relie à ses strates intérieures les mieux enfouies et voit s'embraser le feu qui couve dans son cœur.

L'astrologie mériterait d'accéder aujourd'hui au statut d'Art Thérapeutique nous invitant à rencontrer notre étoile de naissance, à la reconnaître comme une force, à apprendre à en gérer toutes les richesses, à l'incarner dans le moindre de nos tissus et à l'offrir dans un geste d'amour universel.

Regarder les étoiles fait naître en nous les mêmes émotions que lorsque nous feuilletons un album photos de notre enfance. Même si cette émotion n'est pas perceptible immédiatement, elle n'en est pas moins sensible au niveau subliminaire de notre être.
Si les étoiles ont créé l'Homme pour qu'il participe au grand jeu de la transformation et de l'évolution cosmique, pourquoi ne pas aussi supposer que chaque homme à sa naissance inscrit en lui la mémoire inconsciente de l'étoile qui veille sur sa destinée ? Cette étoile agit à chaque instant de son existence comme une source vive pour le purifier intérieurement, le féconder, le guider.

Le guider ! Voilà bien le maître mot.
Depuis les origines de l'astrologie, des milliards d'hommes et de femmes ont cherché leur étoile ! Comme si celle-ci pouvait remplir le vide béant de l'âme et de l'esprit. Le « désir » au sens large en est une des manifestations les plus universelles et les plus étranges. Quand on sait que le mot « désir » a pour étymologie la racine « de-sidere » dont le sens premier est « être privé de son étoile », on comprendra que la recherche de l'étoile soit pour beaucoup une fin en soi. Et comme cette quête tend vers l'inaccessible, comme le chanterait le grand Brel-Quichotte, on ne saisira que mieux l'autorité, la puissance et le pouvoir que cette promesse illusoire a donnés aux Églises de toutes confessions.

Dans une démarche spirituelle, la recherche de l'étoile ne saurait être assimilée à une tentative de gratification de l'ego. En se référant au cheminement initiatique de l'être tel qu'il est illustré dans le Tarot de Marseille, on voit bien vite que l'Étoile, Arcane XVII, se situe juste après l'Arcane XVI, la Maison Dieu ! C'est en cassant les remparts qui nous tiennent enfermés à l'intérieur de nous-mêmes, aveugles et apeurés, que nous pouvons faire jaillir ce feu alchimique endormi dans les cellules de notre ego ou faire entrer la lumière spirituelle dans notre corps, après avoir soulevé le couvercle d'un

mental si limitatif. Pour parvenir à la compréhension tout intérieure et sacrée de notre étoile, il est nécessaire d'avoir au préalable démoli les murs de notre ego minuscule et de nos peurs majuscules.
Alors le sens lumineux et hiératique de l'Étoile prend toute sa dimension.
Dans un tirage Tarot, lorsque le sujet tire l'Étoile, il se trouve en quelque sorte face à un contrepoids de l'inconscient. Une espèce de Supra-Conscient qui, en terme énergétique, nous rappelle l'homme pentagramme écartelé entre le Ciel et la Terre. Cet Arcane apparaît comme le pôle opposé de l'Ombre qui pourrait dans certains cas être illustrée par la Lune ; un « ceci » par opposition au « ça » freudien, un « ceci » qui tend le doigt vers le ciel. L'identifier à l'ego, c'est ne pas l'avoir compris et encore moins touché.

« Quand le sage montre la lune, l'imbécile regarde le doigt ! », nous dit la sagesse universelle.
L'Étoile ne représente donc pas une fin en soi, mais un panneau indicateur sur un chemin transpersonnel, qui peut nous guider, comme l'a déjà fait l'Étoile de Bethléem pour les Rois Mages, vers l'enfant de lumière endormi dans l'obscurité de la sainte grotte. Le Mage comme le marin comprennent cette métaphore. Le navigateur sans boussole, par une claire nuit, fixe l'étoile polaire pour conserver son cap. Son but n'est pas d'atteindre l'étoile, mais en fixant l'étoile il atteindra son but.
L'étoile me conduit vers le lieu béni entre tous où un enfant va naître.
L'étoile me conduit vers la part la plus divine de mon être intérieur.
Elle est grande Prêtresse dans le ciel, un Maître qui m'enseigne la Maîtrise, un guide qui s'allume dans ma nuit obscurcie.
Elle est théophanie : manifestation de la lumière divine dans la nuit.
Chaque fois que l'Étoile du Tarot apparaît dans un processus, on peut méditer sur les réserves de lumière que tout être porte en lui.

Selon Dane Rudyard, astrologue, philosophe et musicien, lorsqu'un homme est parvenu à un état d'individualisation véritable et qu'il est capable d'agir en tant que Moi autonome et authentique, sa conscience devrait pénétrer un champ d'expérience transcendant et un champ d'énergie supra-physique, à savoir celui des étoiles, l'espace galactique. La Galaxie est la matrice des âmes, disaient les Anciens. Il y a donc dans cette vaste matrice cosmique une étoile correspondant à notre âme non encore réalisée, et qui attend de s'incarner.

Cette extraordinaire protection de l'Étoile ne doit pas être confondue avec l'aspect de surprotection caractérisé par la Maison Dieu en Maison 7.
Il s'agit ici d'une tout autre sorte de protection évoquée par l'Arcane XVI et concernant le plan psychique.
Toutes les cuirasses, toutes les carapaces, toutes les armures que nous avons construites au fil de notre vie depuis notre petite enfance pour nous préserver

de l'agression, de l'humiliation, de la blessure, de la souffrance et de la mort, toutes ces carapaces protectrices se révèlent à un moment donné de notre cheminement non seulement impuissantes contre les attaques du monde extérieur mais en plus terriblement agressives pour notre corps et pour notre âme. Pour notre corps parce que ces protections finissent par se rigidifier dans nos épaules, dans nos os, dans notre structure profonde. C'est ce que le psychanalyste Reich appelle « la cuirasse caractérielle ». La Maison Dieu représente toutes ces cuirasses que notre ego a mises en place pour se séparer du monde et c'était légitime : il fallait bien échapper au danger, il fallait bien s'enfermer dans cette tour d'ivoire. Mais il arrive un moment où, dissocié du monde, on se trouve tellement détaché de soi-même, dans une solitude tellement extrême et si désespérée qu'il devient vital de faire éclater la cuirasse et exploser la carapace en se rappelant que le mot armure est un anagramme du mot amour. Le chevalier au tournoi dans son armure n'est protégé que d'une manière sommaire et s'il tombe de son cheval, il est condamné à être tué par son adversaire. Donc, l'invitation consiste à remplacer l'armure par le bouclier et à laisser apparaître ici le Chevalier Nu qui reviendra sous sa forme féminine dès l'image suivante : l'Étoile, l'Arcane XVII du Tarot. Je n'ai plus besoin de multiplier les protections dès que je perçois au plus intime de moi la protection spirituelle de la voûte étoilée.

Pour concrétiser la protection suggérée par la Maison 6, il est toujours possible de faire appel au Tarot de Cristal. Dans ce Tarot, tout à fait original, chaque Arcane majeur et mineur est mis en relation avec un minéral, un quartz ou une roche dont la symbolique est synergique avec celle de la lame tarologique qu'il traduit.

Les Étoiles en Maisons dans le Référentiel

Ne jamais oublier que le but n'est pas d'atteindre l'Étoile, mais que l'Étoile nous permette d'atteindre notre but…
On peut introduire ici une nouvelle façon de nommer les Étoiles, chacune portant un nom particulier en fonction de la Maison qu'elle occupe dans le *Référentiel*.

Maison 1 : *SIRIUS (Alpha du Grand Chien)*

La Maison 1, Maison de la personnalité, exprime la façon dont nous nous présentons au monde, le mode selon lequel on choisit de communiquer avec les autres, mais aussi ce que les autres nous renvoient comme image de nous mêmes.
L'Étoile laisse couler ses fluides sur tout le *Référentiel*. Avec une Étoile dans cette Maison, on se présente comme un guide pour les autres : on a donc tout intérêt à bien gérer la confiance que les autres nous portent, lorsqu'ils pré-

tendent « suivre leur étoile », installant sur un piédestal les natifs de cet aspect.

Sirius est une étoile tellement lumineuse qu'elle projetterait, dit-on parfois, de la lumière sur la terre (comme par certaines nuits sans lune, sur la Cordillère des Andes). Sirius a un cycle de révolution de 49 ans 11 mois et 20 jours. Lors du passage à la cinquantaine, il y a une bascule énergétique dans l'être humain qui peut être assimilée à une renaissance. À ce moment-là, on perçoit l'influx de *Sirius*. Cette Étoile exige une grande responsabilité, car on est perçu par les autres comme celui qui porte la lumière, à qui l'on fait confiance et que l'on suit.
Yasser Arafat et Frédéric Chopin ont l'Étoile en Maison 1.
Quand on travaille avec une personne qui a cette configuration, on insistera sur la gestion du capital confiance qui est porté sur elle. Comment assume-t-elle cette responsabilité ?

Le Pendu et l'Étoile ont une vibration commune, celle de l'abandon.
Avec le Pendu, on lâche prise, on relâche les tensions, on est détendu.
Le Pendu s'abandonne sur le plan psychologique : lâcher-prise, détachement, confiance.
L'Étoile représente l'abandon sur le plan cosmique : on s'abandonne dans les bras du Cosmos. C'est une immense confiance dans le grand Tout.
La veille de notre naissance notre capital confiance s'élevait à 100 % ; au moment de notre naissance, nous en perdons 50 à 95 %. Le Pendu nous dit que toute notre vie, nous sommes amenés à reconstituer notre capital confiance.

Le Pendu nous invite à avoir confiance, l'Étoile nous invite à être confiant.
Si j'ai confiance en toi et que tu me trahis, je perds ma confiance.
Si je suis confiant et que tu me trahis, ma confiance reste, inaltérable…

Maison 2 :

Il n'est pas possible d'avoir une Étoile en Maison 2, car cette Maison correspond au mois de naissance. Ainsi, seuls les Arcanes compris entre I et XII (c'est-à-dire entre le Bateleur et le Pendu) peuvent y trouver une place, ce qui exclut l'Étoile, Arcane XVII.

Maison 3 : *Véga de la Lyre (Lyre d'Orphée)*

Véga est l'une des étoiles de la constellation de la Lyre, la lyre d'Orphée.
Le mythe d'Orphée pourrait se résumer par la phrase suivante : « Ne regarde pas en arrière. »

Il nous relie au monde des enfers, le monde des morts. Nous sommes dans le trans-conscient inférieur, reliés à notre matrice archaïque.
L'Étoile en Maison 3 nous rappelle que l'on y voit mieux les yeux fermés, elle appelle à plus de clairvoyance.
Véga nous invite à questionner les mystères. Dans la mythologie chinoise, *Véga* est une tisseuse qu'une rivière sépara de son fiancé, un pasteur. La rivière en question est une métaphore de la Voie lactée.
Véga était l'étoile polaire il y a 14300 ans. Elle redeviendra étoile polaire dans 11500 ans.
Cette Étoile symbolise essentiellement le travail de développement de la conscience de soi, de la conscience d'exister, de la conscience d'être. Ce n'est pas la conscience de ce que l'on a mais de ce que l'on est, en tant qu'Étoile, dans notre reliance à notre source, en tant que fille ou fils de l'Étoile.
Nous sommes tous filles et fils des étoiles. En effet une étoile est un four très chaud qui fabrique des atomes. Presque tous les atomes que l'on connaît sont nés au cœur des étoiles y compris l'atome de fer, composante essentielle du sang humain (le sang humain est du fer liquide). Or pour fabriquer du fer, l'étoile doit augmenter sa température à un degré tel que, lorsque le fer apparaît l'étoile explose puis disparaît : c'est ce que l'on appelle les « Géantes Rouges ». L'étoile fabrique le fer, qui fabrique le sang, le sang fabrique la veine, la veine fabrique le cœur, le cœur fabrique l'homme selon le principe de l'Adam Kadmon. Nous sommes fils et filles des étoiles sacrifiées pour que le ruisseau de l'âme puisse faire circuler Dieu en l'homme.
Or, le fer a une masse atomique de 26 qui représente le nombre de Dieu dans la cabbale hébraïque. Étonnant !
Plus étonnant encore, le sang s'élabore dans la colonne vertébrale qui est en lien avec l'Arcane XIII ; si l'on multiplie 13 par 2, on obtient 26.

Maison 4 : *L'Étoile polaire*, actuellement *POLARIS* (Alpha de la petite Ourse /Ursae Minor)

C'est l'étoile la plus lumineuse et la plus fixe qui a toujours guidé les marins et les voyageurs. Elle nous semble fixe car elle est placée dans l'axe de la Terre.
L'Étoile de la Maison 4 est, à ce titre, la boussole du *Référentiel*. Si, dans notre vie, nous suivons les conseils ou la direction que nous propose la Maison 4, nous sommes dans la bonne direction. En revanche, si nous avons le sentiment de nous égarer ou si nous rencontrons un problème d'orientation, il est alors utile de revenir à la Maison 4 pour y décoder le sens de nos difficultés.
En mettant l'Étoile dans notre vie en incarnant son symbole en Maison 4, nous ne ferons pas fausse route.
Au premier degré, incarner l'Étoile dans son existence peut consister à choisir le métier d'astrologue ou d'astronome. Mais l'Étoile en Maison 4 nous

invite plus concrètement à mettre « l'Astre au logis », à le faire descendre et à l'accueillir dans notre quotidien.
Il est également intéressant de constater que la constellation de la *Petite Ourse* est composée de 7 étoiles. Dans les anciennes légendes, ce chariot était composé de 7 bœufs, et ces animaux se déplaçaient pour labourer le cosmos. En latin, bœufs se dit « *triones* » : le septentrion est donc la direction donnée par les 7 bœufs.
L'arctique : en amérindien « arctic » veut dire « ours ». Antarctique voudrait donc signifier « de l'autre côté de l'ours ».
L'ours représente l'ange gardien (penser au nounours des petits enfants).
La clef de l'étoile polaire réside dans le fait de faire descendre le ciel sur la terre afin d'incarner l'esprit dans le concret.
L'Étoile en Maison 4 nous appelle à l'incarnation. Dans le travail, nous regarderons donc avec le consultant de quelle manière il s'incarne et agit dans la matière.
Un Arcane XVII en Maison 4 correspond en numérologie traditionnelle à un chemin de vie 8, qui engage lui aussi à un travail d'incarnation.
La Maison 4 est bien la Maison de l'orientation.
Les anciens Vikings utilisaient la pierre de labradorite en guise de boussole. En effet, selon l'angle adopté pour orienter cette pierre par rapport au champ de polarisation du soleil, elle change de couleur. Les différences de couleurs indiquent les différents points cardinaux.
Les Amérindiens utilisaient également cette pierre au cours d'un rituel de voyance qui s'apparente à la kinésiologie : ils prenaient cette pierre dans la main et posaient une question. La pierre semblait changer de poids selon la réponse…
S'orienter, c'est trouver son orient, trouver où le Soleil peut se lever dans notre vie.
Orienter l'autre, ce n'est pas lui dire ce qu'il doit faire, c'est l'amener à découvrir son soleil levant personnel.
Exemples : l'abbé Pierre, Nostradamus, Mitterrand, Gérard de Nerval.

Maison 5 : *SPICA* (*Alpha Virgo*)

Voici une étoile solitaire. Elle est isolée dans le ciel, elle semble très brillante puisque tout est noir autour d'elle. C'est l'étoile des initiés. On l'appelle aussi « l'étoile flamboyante ». Le *Référentiel* étant lui-même une étoile, si l'on place une étoile au cœur de l'étoile, on accède à la porte de la connaissance mais cette porte est étroite.
Spica est également liée aux moissons.
Une Étoile en Maison 5 indique presque toujours au sujet qu'il lui serait bénéfique d'entrer dans une démarche initiatique.

Maison 6 : *ALDEBARAN* (*Alpha du Taureau*)

Cette étoile nous renvoie au mythe d'Europe, la femme aux mille visages. C'est en essayant de retrouver sa sœur Europe que Cadmos fonda la cité de Thèbes.
Quatre mille ans avant J.-C., cette étoile désignait le point vernal, autrement dit elle marquait le début de l'année zodiacale.
Le point vernal avançant d'un degré tous les 72 ans, nous changeons de signe tous les 2160 ans. La grande année est de 25920 ans. Chez les Égyptiens, *Aldebaran* est le Dieu Apis qui nous appelle à nous relier à son énergie et à sa force.
En se reliant à la force de l'Étoile présente en Maison 6, on pourra toujours se recharger.
La grande différence entre l'Étoile et le Diable en Maison 6 est la suivante : le Diable appelle à se recharger à sa propre énergie, tandis que l'Étoile en Maison 6 appelle à se recharger à l'énergie universelle.
Exemples : Saint-Exupéry, Krisnamurti.

Maison 7 : *BETELGEUSE* (Alpha d'Orion)

Orion est la seule constellation dans laquelle on trouve deux étoiles ayant la même magnitude. Cette constellation et cette étoile double ont inspiré le mythe d'Orion qui relate l'histoire d'un géant tué par un scorpion. Le mot Betelgeuse vient vraisemblablement d'un mot arabe signifiant « l'épaule du géant ». Le géant Orion était amoureux de Méropé. Pour gagner son cœur Orion avait comme mission de nettoyer l'île de Chios de tous ses animaux sauvages. Au terme de sa chasse, le père de Méropé refusa de lui donner sa fille puis creva les yeux du chasseur. Un oracle avertit Orion qu'en accomplissant sa quête qui le conduirait au soleil levant, Hélios lui rendrait la vue. Robert-Jacques Thibaud associe ce mythe à celui du mystère de la naissance et de la mort d'Osiris. Plus tard, Apollon fit naître un scorpion gigantesque pour tuer Orion. Quand Orion fut mort, Artémis l'installa dans le ciel, où il est perpétuellement suivi par le Scorpion.
En Égypte, nous dit Robert-Jacques Thibaud, Orion était « l'étoile sur laquelle se trouvait symboliquement le Dieu Osiris ». [24]
Cette étoile a longtemps guidé marins et voyageurs.
Une Étoile en défi (Maison 7) nous indique que nous sommes coupés de notre source, de notre « Étoile Source ».
Cela peut donner, sur le plan physique, des pertes d'énergie, de la fatigue, des tensions, des pertes de liquides, des difficultés à s'abandonner, un manque de confiance en soi…

[24] Robert-Jacques Thibaud – Dictionnaire de Mythologie et de Symbolique Grecque.

La clef de *Bételgeuse* est le combat avec soi-même et la nécessité de réalimenter les circuits qui ont tendance à se couper de leur source.
Ce combat avec soi-même représente une possibilité créatrice. C'est aussi l'histoire de Jacob qui combat avec l'ange et en sort vainqueur après y avoir laissé son nerf sciatique (la problématique de la hanche est reliée au combat avec l'ange, avec Dieu) : cela témoigne de l'amour que Dieu porte à son combattant. Le Grand honore le Petit... Désormais, Jacob s'appellera Israël.
Il en est de même pour le défi : c'est une victoire à remporter.
La Maison 7 représente ce combat contre plus fort que moi, que je livre pour me grandir.
Le défi doit devenir le tremplin.
*Exemp*les : Jacques Brel, JS Bach.

Maison 8 : *COMÈTE*

Quand une Étoile est présente en Maison 8, on parle de comète. Toute Étoile en Maison 8 est assimilable à une comète. On se souvient que cette Maison change tous les ans ; la comète vient donc interroger le sujet pour savoir à quel point de son évolution il se trouve l'année où il a l'Étoile en Maison 8.

Maison 9 : *ANTARES* (Alpha du Scorpion)
(À noter : une Étoile en Maison 9 implique un Pape en Maison 10)

Cette Étoile a pour particularité d'être toujours enfouie sous l'horizon. Elle agit donc dans les zones de l'infra-conscient. C'est une énergie très puissante, représentant les motivations inconscientes du thème. Selon les enseignements d'A. Bailey, cette Étoile ouvre la porte de l'Ouest qui est la porte des initiés.
Elle représente ce qui est très archaïque en soi, la mémoire cellulaire non encore consciente.
D'une manière générale, la Maison 9 est une énergie matrice de motivation inconsciente.
C'est le moteur dans le moteur. Nous sommes guidés par notre Maison 9, mais nous ne le savons pas avant d'avoir engagé un travail sur soi. C'est la Maison 9 qui donne l'impulsion de départ. Et, lorsqu'elle est donnée par une Étoile, c'est le signe que cette impulsion vient de très loin, du fond des âges.
Nous remarquerons que l'Arcane présent en Maison 2 répond à la question « Que cherches-tu ? », tandis que l'Arcane présent en Maison 9 répond à la question « qu'espères-tu trouver ? ».
D'autre part, Antarès ouvre la porte de l'universel en l'homme.
Lorsque l'on voit Antarès dans un thème, il convient de se demander où en est le sujet dans sa quête humaniste et universelle. Bien des souffrances ont pour origine un enfermement du sujet dans sa dimension personnelle.

Rappel : La Maison 4 est la mission terrestre. La Maison 9 est la mission spirituelle.
Dans le *Référentiel de Naissance*, cette Étoile en Maison 9 correspond aux motivations spirituelles qui vivent au plus profond de nous et que nous avons du mal à communiquer. Comme je le rappelle précédemment, si nous avons l'Étoile en Maison 9, c'est que nous avons le Pape en Maison 10 qui représente à la fois l'expérience et l'échec dans la communication.
- « La manière dont l'homme fait l'expérience de l'échec détermine ce qu'il va devenir », dit Karl Jaspers.
Ce Pape nous fait un cadeau magnifique, car il nous permet d'exprimer notre Étoile en Maison 9. Sans quoi, elle resterait toujours sous la ligne d'horizon. Une fois que l'Étoile a pointé son nez, le Pape peut intégrer ses qualités propres de communicateur et transmettre dans le plan humain les forces transmises par les sources supérieures.
Exemple : Picasso.

Maison 10 : *TOLIMAN* (*Alpha du Centaure*)
(Rappel : une Étoile en Maison 10 implique un Pape en Maison 9)

Les romans de science-fiction évoquent souvent cette étoile, car elle est la plus proche de la terre.
C'est donc notre ressource la plus proche.
Nous pourrions dire, en transposant, que nos échecs constituent notre ressource la plus proche à condition de savoir en tirer des leçons positives. La Maison 10 étant la « boîte noire » du thème, cela signifie que l'on se ressource dans la validation de ses expériences de vie.
Cependant, dans cette Maison, l'Étoile indique également une perte d'énergie. Par ailleurs, c'est une invitation, surtout pour les femmes, à prendre conscience de la richesse de la nature du féminin, en se libérant de la confusion entre le rôle-femme et l'être-femme. Dans le premier cas, une tendance dangereuse consiste à associer le fait d'être une femme au fait d'être une mère, une épouse, une amante, une maîtresse. Dans le second cas, être femme, c'est avant tout être reliée à son centre d'âme. L'Étoile en Maison 10 est une invitation à se relier à cette source féminine et à être soi-même.
Pour un homme, l'Étoile en Maison 10 résume la succession des expériences négatives vécues avec les femmes.
En cas de répétitions, cela créera un *anima négatif*, ce qui signifie que la symbolique du féminin est mal intégrée en l'homme.
Il convient alors, au cours du décodage du *Référentiel de Naissance*, de vérifier avec son consultant si ce dernier a vécu une blessure narcissique dans son expérience avec les femmes. Si c'est le cas, lui proposer un travail de réparation de l'*anima* (réconciliation avec la lignée des femmes de sa famille : mère, grand-mère, etc.).

La double présence de l'Étoile en Maison 7 et en Maison 10 s'appelle un *défi défigurant*. Cet aspect produit un gros déficit au niveau énergétique, et chez la femme une grande difficulté à « restaurer » son image de femme.
La double présence de l'Étoile en Maison 6 et Maison 10 est un facteur d'empêchement. Quand on veut puiser dans sa ressource, on tombe dans son échec. Il convient alors de laisser tomber temporairement la Maison 6 et d'aller chercher la ressource dans le plus haut aspect du *Cœur du Blason*.
L'Étoile en Maison 6 et en Maison 7 : aspect de problématique.
D'une façon générale, lorsqu'on a le même Arcane en Maison 6 et en Maison 7, on l'interprète comme s'il était en *Cœur de Blason*.
Avec l'Étoile en Maison 6 et en Maison 7, quand je me relie à ma source, je récupère l'énergie de ma reliance mais lorsque je suis très fatigué, je me coupe de ma source. Tâcher de faire en sorte que ce soit *l'Étoile* en Maison 6 qui pilote.
Une problématique présente toujours deux aspects, la rencontre de deux idées contradictoires. Aussi faut-il dissocier les deux aspects du *Cœur du Blason* qui coexistent. Le *Cœur du Blason* est paradoxal mais le paradoxe est un chemin vers la sagesse.

Maison 11 : *FOMALHAUT* (*Alpha Poisson Austral*)

L'Étoile du Sud : l'image solennelle d'un ancêtre initié qui nous indique la bonne direction.
Cette Étoile nous dit d'où l'on vient. Elle nous parle de nos origines, jouant ainsi le rôle d'une *Étoile Source* qui plongerait ses racines dans les terreaux les plus archaïques du gaz stellaire.
L'Étoile, dans cette Maison, correspond à un *Nœud spirituel* dans un *Référentiel de Naissance*, tout comme la Maison Dieu ou le Jugement dans la même Maison.
La Maison 11 est un relais de forces qui proviennent des temps anciens et qui transitent par cette *Étoile*.
Fomalhaut était très importante dans l'astrologie arabe.
Elle nous offre d'aller chercher notre ressource fondamentale chez nos ascendants.
Exemple : Jean-Jacques Rousseau

Lien avec le projet parental

Nous savons que la Maison 11 est la Maison du projet parental :
- « Tu seras une étoile, ma fille ! »
Ou bien encore :
- « Tu sauveras le monde, mon fils ! »
Une barre mise à un si haut niveau risque davantage de freiner une évolution que de l'encourager.

- « Je mets en toi tellement d'espérance ! »
Il sera intéressant d'observer la Maison 4 dans laquelle on gère son projet personnel en accord avec le projet parental ou en révolte contre lui.
JP a l'Empereur en Maison 11, le Mat en Maison 3 et le Soleil en Maison 4.
- « Tu seras ingénieur, mon fils ! »
JP est effectivement devenu ingénieur alors que son désir était d'engager sa vie dans une démarche sociale et humanitaire auprès des enfants exploités et sous-alimentés. Il quitte ses parents, très jeune car, avec le Mat en Maison 3, on se marginalise vis-à-vis de la famille pour réaliser son projet en Maison 4.

Maison 12 : *REGULUS* (Alpha Leo)

Cette Étoile nous dit où l'on va. Elle est plus connue sous le nom d'*Étoile du Nord.*
Les Mésopotamiens considéraient que *Regulus* était le Gouverneur des affaires célestes, le roi du ciel. Les Hébreux l'ont baptisée *l'Étoile de David.* Cette étoile est très peu visible, car elle est souvent occultée par la Lune et par Vénus, ce qui signifie que pour atteindre l'*Étoile du Nord*, quête quasiment inaccessible, il faut passer par la sphère de l'émotionnel et de l'affectif.
Depuis 1999, Regulus est en train de sortir de l'occultation, comme si l'entrée dans le troisième millénaire offrait à l'humanité la possibilité de sortir des niveaux émotionnels et affectifs pour ouvrir la porte de l'universel.
Regulus est concernée par ce passage, car l'Étoile en Maison 12, nous indique la voie à suivre pour se transmuter, pour devenir soi-même une étoile.
Dans un travail sur la Maison 12, invitons la personne à se demander où la conduit son Étoile, et comment elle interprète le dépassement qui lui est demandé.

Cœur du Blason : *ALTAÏR* (*Alpha de l'Aigle*)

Ganymède était un jeune éphèbe phrygien dont Zeus, porte-drapeau emblématique de la bisexualité, tomba amoureux.
Pour l'enlever, le dieu des dieux se transforma en aigle. Il l'emmena sur le mont Olympe et lui demanda de devenir l'échanson des dieux.
Lorsque quelques gouttes d'ambroisie tombent de la cruche de Ganymède, elles peuvent être goûtées par les hommes bienheureux qui savent les recueillir. C'est pourquoi les révolutionnaires ont pris le bonnet phrygien, pour goûter aux nectars jusque-là réservés aux riches et aux dieux.
Ganymède représente donc toute la thématique de la revendication populaire contre les injustices.
L'Étoile au *Cœur du Blason* vient élucider un aspect important de la vérité.
N'oublions pas la relation étroite entre l'Étoile (XVII) et (VIII = 1+7).

Comme nous l'avons vu le mot grec *Aletheia* signifie « sortir de l'oubli » ! Toute vérité est en fait une redécouverte de connaissances que nous portons déjà en nous mais que nous avons oubliées.
En effet, selon la mythologie grecque, avant de se réincarner, l'âme doit boire à la fontaine du Léthé, fontaine de l'oubli, et ainsi oublier toutes ses vies antérieures.
Toute vérité est donc réminiscence et aucune vérité n'est transmissible.
- « Il serait souhaitable, dit Socrate dans le *Banquet* de Platon, que la vérité puisse se transmettre de celui qui l'a vers celui qui ne l'a pas, mais ce n'est pas possible ! On ne peut pas mettre la vue dans un œil aveugle ».
La Vérité est un équilibre entre mon ressenti intérieur et ma réalité extérieure. *Exemple* : Rodin.

Conclusion sur la symbolique de l'Étoile

L'une des fonctions du *Référentiel de Naissance* est de nous inviter à réaliser l'éblouissante lumière de notre Étoile sur la Terre. Et si l'Étoile représente notre être profond, empli de chaleur et de lumière, le *Référentiel de Naissance* nous propose de chercher dans quel domaine nous pouvons l'incarner, la révéler et la matérialiser.
Nous avons tous une Étoile dans notre *Référentiel de Naissance*. Même si l'Arcane XVII, en tant que tel, est absent, on peut avoir une Étoile dissimulée dans l'un des Arcanes suivants : l'Amoureux, le Chariot, le Soleil. Quoiqu'il en soit, comme on l'a évoqué plus haut, l'Arcane présent dans la Maison 6 joue le même rôle que l'Étoile.
À ce sujet, chaque fois que l'on observe une Étoile en Maison 6, c'est que l'on a nécessairement un trou noir, formé par les Maisons 1 et 2. Cette étoile présente en Maison 6 se nomme donc Aldébaran, mais on peut aussi en fonction de la date d'anniversaire du sujet définir douze sous-classes :

XVI/I — **L'Étoile de Bethléem**
Qui montre le chemin du retour chez soi

XV/II — **L'Étoile de Lucifer**
Qui brise la lumière pour construire la conscience

XIV/III — **L'Étoile de la Corde des anges**
Qui cherche l'unité entre l'homme et la femme

XIII/IV — **L'Étoile du Léthé**
Qui purifie la mémoire pour renouveler notre contrat avec la vie

XII/V — **L'Étoile des Méditants d'Orient**
Qui élève la conscience en recyclant ses énergies

XI/VI — **L'Étoile du Tao**
Qui nous montre la voie et nous cache le but

X/VII **L'Étoile du Sphinx**
Qui nous enseigne que la lumière est dans la nuit
IX/VIII **L'Étoile des Pèlerins**
Qui balaye sous nos pieds les chemins caillouteux
VIII/IX **L'Étoile de Saint Michel**
Qui brandit son épée de lumière
VII/X **L'Étoile de la Grande Ourse aux sept rayons**
Qui nous relie à la source céleste
VI/XI **L'Étoile Inaccessible**
Qui toujours nous appelle à notre dépassement
V/XII **L'Étoile des Neiges**
Qui nous réchauffe en hiver

Nous avons tous un potentiel stellaire qui attend de se déployer.
Le soleil est une étoile. Avoir le Soleil dans son *Référentiel*, c'est augmenter progressivement la luminosité de notre cœur pour cheminer vers l'éblouissante force du don de soi.
Nous avons tous le Soleil dans notre thème : il est parfois très visible (Maison 1, Maison 4), parfois moins (Maison 7, Maison 11). Il est aussi caché derrière la Lune, au-dessus de l'Ange de l'Amoureux ou de l'Ange du Jugement, dans la lampe de l'Hermite, sur le front de la Justice, le cœur de l'Empereur, l'épaule du Chariot, dans le lion de la Force, etc.
Un seul soleil a toujours au moins trois fonctions : il brille, il réchauffe, il éclaire.
Un Soleil qui brillerait sans chauffer ni éclairer ne remplirait pas sa fonction.
Tout Soleil est donc appelé à exercer cette triple fonction.
Intégrer le Soleil dans son *Référentiel* consiste à apprendre à répandre de la Lumière autour de soi dans un environnement social et fraternel.
Intégrer l'Étoile, c'est reconnaître que l'on appartient à un compagnonnage céleste, à une constellation d'intelligences spirituelles.
En d'autres termes, vivre le Soleil revient à propager sa propre énergie.
L'Étoile, la Force et le Jugement sont les Arcanes relais de forces transcendantes engagées dans la transmission de l'énergie universelle. Voilà pourquoi l'Étoile + la Force + le Jugement constituent la « *Voie de l'Énergie Universelle* ».
Il y a toujours un moment où l'on se rend compte que ce n'est pas vers l'Étoile que l'on dirige ses pas, mais que l'Étoile nous conduit vers un lieu béni. Un lieu très sombre, une caverne, une grotte, une crèche, un utérus où, comme le dit Dane Rudyard :
- « Le Je, petit à petit, se transforme en Lui. »
Le psychanalyste dirait :
- « Le moi se transforme en Soi », ou encore « Le *Je* "luit"… »
L'Étoile représente un travail d'éblouissement du Moi : la preuve en est que l'Étoile arrive après la Maison Dieu, représentative de l'effondrement du

Moi. Il est impossible de vivre pleinement la richesse de l'Étoile si l'on n'a pas expérimenté la blessure de la Maison Dieu.

Le Minimum Affectif Vital (M.A.V)

Le M.A.V ou Minimum Affectif Vital illustre la base sur laquelle un sujet peut construire et développer son don d'amour. Les trois termes de ce sigle sont explicites. Minimum qui garantit un fonds commun excluant toute possibilité de prétendre qu'un sujet puisse en être dépourvu.
Affectif en tant que sentiment ou amour en puissance non encore potentialisé qui, à la faveur d'une expérience spécifique, déploiera toute sa richesse.
Vital car faute de ce minimum affectif, aucune vie humaine n'est possible.
Le MAV est symboliquement désigné par un Arcane obtenu par la soustraction entre la Maison 4 et la Maison 7 et offre à tout individu une base pour construire l'amour ou le reconstruire lorsqu'il est blessé ou qu'il agonise. Le M.A.V. est donc un Arcane modérateur.
Quelques exemples :

-Nostradamus, avec Tempérance en M.A.V. : on se risquera à affirmer que Nostradamus ne peut pas vivre sans une connexion au Monde Divin, car sa relation avec le monde humain est particulièrement difficile. C'est à partir de Tempérance et de cette capacité à enregistrer en lui des informations subtiles que le célèbre astrologue pourra bâtir une œuvre utile à l'humanité, évoluer dans un monde où il trouvera un minimum d'équilibre et se reconstruire à chaque nouveau drame qui frappera son existence.
Tempérance en Maison 1 dans son thème confirme son aptitude à communiquer avec l'invisible.

- Coluche avec un Pendu en M.A.V. : pour reprendre la définition du M.A.V., on pourrait dire que Coluche ne vit pas s'il n'exerce pas son talent d'acrobate et de jongleur et surtout s'il n'exploite pas sa faculté à provoquer la société en prenant le contre-pied de préjugés et pensées toutes faites, en déroutant ou en trompant l'attente qui aurait pu être portée sur lui. On attend un chansonnier, voilà un provocateur rebelle. On attend un artiste, voilà un candidat aux élections présidentielles. On attend une star du showbiz, voilà un humaniste créateur d'une immense œuvre caritative. On attend un clown, voilà un philosophe. C'est sur cette base-là que Coluche construit en se construisant et déploie une énergie d'amour considérable relayée depuis des dizaines d'années par les plus grandes stars françaises. Le Pendu « inverse », pousse au détachement et à la confiance...On ne saurait dire mieux.

- Jean Jacques Rousseau avec l'Arcane XIII en M.A.V. : l'œuvre et la vie de Rousseau proposent un perpétuel retour à l'essentiel, au dépouille-

ment et au renoncement. Dans son œuvre philosophique où la nature première de l'homme tient une place centrale, dans sa vie personnelle caractérisée par la solitude, la quête d'identité et le lien profond avec la nature, l'Arcane XIII s'impose.
Démolition des anciennes valeurs, retour aux bases élémentaires de la civilisation humaine, nécessité de réformer et de reconstruire dans de nombreux domaines (éducation, justice, économie, politique, médecine…), voilà les maîtres mots de l'œuvre et de la pensée de Jean-Jacques.
Tout chez le philosophe des lumières comme dans l'Arcane XIII ramène à la nature même de l'homme, d'abord bonne, aimante et animée par le désir de construire et non point mauvaise et corrompue comme l'assènent la philosophie de son temps et l'Église bien pensante.

Le Bouclier

Cet aspect concerne une thématique de protection. Il s'agit d'un périmètre de sécurité défini autour du *Référentiel de Naissance*. Chaque fois qu'un sujet se sent en danger, il peut activer mentalement son « périmètre de sécurité », défini par les Maisons 9, 6, 12, 13 et 4.

En validant les expériences contenues dans ces Arcanes, en intégrant en conscience les messages qu'ils transmettent et en vérifiant l'impact qu'ils ont au niveau de notre personnalité et de nos comportements, nous multiplions les chances de ne pas être atteints par les agressions extérieures. Cette protection est à la fois psychologique et philosophique (car elle fait intervenir la connaissance de soi) mais aussi fréquentielle et énergétique, si on emploie dans ces moments-là les cristaux correspondant aux Arcanes, les huiles essentielles, élixirs minéraux ou fleurs de Bach dont la transcription symbolique dans le Tarot de Marseille est évidente.

Schéma n° 3

Toutefois, comme c'est le cas dans tout bouclier de protection, il existe un point de vulnérabilité. Ce point se trouve dans la Maison 13 qui, rappelons-le, offre toujours un caractère ambivalent, l'un des deux aspects de l'Arcane au *Cœur du Blason* révélant un manque, un défi, une lacune (voir le chapitre sur la maison 13).

Les structures invisibles ou aspects cachés

À l'instar des parts virtuelles de l'astrologie qui ne correspondent à aucun corps céleste, telles que la part de fortune, la Lune noire et autre Lilith, il existe aussi des aspects qui ne sont pas marqués dans le *Référentiel de Naissance*, mais se déduisent d'aspects visibles. Ces aspects sont au nombre de trois.

Les Mats cachés

Chaque fois que l'on détermine l'existence d'un *miroir*, on suppose l'existence d'un Mat caché, puisque tout *miroir* sous-tend le nombre 22. Première observation : nous avons tous au moins un Mat caché dans notre thème, occasionné par la somme des Maisons 9 et 10. Ce Mat caché universel garantit notre part de liberté.
Mais nous pouvons en répertorier un grand nombre dans certains thèmes caractérisés par une multitude de *miroir*s.
Ces Mats cachés désignent habituellement des sujets à l'esprit aventurier, rebelles et originaux mais qui refoulent ces qualités en permanence. Leur fantaisie ainsi que le souffle de liberté qui les habite couvent comme la braise et explosent parfois avec violence.

Le double principe

Le double principe concerne le travail d'équilibrage entre le principe de plaisir et le principe de réalité, un des plus importants concepts freudiens, qui fonde en grande partie la psychanalyse.

On ne peut pas figer l'interprétation des lames de Tarot ni a fortiori les symboles qui les sous-tendent. On le perçoit bien dans des configurations comme la totale conversion où le même Arcane en M 11 et en M 12 ne s'interprète absolument pas de la même manière. Même constat dans le *Cœur du Blason* où l'on est confronté au paradoxe, le même Arcane exprimant dans un seul thème une idée et son contraire. En outre, chaque fois que nous avons une dialectique dans le *Référentiel*, deux Arcanes identiques, nous avons pris l'habitude de considérer deux aspects différents de l'Arcane, souvent en conflit. Dans ce cas, d'ailleurs, le *Référentiel* nous invite à entreprendre une réflexion, voire un travail d'évolution sur le sens de cet Arcane.

Cette façon de faire s'avère très dynamique. Le *Référentiel* est vivant, il oblitère tout risque d'interprétation un peu trop… « Horoscopique » et n'enferme pas le sujet dans une sorte de fatalité. Au contraire, il donne des pistes, invite au dialogue, fait des propositions, incite à l'expression.

Le double principe participe de cette dynamique. Chaque sujet est tiraillé entre deux voies, deux lois.
La première le tire vers le bas du thème et peut le freiner dans son évolution, voire l'enfermer dans une dimension sans essor où s'abolissent les capacités, richesses potentielles et autres dons innés.
La deuxième le hisse vers les hauteurs du thème et l'aide à transformer ses forces instinctives en valeurs personnelles.

On pense au Chariot et au célèbre mythe de l'âme relaté par Platon dans le Phèdre.
Dans ce dialogue, Platon fait référence à un mythe qui rappelle à plusieurs égards le Chariot du Tarot de Marseille. Socrate y compare l'âme humaine à un chariot tiré par deux chevaux. Le cocher représente la partie la plus consciente de l'âme. Il doit veiller à ce qu'aucun des deux chevaux, dont l'un représente le désir et l'autre la colère, ne s'emballe et n'entraîne l'attelage dans une chute qui lui serait fatale. En effet, ces deux passions étaient considérées par les anciens Grecs comme des menaces très sérieuses pour l'équilibre de l'homme et du cosmos. Le plus important dans la vision du monde d'un Hellène du IVe siècle avant Jésus-Christ, c'est que l'homme trouve sa place dans le cosmos, comprenne et respecte les lois de l'univers. Ce que les Grecs redoutaient par dessus tout s'appelait *l'Ubris*, c'est-à-dire la Démesure. Or, la colère et le désir pouvaient y entraîner l'homme, comme les chevaux du Chariot pourraient entraîner le Bateleur vers la catastrophe.
Platon nous prévient néanmoins: il ne s'agit pas de détruire dans l'œuf le désir et la colère car ils sont sources d'une énergie puissante, comme il serait absurde pour le cocher d'abattre ses chevaux ! Il lui faut apprendre à les contrôler, à les dompter, à en faire des alliés. La valeur d'un dompteur se jauge à la férocité de ses fauves ! Si le lion est anesthésié dans sa cage, le dompteur n'a aucun mérite. Connaître nos forces les plus obscures comme les plus lumineuses, les rencontrer et les utiliser pour nous transformer : voilà ce qui émerge souvent d'un travail thérapeutique ! Il en va de même pour les passions. L'exploration en profondeur de la colère et du désir permet d'accéder à leur noyau, à leur essence, à une colère et à un désir purifiés. Au premier correspond le courage, au second la tempérance. La tempérance est aussi un Arcane du Tarot ; il porte la valeur quatorze, multiple de sept, et trouve son origine étymologique dans le mot grec *sophrosuné* qui désigne la

maîtrise de soi, forme de la sagesse. L'Église catholique en a fait une vertu cardinale.
Le courage et la tempérance sauront nous conduire très loin sur la voie du bonheur si nous prenons conscience de la vanité des triomphes sociaux et de la nécessité d'explorer, de maîtriser et d'équilibrer nos instincts fondamentaux. Si le désir et la colère deviennent mes alliés, je n'en serai plus jamais l'esclave et la colère deviendra le ferment du courage.

Calcul du double principe

L'hémisphère sud est composé de quatre Arcanes dont la somme indique le principe de rétention, ou « Voie du sud ». Il s'agit des Maisons 3, 7, 10 et 11.

{Voie du sud = M 3 + M7 + M10 + M11}

L'hémisphère nord n'est composé que de trois Arcanes, leur somme indique le principe d'expansion, ou « voie du nord ». Il s'agit des Maisons 12, 1 et 6.

{Voie du nord : M12 + M1 + M6}

Selon le nombre obtenu entre 1 et 22, les principes obtenus seront les suivants :

Le tableau du double principe

L'Arcane obtenu par le calcul de l'hémisphère sud correspond à la notion présente dans la première colonne.
L'Arcane obtenu par le calcul de l'hémisphère nord correspond à la notion présente dans la deuxième colonne.
Par exemple, si l'hémisphère sud donne la Roue de Fortune et l'hémisphère nord Tempérance on dira que le sujet est tiraillé entre un principe de fatalité et un principe de sagesse.
Si on obtient le même Arcane pour les deux principes, disons un Arcane XIII, le sujet sera tiraillé entre un principe de morbidité et un principe de renaissance. Plus que jamais cette dernière configuration nous met en garde contre le risque d'interpréter un Arcane de façon unilatérale. Tout Arcane prend son sens en fonction d'une part de sa place en Maison, d'autre part de la charge affective, expérientielle ou émotionnelle dont le sujet l'investit. Cette dernière remarque est une règle d'or en matière de *Référentiel de Naissance* et devrait éviter de plaquer des interprétations toutes faites sur les Arcanes.

1		
2		
3 - L'Impératrice	Désordre	Expression
4 - L'Empereur	Matérialisme primaire	Rationalité
5 - Le Pape	Savoir	Connaissance
6 - L'Amoureux	Affectif	Amour
7 - Le Chariot	Reconnaissance sociale	Intériorité
8 - La Justice	Conflit	Conscience
9 - Hermite	Solitude	Cheminement
10 - Roue de Fortune	Fatalité	Évolution
11 - Force	Violence	Âme
12 - Pendu Sacrifice	Abandon	Confiance
13 - Non nommée	Morbidité	Renaissance
14 - Tempérance	Passion	Sagesse
15 - Diable	Peur	Puissance
16 - Maison Dieu	Protection	Transformation
17 - Étoile	Soumission	Vérité
18 - Lune	Émotion	Création
19 - Soleil	Égocentrisme	Fraternité
20 - Jugement	Culpabilité	Spiritualité
21 - Monde	Enfermement cosmique	Universel
22 - Le Mat	Marginalité	Liberté

Ainsi Nostradamus, né le 14 décembre 1503, est tiraillé entre le principe de fatalité et le principe de connaissance ; Rousseau né le 28 juin 1712 entre un principe de reconnaissance sociale et un principe d'expression ; Beethoven né le 15 décembre 1770 entre un principe de violence et un principe d'amour ; Marilyn Monroe née le 1er juin 1926 entre un principe de sacrifice et un principe de fraternité, etc.
Nous observons bien sûr que ni le Bateleur, ni la Papesse n'apparaissent dans la configuration des doubles principes. En effet, la somme de trois chiffres, et a fortiori de quatre chiffres, ne peut jamais donner 1 ou 2.

Les Arcanes modérateurs

On appelle Arcane modérateur la valeur que l'on obtient par la soustraction de deux Arcanes donnés. On se souvient que la soustraction est l'opération de l'initiation. Cela pour deux raisons : dépouillement et cheminement.

Cet Arcane est un moyen d'équilibrer une tension ou un conflit entre deux énergies contradictoires. Le travail accompli sur cet Arcane aide à la pacification.
L'exemple de base se rencontre dans le défi que nous avons obtenu par soustraction. En travaillant sur son défi, on équilibre un désordre qui peut naître de la confrontation de la Maison 2 et de la Maison 3. Comme d'habitude, ce n'est pas l'Arcane en soi qui permet cette régulation mais le travail que l'on fait sur soi à partir d'une réflexion sur l'Arcane.

L'Arcane modérateur donne des outils nécessaires à un rééquilibrage.
Il implique une négociation à moyen terme. Grâce à lui, on équilibre les extrêmes.

On utilise volontiers l'Arcane modérateur dans les cas suivants :
- Équilibrage et harmonisation des deux principes (voir chapitre sur le double principe).
- Étude parallèle des quatrièmes orbites de deux personnes. Ici l' Arcane Modérateur peut indiquer le chemin à tracer pour rencontrer l'autre dans sa réalité. Il indique aussi le fondement de la relation
- Dans le travail sur l'interdit et la rébellion (entre les interdits du triangle inférieur et les 4 espaces rebelles).

Quelques cas particuliers.
Quand l'Arcane modérateur est l'Étoile, on a un trou noir, ce qui implique que l'Étoile en Maison 6 garantit la résolution du conflit, sachant qu'il existe douze possibilités différentes d'Étoiles en Maison 6, apportant chacune une nuance (voir chapitre sur les trous noirs).
Quand l'Arcane Modérateur est le Mat, on sent la nécessité de prendre recul et hauteur par rapport aux conflits.
Quand l'Arcane Modérateur est la Force, on comprend que le fait d'être en connexion avec soi-même permet d'être en connexion avec l'autre. Grâce à ce centrage on évite la violence, le conflit, l'incommunicabilité.

L'Arcane fluctuant[25]

Dans cette modélisation énergétique du *Référentiel*, on pose comme hypothèse de travail que tout *Référentiel* est un atome, puisque chaque *Référentiel* est une *empreinte* énergétique humaine et que chaque homme est un atome de la « molécule humanité ». Chaque *Référentiel* d'alliance, que ce soit la *Ruche*, la charte d'alliance, la *Voie du cœur* constitue donc ce que l'on pourrait appeler une « *molécule d'amour* ».
La philosophie matérialiste d'Épicure, qui se propose d'aider l'homme à supporter la souffrance, repose sur une vision atomiste du monde, décrite plusieurs siècles auparavant par Démocrite. Tout est matière, et la matière se réduit à sa plus petite unité, indivisible en ses parties : l'atome. Aujourd'hui, nous savons que l'atome lui-même est divisible en particules élémentaires qui se définissent par des quantas d'énergie. Ainsi l'atome est-il structuré en un *noyau*, chargé positivement de protons et d'un nombre équivalent de neutrons, et d'une ou plusieurs orbites chargées d'électrons négatifs. Ainsi, comme on le voit dans le chapitre sur le Tarot de Mendeleïev, un atome de carbone est composé de 6 protons et 6 électrons, un atome de silicium de quatorze protons et quatorze électrons, etc.
La première couche électronique ne peut comporter plus de deux électrons. Au-delà existe une deuxième couche, qui est, elle, saturée à 8 électrons. L'atome de lithium sera structuré ainsi : un *noyau* composé de 3 protons, une première couche chargée de deux électrons, une deuxième couche composée d'un seul électron.

Schéma n° 4

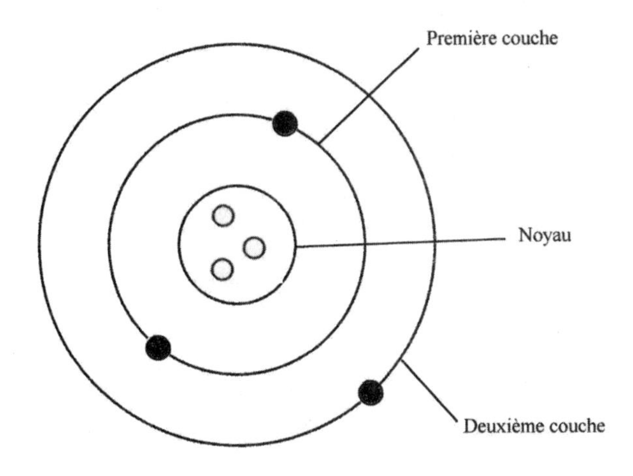

Atome de Lithium

[25] Pour une bonne compréhension de cet aspect très important, se reporter au chapitre sur le Tarot de Mendeleïev.

Sur la deuxième couche de l'atome de lithium, il y a encore 7 « places », donc l'atome pourra attirer sur cette couche des électrons libres qui en se fixant sur elle donneront naissance à d'autres formes d'atomes.

Un atome est donc stable lorsque cette équation est respectée : nombre de protons identique au nombre d'électrons.

À l'intérieur du *noyau,* les microphysiciens ont découvert la présence de neutrons, chargés ni positivement ni négativement et dont la masse est égale à celle des protons.

Ainsi, un atome d'aluminium est-il composé de treize protons, treize neutrons dans le *noyau* et treize électrons disposés sur trois couches : deux sur la première couche, huit sur le deuxième couche, trois sur la troisième couche.

Schéma n° 5

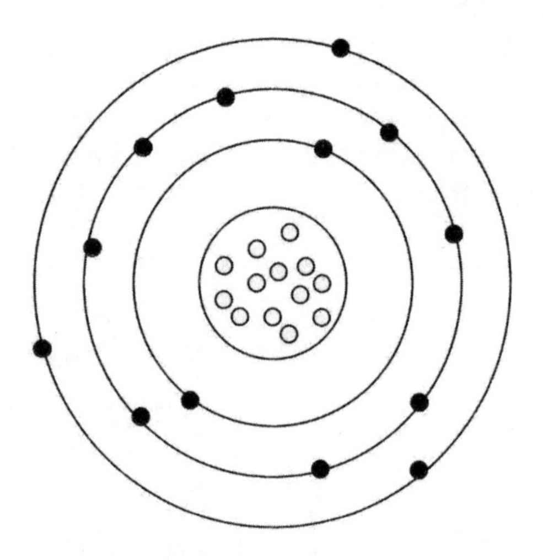

Atome d'Aluminium

En modélisant le *Référentiel de Naissance* sur la structure de l'atome, on pourra dire que les cinq premières Maisons forment le *noyau* de l'atome référent, dans lequel la *Matrice* compose les protons et la Maison 5 (dont la valeur réduite est identique à la somme des quatre premières Maisons) s'apparente à la valeur des neutrons.
Les autres Maisons offriront donc une recomposition symbolique de la charge électronique négative.

Il sera donc intéressant de vérifier si un *Référentiel* est stable, c'est-à-dire si dans le modèle que nous proposons, la Maison 5 (à savoir le *noyau)* est identique au *périphérique* (charge électro-négative des autres Maisons). Le calcul du *périphérique* se fera de la manière suivante : somme des Maisons entourant le *noyau*, (Maison 8 et *Cœur du Blason* excepté) : Maisons 6 + 7 + 9 +10 +11 +12, et en simplifiant :
Maison 9 (incluant déjà les Maison 6 et 7) + 22 (incluant la somme des Maisons 9 et 10) + Maison 11 et Maison 12.

Formule du périphérique

Maison 9 + 22 + Maison 11 + Maison 12

Lorsque la valeur du *noyau* est égale à la valeur du *périphérique*, nous avons un *Référentiel* stable. Il s'agira de veiller à ne pas le laisser se déstabiliser. Nous allons expliquer la méthode à employer.
Lorsque les deux valeurs sont différentes, nous opérons une soustraction entre le *noyau* et le *périphérique*. La valeur obtenue s'appelle *Arcane fluctuant*, qui, si on l'ajoute à l'un des deux nombres précédents, réalise l'équation parfaite.

Ainsi le *Référentiel* de Freud est il parfaitement équilibré puisque le *noyau* et le *périphérique* valent tous les deux 8.

Dans le *Référentiel de Naissance* de Coluche, nous calculons une très légère différence entre le *noyau* égal à 13 et le *périphérique* égal à 12.
La différence entre les deux nombres est égale à 1.
On dira que l'*Arcane fluctuant* de Coluche est le Bateleur.

Autre exemple, Nostradamus a un Chariot en Maison 5, soit un *noyau* égal à 7, et une valeur *périphérique* équivalent à 12.
La différence entre les deux nombres est 5.
On dira que l'*Arcane fluctuant* de Nostradamus est le Pape.

Pour résumer : qu'est ce qu'un *Arcane fluctuant* ? En fait, il s'agit d'un atome symbolique qui, si on le captait, équilibrerait parfaitement son *Référentiel*.

Maintenant la question est de savoir ce qu'est exactement un *Référentiel* stable et comment on travaille avec son *Arcane fluctuant*.

Un *Référentiel* est stable lorsque tous les Arcanes fonctionnent ou ont fonctionné dans la vie du sujet. Un Arcane qui fonctionne est un symbole vivant qui résonne en conscience dans notre existence.

Le double objectif d'un travail sur soi est d'une part de rendre tous les Arcanes vivants et bénéfiques dans sa vie, d'autre part de maintenir la stabilité de son *Référentiel* lorsque celle-ci est menacée, car rien n'est jamais acquis.

C'est là qu'intervient l'*Arcane fluctuant*. En « appuyant dessus », c'est-à-dire en intégrant en permanence sa symbolique à notre existence, on donne une chance à son *Référentiel* de fonctionner à plein régime. Ainsi Coluche, en intégrant le Bateleur à sa vie, développe son énergie à sa pleine ressource. Le Bateleur : l'artiste, l'enfant, le clown, le joueur etc.
Nostradamus en appuyant sur le Pape (la connaissance, la sagesse, le pouvoir, la spiritualité) augmente son potentiel personnel.
Quant à Freud, même si son *Référentiel* est stable, sa vigilance est en permanence alertée sur la nécessité de conserver cette stabilité. Or, si je fais la soustraction entre deux nombres identiques, j'obtiens toujours le Mat ! Pour garder son équilibre, Freud devra appuyer sur le Mat ! No comment...

Bien sûr, à la différence de Freud qui a le Mat en Maison 4 ou de Nostradamus avec un Pape en Maison 11, on ne possède par toujours son *Arcane fluctuant* dans son propre *Référentiel*. Qu'à cela ne tienne, on cherchera l'*Arcane fluctuant* autour de soi, composant ainsi avec d'autres personnes des sortes de *voie du cœur* (voir chapitre sur les *miroir*s) que l'on appelle en l'occurrence *molécule d'amour*.

On désigne sous le terme de *molécule d'amour* toute relation entre deux ou plusieurs *Référentiels* dans lesquels certains Arcanes, comme des « atomes crochus », se relient les uns aux autres. Arcanes en *miroir* de l'un à l'autre (dit voie du cœur), trous noirs croisés (qui réunissent des Étoiles entre deux *Référentiels*), *Arcane fluctuant* chez l'un favorisant l'équilibrage du *Référentiel* de l'autre, etc.

La Bande

La somme de la Bande (M6 + M5 + M10) donne l'Arcane d'amour. C'est dans l'expérience de l'Arcane d'amour que je développe et multiplie mes potentiels d'amour et d'affection. Chez Gérard de Nerval, on voit apparaître une troisième Étoile qui éclaire encore un peu plus la dimension cosmique de sa quête amoureuse ; chez Coluche, Saint-Exupéry et Gandhi, l'Hermite est la signature de l'amour, chez Marilyn Monroe c'est le Diable, la Justice chez Rousseau, chez Martin Luther King l'Amoureux qu'il porte aussi au *Cœur du Blason*.

La Part de Vénus

Cet Arcane se devine plus qu'il ne se perçoit, car il se cache derrière la Maison 2. Il suffit d'imaginer dans un *Référentiel* l'Arcane *miroir* de la Maison 2 pour comprendre où le sujet investit toute son énergie d'amour. Si l'expérience d'amour se développe dans un terrain marqué par la symbolique de la part de Vénus, le sujet pourra donner la pleine expansion de ses sentiments.
Mozart trouvera sa part de Vénus dans le Monde, Jacques Brel et Charles Baudelaire dans la Lune, Jean-Paul II dans l'Étoile.
Bien sûr ces Arcanes cachés comme la Bande, la Part de Vénus, la Barre ne prennent tout leur essor que dans le cadre d'une analyse complète d'un *Référentiel*, car les Arcanes se renvoient les uns aux autres, s'ajoutant ici, s'opposant là...

La Barre

Ce qui fait barrage pendant une année donnée. L'Arcane barre s'associe à la Maison 7 pour combattre les effets de la Maison 8. On l'obtient en additionnant les Maisons 8, 5 et 7.

Le Rêve de Vie

Tout *Référentiel* contient un rêve de vie que nous formons pour nous-mêmes ou pour notre environnement. Il peut être conscient ou inconscient.
Quand on s'intéresse aux rêves, on ne peut nier l'apport exceptionnel de Freud.
Jusqu'au XVIIIe siècle, on avait habituellement en Occident deux positions contradictoires sur les rêves. Soit le rêve est perçu comme un ensemble incohérent d'images dépourvues de sens, traduisant une désorganisation fonctionnelle de notre cerveau inhibé par le sommeil, soit le rêve est un message des dieux ou des démons et vient nous révéler quelque chose sur nous-mêmes ou sur notre destin.
Avec la publication en 1900 de *la Science des rêves*, ouvrage fondateur de la psychanalyse, la position sur les rêves change. D'abord, et pour la première fois dans l'histoire de l'Occident, le rêve devient objet d'étude scientifique, ce qui lui confère une sorte de dignité. Ensuite, le rêve prend un sens dans l'histoire de l'homme, car pour la psychanalyse naissante tout rêve est l'expression symbolique d'un désir refoulé dans l'inconscient. Dès lors, l'interprétation des rêves devient un code d'accès à l'inconscient, une voie royale, dira Freud.
Le désir est la clef de voûte de la psychanalyse. Désir conscient, mais surtout désir inconscient - un désir pouvant en cacher un autre. L'enfant réalise ses

désirs dans ses rêves. Un enfant qui a été privé de « tarte aux cerises » pour son dessert rêve dans la nuit qui suit qu'il mange une tarte aux cerises. Son désir est satisfait.
En effet, même si l'estomac n'est pas nourri, l'énergie psychique qui s'était attachée à la frustration est libérée. Tout désir est une énergie (libido) et le rêve permet d'évacuer cette énergie pour éviter qu'elle ne se cristallise. C'est dans ce sens que l'on dit que le rêve a réalisé le désir. Selon Freud, il en est de même chez l'adulte sauf que le rêve emprunte la voie du symbole pour évacuer l'énergie attachée à un désir inconscient. L'exemple le plus fameux est celui de cette patiente de Freud qui décide d'interrompre son analyse parce qu'elle ne pouvait accepter les théories du Maître, notamment sur la fonction de la sexualité.
Un jour elle rencontre son ancien analyste dans une rue de Vienne et l'aborde en ces termes : « J'ai la preuve que votre théorie selon laquelle nos rêves expriment nos désirs inconscients est fausse ». Freud l'écoute et elle lui raconte un rêve dans lequel elle souhaite offrir du caviar à son mari pour son anniversaire. Après avoir fait tous les magasins de la ville, elle doit se rendre à l'évidence : il n'y a plus de caviar nulle part. Elle se rend même chez l'importateur qui lui avoue être lui aussi en rupture de stock.
Cette jeune femme exprime donc à Freud que sa théorie est fausse car si elle devait s'en tenir à la thèse que tout rêve est l'expression d'un désir, cela signifierait qu'elle ne veut pas faire plaisir à son mari et que donc elle ne l'aimerait pas vraiment ! Or elle aime son mari. Freud lui rétorquera après une brève discussion que sa théorie était toujours valable puisque le réel désir de cette femme était de démontrer que Freud avait tort !

Si Freud a fondé toute sa pratique thérapeutique sur l'interprétation des rêves, il est loin d'être le premier. Déjà dans l'Antiquité grecque le philosophe Artémidore « recevait » sur l'Acropole où il écoutait et interprétait les rêves de ses élèves contre quelque subside.
D'ailleurs, les « Temples de Sommeil » étaient très courants en Grèce, en Asie mineure et vraisemblablement dans l'ancienne Égypte. Les malades qui fréquentaient ces lieux prenaient des bains de boue, recevaient des massages et racontaient leurs rêves à de grands prêtres initiés, ancêtres des thérapeutes modernes.

Jung, le disciple rebelle de Freud, continue l'exploration des rêves et y découvre un lien avec la mémoire ancestrale de l'humanité.
Selon lui, au-delà de l'inconscient individuel progressivement élaboré depuis la naissance, il existe un autre niveau de l'inconscient, dit inconscient collectif, qui récapitulerait toutes les expériences humaines depuis les origines. Le fait que les mythologies du monde entier racontent peu ou prou les mêmes histoires avec des personnages différents, que des personnages similaires apparaissent dans les rêves des enfants du monde entier semble confirmer

cette théorie. Notre inconscient porterait au-devant du rêveur des situations, des décors et des personnages qui appartiendraient à la mémoire de l'humanité.
Par ailleurs, pour Jung, le rêve est à la fois compensateur et prospectif.
Ce jeune homme par exemple qui rêve que son père rentre un soir chez lui complètement ivre, violent, grossier, comportement à l'opposé de sa nature habituelle. Or le fils a du mal à prendre sa place face à un père brillant qu'il admire au point de se dévaloriser lui-même. Le rêve, selon Jung, vient casser cette malédiction. En rabaissant le père, il permet au fils de se revaloriser ou de prendre conscience de cette nécessité.
Le rêve est compensateur dans le sens où un nouvel équilibre est instauré mais il est aussi prospectif puisqu'il propose au rêveur d'adopter une autre attitude à l'égard de son père et de lui- même pour évoluer. Cette théorie pourrait éventuellement rencontrer le point de vue du professeur Jouvé, découvreur du sommeil paradoxal, pour qui la fonction du rêve est de protéger et contenir l'identité du sujet.
Le rêve prémonitoire n'est pas loin, mais encore plus étonnants sont le rêve éducateur et le rêve thérapeutique. Ici ce ne sont plus les hommes, les savants et les chercheurs de tout poil qui essayent de comprendre quelque chose du rêve, c'est le rêve lui-même, sorte de maître intérieur qui attend quelque chose du rêveur.

Qu'en est-il du rêve prémonitoire ?
Un rêve prémonitoire joue un rôle de protection : par exemple je rêve que je vais avoir un accident.
L'accident se produit quelques mois plus tard dans des conditions analogues à celles du rêve. Je m'en tire avec un moindre mal.
Deux manières d'interpréter : soit le rêve a créé une espèce de suggestion inconsciente qui a fini par provoquer l'accident, soit le rêve a « absorbé » à l'avance les énergies négatives de l'accident, le vidant en quelque sorte de sa substance...

Les peuples aborigènes, par ailleurs, accordent aux rêves une très grande importance dans l'éducation des enfants et dans l'organisation sociale de la cité. Tous les matins, les habitants du village se réunissent et racontent leurs rêves de la nuit. Le chaman (chef spirituel du village) les écoute et tire des leçons utiles à la société ou au rêveur. Par exemple, cet enfant qui est poursuivi par un tigre doit apprendre à regarder les dangers en face et à ne pas les fuir.
Son père lui « ordonnera » de refaire ce rêve la nuit suivante et toutes les autres nuits jusqu'à ce qu'il change d'attitude par rapport au danger ! Idem pour cet adolescent qui tombe d'une falaise et oublie d'appeler son allié de rêve « l'aigle » pour que celui-ci le porte sur son dos et le conduise à bon port ! Chaque fois qu'un enfant fait un progrès dans son rêve ou obtient un

résultat positif, ou encore montre courage et générosité, il est complimenté par le groupe et se voit offrir un « cadeau de rêve ». Voici qui serait révolutionnaire dans nos sociétés onirocides : féliciter les enfants qui font de beaux rêves et leur offrir des présents ! Encore faudrait-il avoir l'audace de changer les règles du jeu.

Le rêve nous donne aussi des indications thérapeutiques qu'il est parfois utile d'écouter avec sagesse. Rêve de cuisine, problème digestif ; rêves de grenier, retour des anciens ; rêve de salle de bain, sentiment de culpabilité... Les différentes pièces d'une maison peuvent en effet devenir dans un rêve les différentes facettes de sa personnalité ! De là à dire que l'on rêve toujours de soi dans un rêve, il n'y a qu'un pas à franchir ce que les psychologies contemporaines ont d'ailleurs fait. Que je rêve de mon père, du pape, de mon voisin de palier ou de la fée Carabosse, je fais monter sur scène des personnages de ma vie intérieure qui attendent en coulisse de prendre la parole.
Quoi qu'il en soit, et sans rentrer dans les discussions polémiques et les querelles de chapelle, il est toujours enrichissant de se poser la question suivante au réveil : pourquoi untel est-il venu cette nuit dans mon rêve ? Que puis-je apprendre de cette rencontre ?

On trouve de nombreux points communs entre le Tarot et les rêves.

En effet, Freud dit que le rêve est la voie royale qui conduit à la connaissance de l'inconscient. Or, le Tarot est aussi une voie royale puisque l'une des étymologies possibles du mot Tarot est l'égyptien « Tar Rog » : la voie royale.
On sait désormais que le Tarot est un livre sacré composé d'images archétypales dont les symboles appartiennent à l'humanité entière. Le rêve est aussi un livre d'images, un catalogue de symboles, une bibliothèque, un fichier extraordinaire de formes, de couleurs, de personnages, de décors, de musiques, une véritable palette graphique. Il ne reste plus au rêve qu'à sélectionner un bon scénario, des acteurs compétents, un décor adapté à l'action et à réaliser une mise en scène qui donne du sens à l'ensemble. Et il se remet à l'ouvrage tous les soirs, toutes les nuits. À peu près 100 minutes de rêve par nuit pour un humain, un peu moins pour un chien ou un cheval. Cent minutes, c'est-à-dire la durée moyenne d'un long métrage ! Toutes les nuits le *deus in machina*, que dans le cadre des études tarologiques nous appelons CPO (Centre psychique de productions oniriques), nous projette pour 100 minutes d'un festival de 4 ou 5 courts métrages qui sont vraisemblablement à chaque « séance » des remakes les uns des autres.

Le lien entre le Tarot et les rêves peut s'établir à plusieurs hauteurs. Celle qui nous intéresse ici concerne le *Référentiel de Naissance*. En effet, un des aspects du *Référentiel* se nomme Le *rêve de vie*.

Ce *rêve de vie* indique les différents niveaux d'intégration de la vie onirique d'un sujet dans son quotidien.
Pour analyser un rêve de vie on applique la règle « 432 », c'est-à-dire la somme de la Maison 4, de la Maison 3 et la Maison 2. En effet ces 3 Maisons désignent respectivement le projet de vie du sujet, le contenu de ses pensées et de son inconscient et la quête de son existence. Ces trois idées sont en conformité avec le rêve de vie !

L'Impératrice	Rêve du messager de l'invisible
L'Empereur	Rêve de réalisation matérielle
Le Pape	Rêve d'alliance
L'Amoureux	Rêve d'amour
Le Chariot	Rêve de réussite sociale
La Justice	Rêve de justice
L'Hermite	Rêve de connaissance
La Roue de fortune	Rêve d'évolution
La Force	Rêve de puissance
Le Pendu	Rêve d'évasion
La Non Nommée	Rêve de transformation
Tempérance	Rêve de sagesse
Le Diable	Rêve de pouvoir
La Maison Dieu	Rêve de bâtisseur
L'Étoile	Rêve d'amour universel
La Lune	Rêve de créativité
Le Soleil	Rêve fraternel
Le Jugement	Rêve d'élévation
Le Monde	Rêve d'expansion
Le Mat	Rêve de liberté et de voyage

Chapitre IV

RÈGLES GÉNÉRALES D'INTERPRÉTATION

Étude du *Champ de cohérence*

On appelle *champ de cohérence* l'ensemble formé par les Maisons 4, 6 et 7.
La Maison 4 pouvant s'assimiler à un programme de vie, si je réalise dans mon existence ce qu'elle me demande de faire, tout va bien.
Si j'utilise mes ressources pour accomplir le programme de ma Maison 4, tout va bien également.
Mais il peut y avoir un décalage entre ces deux propositions. Admettons que j'ai l'Empereur en Maison 4, Arcane qui me demande de construire et la Lune en Maison 6, qui me prie d'utiliser émotions et sensibilité, je serais donc appelé à créer en utilisant mon ressenti. Si je suis artiste, architecte inspiré ou mathématicien poète, c'est parfait. Cependant, si malgré cette configuration, je fais du marketing dans une société de relations publiques et que je me sens mal à l'aise dans la vie que je mène, il y a alors incohérence entre mon *Référentiel* et moi-même. Un ajustement devient nécessaire.
Ce décalage éventuel est le résultat d'un conflit interne. La nature de ce conflit est indiquée par la Maison 7 qui s'oppose à réaliser le projet de ma Maison 4.
Donc la solution pour rendre le champ cohérent consiste à comprendre son défi, à le relever et à le transformer.

Les quantas d'énergie dans le *Référentiel de Naissance*

De récentes découvertes sur des centaines de *Référentiels* ont pu démontrer que dans de nombreux cas certains Arcanes en Maison ne fonctionnaient pas comme on pourrait s'y attendre. Quand on dit qu'un Arcane ne fonctionne pas, on suppose que la qualité propre à cet Arcane n'est pas reconnue par le sujet ou n'est pas utilisée. Par exemple, la Lune dans la Mai-

son 6 garantit presque toujours un don artistique, une qualité d'intuition voire des aptitudes à la clairvoyance ; un Pape en Maison 4 est la signature d'un sujet communicateur, enseignant ou appelé vers une voie spirituelle ; un Amoureux en Maison 1 caractérise un sujet charmeur, magnétique et engagé dans un chemin de liberté. Si tel n'est pas le cas, on peut raisonnablement penser que l'Arcane en question, par exemple la Lune, le Pape ou l'Amoureux, n'a pas assez d'énergie pour se manifester, c'est-à-dire pour s'exprimer en claire conscience. Son quanta d'énergie est insuffisant. Les recherches ont établi que pour qu'un Arcane vibre à son taux le plus élevé, il faut que son quantum d'énergie atteigne 22.
Référons-nous aux exemples précédents. La Lune ne fonctionne pas. Sa valeur est 18. Il est donc avantageux de chercher dans le thème la présence de l'Empereur dont la valeur symbolique est le 4. Si le sujet travaille son Empereur à la place où il est, il saisira peut-être le lien existant entre sa Lune et son Empereur et dès lors parviendra à libérer le potentiel créateur ou clairvoyant de la Lune. Idem pour les autres aspects. J'ai un Pape en Maison 4 et je suis en même temps paralysé par une timidité telle que je ne parviens jamais à prendre la parole en public, faculté élémentaire du Pape. Le Pape a un quantum d'énergie de 5, il lui manque 17 pour faire 22. Peut-être l'astrologie, la méditation avec les étoiles, le travail sur la symbolique de l'Arcane XVII m'aideront-ils à libérer mon Pape de son silence. On voit donc ici encore l'importance de l'analyse des Arcanes *miroir*s dans un *Référentiel de Naissance*. Bien sûr l'Arcane *miroir* susceptible d'apporter ce quanta d'énergie suffisant n'est pas forcément présent dans le thème. Dans ce cas, il est avantageux d'examiner d'autres *Référentiel*s, et notamment ceux des amis proches, des alliés quotidiens. C'est ce que l'on appelle la V*oie du Cœur* dans le *Référentiel*, à savoir l'attitude qui consiste à quérir chez ses alliés familiers (compagnons, amis, parents...) l'Arcane *miroir* qui permettra d'augmenter le quantum d'énergie des vertus personnelles que j'ai de la difficulté à exprimer.

Prenons comme exemple l'alliance amoureuse entre Marilyn Monroe et J.F Kennedy.
Dans un premier temps, nous sommes frappés par la similitude des deux *Référentiel*s. L'un comme l'autre ont une Maison Dieu en Maison 4, une Lune en Maison 3, un Amoureux en Maison 11 constituant un nœud dans le lien affectif, un Pape en passage obligé et un Diable au *Cœur du Blason* définissant pour chacun une problématique de l'énergie, du magnétisme et du pouvoir.

Ces cas de figure sont assez rares pour mériter d'être signalés. Par ailleurs, nous avons entre ces deux thèmes des *miroir*s qui illustrent la question des quantas d'énergie. Marilyn avec un Pendu en défi est bloquée dans

son manque de confiance en soi et rencontre de nombreuses difficultés dans le lâcher-prise.
Chez Kennedy, la Roue de Fortune est en Maison 12, Maison de guérison, signe de grande destinée. Ces deux Arcanes sont en *miroir*. La Roue de Fortune de Kennedy aide Marilyn à dépasser les limites que lui impose son Pendu.
Les deux Amoureux de Marilyn sont en position difficile. Un en Maison 2, Maison de la quête et souvent du manque, l'autre en Maison 11, Nœud du *Référentiel* et source des malaises.
Les deux *miroir*s sont chez Kennedy dans des positions très favorables. Une Maison Dieu en Maison 6, l'autre en Maison 4, formant au passage un *champ de cohérence* absolue.
Les *Miroirs* sont d'une très grande utilité dans l'interprétation d'un *Référentiel*, et ce à plusieurs niveaux.

Le Kyste Référent

Cas très particulier qui concerne surtout les tarologues professionnels et les tarot-thérapeutes : le thérapeute ou le tarologue porte dans son propre *Référentiel* un aspect identique à celui du consultant. Cette particularité peut fausser l'objectivité de l'interprétation. Un travail personnel s'avère nécessaire pour éviter les projections et prendre conscience des transferts et contre-transferts possibles. Il arrive trop souvent que le tarologue, insuffisamment affranchi de ses propres croyances, plaque sur le *Référentiel* de son consultant une interprétation hâtive. La phrase ou la pensée qui tue : « Je comprends bien tel aspect dans ton *Référentiel* car j'ai moi-même un aspect ou un arcane identique au tien ». Á remplacer plutôt par : « Dis-moi comment tu vis cet aspect dans ton thème, et je te dirais ensuite comment moi je le vis dans le mien ».

Le Complexe de Dracula

On sait que les images des vampires ne se reflètent pas dans les miroirs. Braham Stocker ou Guy de Maupassant nous ont appris à reconnaître les morts vivants. « Si tu ne le vois pas... c'est qu'il est là ! »
On considère qu'une personne qui ne se reconnaît pas dans son *Référentiel* souffre du complexe de Dracula. Deux solutions sont possibles : soit la personne se connaît insuffisamment, manquant d'expérience en travail personnel, soit elle ne parvient pas à pénétrer le langage symbolique du Tarot.

La Part d'Hécate (Déterminisme et Libre arbitre)

Il s'agit de la part de hasard et de liberté qui intervient dans le *Référentiel de Naissance.*
La part d'Hécate est une configuration très particulière du *Référentiel de Naissance* car totalement subjective.
Elle rejoint en cela la notion de transfert minime. Dans les deux cas, l'interprétation repose sur un questionnement direct et personnel au *Référentiel* et au consultant et non pas sur un aspect objectif du thème comme un miroir de passage, un effet loupe ou un référent compensatoire.
La part d'Hécate concerne la part de libre arbitre qui intervient dans le cheminement de chacun alors que les transferts minimes s'intéressent à la manière dont un sujet utilise les potentialités données par le thème.

La part d'Hécate joue un peu le rôle d'éthique du *Référentiel.* Elle nous demande de toujours aborder les Arcanes d'un double point de vue et de travailler par hypothèse.

En somme la part d'Hécate, c'est l'Arcane qui permet qu'un équilibre soit respecté entre les parts d'ombre et de lumière. C'est aussi l'Arcane qui nous met face à notre responsabilité d'assumer notre liberté intérieure.
Nous pouvons tous nous demander quelle est la part d'Hécate dans notre *Référentiel de Naissance*, c'est-à-dire quel est l'arcane qui garantit notre liberté et qui veille à ce que l'équilibre général du *Référentiel* soit respecté.
Il s'agit d'une interprétation subjective, d'une recherche personnelle.
Nous pourrions par exemple envisager que c'est le Mat en Maison 4 qui garantit à Freud sa liberté, que l'Amoureux en Maison 6 garantit celle de Verlaine et que la Justice, en Maison 6 également, garantit celle de Jean Moulin. Mais ces interprétations n'ont de sens que si les personnes concernées adhèrent à cette analyse.

On observe au moins trois aspects dans la part d'Hécate qui justifient qu'elle soit évoquée lorsque dans une démarche psychothérapeutique on fait référence à des supports symboliques tels que l'astrologie, le Tarot et la numérologie dont la connotation est loin, aujourd'hui, de défendre des valeurs de liberté. À l'origine, pourtant, ces arts sacrés étaient rattachés à la connaissance de soi et de l'univers, garants et fondements de la liberté individuelle.

Ces trois aspects sont les suivants :

- Métamorphose, régénérescence, transformation, renouveau de la nature, le tout associé à la déesse Déméter liée au thème de la grande Déesse ou de la grande Mère.

- Liberté personnelle, puissance de la volonté s'opposant à la fatalité aveugle. Hécate est la déesse des carrefours. Elle exprime la réflexion nécessaire pour s'engager sur les chemins de la liberté. Quelle voie choisir ? Elle représente la part de liberté qui intervient dans toute destinée humaine. Elle sait s'opposer aux dieux. À cette déesse rebelle, Zeus a donné de nombreux pouvoirs, notamment celui d'accorder ou de refuser aux mortels la réalisation de leurs désirs.

- Déesse des enfers, déesse des sorcières, elle représente la part d'ombre en chacun de nous.

Cela confirme bien l'idée de la double nature d'Hécate, d'une part bienveillante et bienfaisante, déesse des germinations et des accouchements, conduisant les hommes vers des voies de purification ; d'autre part, diabolique, invoquée par les sorcières, liée aux divinités de la nuit et de la mort.
Son originalité réside en cela qu'elle distribue tous ces bienfaits aux hommes, non pas en fonction de leurs mérites, ni non plus en fonction d'un don spécifique à sa nature, un programme original qui la définirait a priori, comme l'amour définit Vénus, l'art de la guerre, Mars..., mais à partir de choix souvent irrationnels. Hécate n'est pas lisible à première vue, mais elle nous enseigne quelque chose qui concerne le libre arbitre.
Hécate est liée au monde des ombres et apparaît aux magiciens et aux sorcières avec une torche dans chaque main, ou bien sous la forme d'une jument, d'une chienne, d'une louve, d'un lion etc. Nous avons donc bien affaire à la déesse au triple visage qui préside aux carrefours, lieux de la magie, mais aussi de la prostitution. On y dresse sa statue sous la forme d'une déesse à trois corps ou à trois têtes. On comprend ici le sens étymologique du mot « trivial » : trois voies (tri via, donc carrefour). On pense bien sûr à l'amoureux qui doit choisir entre trois voies : la voie de la réparation représentée par la femme de gauche, voie du passé et de la mère (cf. les transferts minimes), la voie du rêve, voie du futur suggérée par la femme de droite, et la *voie du cœur* indiquée par la flèche de l'ange. Ces trois personnages, les deux femmes et l'ange, synthétisent le triple visage d'Hécate. Elle rappelle aussi la statue de la liberté.

La part d'Hécate dans le *Référentiel de Naissance* peut être analysée de différentes façons.
Il y a toujours une part d'Hécate dans un *Référentiel* ou dans un tirage. C'est la possibilité pour chacun de s'opposer à ce que l'on nomme trop facilement le destin. Chaque fois que l'on aborde une lame d'un point de vue paradoxal, on garantit en quelque sorte sa liberté. Par exemple dans le *Cœur du Blason*, on a toujours deux aspects. C'est le sens même de la problématique de cette Maison. D'autre part, quand on étudie le double principe de plaisir et de réalité dans le *Référentiel de Naissance*, on est de nouveau confronté à ce

double mouvement des opposés, d'une part la Voie du sud qui nous tire vers les tendances instinctives et limitantes du thème, d'autre part la Voie du nord qui nous conduit vers la sublimation. Cette dimension du *Référentiel de Naissance* se retrouve encore dans la quatrième orbite où l'on étudie simultanément l'aspect limitatif et l'aspect d'expansion d'un même Arcane. On ne néglige pas non plus l'interprétation dialectique des Arcanes en double dans le *Référentiel*, les dangers pour la Maison 6, ressource du thème, de devenir un obstacle à la progression de l'individu si elle n'est pas exploitée dans toutes ses dimensions ni les espoirs de la Maison 7, défi du thème, de devenir un tremplin pour le sujet si elle est comprise et dépassée. Voici un exemple troublant…

VI
© GRIMAUD 1980
L'AMOVREVX

Isaac Hasson

Né le 20.04.1889

Un exemple troublant

Ce *Référentiel* était celui de mon grand-père Isaac Hasson, né en Turquie le 20 avril 1889 dans une famille juive qui, sommée de choisir entre la conversion et l'exil, fut expulsée d'Espagne en 1492.
À l'age de 17 ans, Isaac arrive en France et travaille comme tailleur. Très tôt, il fait venir ses parents, ses frères et ses sœurs à Nice. Pour chaque membre de sa famille, il trouve un logement, pour ses frères un travail, et lui-même déploie toute l'énergie nécessaire pour assurer bien-être et liberté à ceux qu'il aime. Sa vie est celle d'un humaniste dont la générosité n'avait d'égales que sa lucidité et sa présence discrète auprès de tous ceux qui souffraient et auxquels il pouvait apporter réconfort et chaleur. Toute sa vie fut consacrée à aider et à servir, même dans le cadre de l'entreprise qu'il créa plus tard et dans laquelle il ne développa aucune discrimination, notamment raciale. Très au fait des questions politiques et philosophiques, il publia dans Nice Matin un article qui dénonçait les camps de concentration nazis ... Et ce bien avant 1938. Il fut arrêté par la Gestapo en 1943 sous les yeux de ses enfants qui ne le revirent jamais. Je relis son testament écrit d'une toute petite écriture sur une feuille de papier « Q » des toilettes de Drancy ! Charmante et accueillante bourgade de la banlieue parisienne en un temps où même le Temps devait se cacher pour échapper aux contrôles d'identité.
« Mes chéris adorés
Le sort en est jeté, j'ai la douleur de vous annoncer que je viens d'être désigné dans le convoi qui doit être déporté jeudi matin, pour une destination inconnue et lointaine. Dieu veillera sur moi et sur vous, ayez du courage comme il faut que j'en aie moi-même... Économisez de l'argent pour qu'à mon retour vous puissiez me gâter.
Peut-être que là où nous irons nous ne serons pas plus mal qu'ici, et peut-être même mieux, mais voilà je serai un peu plus loin de vous, mais le moment n'est plus aussi loin où nous nous embrasserons... ».
Et puis il est allé prendre une douche dans un hôtel sans étoile de la cité historique d'Auschwitz.
Pèlerinage à Auschwitz. Sur les armoiries de la ville, l'image quasi parfaite de La Maison Dieu. Ça ne s'invente pas.
Sensation anachronique, peur de rater le train pour cette petite ville touristique des environs de Cracovie. Du vécu, le jour anniversaire de l'assassinat de mon grand-père, j'ai fait ce voyage en Pologne. Pèlerinage, déposer un fardeau, regarder la porte de la mort et ouvrir la porte de la vie. Comprendre, réparer. Rien à comprendre, irréparable. Cycliquement, l'humanité bascule dans l'ignominie. Je repense à ces paroles du procureur du Roi, au cours du procès intenté par la Belgique à l'occasion du génocide rwandais :

- « Non pas un million de morts, mesdames et messieurs, mais un mort, plus un mort, plus un mort… un million de fois ! »

- « Le prochain train pour Auschwitz, s'il vous plaît ! En seconde classe, ça ira très bien, merci ! »
Je me surprends à prononcer ces paroles, je les regarde sortir de ma bouche comme une bulle de bande dessinée. Heureusement, il n'y a pas de 1ère classe. La veille, à l'hôtel *Françuski*, le concierge prétendait me convaincre de prendre un taxi de classe supérieure pour faire le voyage aller-retour à Auschwitz, avec tout le confort. La destination vers les camps de la mort est devenue source de revenus annexes ! Quand je lui ai dit que je souhaitais voyager en train, il a fait une petite moue méprisante.

- « J'irai à pied s'il le faut ! » lui ai-je rétorqué dans un mauvais anglais afin d'être certain qu'il ne comprenne pas.

Je crois que je souffre d'événements que je n'ai pas vécus. Je porte en moi, inscrites dans ma mémoire cellulaire, les persécutions de l'Inquisition. J'arbore comme un fardeau des histoires qui ne m'appartiennent pas, mais dont je suis cependant l'héritier. L'écrivain est-il l'héritier d'histoires qui ne le concernent pas ? L'écriture n'est-elle pas cette thérapie de l'émerveillement qui permet de mettre en scène les démons qui nous habitent ?

J'asphyxie.

Demain, j'aurai exactement l'âge de mon grand-père lorsqu'il entra dans la chambre à gaz d'Auschwitz. La Maison Dieu encore, cocotte-minute, pas de fenêtre et les pastilles de Zyklon *B* qui dégagent leurs effluves sous les ongles battants.
La vie est belle.

J'explore péniblement ma lourde mémoire. Je ne sais plus ce que je cherche. Le chemin s'ouvrira de lui-même. J'irai à Auschwitz, puis en Espagne. L'Hermite ne sait plus où il vit, mais il sait où il va. Le Mat ne sait pas où il va, mais il sait où il est.

Maison 1, le Jugement : éclairer la conscience d'autrui. Ce que mon grand-père n'a cessé de faire, dans une spiritualité sans faille et pétrie d'amour pour l'humanité.
Maison 2, l'Empereur: quête d'une réalisation matérielle. Réussie.
Maison 3, la Justice : préoccupé par la justice, l'équilibre et l'harmonie entre les hommes. Maison 4, Tempérance : mission de communication, de conciliation.
Maison 5, la Roue de Fortune : passage obligé par la prise en main de sa propre destinée.
Maison 6, l'Amoureux : sa plus généreuse ressource.

Maison 7, l'Empereur, défi du territoire, de la structure ; héritier de la Diaspora, immigré de Turquie, emprisonné à Drancy, déporté à Auschwitz.
Maison 9, la Roue de Fortune : une force et une liberté intérieure qui lui permettent de se prendre en charge, lui et toute sa famille.
Maison 10, le Pendu : une expérience tragiquement douloureuse du lâcher-prise, de l'abandon et de la confiance.
Maison 11, l'Amoureux qui établit une totale conversion avec la Maison 12 : malade de l'amour, guéri par l'amour. Il parvient à transmuter son Nœud dans le lien affectif par son aspiration à l'amour universel.
Cœur du Blason, la Maison Dieu : problématique de la violence. Résolue par la dimension spirituelle de la Maison Dieu.
Boucle d'œdipe : les trois niveaux de l'Amoureux ont fonctionné.
Double principe, tiraillé par le bas par le principe de désordre, par le haut par le principe de connaissance. C'est la voie du nord, voie de la connaissance, qui a triomphé.

Je connais une autre personne qui a exactement le même *Référentiel de Naissance*, un jumeau en quelque sorte, né le même jour, la même année : un dénommé Adolphe Hitler !
Voilà qui est troublant ! Mais voilà qui explique sans appel que l'on ne peut pas figer le sens des Arcanes en Maison. Le *Référentiel* est un outil d'évolution, la question n'est pas de savoir quelles sont les lames qui illustrent notre thème, mais de quelle manière elles fonctionnent, comment on peut les exploiter.
Vraisemblablement, Isaac Hasson et Adolphe Hitler n'ont pas utilisé leurs cartes de la même façon...
Vraisemblablement, la victime et l'assassin n'ont pas laissé à l'humanité le même cadeau.
Dans le thème d'Hitler, le Jugement en Maison 1 caractérise le souffle de l'orateur et l'impulsion fanatique, l'Empereur en Maison 2 évoque la quête de l'Empire, la Justice en Maison 3 illustre plutôt une obsession de justice qu'un idéal de justice et notamment que justice lui soit rendue, lui qui fut refusé à l'École des Beaux-arts de Vienne. On sait que cette frustration n'est pas étrangère au développement de sa haine contre les slaves et les Juifs. Tempérance en Maison 4 marque la démesure, la Roue de Fortune en Maison 5 parle d'aliénation tout comme en Maison 9. Qu'en est-il des ressources d'amour présentes en Maison 6 ? Ont-elles été invalidées par l'obsession d'être reconnu (défi de l'Empereur) ? Quant à la totale conversion de l'amoureux, elle est plus que parlante, puisque Hitler souffrait de ne pas être aimé et reconnu : l'Amoureux de la Maison 11 a fait descendre le thème vers le bas, et l'Amoureux de la Maison 12 n'a pas donné toute son ampleur.
Le Pendu en Maison 10 est sacrificiel, la Maison Dieu au *Cœur du Blason* ne laisse entrevoir que la thématique de violence, et c'est la voie du sud (voie

de désordre) qui apparemment l'emporte sur la voie du nord (voie de connaissance).

Étrange parallèle qui nous montre à quel point il serait dangereux d'interpréter un *Référentiel* de façon directive et magistrale, sans tenir compte de la réalité de l'expérience vécue. Le Tarot doit toujours demeurer une histoire d'amour et le *Référentiel* se pratiquer en accord avec la personne dont on interprète le thème.
L'attitude juste du praticien serait celle d'un vrai journaliste, curieux, intelligent, ouvert, empathique.
Le nec plus ultra d'une bonne interprétation serait encore de se taire et de laisser le sujet s'exprimer sur ses lames. N'intervenir que pour recadrer ou pour inviter le sujet à aller plus loin dans son analyse en examinant avec plus de pertinence les images symboliques et en l'incitant à faire des associations d'idées.

En regardant Hécate dans les yeux, on peut bien sûr s'interroger : qu'est-ce qui est déterminé, qu'est-ce qui est libre dans le *Référentiel de Naissance* ? Commençons par quelques définitions données par les dictionnaires de philosophie.

Déterminisme : principe expérimental selon lequel chaque élément dépend d'autres éléments, de telle façon que chacun peut être prévu, produit ou empêché à coup sûr suivant que l'on connaît, que l'on produit ou que l'on empêche les autres.

Cette philosophie postule que tous les événements de l'univers, et en particulier les actions humaines, sont liés de façon solidaire. Le déterminisme peut être rattaché au principe de causalité selon lequel tout phénomène a une cause. Il ne doit pas être confondu en revanche avec le fatalisme, doctrine selon laquelle la volonté et l'intelligence sont impuissantes à diriger le cours des événements, de sorte que la destinée de chacun est fixée d'avance quoi qu'il fasse.

Le fatalisme n'a pas sa place dans les sciences spirituelles et la tradition hermétique. Ce serait une contrevérité de penser que l'astrologie, la numérosophie ou le Yi King enfermeraient l'homme dans un fatalisme.
Au minimum peut-on penser comme Spinoza que la seule fatalité observable est que l'homme est esclave de ses passions !

Le libre arbitre quant à lui se définit comme la puissance et la liberté de choisir ou de ne pas choisir un acte.

La question qui se pose est donc de savoir ce qui est déterminé dans notre *Référentiel*, et quelle liberté nous possédons par rapport à lui.

Ce qui est déterminé, c'est la présence de tel Arcane dans telle Maison, fruit d'un calcul issu de la date de naissance du sujet et conforme au protocole de calcul défini lors de la création de cette méthode. Si je suis né un 12 avril, j'aurai immanquablement le Pendu en Maison 1 et l'Empereur en Maison 2. Mais cette réalité traduit l'invitation qui nous est faite à prendre conscience du lien existant entre les Arcanes présents dans notre *Référentiel* et nos comportements ou actions, à faire fonctionner ces énergies disponibles et à nous apprendre que se mentir à soi-même, c'est s'empêcher d'être soi-même.
Dans mon *Référentiel*, c'est moi qui décide et non les lames qui décident pour moi.

La question du déterminisme nous renvoie à un choix entre deux réalités : « être déterminé » par quelque chose ou quelqu'un d'autre que soi ou « être déterminant », c'est-à-dire acteur de son existence. L'on pourrait aussi dire que le déterminisme suppose de choisir entre deux réalités : l'absence (à soi et au monde) ou la présence (à soi et au monde).
Issu de la philosophie rationaliste qui postule que tout dans l'univers est relié, le déterminisme affirme que l'existence résulte de réactions en chaînes. La raison doit donc s'attacher à découvrir les relations qui existent entre les causes et les effets : « il existe une cause pour chaque effet et un effet pour chaque cause », affirme le sixième principe hermétique et tout se manifeste conformément à cette loi de causalité. Le hasard n'existe donc pas. Le plan supérieur -ou plan des causes- domine le plan inférieur -ou plan des effets-. Je suis le fruit de mon histoire, de ma généalogie, de mon éducation, de mes expériences… Cette philosophie déterministe a tellement marqué notre éducation que nous n'arrivons plus à nous imaginer nous hissant au-delà de cette loi pour réinventer notre vie, redevenir l'arbitre libre de notre existence. Les alchimistes ont défriché la voie qui permet de relever ce défi. Pour ce faire, il est nécessaire de s'élever au plan des causes afin de devenir sa propre cause. D'ailleurs, dans la tradition hermétique, reçoit le qualificatif de Maître celui qui s'est placé au niveau du plan des causes et qui, de ce fait, domine son propre pouvoir et ses sentiments.
Le libre arbitre, c'est donc lorsque je peux produire la loi, faire en sorte qu'elle fonctionne ou l'empêcher de fonctionner.
L'Arcane de la Roue de Fortune nous rappelle que nous ne sommes pas seulement le fruit de notre histoire, de notre généalogie, de notre éducation mais que nous sommes aussi capables de prendre en main la manivelle et de faire tourner la roue au gré de notre volonté propre.

Définitions adaptées à notre étude

Déterminisme : idée selon laquelle tous les Arcanes d'un *Référentiel* donné sont liés les uns aux autres, et toutes nos actions humaines liées aux Arcanes de notre *Référentiel.* Dès lors chacune de nos actions peut être prévue, produite ou empêchée suivant que l'on connaît, que l'on produise ou que l'on empêche l'expression d'un Arcane de son *Référentiel.*

Libre arbitre : puissance de choisir ou de ne pas choisir d'agir en fonction des propositions de son *Référentiel.* Ces propositions nous invitent :

- à connaître le lien entre les Arcanes et nos comportements ou actions ;
- à produire, c'est-à-dire à faire fonctionner les énergies disponibles dans les Maisons ;
- à prendre conscience que nous nous empêchons d'être nous-mêmes en nous mentant à nous- mêmes.

On ne peut pas opérer de changement dans les lames de notre thème ni dans la signification des Maisons, mais on peut évoluer dans la compréhension du sens, on peut trouver, voire produire du sens.

Un *Référentiel* est comme un miroir. Lorsque je m'observe dans la glace, je vois bien de jour en jour que le bonhomme en face de moi change en permanence. Il change de vêtements, il perd ses cheveux, il grandit ! Et pourtant je sais bien que c'est toujours moi malgré tous ces changements. Et pourtant c'est toujours le même miroir !

Le *Référentiel* est donné une fois pour toutes à la naissance. Il ne changera plus. Mais moi je subis des changements qui deviendront visibles en étudiant mon *Référentiel.* Je me verrai changer dans un miroir inamovible.

Cette analyse nous oblige à nous arrêter sur une évidence. Une Maison 6 qui n'est pas utilisée peut se retourner contre nous et se transformer en obstacle !

Une Maison 7 qui est conscientisée et transmutée cesse d'être un obstacle et peut se transformer en tremplin. Les lames de notre *Référentiel,* répétons-le, ne sont pas figées une fois pour toutes. Je choisis d'être cause de ce qui m'arrive, et non plus effet. Si je n'ai pas conscience de ça, je cherche un bouc émissaire à mes problèmes. Voilà une des sources de la guerre de tous contre tous, du racisme, de la xénophobie, des nationalismes douloureux, de la haine ordinaire.

Être cause et non plus effet, c'est malgré tout devenir effet de la cause première.

Il existe des plans différents de causes et d'effets et le plan supérieur domine toujours le plan inférieur. Dans le *Référentiel*, il revient à l'*hémisphère nord* (Maison 1, 6, 12) de dominer l'*hémisphère sud* (Maisons 3, 7, 10 et 11).
Rien ne peut échapper entièrement à la loi. Les hermétistes connaissent jusqu'à un certain point l'art et la méthode pour s'élever au-dessus du plan ordinaire de la cause et de l'effet. En se hissant mentalement à un plan supérieur, ils deviennent la cause, donc le maître de leur existence au lieu d'être l'effet, c'est-à-dire la victime des événements extérieurs.
Qu'est-ce qu'une névrose de victime ? C'est de rester dans le monde des effets. La solution consiste donc à s'élever jusqu'au plan de la cause.

Le temps des maîtres est terminé, que débute le temps des maîtrises.

La Roue de Fortune

La Roue de Fortune est l'Arcane qui représente le mieux l'ensemble des thèmes liés à la figure d'Hécate et à cette question du déterminisme et de la liberté.

L'originale déesse huile les rouages de la Roue de Fortune, freine, accélère ou inverse à sa guise les lois de ce mécanisme. Elle est évidemment présente dans l'image sous la forme de la sphinge qui surmonte la Roue.
Nous nous intéresserons donc à la présence de cette lame dans un *Référentiel* et nous admettrons que le double mouvement de la Roue concerne aussi la double manière d'interpréter cette lame. D'une part la Roue de Fortune nous frappe par son aspect de soumission à la fatalité : destin inéluctable, cycle infernal, Karma insoluble, mais aussi mouvement d'évolution, prise en main de sa propre destinée, libération des schémas ancestraux et des mécaniques génétiques.
La Roue, la manivelle et le sphinx donnent à cette lame un caractère solennel. Et les questions demeurent nombreuses :
Qui tire les ficelles ? De quelle nature est le « deus in machina » ? Un engramme génétique ? Un programme inconscient ? Le sens de l'Histoire ? Le Karma ? Comme dans la tragédie grecque, le ressort est-il bandé au commencement de la pièce pour se détendre inéluctablement jusqu'à la fin sans que rien ni personne n'y puisse rien changer ?
Voilà une partie des questions que suggère la Roue de Fortune du Tarot de Marseille.
Nos croyances déterminent nos comportements et l'Arcane X nous propose de changer nos croyances, ou plutôt de transformer nos croyances négatives en croyances positives. Je me souviens de cette affiche qui fleurissait un peu partout au début des années 90 : « Ils ne savaient pas que c'était impossible, alors ils l'ont fait ».

Du point de vue de la Roue de Fortune, notre liberté dépend de notre capacité à déposer toute la lourdeur accumulée par les valeurs transmises de génération en génération, rarement validées par l'expérience et qui inhibent le cœur en l'empêchant d'agir spontanément.
Cela en fait l'un des grands Arcanes de la liberté mais aussi une lame de transition.
En effet, la Roue de Fortune indique qu'un plan est en train de basculer d'un état de conscience vers un autre. Il n'est pas innocent que cette Roue vienne après l'Hermite et précède la Force, car si on se réfère au parcours du Bateleur, on peut dire que sa formation sociale, psychologique et spirituelle auprès des hommes est terminée. Il est désormais porteur d'une lumière, lui-même lumineux, sans besoin de quiconque. Il est son propre compagnon et sa solitude n'est pas douloureuse. La Roue indique qu'il s'apprête à évoluer dans d'autres plans. En tant qu'Hermite, mais aussi en tant que guide, il peut déjà instruire les autres et prendre les traits du Pape, de l'Impératrice, ou de n'importe quel autre maître, si se présentait à sa porte un jeune étudiant assoiffé de sagesse.
Mais en tant que chercheur, son chemin est loin d'être achevé. La Roue met en évidence cette transformation qu'il doit opérer au centre de lui-même pour entrer en contact avec la Force, illustrée par l'Arcane XI.

Cette carte fait fonction de visa, de laissez-passer. L'amour impersonnel dont il est question ici nécessite la maîtrise de toute pulsion égotique et libidinale. Une maîtrise des mécanismes inconscients, une grande clarté sur soi-même, un détachement total par rapport au temps. En d'autres termes, tout ce qui concerne l'idéal exprimé par la Force. Mais cet état n'est pas une fin en soi, il est lui-même le passage nécessaire pour cheminer vers l'amour impersonnel. La Roue de Fortune prépare le terrain. Elle donne la clef.

Les divers commentateurs auront mis en évidence que dans le rouage savamment dessiné sur l'Arcane X, qui n'est pas sans rappeler les machineries en vogue au Moyen Âge et à la Renaissance, une manivelle s'offre à nous, de couleur blanche, suggérant qu'aucun mécanisme ne peut se mettre en branle sans une volonté humaine ou spirituelle.

Le sens premier du mot manivelle nous semble très parlant : *manivelle,* la main qui veut.
Beaucoup d'idées se rattachent à ce symbole. Une manivelle libre dans une machinerie complexe nous invite à une réflexion sur la notion de liberté. Quelle est la part de libre arbitre, dans les rouages du destin par exemple ?

Voilà une réflexion métaphysique qui peut rappeler l'expérience de l'Amoureux.

Quel est le pourcentage des choix personnels et conscients de chacun de nos engagements ? Du 0% des fatalistes absolus au 100% des existentialistes les plus radicaux, toutes les nuances sont possibles.
Que dit le Tarot ?
Il y a un mécanisme. Il y a une manivelle. Et cette manivelle est disponible.
La Roue de Fortune, carte de transition vers l'amour impersonnel, nous propose de couper le pilotage automatique et de passer en manuel.
Dans l'Arcane XI, on parviendra à maîtriser ces automatismes ; dans l'Arcane X, on apprend à les identifier et à les isoler.
Voici un travail intéressant pour le Bateleur dans sa quête : se désencrasser, se libérer de tous les schémas du passé. Être libre, c'est avant tout ne plus être esclave des tornades émotionnelles et des inconséquences de l'ego. Être libre, c'est avant tout se libérer de soi-même.
La manivelle nous tend les bras. Comme si elle nous disait : « Prends ta propre vie en main et s'il existe un destin, tu as le pouvoir de l'accélérer ou de le freiner ». Sa couleur confirme l'importance du thème de la liberté à cet endroit. Le blanc est avant tout la couleur de la liberté. Prenons-en pour preuve les expressions populaires qui souvent contiennent la mémoire des sens originaux. Donner une carte blanche à quelqu'un, n'est-ce pas lui donner toute liberté d'agir ? Hisser un drapeau blanc, n'est-ce pas remettre sa liberté entre les mains de son ennemi ? Et un blanc-seing ? Un chèque en blanc ? Une balle à blanc ? Faire chou blanc ? N'avons-nous pas ici l'image de la mort de tous les déterminismes ?
Voici donc une carte de mouvement, de transformation et d'énergie.
Le nombre 10, par réduction théosophique (1+0), se ramène à 1.
La Roue de Fortune est donc reliée par certains de ses aspects à l'Arcane I, le Bateleur. Elle indique un nouveau départ, une nouvelle détermination à avancer vers soi-même.
Le nombre 10 est aussi le nombre de la spirale, c'est-à-dire un cercle qui change de plan. La Roue tourne, soit. Mais elle ne tourne pas sur elle-même. À chaque nouveau tour, elle s'élève à un plan supérieur.

La Roue de Fortune donne à celui qui médite sur elle de très belles leçons d'humilité et de confiance.
Si aujourd'hui tu montes, semble-t-elle lui dire, reste prudent et humble devant le succès, car rien ne t'assure que demain tu ne redescendras pas. Par contre, si aujourd'hui tu as le sentiment de t'enfoncer dans le désespoir, ne perds pas courage, garde toute ta confiance car demain tu remonteras vers de hauts sommets de joie et de paix. C'est une loi absolue. De la même façon que le printemps revient imperturbablement tous les 21 mars pour ensemencer la terre d'énergie créatrice, la paix, l'amour ou le bonheur reviendront dans ta vie lorsque tu auras terminé ton cycle de souffrance et de chute. « Ceci aussi passera », rappelle une maxime du soufisme iranien.

S'il existe un symbole fondamental dans toute recherche personnelle et spirituelle, c'est bien celui du sphinx. Animal fantastique, étrange chimère composée des quatre éléments présents dans l'ensemble des rites des diverses traditions - l'ange, le bœuf, le lion et l'aigle - le Sphinx a résisté à toutes les tentatives d'occultation historiques et religieuses, comme il continue à résister aujourd'hui en Égypte à l'érosion et à la pollution.
On le retrouve dans la Bible, dans le songe d'Ezechiel, dans la tradition chrétienne où chaque partie du Sphinx représente un évangéliste, dans la mythologie grecque où il veille sur la ville de Thèbes dont il interdit l'accès à Œdipe, et dans d'autres récits légendaires ou sacrés qui ont en commun de montrer à l'homme le chemin vers lui- même. En effet, telle est la sempiternelle question que le Sphinx pose au néophyte qui se tient devant lui : « Qui suis-je ? »
Voici le sens de l'inscription gravée au fronton du temple de Delphes, dont Socrate avait fait sa devise et qui constitue la clef de voûte de toute philosophie : « Connais-toi toi-même et tu connaîtras les dieux et l'univers ».
Il fallait donc que le Sphinx soit présent dans la Roue de Fortune puisque cet Arcane marque une transition ; tout comme la Papesse, il fallait qu'il demande au Bateleur de s'interroger sur sa propre essence et d'identifier en lui ce qui appartient encore au vieil homme et ce qui relève déjà de l'homme sage.

On a déjà vu que Oswald Wirth au XIXe siècle a intégré le sphinx à l'Arcane de la Papesse, marquant au passage que tout chemin de connaissance passe inéluctablement par la connaissance de soi.
On retrouve aussi le Sphinx dans l'Arcane XXI, mais cette fois-ci éclaté dans ses 4 formes et laissant apparaître au centre du tableau un être agile qui effectue un pas de danse en harmonie avec le cosmos.

La Roue de Fortune dans un *Référentiel*, quelle que soit sa domification et le sens qu'on peut lui attribuer par ailleurs, garantit à la fois la régénérescence du sujet, la protection qui l'accompagne dans sa traversée de l'ombre et sa liberté de transformer son destin vers un projet d'évolution.

Dans le cas où il n'y aurait pas de Roue de Fortune dans le thème, alors on regarde l'Arcane présent en Maison 10. En effet, la Maison 10 garantit toujours notre liberté de transformer nos échecs en expériences.

Le *Référentiel de Naissance* lui-même garantit cette liberté, pour autant que nous l'abordions dans un esprit de service, les yeux, les oreilles et le cœur grand ouverts.

Le *clinamen*… petit quart d'heure philosophique

Tout le monde connaît et emploie le terme « Épicurien » mais peu de personnes connaissent la philosophie d'Épicure dont ce terme est dérivé. On sera bien surpris de découvrir un fossé entre ce que recouvre ce terme dans l'acception commune et le contenu réel de cette philosophie.
Épicure vivait en Grèce vers le IIIe siècle avant notre ère. Il y créa une école de philosophie connue aujourd'hui sous le nom de « Jardin d'Épicure » dans laquelle il donnait un enseignement moral exigeant, très proche de la nature.
Cette philosophie s'apparenterait aujourd'hui à une pensée matérialiste en opposition à la pensée idéaliste de Platon qui dominait à l'époque.
Dans le système de pensée platonicien, l'ultime réalité est inaccessible au sens et à la raison raisonnante ; elle est transcendante au monde, c'est-à-dire qu'elle siège dans un monde abstrait dit « Ciel des Idées ». Ce que nous connaissons dans notre réalité matérielle n'est qu'une ombre, la projection d'une Réalité fondamentale, que seule l'élite philosophique peut entrevoir au terme d'un long processus d'élévation. La réalité que nous observons est comparable à notre reflet dans un miroir. Elle n'est donc pas Réalité.
Ainsi, tout ce que nous observons est illusoire (maya, dirait-on dans la philosophie orientale) car impermanent, voué à la mort, corruptible etc.
En revanche, l'Idée transcendante qui fonde cette Réalité a quant à elle toutes les qualités de l'Être : immortel, éternel, inengendré, incorruptible, immobile etc.
Dès lors, de la même façon qu'un objet artisanal n'est que la projection dans l'espace temps d'une réalité transcendante présente dans l'esprit de l'artisan, tous les objets que nous voyons dans la nature (rivière, montagne, vallée, forêt) ne sont que les projections de l'Idée de rivière, montagne… présente sous une forme mathématique dans un ciel métaphysique. De la même manière la justice, l'amour, la beauté que nous expérimentons sur terre ne sont que l'expérience incomplète et inachevée des Idées de Justice, d'Amour et de Beauté.
Ce système de pensée débouche sur une philosophie de l'existence relativement méprisante pour le monde sensible et aspirant à un idéal parfaitement inaccessible. L'idéalisme montre une sorte de Ciel absolu comme fondement et finalité de toute chose. Dans ce système, les hommes sont plutôt amenés à être craintifs. La pensée idéaliste qui a offert des bases théologiques au christianisme envisage une société où seules les élites peuvent espérer le salut. Le monde dans lequel nous vivons étant sans réelle existence, la Réalité absolue se trouve dans un monde dans lequel précisément nous n'existons pas.

J'envisage quant à moi la philosophie moins comme système de pensée que comme art de vivre. Montaigne plutôt que Marx, Épicure plutôt que Platon.

Dans une société où la psychothérapie sera de plus en plus réglementée, confisquée par les Ordres de tout poil, inquiets de perdre leur pouvoir, comme le clergé à l'époque de Gutenberg voyait d'un mauvais œil le savoir se distribuer au peuple, un retour obligé à la philosophie s'impose. En effet, la philosophie remplit précisément la fonction concrète de la psychothérapie : aider l'homme à supporter la souffrance.
Le but n'est pas de supprimer la souffrance (laissons ce don au guérisseur) mais d'en réduire l'impact en lui donnant du sens et en la rendant créatrice. Si l'on adopte comme présupposé que toute souffrance psychologique se résume à de la créativité bloquée, tout ce qui favorisera le réveil de cette créativité, notamment le travail sur les symboles, favorisera la pacification de la douleur.[26] Choisir la voie du symbole désactive la voie du symptôme.

La philosophie matérialiste se place en totale opposition à ces principes. Si l'objectif de l'idéalisme est l'état de félicité ultime, état qu'en toute vraisemblance on ne pourra atteindre qu'au-delà de notre existence terrestre -point de vue on ne peut plus judéo-chrétien- la finalité du matérialisme est tout autre.
Le but de la philosophie, nous dira Épicure, est *l'Ataraxie*, c'est-à-dire l'absence de douleur. Dans une pensée de type idéaliste, la douleur n'est qu'illusion et provient d'un dérèglement de notre vie terrestre, coupée de notre source céleste. De là à dire que toute douleur est « punition », il n'y a qu'un pas à franchir que d'aucuns franchiront sans vergogne.
Pour la pensée matérialiste d'Épicure, la douleur est une réalité en soi. L'homme peut apprendre à vivre avec. Le but des enseignements épicuriens est d'apprendre aux hommes à vivre sans peur et à supporter la souffrance. C'est grâce à la connaissance de la réalité du monde dans lequel nous vivons que nous apprendrons à vivre sans peur. La peur, c'est celle de la mort et celle des dieux. La souffrance, elle, est partout présente dans un siècle où l'on ignore la solution antalgique !
Pour y remédier, Épicure propose le « quadruple remède » : *tetrapharmacos*

1. Nous n'avons pas à craindre la mort, car tant que nous sommes là, la mort n'y est pas et dès que la mort s'en vient, c'est nous qui n'y sommes plus. L'homme et la mort jamais ne se rencontreront. Pour le dire en des termes plus modernes, pour connaître la mort il faut en être conscient or quand la mort est là, la conscience n'y est plus.
2. Nous n'avons pas à craindre les dieux car ces derniers vivent dans les inter mondes et ne coréagissent pas avec les univers humains. Ils n'interviennent pas dans les affaires des hommes et sont

[26] Lire *La Fonction Thérapeutique des Symboles* - Même auteur, même éditeur.

constitués d'une structure énergétique et atomique différente. On pourrait peut-être parler aujourd'hui d'antimatière et d'anti-univers.

3. Nous pouvons supporter la souffrance car si elle devenait insupportable nous mourrions. Ainsi, tant que nous sommes en vie, c'est que nous pouvons la supporter.

4. Le bonheur existe, il est accessible ici et maintenant et non pas dans un illusoire monde des Idées (on voit bien qu'entre les deux systèmes de pensées il y a déplacement de l'illusion du monde. Le monde sensible est illusoire selon Platon alors que selon Épicure, c'est le monde des Idées qui l'est).

Si on voulait établir des correspondances avec des concepts qui nous sont plus familiers, on comparerait la pensée de Platon au christianisme et celle d'Épicure au bouddhisme.
Pour le matérialisme épicurien, toute réalité se réduit à elle-même, elle n'est pas la projection d'une Réalité ultime transcendante. Ainsi tout est matière et toute chose peut se décomposer jusqu'à sa structure fondamentale et élémentaire : l'atome. Ce mot signifie en grec : insécable, qui ne peut pas être découpé davantage. Le mot atome aujourd'hui ne recoupe pas exactement la même signification puisque l'on sait depuis le début du XXème siècle qu'un atome est composé d'électrons et de protons, eux-mêmes constitués de particules élémentaires.
Pour Épicure donc, même les dieux se réduisent à des atomes et sont composés de matière. Or la matière est énergie comme on le sait depuis Einstein !
Il va sans dire que depuis près de deux millénaires, cette pensée atomiste fut contestée par l'Église et ses penseurs persécutés. Aujourd'hui encore, l'Église condamne le matérialisme dans les articles 285 et 2126 du Catéchisme. Le philosophe contemporain Michel Onfray explique qu'en 1340 Nicolas d'Autrecourt a proposé une théorie corpusculaire de la lumière (théorie validée aujourd'hui par la science). L'Église l'a obligé à abjurer et à brûler ses écrits. À partir de 1632, les jésuites ont interdit toute recherche sur l'atome ![27]
Le moyen mesquin et mensonger que les opposants à l'Épicurisme ont trouvé pour démolir ce système de pensée fut de le dénoncer comme une philosophie de la débauche, de la recherche effrénée du plaisir en traitant les épicuriens de porcs. Or, la morale épicurienne se résume à ces quelques concepts : une juste mesure dans toute chose, la souffrance vient du dérèglement des désirs, il faut donc se contenter de peu (un peu d'eau, de pain, de paille et d'amitié), éviter les désirs non nécessaires, voilà la recette du bonheur.
On est loin de la célèbre phrase de Horace : « Je suis un pourceau du troupeau d'Épicure ».

---

[27] Michel Onfray – *Traité d'athéologie*

Dans cette philosophie matérialiste atomiste, lorsque les atomes se rencontrent, ils peuvent s'accrocher les uns aux autres ou se rejeter selon le principe des « atomes crochus ».
Lorsque les atomes se réunissent, on assiste à une naissance, lorsqu'ils se défont, voilà la mort. Mais dans ce cas, ils pourront toujours se rassembler ailleurs et créer de nouvelles vies.
« Le don de vie a passé dans les fleurs », dira Paul Valéry dans *Le Cimetière Marin.*[28] Ainsi la vie et la mort ne sont que des moments particuliers au cours desquels les atomes s'unissent ou se désunissent. Or ces atomes n'obéissent à aucune loi, ce qui fonde leur liberté. Lorsqu'ils sont projetés dans l'univers, leur direction peut être brusquement déviée sans que l'on sache ni où ni pourquoi. Voilà ce qu'on appelle le « Clinamen ».

Le *Référentiel de Naissance* peut être comparé à un atome dans lequel chaque Maison contient une particule élémentaire spécifiée par l'Arcane qu'elle contient. Chaque Arcane bien sûr est conditionné par la Maison dans laquelle il se trouve mais il offre aussi une ligne possible d'évolution que nul ne peut prévoir a priori. Nul ne peut prévoir non plus comment cette ligne va se dérouler ni quels sont les accords qui se joueront entre les Arcanes à l'intérieur d'un *Référentiel.*

Par exemple, la Lune exprimera selon les cas, les sujets, les moments, les thèmes suivants : instinct, émotion, imagination, créativité, inconscient, maternité, féminin, sensibilité, intuition, clairvoyance... Le Clinamen sera donc dans un premier temps la liberté d'évolution d'une ligne sémantique dans un *Référentiel*, ligne que nul ne peut prévoir. D'autre part, qui peut prévoir aussi ce que donnera l'harmonie ou la disharmonie provoquée par l'accord quasi musical entre un Arcane et un autre ? Que va donner mon Diable quand il rencontrera mon Empereur ? Comment ces deux lames « joueront-elles » ensemble ? Seront-elles alliées, en conflit, s'annuleront-elles l'une l'autre ?

Que se passera-t-il dans le thème de Mère Térèsa lorsque ses deux Impératrices fonctionneront ensemble ? Ou dans le thème de Léo Ferré lorsque l'Étoile et le Mat se regarderont face à face ?

Nous avons déjà l'habitude de nous interroger sur cette question lorsque nous analysons un *Cœur du Blason* puisque nous avons dans ce ca-

---

[28] *Ils ont fondu dans une absence épaisse*
L'argile rouge a bu la blanche espèce
Le don de vivre a passé dans les fleurs
Paul Valéry

dre fusion des deux aspects contradictoires d'un même Arcane. Nous connaissons aussi les aspects particuliers de la *Voie du Cœur*, lorsqu'une lame dans le *Référentiel* de l'un fait *miroir* avec une lame dans le *Référentiel* de l'autre. Comment l'énergie circulera-t-elle entre deux Arcanes formant *miroir* et donc constituant une molécule d'amour ? Non seulement nul ne peut le prévoir mais de plus la communication entre ces deux Arcanes peut changer de forme au cours d'une existence.
L'exercice le mieux approprié dans un *Référentiel de Naissance* pour bien comprendre cette notion de Clinamen consiste à mettre en perspective dans une sorte de dialogue imaginaire les Maisons 6 et 7, les Maisons 9 et 10, les Maisons 11 et 12 et les Maisons 1 et 3.

Pour résumer ces développements, l'on dira que le Clinamen garantit à chaque *Référentiel* sa liberté et à chaque Arcane une liberté d'évolution et de transformation que nul ne peut limiter par une interprétation figée. Le Clinamen prévient de toute interprétation hâtive et laisse une part au hasard et au mystère.

Au cours d'un atelier de pratique du *Référentiel de Naissance*, Odile propose le témoignage suivant :

Question : comment vivent mes Arcanes en Maison 1 (l'Empereur) et Maison 3 (le Mat) ?
L'Empereur dans la Maison 1, Maison de la personnalité : l'ordre, le cadre, la structure, la méthode, « le sécurisant » constituent donc mon apparence
Le Mat dans la Maison 3, Maison de la pensée: liberté, aventures, fantaisie, audace, dissidence constituent donc mon mode de pensée

Dans mon quotidien professionnel, l'ordre et la structure sont une nécessité dans un monde de chiffres et d'argent. Priorité aux objectifs, aux résultats, à la progression.
La rigueur qui m'est demandée pour assurer ma profession a été longtemps mon point fort et la garantie pour mon employeur d'un travail sérieux et de résultats.
Pas de place pour la créativité : penser « différent », oser, innover, ne cadre pas avec ce quotidien. « Réfléchir, c'est déjà désobéir » !

D'année en année, ce mental dissident dans ce milieu est devenu souffrant, révolté, triste.
D'un caractère entier et d'un naturel dévoué, je ne comptais pas les heures pour un quotidien commercialement guerrier. J'étais mal, et les autres autour de moi aussi.

L'humain n'a pas trouvé sa place. Servir un métier, sans que l'humain puisse vivre et rencontrer l'autre, m'a conduite pour survivre, à ***m'aider et pouvoir aider les autres****.*

Mon Mat voulait sortir du cadre, s'affranchir des limites de ce quotidien. J'avais besoin de me sentir ***utile et non « utilisée ».*** *Les qualités de mon Empereur étouffaient les désirs de mon Mat.*
Pendant des années, je savais réagir mais n'osais pas agir (Roue de Fortune bloquée en M2).

En découvrant la philosophie du Docteur dissident Edward BACH, ***j'ai ouvert la porte, osé donner à mon Mat une « permission »,*** *découvrir ce qui me nourrissait vraiment non pas vis-à-vis d'une hiérarchie, mais de* ***ma propre hiérarchie de valeurs et de besoins****.*
Je suis devenue praticien en Fleurs de Bach et cela a construit mon équilibre.
Tempérance en ressources m'a permis d'apprendre la mesure, le non excès, pour faire cohabiter harmonieusement mes souhaits profonds avec la vie professionnelle, sans me perdre de vue.

En conservant un métier me permettant d'assurer le quotidien et d'honorer mes études et mes nouveaux apprentissages, j'ai appris à dépasser ma dichotomie ce qui me donne toute liberté d'oser sur d'autres chemins. ***Un Empereur intégré, pour un Mat libéré****.*

La règle des trois tiers

Un tiers d'observation, un tiers de connaissance et un tiers d'intuition.
En gardant toujours à l'esprit cette triple approche, l'étude d'un *Référentiel* gagnera en amplitude et en qualité.
L'observation concerne aussi bien les Arcanes du Tarot que les liens qui existent entre eux à l'intérieur d'un thème. Krisnamurti dit quelque part que l'observation est le fondement de toute liberté. Le consultant regardera donc attentivement les couleurs, les personnages, certains détails récurrents, pourquoi tant d'animaux dans un thème, tant de personnages féminins dans l'autre. Les regards se croisent-ils, offrant la sensation que les personnages dialoguent entre eux, les mains sont-elles visibles comme dans la Justice, l'Étoile ou l'Hermite, ou bien cachées comme dans le Pendu, le Pape et la Force ?
Et à l'instar d'un petit théâtre tarologique, les personnages entrent-ils en scène côté cour ou côté jardin ?

L'observation rend vivant le thème et facilite notre aptitude à le comprendre de l'intérieur.

La connaissance concerne autant la symbolique du Tarot que la structure du *Référentiel*. De nombreux chercheurs depuis des siècles étudient la symbolique des Arcanes et transmettent leur enseignement dans des ouvrages parfois de très grande qualité.
Toutes les approches méritent d'être connues - ésotériques, philosophiques, métaphysiques, psychanalytiques mais aussi historiques - les dessins évoluant au cours du temps suivant les modes et les courants de pensées.

L'intuition, enfin, ne doit pas être négligée. Elle participe pleinement de la qualité d'écoute que le tarologue établit dans sa relation avec son consultant. Elle suppose une mise en résonance entre deux esprits et deux âmes qui se rencontrent devant un thème. Elle ne saurait être une névrose autistique dans laquelle le tarologue s'enfermerait, établissant une connexion avec d'autres plans et négligeant la présence sacrée de l'autre.

Ces trois notions ont vraiment besoin d'être maintenues en équilibre. La pratique et l'expérience apporteront un axe et la stabilité nécessaire. Si l'observation ou la connaissance dominent l'analyse du thème, la séance risque d'être sèche et désacralisée. Si l'intuition domine, les risques de projection ou de transfert seront élevés.
Dans tous les cas, l'écoute de l'autre, le respect, l'humilité et le non jugement garantissent une séance utile.

Méthode d'interprétation d'un *Référentiel de Naissance*

On ne peut pas imposer une seule méthode de déchiffrage d'un *Référentiel de Naissance*. Chacun, selon sa sensibilité, dialoguera avec les Arcanes qu'il découvre en face de lui et essaiera d'en tirer le plus grand profit. Cela dans le but d'aider la personne dont il tente d'interpréter le thème.
Quelques remarques d'ordre éthique méritent toutefois d'être signalées. D'abord établir l'inventaire des aspects : *nœud, miroir, dialectique, voie, boucle, problématique du cœur*, etc.
Ensuite décoder la Maison 4. Quelle est la mission du sujet ? Quel est le but de sa vie et le cap à maintenir ? Y a-t-il cohérence avec l'ensemble du thème ? Le sujet utilise-t-il ses ressources (Maison 6) ? Sinon, pourquoi ? Peut-on supposer que le défi (Maison 7) parasite le thème ? Alors il faut raisonner par hypothèse. Si le sujet exploite bien sa Maison 6, que se passe-t-il ? Dans le cas contraire, la Maison 6 devient-elle un obstacle ?

Même raisonnement pour la Maison 7. Le sujet a-t-il conscience de son ombre ? Connaît-il ses limitations, quelles leçons a-t-il retirées des combats qu'il a menés ? A-t-il dégagé le sens des épreuves rencontrées ?
À partir de là, le déchiffrage devrait progresser correctement. Chaque lame vient faire une proposition au sujet, à lui d'en tirer l'essentiel.
Il sera aussi très profitable de respecter la règle des trois tiers. Un tiers d'observation, un tiers de connaissance et un tiers d'intuition. Cet équilibre garantit contre le risque d'interprétations trop fumeuses, ou trop sèches, ou encore trop négatives. Le pire danger dans l'interprétation d'un *Référentiel* consiste à rester dans la fatalité d'une lame. On l'a déjà signalé à plusieurs reprises : chaque Arcane s'étudie d'une manière contradictoire et se comprend à plusieurs niveaux.
L'attitude la plus juste semble encore être celle du journaliste. Un bon journaliste est capable d'amener son interlocuteur à se livrer de telle sorte qu'il puisse exprimer la quintessence de ce qu'il est. De même le praticien du *Référentiel* doit parvenir à ce que son consultant se livre et se découvre pleinement grâce au support de son *Référentiel*.

Les Transits : à effet loupe et à effet *miroir*

L'analyse des Maisons 8 peut rassurer un sujet angoissé, éclairer une personne désorientée. On peut lui montrer la richesse de l'année qui se prépare, sans induire d'événementiels ni projeter sa propre vision, en l'amenant à travailler sur des sujets spécifiques.

Orientation scolaire et professionnelle

Projet-sens

Cette question de l'orientation doit être examinée avec beaucoup de circonspection. Il s'agit surtout d'éviter d'enfermer quiconque dans son *Référentiel* et de déterminer à partir des Arcanes présents ici ou là les voies que le sujet devrait emprunter.
Trouver une orientation, c'est avant tout trouver son orient : là où se lève le soleil. Quiconque prétendant orienter autrui doit avant tout vérifier qu'il est bien orienté lui-même. L'orientation est avant tout une question d'axe et qui parle d'axe parle de structure. Le *Référentiel* en tant que structure est miroir de notre structure intérieure. Quant au Tarot, il nous présente l'Empereur comme clef de la structure. L'Empereur est inscrit dans la *voie* du père ; il permet à l'enfant, selon la théorie psychanalytique, de sortir de la fusion à la mère pour se construire comme sujet. C'est au cours de ce processus que

commencent les premières orientations et non pas dans le bureau du conseiller d'orientation ni du psychologue scolaire.

Une bonne orientation suppose néanmoins que le sujet colle au mieux aux propositions qui lui sont faites dans sa Maison 4. Seulement, si la Maison 4 éclaire la symbolique des projets personnels, elle peut être parasitée par la Maison 11, symbolique des projets parentaux. Un travail peut déjà être proposé ici : identifier dans la Maison 11 une sorte de conditionnement inconscient, dans la Maison 3 un processus pour s'en libérer et dans la Maison 4, un projet à réaliser. Il existe aussi ce que l'on appelle dans le *Référentiel de Naissance* un projet-sens. Si on étudie la Maison 8 que nos parents avaient l'année où ils nous ont conçu, on peut avoir une idée assez précise du programme intérieur dans lequel eux-mêmes se trouvaient à cette époque-là, ce qui peut laisser apparaître une sorte de pré-orientation involontaire que l'enfant risque d'assimiler. Faisons toutefois la différence entre le projet parental, symbolisé par l'Arcane que le sujet a en Maison 11 - qui correspond donc à l'idée que l'enfant se fait du projet que ses parents avaient au moment où il a été conçu - et le projet-sens proprement dit qui correspond à la Maison 8 des parents. Le premier cas est essentiellement subjectif puisque le sujet travaille sur sa propre Maison 11 ; le second cas peut être légèrement plus objectif puisque le sujet travaille sur la Maison 8 de ses parents.

On peut aussi ajouter à cette pré-orientation parentale la Maison 12 des parents puisque celle-ci concerne la *Valeur Personnelle de Transmission* et correspond concrètement à ce que les parents souhaitent transmettre aux générations futures. Un sujet peut être plus ou moins influencé par ce qui émane de la Maison 12 de ses parents.
Ces différentes considérations étant faites, on travaillera sur le *champ de cohérence*, à savoir la voie tracée par les Maisons 4, 6 et 7.

La Maison 4, comme mission, projet personnel ; la Maison 6 comme qualités, ressources et moyens de réaliser cette mission et la Maison 7 comme obstacle, défi, contraintes sur le chemin. Une fois ces trois symboles devenus cohérents, le sujet est supposé avoir trouvé sa voie. L'expérience et les probabilités montrent en effet que chez toute personne affirmant réaliser son existence en accord avec ses valeurs intérieures, les trois Arcanes du *champ de cohérence* sont parfaitement intégrés. Mais le plus souvent, on observe la situation contraire, les sujets souffrant de ne pas se réaliser intérieurement dans leur vie extérieure et n'ayant pas intégré ou compris les propositions faites par les trois Arcanes du *champ de cohérence*. Le *champ de cohérence* correspond donc à la *voie* fondamentale de l'orientation. Mais d'autres voies existent qui apporteront aussi de multiples éclairages (voir chapitre sur les Voies). Les voies ne sont pas des concepts figés, ce sont des panneaux indicateurs. Suivre la *Voie* de la Mère par exemple (Papesse, Impératrice, Lune) ne consiste pas pour le sujet féminin à se réaliser dans la maternité mais plutôt à se comporter de telle sorte que les actions que l'on mène dans la vie puissent être assimilées à une forme d'accouchement. La Voie *de la Mère* est avant tout une voie de créativité, en lien avec les énergies inscrites au plus profond de soi-même ; d'ailleurs les trois lames de la *Voie de la Mère* sont enceintes. Il existe aussi une *Voie du Créateur* (Impératrice, Empereur, Soleil) mais dans laquelle ce qui est essentiel reste le résultat final et non le processus de création à proprement parler. Suivre une voie n'invite pas à l'identification mais plutôt à la modélisation. La *Voie du thérapeute, du prêtre, de l'artiste* n'invite pas forcément à devenir prêtre, thérapeute ou artiste mais à imaginer comment le prêtre, le thérapeute ou l'artiste se comporteraient s'ils étaient confrontés à des problèmes identiques au mien. Le jeune enfant dans les banlieues qui tape dans un ballon rond en s'imaginant un jour qu'il deviendra Zidane n'arrivera à rien. Il ne sera jamais Zidane, il ne sera pas non plus lui-même. Par contre, si son objectif est de jouer au football aussi bien que Zidane, alors tout est permis. L'orientation passe par la modélisation mais jamais par l'identification. Les éducateurs doivent être très attentifs à ne pas confondre modélisation et identification, et à favoriser l'un aux dépens de l'autre.

Il faut toujours partir du vécu de la personne. Cette règle absolue du *Référentiel de Naissance* s'applique ici plus qu'ailleurs. Le tarologue n'hésitera pas à poser les bonnes questions. Sur quelle voie êtes-vous en ce moment ? Voie de garage, voie sans issue, voie royale, voie d'évolution ? C'est en écoutant les réponses du consultant que le tarologue cernera clairement les Arcanes du *Référentiel* qui sont actifs et ceux qui ne le sont pas. Avec 1540 voies possibles, il y a toujours la possibilité d'être créateur de sa propre voie, maître de son chemin.
Bien sûr, la Maison 4, la plus concrète des Maisons, donne le « la » et le tableau de correspondance entre Arcanes et professions situé en annexe de cet ouvrage le présuppose. Mais c'est avant tout l'état d'esprit avec lequel on incarne sa vie professionnelle qui caractérisera sa Maison 4. Par exemple, un Amoureux en Maison 4 propose une voie de service : médecin, infirmière … Pourquoi ne pas imaginer aussi concierge, professeur ou commerçant si cette profession est faite dans un esprit de service ? Un Pape en Maison 4 suggère une profession d'enseignant mais n'importe quelle profession faite avec pédagogie et dans l'esprit d'une transmission fera parfaitement l'affaire. On comprend dès lors qu'un Chariot peut aussi bien convenir à un chauffeur de bus qu'à un entraîneur sportif ou à un coach.

L'esprit plus que la lettre.

D'autre part, la Maison 4 gagne à être comprise davantage en terme de terrain qu'en terme de mission. Quel est le terrain dans lequel je peux au mieux développer mes potentiels ?
Le Monde me propose de me déployer dans un univers social, l'Hermite m'appelle à plus de solitude. Cela dit, certains individus se développent mieux dans des terrains qui ne leur sont pas appropriés, comme si ils avaient besoin d'hostilité pour évoluer ou développer leurs défenses immunitaires. Il est donc toujours possible d'éviter la direction proposée par sa Maison 4 et de prendre d'autres voies, à condition d'y aller en conscience. Le *Référentiel de Naissance* ne contient aucun déterminisme, il propose de suivre certaines pistes, d'en éviter d'autres mais laisse toujours l'individu libre de faire ses propres expériences.
Un point particulier concerne les enfants. Il me paraît difficile de travailler les *Référentiels de Naissance* des sujets de moins de quatorze ans, car le sujet adulte aura du mal à se départir de sa tendance à plaquer sur un enfant son propre vécu et ses propres valeurs. Bien sûr, on peut percevoir des potentialités en germe dans un *Référentiel* d'enfant mais l'enfant quant à lui aura du mal à rapporter son peu d'expérience de la vie à des symboles que souvent l'adulte interprétera pour lui.

Les exemples :

- Natalia
- Marilyn Monroe
- Mère Térèsa
- Gandhi
- Bob Marley
- Léo Ferré

Natalia

Née le 03.04.1960

Déroulement d'une séance

Natalia se présente à la séance sans questions particulières. Quand je l'interroge, elle évoque vaguement des rhumatismes. Elle est en errance professionnelle, bien qu'étant professeur de mathématiques ; elle possède un bon statut social. Mais elle n'est pas heureuse, ni dans sa vie professionnelle, ni dans sa vie affective. Elle est célibataire, elle n'a pas d'enfants. Elle a eu plusieurs aventures amoureuses qui se terminent à peu près toutes de la même manière : elle quitte l'autre pour ne pas être quittée. Elle semble accorder très peu d'importance à la sexualité. Elle se présente comme étant un peu dépressive.

Je lui demande comment elle a choisi son orientation professionnelle. Elle me répond que c'est plutôt un désir de son père, c'est-à-dire un projet parental assez classique. Comme elle était excellente élève à l'école, son père avait placé en elle beaucoup d'espérance pour qu'elle réussisse ce que lui-même n'avait pas fait. Elle aurait préféré être danseuse ou écrivain, mais elle y a renoncé très tôt, me dit-elle avec un petit sourire ironique.

Je lui montre son *Référentiel de Naissance* et je lui explique qu'il s'agit d'une sorte de programme de vie symbolique, une sorte de plan de vol. Les lames de Tarot qui s'y trouvent peuvent représenter des expériences vécues, des réserves qu'elle a en elle, des défis à relever ou bien encore des notions à explorer. Elle prend acte ; elle regarde. Elle est tout de suite interpellée par le Pape dont elle trouve la présence amusante. Je lui explique le sens tarologique du Pape : c'est la symbolique de la bénédiction avec sa dimension bienveillante et unificatrice. C'est celui qui transmet avec son cœur. Je sens que la notion « transmettre avec son cœur » la fait tiquer.

Dans le *Référentiel de Naissance*, il y a un aspect qui s'appelle le triangle de la filiation correspondant aux Maisons 11, 3 et 4. Dans ce système, le protocole dit que la Maison 11 correspond au projet parental, la Maison 4 est le projet personnel et la Maison 3 la manière de passer du projet parental au projet personnel.

Son projet parental, c'est l'Empereur : « Tu seras professeur de mathématiques, parce que moi, je n'ai pas réussi à l'être ». Effectivement, l'Empereur correspond aux mathématiques. Il est carré, rationnel et structuré. Dans sa Maison 4, on voit le Pape. Un autre transmetteur, plus spirituel. S'il transmet des mathématiques, il le fait avec le cœur, plus par passion d'enseigner que par amour des chiffres ! Sa Maison 3, la Maison Dieu, doit l'aider à passer d'un projet à un autre.

On évoque cette idée puis on revient sur le *Référentiel de Naissance*. Elle me fait remarquer qu'elle se sent bien dans l'Impératrice et me demande si cela a quelque chose à voir avec l'Empereur. Je ne lui explique pas immédiatement le sens de l'Impératrice, mais seulement que la Maison 1 indique comment l'on se présente au monde. « Je me présente comme une impératrice ? » et l'on commence à en discuter. Je lui précise cette idée en lui disant que c'est plutôt ce que les autres nous renvoient comme image de nous-mêmes. Avec la Maison 1 et l'Impératrice, elle donne l'image d'une femme d'autorité : le féminin que j'exprime est le féminin de mon père, avoue-t-elle. Cette image de moi me joue des tours car je me suis très longtemps identifiée à cette version féminine de l'autorité paternelle. On l'appelait au moment de son enfance « Madame j'ordonne ».

On passe à la Roue de Fortune. Je me contente de lui dire que c'est ce qui revient, les schémas répétitifs. La Roue de Fortune comme la Maison 5 indiquent ce à quoi on est confronté dans sa vie. Il s'agit donc d'une sorte de « domicile », au sens astrologique. Cet Arcane dans cette Maison voit sa symbolique largement renforcée ! L'Arcane est à sa meilleure place ici. Effectivement, elle a dû mille fois vivre la répétition de ce schéma. « Je dois inventer, me dit-elle, sinon, je répète et je suis prisonnière de cette mécanique ». Ce constat est confirmé par la Maison 2 avec l'Empereur, confrontation à la quête de l'identification au père.

Elle est aussi interpellée par le Pendu. Je lui explique qu'il est en position de défi. Cette position évoque les leçons que l'on a à apprendre. On passe à l'idée que le Pendu nous invite à inverser les processus, à changer de vision, à sortir des allures masculines pour faire sortir son féminin et se réconcilier avec l'*animus*, la part inconsciente masculine de la femme. En même temps, elle est sujette à somatisation, perte d'énergie, état dépressif, douleurs dans les bras et dans les jambes. C'est le Pendu. Je lui ai naturellement conseillé de prendre du magnésium, d'autant plus que le magnésium est un atome qui a douze protons et que, dans le tableau de Mendeleïev, il est relié à la symbolique du Pendu.

État dépressif, douleurs dans le bras, frigidité due aux défis…tout cela, à travers la notion de lâcher-prise, renvoie à une incapacité à s'abandonner. Peur de m'abandonner parce que, si je m'abandonne, le grand fantôme de l'abandon trouvera en moi une proie facile. J'abandonne. Comme ça, quand l'abandon il arrivera, ben il trouvera la place déjà prise et donc, on ne m'abandonnera pas, na. Il y a donc une crispation sur l'abandon. J'ai peur d'être abandonnée et de ne plus être aimée si je prends une autre voie que celle souhaitée par le père, ce qui est caractéristique du Pendu en Maison 5.

Je lui propose de prendre le Pendu dans la main et d'inverser la carte, de couper la corde et de lui donner ainsi une autre position. Elle me dit : « Si j'arrive à changer mon point de vue, je retombe sur mes pieds ». Mais c'est difficile de changer son point de vue, d'aimer ce que l'on n'aime pas.

Nous passons ensuite à la Maison 10, Maison des expériences et des échecs où l'on retrouve encore une fois l'Impératrice. Quand on a deux fois le même Arcane dans un *Référentiel de Naissance*, cela signifie que l'évolution reste à faire sur le thème suggéré. Ici, il s'agit de l'Impératrice, symbolique de l'expression, nécessitant la libération du plexus de la gorge pour pouvoir prendre la parole. Elle me semble incarner cette Impératrice. Il y a en elle comme de la hauteur, du dédain ; elle en serait presque méprisante. D'autre part, chaque fois que l'on a simultanément dans un *Référentiel de Naissance* l'Impératrice et la Maison Dieu, on parle de la *configuration de la parole enfermée.*

Nous continuons nos entretiens. Nous avons établi une sorte de diagnostic, bien que je n'aime pas ce mot : nous avons réussi à brosser un tableau entre l'expérience vécue et le *Référentiel de Naissance*. On a vu ensuite les Arcanes qui fonctionnent, même si c'est d'une manière douloureuse.

Dès la séance suivante, je lui propose une autre vision de son *Référentiel de Naissance* et l'invite à regarder les Arcanes qui ne fonctionnent pas. Effectivement, certains Arcanes n'ont jamais été évoqués comme le Soleil, la Maison Dieu (celle qui est située en haut du thème, puisqu'il y en a deux) et le Diable.

Je lui demande de me dire quels sont les points communs qu'elle distingue entre ces trois Arcanes. «Le feu », me dit-elle. Soleil en Maison 9, Maison Dieu en Maison 12 et Diable en cœur. Il y a beaucoup d'énergie dans ces Arcanes qui ne fonctionnent pas ; ce sont des ressources qui créent une tension interne parce qu'elles ne sont pas exploitées. Je ne peux pas lui dire de regarder tous les talents qu'elle possède puisqu'elle le sait déjà ; en fait, je ne ferais qu'activer son problème en l'encourageant à découvrir ses propres richesses. Comment faire pour aller vers ces émotions sans culpabilité ? Nous rentrons dans une réflexion sur ces trois Arcanes. Nous observons aussi le Chariot qui permet d'unifier son chemin quand on est tiraillé entre diverses voies.

Natalia se montre très troublée par cette Maison Dieu. Elle me réclame des explications : à quoi correspond cette tour qui s'effondre ? Je lui dis que la tour ne s'effondre pas et que le feu en haut est celui de l'esprit saint. Cette carte a, en effet, mauvaise réputation. Dans certains Tarots, on l'appelle la Tour foudroyée. Pourtant, en réalité, il s'agit de la Maison Dieu, la Maison de Dieu, c'est-à-dire un Arcane très spirituel.

Je lui explique alors le mythe de Danaé dans la mythologie grecque. Il s'agit d'une jeune princesse dont le père est allé consulter l'oracle. Celui-ci lui révèle que l'enfant de sa fille le tuera. Le père de Danaé, pour éviter qu'elle ait un enfant, l'installe tout en haut d'une haute tour, sans toit et sans aucun moyen d'accès. C'est l'archétype du conte de la princesse enfermée au sommet de la tour, souvent présent dans les contes de fées. Zeus qui aime les femmes des hommes se transforme en pluie d'or pour s'unir à Danaé. Sur la carte de la Maison Dieu, on retrouve cette pluie dans les pastilles rouges, blanches et bleues qui représentent respectivement les globules rouges, les globules blancs et le *prâna,* notion importante en Orient.

Zeus se transforme en pluie d'or et féconde la jeune princesse. Leur fils prendra le nom de Persée. Il sera un grand chevalier et vivra des aventures extraordinaires. Persée est l'archétype du héros pourfendeur de monstres, à l'instar d'Héraclès ou de Thésée.

Danaé, pour protéger son petit garçon, l'installe dans un panier d'osier qu'elle laisse glisser le long d'une rivière. Il sera récupéré par la fille d'un roi qui ne pouvait avoir d'enfants et élevé à la cour au même titre que le prince appelé à régner. Le jeune Persée commence alors son éducation de prince et il finira bien sûr par tuer involontairement son grand-père. C'est en voulant échapper à son destin qu'on ne peut que l'accomplir, comme le comprendra *Œdipe* à ses dépens. Dans la tragédie grecque, comme le disait Cocteau, le ressort est bandé et rien ne peut l'empêcher, ensuite, de se débander.

Je raconte cette histoire à Natalia qui est complètement médusée, si j'ose dire, puisque Persée a tué Méduse. Elle me dit qu'il s'agit de tous ses enfermements. L'enfermement est vraiment la symbolique de la Maison Dieu, la perte de la communication, la parole enfermée, la cuirasse caractérielle. On peut alors évoquer Groddeck, Reich, tous ceux qui ont réintroduit *la médiation corporelle dans les thérapies.*

Parmi toutes les cuirasses on peut retrouver la polyarthrite, l'arthrose... Cela est confirmé par le Pendu avec son incapacité à détendre ses bras et par l'Empereur qui symbolise aussi cette rigidité. L'Empereur offre un choix entre la rigueur et la rigidité. Or, on peut très bien choisir la voie de la rigueur sans prendre pour autant celle de la rigidité.

Je lui montre aussi qu'il y a deux Maison Dieu dans son thème, c'est-à-dire qu'il y a vraisemblablement un travail d'évolution à faire sur cette notion. Nous mettons en évidence le lien entre la symbolique psychique et la symbolique du corps.

Au cours de la séance suivante, elle me raconte un rêve que j'interprète comme une allégorie de la Pentecôte. « C'est le matin de Noël. Je suis une petite fille. Mes parents sont autour de moi et ils parlent une langue que je ne comprends pas. Pour pouvoir les comprendre, je dois monter une tour avec des cubes de couleur rouge. Si j'y arrive, je comprends mes parents. Sinon, je ne les comprends pas ». On retrouve bien ici la symbolique de la libération de la parole.

Je lui demande de se souvenir de la fête de Noël. Elle évoque plusieurs épisodes de son enfance où il est question de paroles interdites. Je lui fais remarquer que Noël est la fête de la Nativité : il s'agit sans doute d'un rêve de renaissance, sûrement un rêve d'identité... elle se prénomme Natalia.

Avec le Pendu qui évoque l'idée d'adopter une nouvelle posture par rapport à l'image de l'homme vécu comme un concurrent, elle sait qu'elle doit lâcher, mais avec un Pendu en défi, c'est difficile. De plus, elle pense que ce qu'elle lâchera, c'est son pouvoir. Je lui explique que lâcher le pouvoir a de l'intérêt si cela permet de trouver la puissance. Il y a deux niveaux entre pouvoir et puissance, le pouvoir étant masculin et extérieur (*potesta* en latin), la puissance étant féminine et intérieure (*potentia* en latin). Dans son thème, le pouvoir est exprimé par l'Impératrice, l'Empereur et le Chariot. Tout cela, elle sait l'utiliser, surtout à l'école.

Par contre, la puissance est endormie. Elle est représentée par le Soleil, le Diable et la Maison Dieu d'en haut car la Maison Dieu d'en bas est perçue comme étant un Arcane destructeur, voire autodestructeur. La Maison Dieu d'en haut est comprise comme un Arcane invitant à libérer la parole endormie. Je lui dis que la puissance appartient au féminin et l'on arrête ainsi la séance.

Au cours de la séance suivante, elle me dit qu'elle a compris cette notion de puissance, mais que c'est indicible. « Je perçois bien, je sens en moi comme une énergie potentielle, mais je suis incapable de dire, incapable de définir ce que c'est ». Elle sent de la chaleur et nous travaillons sur ce ressenti. Pourtant, même s'il y a cette énergie, il y a encore une frustration qui est là : la frustration de ne pouvoir libérer cette énergie et cette force. C'est la première fois qu'elle me parle sur ce ton, comme si elle était vraiment rentrée dans le mouvement du langage symbolique.

Pour moi, c'est le moment de travailler sur le Soleil. On le trouve en Maison 9, la Maison du Soi, de l'être profond. Je lui explique la différence existant entre le territoire du Soleil et le territoire de l'Empereur. Ils correspondent au territoire des parents et à celui des enfants. On parle des jumeaux, de fraternité ; on évoque Romulus et Remus. Elle me parle, pour la première fois, de sa relation avec son frère alors que nous en sommes à la sixième séance.

Son frère représente pour elle un concurrent car il y a une rivalité entre eux pour être aimé par le père. Elle raconte tout ce qu'elle est prête à faire pour être aussi reconnue que son frère aux yeux de son père.

Tout le *Référentiel de Naissance*, brusquement, s'éclaircit : il ne s'agit plus d'identification au père mais au frère. Elle formule elle-même cette conclusion : « Je ne peux pas être une femme, tant que j'ai besoin d'être un homme pour être aimée par mon père autant qu'il aime mon frère ».

Je propose à Natalia un exercice que je fais faire parfois. Je lui demande de constituer un catalogue de femmes. Elle a du mal à comprendre ce que j'attends d'elle, mais elle accepte d'essayer.

Elle ne vient pas à la séance suivante. Elle m'appelle car son père vient d'être hospitalisé à la suite d'une attaque cérébrale. Elle fait alors ce que font beaucoup de personnes ; elle projette un transfert négatif : « C'est à cause de vous ; c'est à cause de ce travail que ce malheur est arrivé ». C'est une sorte de régression à l'état pré-rationnel ; on retourne à la superstition. La superstition est la maladie infantile de la spiritualité.

J'insiste et je lui demande de revenir. Je pense alors à la Maison Dieu et à l'accident vasculaire cérébral, l'AVC, c'est-à-dire un coup de feu dans la tête. Dans la Maison Dieu, la tour a quatre créneaux, symbolisant le pouvoir et le rationnel. Je me dis que le processus inconscient que Natalia a entamé – sortir de la parole enfermée, symbolisée par la Maison Dieu, à la fois enfermement mental avec la Maison Dieu d'en bas et Arcane de guérison par la Maison Dieu d'en haut – s'est propagé jusqu'à l'inconscient du père.

Effectivement, la contamination d'inconscient à inconscient existe. Cette sorte de processus se produit quelquefois. On observe une transmission des contenus de l'inconscient.

L'attaque cérébrale fut moins grave qu'elle ne l'avait craint. Le père s'est rétabli après un long travail de rééducation orthophonique car ce furent les centres du langage qui se trouvèrent endommagés au cours de cet AVC. Ce fut une double chance pour elle : une occasion pour se rapprocher en même temps de son frère et de son père. Beaucoup d'échanges et de tendresse à cette occasion.

Six mois après, elle reprend rendez-vous, pour, dit-elle, clore le travail proprement. Elle me dit qu'elle avait compris beaucoup de choses au cours de nos séances et qu'elle était entrée dans un processus de pardon, à elle et aux siens. Elle n'avait pas su faire le catalogue de femmes, mais elle était tellement reconnaissante au Tarot et au *Référentiel de Naissance* qu'elle avait acheté un jeu. Elle en a extrait l'Arcane Tempérance ; elle porte cette carte désormais dans son portefeuille, comme ancrage positif de tout le travail que nous avions fait ensemble.

Pour elle, Tempérance représente l'image de la femme, la Femme absolue, angélique, pleine de douceur et d'harmonie, suffisamment puissante pour manier les fluides et maîtriser les énergies. Elle a fait de son énergie de pouvoir quelque chose de fluide et d'aimant.

Je lui explique que cet Arcane symbolise l'échange, la communication, l'équilibrage des polarités masculine et féminine. Je lui fais aussi remarquer que, dans son *Référentiel de Naissance*, cet Arcane apparaît cette année-là, 1996.

1996 fut l'année de sa thérapie, de l'attaque de son père, l'année de la double guérison, la sienne et celle de son père, l'année de la réconciliation avec son frère, l'année de la renaissance de la femme en elle.

Aujourd'hui, Natalia n'a plus de rhumatismes. Elle est mariée, elle a deux petites filles. Elle a commencé son catalogue de femmes et elle a mis sa propre photo sur la page de garde.

Marylin Monroe

Né le 01.06.1926

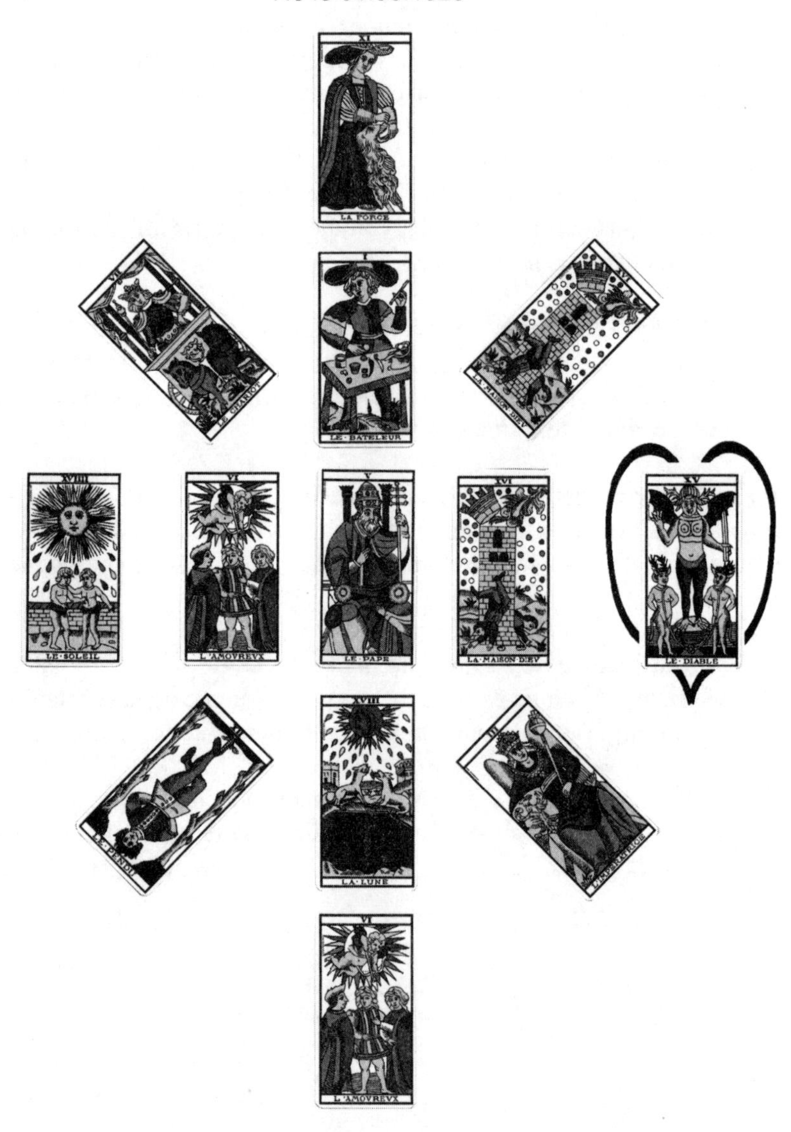

Maison 1 : Le Bateleur
La Maison 1 est la Maison de la personnalité, l'image de ce que l'on exprime de soi vers le monde extérieur plutôt qu'une représentation de l'identité profonde. Ici, le Bateleur évoque la femme–enfant, éternellement joueuse, douée de toutes les qualités, des potentialités matérialisées par les objets qui se trouvent sur la table. L'artiste, comédienne rayonnante qui, à l'instar d'un Bateleur aux portes des cathédrales, connaît l'illusion du monde et ne confond pas la brillance des apparences avec la réalité de l'ombre.

Maison 2 : L'Amoureux
L'éternelle quête d'amour de Marilyn, la recherche d'absolu, ses alliances ratées, mais, ce que l'on oublie parfois, son exigence de perfection et d'engagement dans la vie affective. Marilyn prenait des cours de science politique pour être à la hauteur de ses relations avec les Kennedy…

Maison 3 : La Lune
Maison des peurs et des désirs, demeure du rêve et de l'inconscient, la Lune du Tarot nous dit ce qui, constamment, occupe la pensée de Marilyn : la créativité, l'éternel féminin, la transformation de ses émotions en sentiments profonds, l'intuition subtile. En astrologie, on dit que la Lune est la planète de la popularité. Elle est surtout le symbole de l'énergie féminine à sa plénitude. Elle suggère aussi cette attitude rebelle qui a manqué à la comédienne, trop souvent exploitée et humiliée.

Maison 4 : La Maison Dieu
Cette Maison exprime l'existence concrète du sujet. Quelle meilleure lame que La Maison Dieu pour montrer la vie de tourmente, d'autodestruction et de violence intérieure qu'a dû parcourir Marilyn tout au long de son existence ?
La Maison Dieu illustre aussi le travail psychologique que l'individu est amené à accomplir pour se libérer de ses protections personnelles et sublimer le feu émotionnel qui brûle en lui.

Maison 5 : Le Pape
Maison du passage obligé, Le Pape, symbole paternel d'union et d'humanité. Nécessité impérieuse pour l'actrice d'expérimenter la relation à l'homme d'une façon absolue, quasi spirituelle, certainement en lien avec sa recherche du père, thème récurrent dans sa vie.

Maison 6 : Le Chariot
Maison des ressources et des qualités. Avec une prestance de majesté, Marilyn était la plus heureuse et la plus authentique lorsqu'elle parvenait à maîtriser les rênes de sa vie, lorsqu'elle disciplinait ses forces intérieures

malgré les instincts contradictoires (représentés par les deux chevaux de l'Arcane) qui l'entraînaient dans des directions différentes.
À une certaine époque, elle se décrivait elle-même comme tiraillée entre son psychiatre qui souhaitait lui faire arrêter les barbituriques et son médecin généraliste qui lui en prescrivait de plus en plus.
Le Chariot est aussi l'Arcane du triomphe, de la réussite sociale et du théâtre.

Maison 7 : Le Pendu
Maison des défis, des leçons à apprendre, des conflits personnels à résoudre. C'est la Maison où Marilyn défaille, en présence du Pendu, lorsqu'elle voit le monde à l'envers ou qu'elle perd pied devant certaines circonstances. Souvent cet Arcane évoque une forte dualité intérieure, au pire le sentiment d'être coupé de soi-même, la perte de la confiance, l'angoisse d'abandon et la difficulté au lâcher-prise.
Si ces défis ne sont ni relevés ni transformés, la coupure avec soi-même peut prendre de tragiques allures.
C'est vraisemblablement ce qui est arrivé à Marilyn. Suicide ou meurtre, les aspects difficiles de la Maison Dieu, de l'Amoureux et du Pendu ont triomphé des ressources qu'elle aurait pu puiser dans le Bateleur, le Chariot ou la Lune.

En effet, tout *Référentiel de Naissance* est le théâtre de plus d'un combat que l'on mène avec soi-même.
L'objectif principal est d'identifier ses adversaires et de puiser dans ses forces vives conscientes et inconscientes les ressources qui nous feront triompher de nos parts d'ombre.
Chez Marilyn, malheureusement, les forces de l'ombre l'ont emporté.

Maison 9 et Maison 10 : Le Soleil et L'Impératrice
Ces deux Maisons s'étudient simultanément car elles sont supposées s'opposer l'une à l'autre. Le Soleil en Maison 9 brille, réchauffe et éclaire. Marilyn pouvait se promener dans une rue très passante sans que personne ne la remarque, il suffisait qu'en quelques secondes, elle allume son soleil intérieur, « qu'elle joue à être Marilyn » pour que la foule l'assaille de toutes parts. Toutefois, si elle ne parvenait pas à illuminer ce soleil intérieur, alors elle échouait dans l'Impératrice, perdait tout pouvoir, n'arrivait plus à s'exprimer et se trouvait totalement stérile.
Mais nul ne doit rester dans la fatalité de sa Maison 10. Marilyn ayant validé cette expérience de l'Impératrice dans son existence, elle a su transformer un obstacle en tremplin, et réaliser une forme d'expression et de création parfaitement originale. C'est vraisemblablement en tant qu'Impératrice des femmes qu'elle deviendra le sex-symbol des années 60.

Maison 11 : L'Amoureux

Un nœud dans le lien affectif. Une sorte de malédiction amoureuse posée dès sa naissance et avec laquelle elle devra compter tout au long de son existence. De brèves mais bouleversantes relations amoureuses qui, pour la plupart, s'achevèrent douloureusement.

Maison 12 : La Force

Marilyn transmet aux générations futures l'image d'une fragilité ambiguë qui s'imposera bientôt comme une force incomparable.

Maison 13 : Le Diable

Toute l'ambivalence du Diable résonne dans ce *Cœur du Blason*. Les aspects contradictoires de l'Arcane XV s'affrontent ici.

D'une part, le charme, le magnétisme, le sex-appeal de l'artiste. D'autre part, ses angoisses, ses peurs et ses dépendances, mais aussi son désarroi face au pouvoir des hommes.

Maison 14, Arcane Mineur de synthèse : le 9 d'Épée

Pour l'aider à traverser l'expérience de la Maison 5, c'est-à-dire la réconciliation avec l'énergie de l'homme, nécessité fait loi d'utiliser le 9 d'Épée, une arme qui permet de trancher dans les situations de conflit en mobilisant l'intelligence du cœur.

Mère Térésa pour l'année 1947

Née le 26.08.1910

Inventaire des aspects particuliers de ce *Référentiel.*
Nœud spirituel avec l'Étoile en Maison 11.
Dialectique ouverte avec le Soleil en Maison 9 et en Maison 8 pour l'année 1947.
Configuration du Serment de la Liberté retrouvée entre la Maison Dieu et le Soleil et de la *Parole enfermée* entre l'Impératrice et la Maison Dieu.
Trou noir : conflit rigueur miséricorde entre la Justice et l'Hermite,
Conflit amour et sexualité entre la Force et l'Amoureux (Trou noir royal, donc dominant, car avec le *Cœur du Blason*).
Défi défigurant, double position de l'Impératrice en Maison 7 et en Maison 10.
Miroir de l'Amour, la Maison Dieu et l'Amoureux
Miroir de la Manifestation : Impératrice et Soleil
Problématique de l'Engagement avec l'Amoureux en Maison 13
Receveur universel.
Étoile Fomalhaut.

La Lune en Maison 4 est la signature des visionnaires. Cette position particulière indique une mission terrestre ouverte sur le monde, affranchie de toute limite territoriale. L'imagination, l'intuition, la créativité caractérisent l'engagement spirituel inhérent à la Lune mais aussi celui de Gonxha Agnès Bojaxhiu qui, à l'age de dix-huit ans (La lune Arcane 18) , quitte sa famille pour rentrer à l'Institut de la Vierge Marie en Irlande, poussée par le désir de devenir missionnaire.
Une Lune en Maison 4 a besoin d'espace et d'aventure intérieure.

La Lune est aussi évidemment en lien avec la nuit. Et s'il existe une face cachée de la Lune, il existe aussi une face cachée de Mère Térésa. C'est seulement après sa mort que fut révélé ce qu'elle dissimulait même à ses amis les plus proches : elle éprouvait le douloureux sentiment d'être rejetée par Dieu. Son immense désir d'amour spirituel ne suffit pas à guérir la souffrance de son expérience intérieure qu'elle appelait elle-même l'obscurité, la nuit douloureuse de son âme. Cette désolation intérieure débuta au moment où elle commençait à travailler pour les pauvres et continua jusqu'à la fin de sa vie.
Elle réussit cependant à chaque instant à se dépasser, guidée en cela par le Soleil de sa Maison 9, véritable moteur de son incarnation, feu sacré, source de sa joie intérieure.
Le feu sacré est d'ailleurs appuyé par la Maison Dieu en Maison 6 qui peut éventuellement illustrer son formidable désir de faire bouger les choses.

Le Soleil en Maison 9 symbolise aussi son engagement humaniste, confirmé en cela par l'Amoureux en Maison 13, *Cœur du Blason*, problématique de l'engagement et de l'amour universel.

La Maison Dieu en Maison 6, ressource de son âme, indique qu'elle ne pouvait trouver sa force que dans la Maison de Dieu même si l'expérience fut douloureuse et qu'elle dut lâcher toutes ses protections. Elle est en effet capable de faire exploser les armures et autres cuirasses qui séparent l'individu de lui-même. Accepter sa vulnérabilité est une forme de force intérieure.

La Justice en Maison 1 met en scène une personne avide de justice, à la fois solide comme un roc, soucieuse d'équilibre et d'harmonie.
La double Justice, dialectique en *Référent contradictoire* avec une Justice en Maison 2, manifeste le parallèle permanent entre sa quête et son exigence de justice.
L'age de huit ans fut d'ailleurs pour elle déterminant dans la formation de son caractère : c'est l'age où elle perdit son père.
Elle sera toujours perçue comme quelqu'un qui combat les injustices de son monde (la Maison 1 est bien l'image que l'on donne de soi).
Le passage obligé par l'Hermite en Maison 5 est facile à comprendre. Le cheminement est intérieur, dépouillé, exigeant. Elle doit aussi accepter d'être un guide, de montrer le chemin.
Ce passage est celui d'une solitude habitée, elle pourra compter sur ses propres forces, ce que l'Arcane suivant va nous démontrer.
Le Cavalier de Deniers, Arcane mineur de synthèse qui favorise habituellement l'expérience de la Maison 5 montre que tout au long de son cheminement, Mère Térésa équilibre esprit et matière, ciel et terre.

La Force en Maison 3 est aussi grande que sa taille est petite, elle est un point d'appui, on peut compter sur elle. Son autonomie garantit l'efficacité et la puissance de son travail. Mais c'est aussi le signe qu'elle est le canal par lequel fusent une fantastique énergie et aussi la possibilité d'un travail de transmutation de cette énergie dans l'amour. Le résultat sera visible dans l'œuvre accomplie : elle est missionnée !

L'Impératrice en Maison 7 largement amplifiée par le *défi défigurant* de l'Impératrice en Maison 10 marque sa difficulté à s'exprimer, à se faire entendre et à se faire comprendre. La *configuration de la Parole enfermée* (L'Impératrice/ Maison Dieu) enfonce le clou. Cet aspect peut aussi supposer une maternité symbolique (l'Impératrice en hémisphère sud signalant souvent une forme de stérilité, contradictoire avec la Lune en Maison 4) : voilà donc un bel aspect de Mère universelle.
Le défi de l'Impératrice est aussi celui de l'incarnation. Si elle parvient à dépasser ce manque, alors elle pourra mettre en forme ce qu'elle porte en elle dans une lumière fraternelle et libératrice. La pauvreté n'est pas un empire mais Mère Térésa n'est pas l'Impératrice de la cour des miracles ! Qu'à cela ne tienne, d'autres Impératrices viendront l'encourager et la soutenir : la

Princesse Diana, par exemple. Nous voyons ici qu'un défi peut aussi être compris comme un appel.

Toute l'année 1947 fut caractérisée par une série de révélations, de visions, de messages. Le Christ lui parlait, il la suppliait : « Viens, sois ma lumière ! ». Cette phrase deviendra pour elle une sorte de maxime. Rien d'étonnant dès lors de voir le Soleil en Maison 8 en 1947. Soleil qui au demeurant crée une Dialectique ouverte avec la Maison 9, mobilisant toute la force intérieure, la joie cosmique et l'engagement social mais aussi un *Miroir* ouvert avec les deux Impératrices de l'Hémisphère sud appelant la sainte à s'exprimer à travers la femme.
Fomalhaut, c'est-à-dire l'Étoile en Maison 11, nous confirme que cette femme vient des étoiles. Toute la symbolique de l'Arcane 17 envahit le thème : la compassion, l'amour inconditionnel, le pardon. Mère Térésa vient de l'Amour, elle va vers l'Amour. L'Amoureux en Maison 12 lui survivra. Elle offre à l'humanité un testament spirituel incomparable, un symbole de compassion pour le monde et un témoignage vivant de la soif d'amour divin.

Bob Marley Né le 06.02.1945

"Dieu a créé les gens en technicolor !"

Un *Référentiel* n'est pas une radiographie de la personnalité mais un miroir symbolique d'une structure intérieure. Travailler avec son *Référentiel de Naissance* aide donc à se structurer, à condition de pouvoir se reconnaître dans les expériences de vie que nous reflètent les images symboliques de l'ancien Tarot de Marseille.
Dans le *Référentiel de Naissance* de Bob Marley, les deux Amoureux présents en Maison 11 et 1 encadrent parfaitement le Soleil en Maison 3 et l'Hermite en passage obligé (Maison 5).

En effet, la Maison 11 peut souvent être interprétée comme un projet parental inconscient qui pré-orienterait le cheminement d'une personne. Si on regarde les origines du chanteur, on distingue déjà dans l'Amoureux de la Maison 11 le sentiment d'être pris entre deux cultures avant même de venir au monde. Né d'un père blanc, officier de marine, et d'une paysanne jamaïcaine noire, Bob Marley découvre très vite la difficile condition des métis et l'incroyable misère de la Jamaïque. Si on ajoute que son père a abandonné sa femme et son fils parce que ses propres parents désapprouvaient sa relation avec une noire, on comprend que l'enfance et l'adolescence du jeune Bob se soient déroulées dans des questionnements douloureux. Le racisme, l'absence du père et la position de métis furent le ferment de son humanisme et de sa rébellion qu'illustrent la plupart de ses 250 chansons. L'Amoureux, notamment en Maison 11, symbolise souvent cette difficulté à trouver sa juste place lorsque l'on est tiraillé entre deux cultures. Lawrence d'Arabie, JF.Kennedy, Daniel Cohn Bendit, Marilyn Monroe, ont dû aussi ressentir, avec un Amoureux en Maison 11, les tensions et les forces contradictoires qui conduisent les êtres à s'engager sur d'autres voies que celles désignées au départ par leur lieu ou leur programme de naissance. Á moins qu'il s'agisse de s'engager dans le processus de conciliation des contraires ! Amour, choix et engagement, sont les trois mots clés de l'Amoureux !
Bob Marley réussit cette synthèse avec un Amoureux en Maison 1, signe de grand charisme et de capacité à distribuer beaucoup d'amour autour de lui. L'Amoureux en Maison 1 rayonne comme un phare et indique magnétisme et séduction. Léo Ferré, Freud, Françoise Dolto, Khalil Gibran ou Jeanne d'Arc, pour ne prendre que quelques « Amoureux » emblématiques, confirment bien cette hypothèse !
Si avec un Amoureux en Maison 11 Bob Marley peut se sentir écartelé entre deux mondes qu'il ne comprend pas, avec le Soleil en Maison 3 il est animé d'un profond désir de réconciliation de ces mondes. Le Soleil en Maison 3 est, rappelons-le, le signe d'un grand désir d'humanisme, de fraternité et d'égalité sociale. Nelson Mandela a lui aussi cet aspect dans son *Référentiel* : Soleil en Maison 3 !
En 1978, Bob donne un très grand concert à Kingston : « One Love ». Au cours de ce concert, il convainc deux dirigeants de partis politiques opposés de monter sur scène et de se serrer la main en public. Incroyable situation où

deux adversaires implacables fraternisent autour de Bob. Difficile de trouver une image plus appropriée que l'Amoureux pour immortaliser un tel moment. Sans oublier cette préoccupation permanente de Bob, avec le Soleil en Maison 3, de voir la paix et la fraternité triompher sur la terre. « Combats le Diable avec cette chose qu'on appelle l'Amour », dit-il quelque part…subtile intuition du défi de l'Étoile (Maison 7) contre la puissance du Diable (Maison 10).
L'Hermite du passage obligé donne le « la ». Cette harmonie et cette conciliation ne seront possibles que s'il y a un véritable retour sur soi, une méditation intérieure. Bob Marley l'aura bien compris, jusqu'à sa rencontre déterminante avec son Hermite : Vernon Carrington « Gad the prophet », fondateur de l'église des tribus d'Israël et qui jouera le rôle d'initiateur et de maître spirituel auprès de Bob. Cette rencontre avec Carrington aidera certainement Bob Marley à définir sa foi rasta : éminemment spirituelle, ouverte sur la misère de la condition humaine, pacifiste, proche de la nature, quasi panthéiste. Pour les Rastas, les noirs sont une tribu perdue d'Israël. Ils se considèrent donc comme les hébreux véritables. Ce mouvement eut une très grande influence sur toute la Jamaïque, encourageant les jeunes à être indépendants des systèmes et des institutions, et à développer une vie communautaire qui favorise les échanges et la générosité humaine.
Mais le Maître incontesté du Rasta et de Bob est une autre sorte d'Hermite. Un Hermite couronné qui ressemblerait plutôt au Chariot. Il s'agit de Jah Rastafari, l'Empereur d'Ethiopie : Hailé Selassié, dit le Négus ! Bob Marley signe un contrat moral avec « Sa Majesté » comme il dit, le vénérant comme un maître, mieux, comme un Dieu. Cette soumisssion à l'autorité de son maître peut se retrouver dans l'Étoile en Maison 7.

Hailé Selassié, le Roi d'Éthiopie, est détenteur du pouvoir et de la philosophie rastafari.
Les cheveux des rastas sont le signe de la communication directe avec Dieu, sans intermédiaire. Les cheveux de l'Hermite soulignent également cette idée. « Christ est rasta ! » disait Bob ! De là à dire que l'Hermite est rasta, je n'y vois pas d'inconvénient.

Cette philosophie rasta est autant présente chez Bob Marley que dans son *Référentiel de Naissance* qui en illustre tous les aspects.

La Justice en Maison 6 indique à quel point le chanteur était animé par un fort idéal de justice. C'est dans cette qualité qu'il puisait vraisemblablement son énergie. La Papesse en Maison 2 évoque non seulement sa quête de connaissance spirituelle mais aussi son désir de transmettre cette connaissance en ouvrant au plus grand nombre le livre de sagesse que représente la musique reggae. Encore fallait-il populariser cette musique au point d'en faire un symbole de liberté.

En 1964, il fonde avec Peter Tosh et Bunny Wailer les Wailings Wailers qui deviendra le premier groupe jamaïcain à apporter au reggae un contenu philosophique, spirituel et même politique. Bob Marley, dans des chansons populaires, essaie d'élever la conscience politique des Jamaïcains, en critiquant l'attitude raciste qui prédominait à cette époque. La Justice en Maison 6, la Papesse en Maison 2, l'Amoureux en Maison 1, le Soleil en Maison 3 et l'Hermite en Maison 5, sont des symboles énergiques, ils « tirent » tous dans la même direction.
Préoccupation de la pensée : justice sociale et fraternelle (Soleil en M3)
Ressourcement personnel : justice et équilibre (Justice en M6)
Ce qu'on peut apporter aux autres : amour (Amoureux en M1)
Quête et idéal : connaissance et ouverture (Papesse en M2)
Passage obligé : sagesse, spiritualité, simplicité (Hermite en M5)

La dimension politique et spirituelle est toujours présente dans l'œuvre et la vie de Bob Marley, même s'il se défend de faire de la politique : « Capitalisme et communisme sont morts ! C'est rasta maintenant ! »
C'est en 1972, alors que Bob et les Wailers traversent une grande crise économique, que le chanteur rencontre l'éditeur Chris Blakwell. C'est le début d'un immense succès, plus de 5 millions de disques vendus en quelques années !!!
Le *Miroir* Pouvoir-Puissance qui s'exprime dans ses Maisons 9 et 10 s'active et se déploie alors. Le Diable, signe d'une puissance potentielle qui n'avait pas encore pris toute sa dimension, est désormais canalisé, le Chariot prend le pouvoir et la réussite sera gigantesque. Le Chariot en Maison 9 montre que lorsque l'on est dans sa juste voie intérieure, alors la réussite est universelle. Ainsi Bob pourra s'appuyer sur sa réussite sociale pour aider les plus défavorisés.
En 1972, Bob a l'Hermite en Maison 8 (c'est la Maison des transformations. Cette lame change tous les ans et donne une indication sur les symboles disponibles tout au long de l'année). Le *Référentiel* réactive un Hermite déjà présent en Maison 5. Comme si la vie disait à Bob Marley : « Ta réussite sera immense si tu restes fidèle à tes valeurs philosophiques et spirituelles ».
C'est ce qu'il fera. Quelques années plus tard, il apprend qu'il est atteint d'un cancer. Il prend la décision de consacrer à son engagement humanitaire le temps qu'il lui reste à vivre. Il défendra et soutiendra jusqu'au bout ses frères dans la misère.
Il lèguera les droits d'auteur de certaines de ses chansons à des associations qui viennent en aide aux enfants sous-alimentés.
La problématique de communication inscrite dans son *Cœur de Blason* (Maison 13) est ici parfaitement dépassée puisque c'est par la fraternité exprimée dans la communication qu'il transcendera ses problèmes. En effet, si dans un premier temps Tempérance rappelle les difficultés de l'Amoureux ou du Soleil à équilibrer les opposés et à dépasser les contradictions, à terme

c'est par l'échange et la communication que l'harmonie sera au rendez-vous. Le *miroir royal* de Tempérance avec la Justice semble mettre en relation équilibrée l'engagement social et l'aspiration spirituelle. Tempérance est aussi un Arcane pour la musique, dans le sens où il s'agit ici de communication vibratoire. La Justice donne le rythme et la structure, Tempérance la mélodie et l'harmonie.
La Roue de Fortune en Maison 12 est la signature des grands novateurs. Cet Arcane représente aussi dans cette Maison l'aboutissement d'un processus qui a permis de libérer les schémas répétitifs du passé pour renouveler toutes les énergies. C'est en s'arrachant à la condition déplorable que vivaient les métis (la Justice en M6), en prenant sa place de guide (Hermite en M5) tout en conservant la mémoire de ses origines, que Bob Marley revient vers les siens, lumineux et charismatique (Amoureux en M1), donnant l'impulsion d'un renouveau (Roue de Fortune en M12) qui continue, aujourd'hui encore, à faire son chemin.

La Lune en Maison 4 montre un homme engagé dans une démarche spirituelle et visionnaire, qui a su utiliser tous les ressorts de sa créativité pour délivrer un message universel d'amour et de paix.

II
© GRIMAUD 1980
LA · PAPESSE

Mahatma Gandhi Né le 02.10.1869

"Je suis prêt à mourir pour de nombreuses causes, mais il n'existe aucune cause au monde pour laquelle je suis prêt à tuer"

Papesse en Maison 1 : L'image que Gandhi donne de lui-même est celle d'un initiateur mais aussi d'un accoucheur, celui de tout un peuple. La Papesse évoque le rôle d'avocat et de journaliste qu'il a assumé dans sa vie. Mais pour des millions d'indiens, Gandhi-Papesse est à l'image de l'absolue sagesse, peut-être davantage une mère symbolique qu'un père pour les siens.

Pendu en Maison 6 : Le Mahatma Gandhi peut puiser ses ressources dans le Pendu parce que cet Arcane symbolise le détachement, le lâcher-prise et la confiance infinie. Le Pendu marque aussi la capacité de prendre de la distance par rapport à soi-même et caractérise par conséquent la non-violence. Mais la non-violence n'est ni de la passivité ni une manière de fuir le conflit. Bien au contraire. Le non-agir dans la philosophie indienne ne signifie pas l'absence d'action. Dans la pensée de Gandhi, il s'agit d'adopter une attitude non agressive active face à la violence. C'est un renversement de situation, le pouvoir de renvoyer l'agresseur à sa propre violence. Le but est d'amener l'autre à prendre conscience qu'il est dans l'erreur.
Pas de passivité, mais une résistance active et provocatrice.
La Maison 6 est aussi une porte de sortie utile lorsque nous sommes paralysés par les conflits, le stress ou les agressions au point que seule la fuite peut nous être salutaire. Ce Pendu en Maison 6 n'est-il pas la porte de sortie de Gandhi mais aussi de l'Inde face à l'empire britannique ?
Voici pourtant une issue paradoxale pour un pays essentiellement caractérisé par la violence, et libéré par un homme dont la nature profonde est pétrie de violence contre lui-même. C'est l'un des caractères spécifiques du Pendu d'inverser ses propres valeurs et de transmuter ses instincts.

Dans *La Voie du Cœur* Arnaud Desjardins affirme que « Gandhi n'a jamais dépassé sa propre violence…il a été non pas un non-violent mais un violent réprimé…il retournait sa violence contre lui-même en s'imposant de terribles austérités…la non-violence de Gandhi a agi comme une arme violente dirigée contre tous ceux qui s'opposaient à lui ». Les deux Maisons Dieu que l'on étudiera plus loin sont caractéristiques d'un paradoxe de la violence.

Maison 3 : l'Amoureux en Maison 3 manifeste bien la préoccupation permanente de sa pensée : l'engagement, la liberté et l'amour. Ces trois concepts caractérisent l'essentiel du sixième Arcane ainsi que l'essentiel de la philosophie de Mahatma Gandhi. La notion de renoncement est aussi très présente dans cette lame. Surtout du fait qu'on la retrouve en Maison 10, Maison des expériences et des échecs, mais aussi parce que l'Amoureux fait *miroir* avec la Maison Dieu, suggérant que l'expérience fondamentale de l'amour doit passer par le renoncement à l'ego. La Maison Dieu en Maison 11 (aspect connu sous le nom de *nœud spirituel*) démontre que la spiritualité n'est pas un don inné que l'on aurait reçu en héritage mais le résultat d'un long travail de transformation et de dépouillement. Lors de ses premiers combats en Afrique du Sud, Gandhi a compris qu'en acceptant de se laisser briser dans son corps et sa chair sans perdre sa dignité, il donnait à ses frères la force et le courage d'endurer une certaine forme de destruction pour aller sur la voie de la reconstruction. Le Diable en Maison 8 en 1893, lors de son premier séjour en Afrique du Sud, présage bien de ses premières expériences avec la violence des autres.

Les deux Maisons Dieu du thème évoquent la notion d'ashram mais aussi l'aspiration à une forme d'universalité des religions. Chrétiens, musulmans, hindouistes, juifs travaillaient ensemble avec Gandhi et développèrent des voies d'harmonie et de paix.
« Nous nous opposons seulement à l'idée que les hommes différents ne pourraient pas vivre ensemble », dit-il à un journaliste. « Nous ne sommes contre rien ».

Gandhi est un visionnaire. Sa Lune en Maison 4 l'autorise à explorer la possibilité de nouveaux mondes, des mondes où la sensibilité, la philosophie et le mode de vie de chacun seraient reconnus et respectés. La Lune en Maison 4 indique aussi l'action de l'âme au service de l'homme, la possibilité de dépasser toutes les limites en lançant un défi à l'impossible. Cet Arcane évoque aussi l'intelligence créative permanente dont Gandhi a témoigné lors des situations les plus dramatiques. Cette Lune souligne de plus le magnétisme et la popularité qui furent les siennes.

Défi IV : l'Empereur en défi doit être compris comme le défi de l'empire, de l'empire britannique bien entendu. Chez certaines personnes, dont la hauteur de vue et la grandeur d'âme ont traversé les siècles, il arrive que le destin personnel se superpose symboliquement au destin de leur peuple. Le cas est ici frappant. Cet Empereur en défi évoque les enfermements, les emprisonnements, les rapports douloureux à l'autorité qu'il dut subir. Mais on sait aussi qu'un défi est une leçon à apprendre. Gandhi étudia le droit en Angleterre et y obtint son titre d'avocat. Peut-être ce double mouvement - soumission à l'autorité de la couronne et reconnaissance de ses pairs – participa-t-il au développement de sa théorie de la non-violence. Un deuxième Empereur en Maison 12 confirmera sans doute cette ambivalence : lutter contre l'oppression de l'empire tout en en retenant les leçons (Empereur en Maison 7) pour reconstruire un nouvel « empire » (une Inde souveraine, libérée de l'impérialisme britannique) qu'il transmettra aux futures générations (Empereur en Maison 12, cette Maison étant connue sous le nom de *Valeur Personnelle de Transmission*). Ce passage d'un Empereur rigide, violent et autoritaire à un Empereur structuré, solide et universel ne pouvait se faire que par une quête permanente de liberté, d'innovation et d'inventivité.

« Ils briseront nos corps, ils détruiront nos maisons ....mais ils n'auront jamais notre obéissance ».
Ces trois notions se retrouvent dans sa Roue de Fortune en Maison 2, Maison de la Quête. La Roue de Fortune précise aussi la nécessité de se libérer des anciens modes de fonctionnement qui se répètent de génération en génération.
Comme pour les deux autres personnalités étudiées dans ce chapitre, Gandhi a l'Hermite en Maison 5, passage obligé. Remplaçons le manteau bleu de l'Hermite par le sari blanc du Mahatma et tout s'éclaire. Un tel destin ne peut se réaliser que si l'on est prêt à faire l'expérience de la rencontre intérieure avec soi-même. Le passage obligé par l'Hermite, c'est le passage obligé par le soi. Le même Arcane en Maison 13 (*Cœur du Blason*) conforte l'image du sage pèlerin, éclaireur infatigable. Comme l'a dit le général George Marshall, secrétaire d'état américain : « Le Mahatma Gandhi est devenu le porte-parole de la conscience de l'humanité. C'est un homme qui avait rendu l'humilité et la simple vérité plus puissantes que des empires ».

Léo Ferré

Né le 24.08.1916

Le Mat, en Maison 4 et en *empreinte*, nous montre un Ferré en quête de liberté, choisissant des chemins non-conformistes et payant pour cela le prix fort de la haine et du rejet. Jamais un être si pétri d'amour pour l'humanité ne déclencha un tel climat de haine et de rejet !
Léo Ferré a fait de sa folie douloureuse une sagesse humaniste extraordinaire. D'ailleurs, on peut dire que toute la philosophie humaniste est née d'une folie. Cette folie qui est le propre de l'homme. En effet, seul l'homme a la sagesse d'être fou ; une folie sensée, puisqu'elle est le miroir par lequel l'homme peut s'assagir. Ce fou du Roi dit leurs quatre vérités à tous ceux qui s'éloignent du bon sens, qui préfèrent la ruse à l'intelligence ou les émotions à l'amour.

Au début du XVIe siècle, Erasme a écrit *L'éloge de la folie*. Ce texte, critique de l'Église-spectacle, de la guerre, des politiques, fonde ce qu'on est autorisé à nommer aujourd'hui la philosophie humaniste. Une philosophie de l'homme, une philosophie qui replace l'homme au centre de la création, qui lui rend sa dignité, qui le libère de ses aliénations : ni Dieu, ni Maître.
Voilà ce qui pourrait être la devise du Mat. Un anarchiste au sens noble, non pas hostile à l'ordre, mais à la recherche d'un ordre juste, un ordre sans pouvoir qui érige le désordre comme vertu supérieure : « le désordre, c'est l'ordre, moins le pouvoir... »
On retrouve cette image du Mat dans le tableau de Bruegel l'Ancien. C'est le pèlerin sans attache qui marche sans hésiter. Il sait qu'en allant toujours de l'avant, il ne peut qu'avancer, il ne peut pas faire fausse route. D'ailleurs, voici la seule carte du Tarot où l'herbe est blanche. Partout où le Mat pose le pied, l'herbe repousse purifiée. Ce poète maudit purifie les chemins de la poésie.

En ancien vénitien, Mat signifie fou (l'anglais en garde une trace avec « mad ») ; en grec ancien ce mot signifie « savoir » et en arabe « mort ». La sagesse, la folie et la mort vont bien ensemble. Qu'est-ce que la sagesse ? La conscience. Qu'est-ce que la conscience ? La présence aux choses et à soi-même. Être conscient suppose d'être mort à l'instant passé : « Et cette foutue mémoire qui me tient par le bras ».

Le Mat, c'est avant tout la mort de la raison, de la bonne raison, de la raison d'État !
Chez Léo Ferré, cette carte symbolise le parcours hors des sentiers battus, le goût de la fusion, la conscience cosmique. Ferré déplorait souvent qu'on soit obligé d'utiliser des mots pour parler des choses, car les mots nous emprisonnent et emprisonnent les choses. L'une des significations majeures du Mat est proche d'une expérience mystique : je connais une chose quand je deviens cette chose.

Le Mat, c'est aussi le provocateur, mais il fait bouger, bouleverse, fait évoluer.
« Allez leur mettre la corde au cou ».

L'Amoureux en Maison 1 suggère l'amour et la liberté que l'artiste laisse émaner de lui. Une énergie et une vibration ensorcelantes qui nous poussent autant au rêve qu'à l'action.
Cette carte suggère l'amour. Mais, comme en numérosophie, le Tarot propose trois niveaux de l'amour. L'amour fraternel, représenté par le nombre 3, l'amour sensuel par le nombre 6 et l'amour universel par le nombre 9.
D'ailleurs, dans le mot « six » on retrouve les racines de « sexe » et ce dans pratiquement toutes les langues indo-européennes.

La tradition médiévale du Tarot avait l'habitude de voir dans cette carte un jeune homme tiraillé d'un côté par l'amour sexuel et le chant des sirènes, de l'autre par l'amour spirituel symbolisé par cette femme au visage plus austère. Le personnage quant à lui ne semble pas souffrir outre mesure de la difficulté de ce choix : par ses jambes nues, il reçoit une énergie venue du sol, par l'ange et le soleil il est éclairé d'en haut, ce qui lui donne équilibre et sérénité.

Comment cette carte résonne-t-elle dans le thème de Léo Ferré ? D'abord, dans la position qu'elle occupe, la carte nous dit que Ferré apporte beaucoup d'amour autour de lui et qu'il laissera à l'humanité l'image d'un homme dont la puissance d'amour et de générosité n'a d'égale que la violence de ses déchirements intérieurs.

Cette carte, c'est aussi tout le mystère de la sexualité, de la double présence du sexe : celui d'où l'on vient - car comme le disait Steiner, c'est aux actes d'amour du passé que nous devons notre existence - et le sexe où l'on va, et où l'on se meurt, dira Ferré. On pense bien sûr ici à « cette blessure d'où je viens, dont je meurs. »

Ferré c'est l'Amoureux, dans tous les sens du terme, l'amoureux d'amour fou, le fou d'amour.

L'Étoile.
Cette lame extrêmement puissante symbolise l'amour universel, le détachement ultime, l'abandon du pouvoir, la générosité, le don de soi, la vérité nue, l'espérance. Elle confirme les messages précédents.

Mais, dans cette position, en Maison 3, ne représente-t-elle pas aussi l'idéal du moi ? Nous n'oublierons pas l'étymologie du mot désir : *desidere*, avoir perdu son étoile. Dès qu'il y a désir (au sens ancien, le plus fort, c'est-

à-dire au sens d'amour), nous partons à la recherche de notre étoile perdue pour la raccommoder au tissu de notre être. C'est ici encore le chevalier qui s'engage dans la conquête de l'inaccessible étoile.
Il est dit dans la sagesse juive que lorsque Dieu s'est retiré de l'homme un grand vide s'est formé. C'est dans ce vide qu'est né le désir.

Cette femme nue, auréolée de lumière, qui ne retient rien et laisse tout s'écouler dans les rivières mélangées, c'est pour Léo Ferré le thème de la femme inaccessible. La femme de chair à la fois si proche et si lointaine, que l'on fuit et que l'on cherche. Comme avec la lame précédente, l'Amoureux, nous retrouvons la thématique de la femme de chair, objet du désir brûlant.

> « Je t'aime pour ton ventre où je viens te chercher
> Quand tu cherches des yeux la nuit qui se balance
> Á mon creux qui te creuse et d'où ma vie blessée
> Coule comme un torrent dans le bruit du silence
> Je t'aime pour ta gueule ouverte sur la nuit
> Quand la sève montant comme du fond des ères
> Bouillonne dans ton ventre et que je te maudis
> D'être à la fois ma sœur, mon ange
> Et ma lumière. »

La Justice en Maison 2, 3 et 12 met encore en scène une femme, au visage plus sévère cette fois. Dans la symbolique des nombres, le 8 est relié à l'idée de transformation et de mort, comme le Mat. On voit que la mort n'a pas chez Léo Ferré, « comme dans le Larousse », l'allure d'un squelette qui fauche la Terre. Pour Léo, le visage de l'Amour se confond avec celui de la Mort, ultime dérision d'Eros et de Thanatos ; l'Arcane VIII, la Justice, regarde l'artiste au fond des yeux.
En Maison 2, la Justice, suggère chez Ferré un idéal, la quête interminable d'une perfection si subtile qu'on finit par la confondre avec l'immobilité.
La Justice et le Mat sont symétriques. La première est le symbole de la raison. Raison inaccessible qui n'est pas de ce temps et nous enferme dans le labyrinthe du code civil. Le Mat, lui, est le symbole de la déraison ou en tout cas de la non-raison, de la révolte contre la rationalité.
« Il faut mettre Euclide dans une poubelle »
Ce que Ferré rejette... dégueule... c'est l'amour immatriculé...
« Il marchait seul, devant, le poing dans l'utopique »

Voilà encore une image du Mat, l'anti-justice, puisque la justice est à la fois la quête ultime et l'empêcheur d'aimer en rond.
« Ah ! Petite, tu reviendras me voir bientôt...
Quand ça ne m'ira plus

Quand sous ta robe il n'y aura plus...
Le code pénal... »

Tempérance en Maison 6 représente un ange incarné comme l'attestent ses ailes couleur chair.
Cette position illustre dans un *Référentiel* les dons innés, les pouvoirs intérieurs, mais surtout ce que l'on pourra toujours réaliser dans sa vie.
Comme dans l'Étoile, le thème de la dualité apparaît ici encore dans les deux urnes.
C'est à la fois l'ange et le démon. L'ange des ailes du désir, qui cherche à s'incarner pour goûter à la saveur du désarroi. Or, le thème de l'ange est présent dans une chanson sur trois de l'œuvre de Ferré.
Mais c'est aussi, dualité oblige, la carte du pouvoir, en l'occurrence celui de la féminité. On reconnaît Lilith. Le pouvoir de la féminité comme une porte ouverte vers l'ailleurs ; Lilith, la première femme non incarnée d'Adam, avait un sexe à la place du cerveau.

Nous sommes encore confrontés au monde inaccessible et tentateur, démoniaque et sacré, l'amour de la vie et le baiser de la mort.

Le *miroir* Pape / Étoile dans les Maisons 9 et 10 instaure un dialogue intérieur entre le masculin et le féminin. Le Pape représente la réussite du chanteur, qui dans son domaine est une sorte de Pape sans Église, réussite conquise au prix d'une expérience douloureuse avec la femme. Cette Étoile en Maison 10 n'est en fait que la seconde des trois Étoiles qui forment ensemble une boucle de Sothis, boucle de vérité, d'espérance et d'éternel féminin. La troisième Étoile au *Cœur du Blason* est, comme on le sait chez les artistes, la signature identitaire de son œuvre : Femme ! Vérité ! Espérance désespérée !

Le Chariot en Maison 11 se nomme noeud de pouvoir. Toute sa vie Léo Ferré aura des problèmes avec le pouvoir. La Justice en Maison 12, idéal de justice absolue, stigmatise sa force d'élévation, son énergie combative, son exigence d'authenticité et de justice.

Chapitre V

APPROCHE PSYCHANALYTIQUE DU RÉFÉRENTIEL DE NAISSANCE

Tarot et psychanalyse

Une nouvelle approche des vingt-deux Arcanes du Tarot de Marseille selon la psychanalyse
Les créateurs anonymes du Tarot sont des visionnaires. Ils ont eu accès aux mêmes perceptions que les philosophes et autres créateurs d'univers.
Ainsi en est-il de la psychanalyse. On trouve, illustrés dans les Arcanes du Tarot de Marseille, les grands concepts de la psychanalyse et de la psychologie moderne. Cela légitime la dimension psychologique du Tarot et la force thérapeutique des symboles.
Freud a décrit trois étapes dans l'évolution de la psychanalyse. Dans un premier temps, il pensait que l'explication des symptômes présents par les événements du passé suffirait à faire disparaître les troubles. Puis il s'est aperçu que les troubles ne disparaissaient pas, mais se déplaçaient. C'est à ce stade qu'est apparu en psychanalyse le concept de pulsion de mort. Enfin, il a établi que c'est seulement dans le transfert qu'on peut espérer venir à bout des troubles quand se jouent à nouveau les relations affectives primordiales. Le Tarot est lui aussi le lieu où se remet en scène l'histoire personnelle. C'est à ce titre que les symboles et archétypes du Tarot ont leur place dans les processus thérapeutiques. Que se passe-t-il dans ces images qui se passe également dans ma vie ?

I - Le Bateleur

On découvre dans le Bateleur les trois stades d'évolution de la sexualité chez l'enfant tels qu'ils ont été décrits par Freud ou par Dolto. La psychanalyse explique qu'au cours des deux premières années de la vie, l'enfant investit sa libido sur sa bouche. C'est le stade oral. Cette recherche d'un plaisir narcissique, dit auto-érotique, se développe de la naissance au sevrage. L'enfant porte à sa bouche tout ce qu'il trouve. La coupe posée sur la table du Bateleur rappelle cette période originelle : « il y a peu de la coupe aux lèvres ». C'est par la bouche, les lèvres que l'on s'unit à ceux que l'on aime. C'est grâce à la parole que l'on entre en relation avec l'autre. Dans le Tarot, la coupe est le symbole de la relation. Boire à la même coupe est un signe d'alliance. Si le champagne a tant de succès et coule à flots lors de la consécration d'une union ou de la signature d'un contrat, ce succès en revient plus à la coupe qu'au divin breuvage. Coupe - et non point flûte - qui, paraît-il, aurait été créée sous Louis XIV en prenant comme moule le sein de la Pompadour. Le premier Graal que connaît le nouveau-né est le sein de la mère.

La coupe posée sur la table du Bateleur n'a pas encore pris la dimension qu'elle réalisera dans l'As de coupe, l'Étoile ou Tempérance, mais elle en contient tout le potentiel. Il en est ainsi des autres objets : le poignard est une épée en puissance, la pastille dorée qu'il tient dans sa main droite, le germe d'un bouclier ou l'esquisse d'une table ronde et la baguette dans sa main gauche, un bâton qui n'a pas encore dit son nom. Amusant de constater à cet égard que la baguette en question est désignée sous le terme de « vergette » par la science héraldique. La connotation sexuelle est frappante, nous y reviendrons. Selon le texte de Chrétien de Troyes, le Graal ne se réduit pas à une simple coupe. Il est en fait constitué de quatre éléments, que Perceval distinguera sous la forme d'un cortège fameux constitué par un calice, une épée, une lance et un tailloir (sorte de plateau circulaire en bois ou en métal).

Le deuxième stade se nomme stade anal. On entre dans la période d'apprentissage de la propreté sphinctérienne. Au cours de cette période, l'enfant découvre son caca et, de fait, objective la réalité. Quelque chose sort de lui. Il peut l'observer, jouer avec et satisfaire ou non ses parents qui ont le choix d'applaudir lorsque le caca bien formaté atteint sa destination ou de mettre à l'index dans un anathème fatal ledit caca que l'enfant jubilatoire écrase de ses petits doigts pommelés, étonné par les « c'est sale » qu'on lui crie dans les oreilles. Pendant cette phase, le plaisir est donc anal et préfigure la relation que l'enfant aura plus tard à l'âge adulte avec le plaisir, l'argent et l'obsession de la propreté. Si les événements vécus pendant le stade oral peuvent faire naître de grands spécialistes de la bouche, gastronomes, chanteurs, grands buveurs ou fumeurs de havane, les événements liés à la période anale peuvent définir un caractère de collectionneur, toujours en quête de petits cacas biens propres (timbres, pièces de monnaie, hiboux en porcelaine), mais surtout des personnes dont la relation à l'argent peut être compulsive ou obsessionnelle.

Le Deniers est bien sûr lié à toute cette thématique. Le Tarot synthétise dans le Deniers argent, plaisir et sensations. Le Deniers est défini universellement comme l'élément de la matière.

Le troisième stade qui se développe entre 4 et 6 ans concerne le stade phallique. Tout le plaisir est organisé autour des zones génitales. Dans cette période, l'enfant découvre le plaisir de la masturbation alors que peu à peu se structure le triangle oedipien. Au cours de cette phase, le petit garçon établit le lien entre le pénis et la puissance, quand la petite fille fantasme la présence du phallus. Pénis et phallus sont les deux versants d'une même réalité : le premier désignant l'organe, le second la représentation symbolique que l'enfant s'en fait. L'Épée et le Bâton du Tarot, encore à l'état embryonnaire dans le premier Arcane, évoquent parfaitement ce moment particulier de l'évolution de l'enfant au cours duquel il connaîtra l'angoisse de castration, c'est-à-dire l'angoisse de perdre sa puissance. D'ailleurs, les Arcanes qui arborent l'épée, la Justice et le Diable, constituent souvent pour de nombreux sujets travaillant avec le Tarot un support de projection à l'angoisse de castration. Les Bâtons que l'Impératrice, l'Empereur, le Pape et le Chariot dressent devant eux affirment leur autorité et leur pouvoir tandis que ceux de l'Hermite et du Mat en revanche impliquent une autorité intériorisée sur laquelle on peut s'appuyer.

Les Arcanes du Tarot sont numérotés selon une codification à peu près universelle, même si des incertitudes surgissent çà et là. Ce chiffrage des Arcanes peut être compris de plusieurs manières, une valeur numérique symbolique en lien avec le contenu de l'Arcane qu'il désigne mais aussi une valeur ordinale, un rang dans la série. Cette réflexion m'a conduit à imaginer que l'on pouvait trouver dans les Arcanes majeurs les 21 âges qui conduisent un être de sa naissance à sa majorité. Ainsi, le premier Arcane correspond à la première année de vie. Tous les potentiels sont là et se développeront plus ou moins harmonieusement selon le terrain, l'environnement, l'éducation…
Dès la deuxième année (symbolique de la Papesse), l'enfant doit apprendre à se détacher de sa mère pour se constituer comme sujet. Il découvre à cette période que son existence est dissociée de l'existence de sa mère. Dans la troisième année (l'Impératrice), l'enfant accède à la maîtrise du langage. Dans la quatrième année (l'Empereur), l'enfant se structure en relation avec le « nom » du père. Dans la cinquième année (le Pape), la relation au père se modifie, ce dernier adoptant une attitude plus conciliante vis-à-vis de son enfant. Au cours de la sixième année (l'Amoureux), la période œdipienne s'achève progressivement et l'enfant en entrant à l'école découvre un nouveau monde qui le conduira inexorablement à passer du principe de plaisir au principe de réalité. Au cours de la septième année (le Chariot), l'enfant atteint l'age de raison et parvient à maîtriser ses pulsions, à décider où il veut aller. Pour la psychanalyse, l'enfant entre dès l'age de sept ans dans une

période dite période de latence et il semblerait que jusqu'à l'adolescence il ne se passe rien de spectaculaire. Les transformations sont souterraines, invisibles mais néanmoins indispensables. Au cours de la huitième année, l'enfant intègre le sentiment de justice et d'injustice. Á la neuvième année, un lien commence à s'établir avec le concept de sagesse. Peut-être est-ce l'age où l'enfant consolide sa relation avec ses grands-parents. Dixième année, découverte de la notion de liberté. Onzième année, conscience de sa force énergétique intérieure telle qu'elle pourra être expérimentée dans les sports de combat et de défense ou les arts martiaux. Douzième année, sentiment intérieur - très caractéristique chez l'enfant - qu'il va falloir abandonner l'enfance. Naissance d'un sentiment de lâcher-prise voire de sacrifice.

Et puis tout explose dans la treizième année, transformation radicale des structures internes et externes. L'enfant devient un adolescent, il change de corps, de peau, conteste le monde et se pose le problème de son identité. Plusieurs voies s'offrent à lui, et la manière dont il assumera une qualité de communication avec son environnement sera déterminante.

C'est au cours de la quatorzième année que cette notion de communication prendra toute sa dimension. Communication avec soi-même notamment, où un équilibrage des polarités masculin/féminin se profile. Il est question à ce moment-là d'affirmer son identité sexuelle ou de s'interroger sur ses attirances sexuelles.

La quinzième et la seizième années risquent d'être tumultueuses : explosion de la sexualité, désir de puissance. L'adolescent peut s'enfermer dans sa tour d'ivoire pour se protéger des autres et de lui-même. Toute la violence contenue dans la symbolique de la quinzième année peut faire exploser le système. Mais au cours de la dix-septième année, un équilibrage peut stabiliser le comportement. Le lien se fait entre le ciel et la terre. Et si, comme le dit Rimbaud, « on n'est pas sérieux quand on a dix-sept ans », le jeune garçon ou la jeune fille peuvent enfin rencontrer leur étoile.

Au cours de la dix-huitième année, on atteint la majorité illusoire et émotionnelle, celle que la démagogie a concédée dans les années soixante-dix à la plupart des occidentaux. Les dix-neuvième et vingtième années semblent conjuguer sans vraiment les distinguer l'émergence dans le cœur des jeunes gens d'un souci humanitaire ou d'un engagement social. Dans la vingt-et-unième année, nous atteignons la véritable majorité. Il s'agit dès lors de prendre sa place dans le monde, d'agir avec ou contre lui, adulte, socialisé, acteur. Et si les carcans sont trop rigides, les cloisons du monde s'effriteront et le Mat qui n'a pas d'âge car il n'a pas de nombre offrira un modèle symbolique parfait au marginal, au rebelle, au délinquant, à celui qui ne s'inscrit nulle part et qui part sur les routes parfumées pour découvrir la vie dans « le grand livre du Monde ».

II. La Papesse

La Papesse nous renvoie à ce que Lacan nomme le « stade du miroir », c'est-à-dire le moment où l'enfant se reconnaît comme étant séparé de sa mère. Mais il existe encore de la fusion avec la mère.

III. L'Impératrice

Période au cours de laquelle la mère se distancie, et où l'enfant commence à dire « non », en miroir au non/nom du père. L'impératrice pourrait éventuellement être intégrée chez l'enfant comme la « mauvaise mère », la Papesse étant la « bonne mère ». Le petit garçon risque d'intégrer un *anima* négatif : lorsqu'il rencontrera des femmes, il projettera sur elles qu'elles sont de mauvaises femmes. L'Impératrice, c'est la mère qui sèvre son enfant, celle qui fait cesser la fusion que le Bateleur connaissait avec la Papesse : elle affirme son territoire, par sa parole, en montrant son intelligence. C'est face à cette image que l'enfant se construira, en miroir. On pourrait dire que la Papesse correspond à la *mère-femme*, alors que l'Impératrice rappelle la *mère-homme* (elle tient d'ailleurs le bâton).

IV. L'Empereur

Avec l'Empereur, on entre dans la consécration du triangle oedipien, puisque l'Empereur occupe la place du père, celui qui dit non, qui donne le nom. Il représente la structure référente dans la famille. Le nombre 4 est le nombre de la famille.
Il introduit la loi du père.

V. Le Pape

L'Empereur est un père qui dit « non » ; le Pape est un père qui dit « oui ». Le rôle du Pape est d'apporter sécurité affective et nourriture spirituelle.
L'Empereur est un *père-homme*, le Pape est un *père-femme*, voire un père-mère.

VI. L'Amoureux

Avec l'Amoureux, on aborde le complexe d'Œdipe de plein fouet.

Rappel : en psychanalyse, le terme « complexe » définit un affrontement intérieur ou plutôt un ensemble de sentiments inconscients qui conditionnent les comportements conscients d'un individu.

Dans l'Amoureux, on a 6 ans. À cet âge, on assiste à la fin de la structuration du psychisme de l'enfant, avec régulation de l'énergie sexuelle (six, sex) qui s'était manifestée dans les six premières années par la recherche constante du plaisir.

C'est en effet l'année au cours de laquelle l'enfant passe du principe de plaisir au plaisir de réalité, principes esquissés par les deux femmes visibles dans l'Arcane.

L'Amoureux représente davantage un Arcane de passage qu'un Arcane de choix. Il découvre le renoncement (le premier renoncement étant le renoncement à l'inceste) pour prendre sa place et se constituer comme sujet par rapport à autrui.

Pour se positionner, il commence à faire des transferts : c'est la dynamique de l'échange. Le danger pendant cette période étant que, au lieu de se modéliser, on s'identifie : on tente alors de devenir le modèle, au lieu de chercher à se construire identitairement en miroir à ce modèle.

VII. Le Chariot

On peut imaginer dans le Chariot l'archétype jungien du « Prince Charmant ». On pense ici au fantasme de libération. Le prince charmant libère la princesse enfermée dans son donjon, prison familiale ou imaginaire. Les jungiens parlent ici d'*animus* positif.

Avec le mythe de la chute, dans la tradition chrétienne, on renonce à l'inceste, à l'unité. À partir de là, on doit se constituer comme sujet.

On voit ainsi que le Tarot contient toutes les étapes de l'élaboration de la psyché humaine.

VIII. La Justice

Elle représente l'équilibre des pulsions et la capacité avec sa conscience (l'épée) d'équilibrer les différents aspects de sa personnalité (personne alitée).

IX. L'Hermite

Il est lié au célèbre archétype jungien du sage : celui qui a intégré les connaissances naturelles (celles que l'on trouve dans la nature comme dans sa propre nature) et qui peut servir d'idéal dans la construction psychologi-

que de l'enfant (le grand-père, l'ami ou autres) et que la psychanalyse désigne sous le terme d'« idéal du moi ».
Même si l'on atteint rarement son idéal, on y recourt pour grandir...

X. La Roue de Fortune

C'est le plus psychanalytique de tous les Arcanes du Tarot.
Définition de l'inconscient par Jacques Lacan : « L'inconscient, c'est ce qui fait retour ». Et l'objectif de la cure analytique consiste à identifier ce qui fait retour.
On est donc dans la tendance à la reproduction, à la répétition. Face à une Roue de Fortune, soit on subit les répétitions, car on n'a pas conscience que l'on est inscrit dans un mécanisme, soit on interrompt le schéma répétitif (on met des bâtons dans les roues) et on devient alors novateur.
On trouve deux sortes d'individus en fonction des Roues de Fortune présentes dans les *Référentiels de Naissance* :

- ceux qui n'ont pas conscience de répéter des comportements identiques depuis l'enfance, voire même depuis des générations. Les thérapies trans-générationnelles planchent sur ces données.
- ceux qui sont conscients de ces comportements et mettent alors tout en œuvre pour les transformer en accordant dans leur vie une importance capitale à la notion de changement.

La Roue de Fortune représente aussi la nécessité de sortir du mécanisme archaïque du principe de plaisir. Celui qui ne recherche que son plaisir manque de noblesse car il ne tient pas compte de la réalité de l'autre...
Freud : « On ne peut s'empêcher d'admettre qu'il existe dans la vie psychique une tendance irrépressible à la reproduction ».
La Roue de Fortune représente donc le travail de libération de la roue de l'inconscient.

XI. La Force

Cet Arcane nous renvoie à la source de l'énergie (à la source du Ça).
La métaphore du « buisson ardent » rappelle l'image psychanalytique du Ça.

XII. Le Pendu

La lame du Pendu est « reliée » à la notion de Metanoïa. D'un point de vue jungien, on reconnaît le processus d'individuation, processus qui consiste à aller au-delà de sa personnalité, au-delà des apparences, pour rencontrer l'être en soi. Voilà ce que l'on désigne sous le terme de processus transpersonnel.
Sous un aspect plus lacanien, le Pendu est également l'Arcane du transfert.
La notion de balancement dans l'Arcane XII évoque le fait d'abandonner

quelque chose de soi pour le remettre à l'autre. Dans le transfert, on devine une idée de délégation. Le thérapeute devient porteur de l'image à laquelle le patient est « noué ».
Dans le transfert, une sorte de trans-fusion opère, c'est-à-dire que le thérapeute devient le nouveau porteur de la quête fusionnelle du patient. Ce transfert peut être positif ou négatif : dans ce dernier cas, le thérapeute sera le support du défoulement et de l'agressivité de tout ce que le patient n'a pu expulser envers son parent, vécu en négatif. « Quand vous m'engueulez, c'est votre père que vous engueulez », semble dire Freud à l'une de ses analysantes.
Dans le Pendu, on envisage également un travail de reconstruction du « capital confiance » : le Pendu est lié à la naissance et à l'Œdipe. Avant la naissance, on compte 99% de capital confiance. Dès la naissance, on en perd au minimum 60%...
Toute la vie consistera, en travaillant la symbolique du Pendu, à restaurer ce capital confiance, en conscience...

XIII. La Non Nommée

Voici l'Arcane de l'identité et de l'identification. Du point de vue psychanalytique, il s'agit ici de reconstruire le nom (13 = 1 + 3 = 4, l'Empereur, celui qui donne le non/nom).
Le travail de la XIII en psychanalyse concerne le travail de Thanatos, donc celui de la pulsion de mort, mécanisme inconscient qui nous pousse à l'autodestruction.
En psychanalyse, la parole est la matière même de la transformation.

XIV. Tempérance

Arcane de régulation de l'énergie et de la libido. On recoupe ici le niveau physiologique en évoquant le plan hormonal (en anglais, *temper* signifie hormone).

XV. Le Diable

Le sur-moi, le censeur. Une espèce de gardien mi-flic, mi-curé qui s'est progressivement élaboré dans l'inconscient, jouant le rôle de censeur, autorisant ou interdisant la conscientisation de certaines pulsions. L'intégration des pulsions interdites se fait à notre insu et gère tout le mécanisme du refoulement.

XVI. La Maison Dieu

Elle représente l'effondrement du sur-moi et peut déboucher sur la psychose. On est proche ici d'un processus fréquent dans un parcours thérapeutique que l'on pourrait nommer « l'entame » : c'est le moment où « rien ne va » ; il n'y a plus de protection, on ressent des souffrances extrêmes. C'est souvent le moment où le patient décide d'arrêter, alors que les résistances sont en train de s'effondrer et qu'il peut commencer à se découvrir lui-même.
Wilhelm Reich, qui lui aussi a bu à la mamelle freudienne, met en évidence ici la notion de « cuirasse caractérielle », symptomatisée par un corps qui se rigidifie, en guise d'hyper protection.
La Maison Dieu représente la surprotection, alors que l'Arcane suivant, l'Étoile, offre la « super-protection », libre fluidité du féminin, libre circulation des énergies, effritement des cuirasses de souffrances.

XVII. L'Étoile

Elle représente la libre circulation de la libido. Il conviendra de savoir ensuite que faire de cette énergie et comment la traiter. Elle représente nettement le désir. Rappelons cette étymologie latine du mot « désir » : être privé de son étoile (de-sidere).

XVIII. La Lune

On a souvent assimilé la Lune au monde de l'inconscient : or, l'inconscient n'est pas une réserve de mémoires désactivées mais le processus *même* du refoulement. La Lune évoque bien sûr la créativité, l'intuition, l'inspiration, mais d'un point de vue strictement jungien, elle représente l'*anima*, c'est-à-dire le pôle féminin chez l'homme qui lui permet d'entrer en contact avec les mondes cachés. C'est par l'*anima* que l'on accède aux rêves, à l'imaginaire, à l'invisible. La femme, habituellement, y a accès directement : l'homme doit faire un travail sur son *anima* pour atteindre les mondes invisibles.
Par ailleurs, la Lune est l'Arcane du rêve, fondement de la psychanalyse, voie royale vers l'inconscient.

XIX. Le Soleil

Le Soleil représente l'*animus* de la femme, le pôle masculin qui lui permet de rentrer en contact avec le monde extérieur et de bâtir dans le monde. Paradoxalement, la Lune est un Arcane essentiellement masculin, puisque, grâce à son énergie, l'homme accède à l'invisible. Le Soleil, en re-

vanche, est un Arcane essentiellement féminin, puisque, grâce à sa symbolique, la femme accède au social.
Le Soleil est aussi l'Arcane de la construction sociale et humaniste.
Dans le schéma freudien de l'inconscient, le Soleil correspondrait à la sublimation, c'est-à-dire la façon dont on transforme l'énergie sexuelle pour la magnifier.

XX. Le Jugement

Le Jugement symbolise l'éveil de la conscience, mais aussi le jugement que l'on porte sur les choses, les êtres, les événements. On reconnaîtra aussi dans cet Arcane tous les thèmes liés à la culpabilité, à la mauvaise conscience ou au remords. Celui qui se juge lui-même ou juge les autres s'éloigne de la claire compréhension des choses. Celui qui a compris ne juge plus. Les donneurs de leçons projettent sur autrui leurs propres failles.

XXI. Le Monde

Le Monde est lié à la névrose hystérique. Dans la symbolique de perfection qu'évoque cet Arcane, on soupçonne l'obsession de perfection symptomatique de l'hystérie. Par ailleurs, l'hystérique interroge inlassablement le monde sans en recevoir de réponse. La névrose hystérique se construit sur une réponse qui n'a pas été reçue à une question à laquelle personne n'a répondu dans l'enfance. Le névrosé, d'une manière habituelle, fonctionne sur le principe du refoulement. Il se retire du monde (agoraphobie : peur du monde, claustrophobie : peur d'être enfermé…)

Le Mat

Le Mat symbolise la lisière fragile entre « normal » et « a-normal », entre santé mentale et folie.
Il sort d'un monde, entre dans l'exploration d'un autre monde, mal compris ou mal jugé par les autres…
On peut dire que le Mat « abandonne » le monde, alors que le Pendu s'abandonne au monde…
Pour que le Mat puisse trouver sa place dans le monde, il doit devenir l'Empereur, sans quoi il renonce au monde et devient une sorte de S.D.F.
Quelle est la loi du monde ? La Mat n'obéit qu'à sa loi intérieure, pour autant qu'elle soit davantage synchronisée sur la loi cosmique que sur la loi sociale. Le Monde du Tarot offre les deux facettes de la loi et tente de les harmoniser.

Relation entre les Maisons du *Référentiel de Naissance* et les concepts fondamentaux de la psychanalyse.

Le *Référentiel*, en tant que modèle de la structure intérieure de l'homme, offre au psychanalyste en particulier, et aux thérapeutes des profondeurs en général, un outil conceptuel et pratique, un support d'expériences symboliques.

Maison 1 :

En terme freudien, voici la Maison du Moi. Une sorte d'interface entre la psyché du sujet et le monde extérieur. L'Arcane présent dans cette Maison évoque la manière dont le sujet se socialise, son mode d'accès au réel, la voie par laquelle il rentre en contact avec autrui. Lorsque le sujet s'interroge sur l'image que l'autre lui renvoie de lui-même ou sur l'impression qu'il veut laisser autour de lui, ou même sur ses mécanismes d'identification pour se faire accepter par le groupe et s'y intégrer, le sens de l'Arcane en Maison 1 est toujours très éloquent. Cette Maison 1 permet un ancrage social fort surtout lorsque l'Arcane qui occupe cette Maison est bien senti, bien compris et bien vécu. Il participe à l'élaboration de l'identité du sujet sans être en soi l'Arcane de l'identité. Il en est tout au moins une image floue et déformée. En terme jungien, on parlera de *persona*. Ce terme vient du latin et signifie « le masque », c'est-à-dire ce que je veux bien montrer de moi-même à l'autre, la partie de moi que je mets sous l'éclairage : le moi social. « Je m'appelle personne », dit Ulysse avant de crever l'œil du Cyclope. Sous le regard d'un œil unique et qui plus est, aveugle, le moi change de forme jusqu'à devenir un non-moi. Ambivalence du mot « personne » qui désigne tout aussi bien l'être et le non-être. Seulement le moi est polymorphe, c'est-à-dire qu'il peut jouer plusieurs rôles. Il peut revêtir un manteau d'arlequin. Dans les exercices de thérapies ou de développement personnel, il est toujours très parlant d'imaginer les différents rôles que peut jouer l'Arcane de la Maison 1. En grec ancien, le mot « masque » se dit « uppo kriptes », mais ce terme n'a pas le même sens que le mot français hypocrite auquel il donnera naissance.

Maison 2 :

Cette Maison met en évidence le sentiment de séparation. Elle participe d'un double mouvement qui va de la construction du triangle oedipien jusqu'à la constitution de l'autonomie du sujet. Un dialogue permanent s'établit entre le sujet et sa Maison 2 car cette Maison est reliée à la première séparation d'avec la mère au cours de la deuxième année. Ce double mouvement s'élabore entre ce à quoi l'enfant renonce (inceste, fusion), et ce sur quoi il se constitue en anti-fusion, sur des bases identificatoires, symboliques

ou imaginaires. L'enfant quitte l'universel, ce que Romain Rolland appelle « le sentiment océanique », pour aller vers un monde organisé selon « de la règle ». On quitte le fusionnel pour aller vers de la structure, on passe du mou au dur… et c'est bien ce qui est le plus dur !
L'Arcane que l'on a en Maison 2 porte la mémoire de cet accès à la structure donc au symbolique et se vit le plus souvent comme un manque. Dans une approche jungienne, on pourrait rapprocher le contenu de la Maison 2 des archétypes féminins.

Maison 3 :

Cette Maison des désirs et des peurs représente à la fois le processus de refoulement et le siège de l'inconscient. Le refoulement est un mécanisme de défense très important. Les autres défenses psychiques (projection, déplacement, déni, fuite …) sont consécutives soit à l'échec du refoulement soit au retour du refoulé. Dans le *Référentiel*, le refoulement concerne le contenu symbolique de l'Arcane en Maison 3. Ce processus peut être conscient, l'Arcane en Maison 3 suggérant des représentations perçues comme interdites d'un point de vue moral, ou bien inconscientes, nécessitant alors un travail d'exploration analytique par le décodage des liens qui existent entre l'Arcane concerné et l'histoire personnelle du sujet, notamment dans sa petite enfance.

Maison 4 :

Selon Freud, travailler et aimer constituent les fondements de la normalité d'un être humain, et dans la Maison 4, on travaille ! Cette Maison peut s'appeler aussi Maison de la rationalisation. L'analyse de la Maison 4 permet de justifier ses actions, ses attitudes, ses engagements par des raisons logiques inhérentes à la symbolique de son contenu. Ce mécanisme peut néanmoins fonctionner sous la forme d'une résistance inconsciente qui nous permet d'expliquer un comportement d'une manière rationnelle alors qu'on n'est pas conscient de sa véritable signification. Le résultat est parfois très ambigu : une Lune en Maison 4 justifie-t-elle que je me comporte d'une manière lunatique, émotionnelle ou un peu trouble alors qu'elle m'inviterait en fait à incarner mon existence de manière créative et intuitive ?
Il peut arriver dès lors que la Maison 4 soit un alibi à la non-action.
Dans la psychanalyse jungienne, la Maison 4 correspond à l'*animus* et ne concerne donc que les femmes ; en effet, l'*animus* concerne l'aspect masculin psychique inconscient chez la femme. Il s'est élaboré depuis la naissance par l'intégration d'*empreinte*s masculines. La qualité positive ou négative d'un *animus* n'est pas étrangère à la capacité d'une femme à se projeter dans le monde du travail. L'adéquation entre le vécu personnel *et* le ressenti

qu'une femme peut avoir de sa Maison 4 doit être comprise parallèlement à son adaptation sociale et à sa relation avec les hommes.

Maison 5 :

Maison du passage obligé ou du seuil initiatique, l'Arcane en Maison 5 s'exprime dans l'histoire d'un sujet chaque fois qu'il passe un cap ou qu'il a une prise de conscience importante. Cette Maison a aussi un lien avec la notion de répétition car elle permet de distinguer les contenus transgénérationnels qui se présentent *au sujet* de manière régulière et inconsciente. Le décodage de ses contenus peut aider le sujet à distinguer ce qui lui appartient et ce qui ne lui appartient pas. Freud disait de la psychanalyse qu'elle était « la généalogie des pauvres ».

Maison 6 :

La Maison de l'*anima*, à savoir l'aspect féminin psychique et inconscient chez l'homme. La Maison 6, nous le savons, est la Maison des ressources ; or les plus grandes ressources que l'homme peut rencontrer se trouvent à l'intérieur de lui. Pour qu'il puisse les activer, il lui est nécessaire de pénétrer ses mondes intérieurs, d'explorer les contenus de son âme.

Maison 7 :

Toujours selon l'approche jungienne, on peut parler ici de la Maison de l'ombre, c'est-à-dire la partie inconsciente de notre personnalité, ce que je ne peux pas distinguer en moi et que j'ai tant de facilité à voir en l'autre. Cette part d'ombre fait le pendant avec la *persona* de la Maison 1, les deux concepts doivent s'équilibrer. La Maison 7 est aussi le lieu d'un combat permanent. On y rencontre l'adversaire symbolique, le dragon intérieur, les démons qui se manifestent sous une forme destructrice. C'est dans cette Maison que nous engageons les combats avec nous-mêmes. Dans les mécanismes de défense, on y reconnaît volontiers la projection : tendance à attribuer aux autres ses propres sentiments permettant ainsi de réduire ou d'éviter l'angoisse. Ce mécanisme profondément archaïque est très courant lorsque nous prêtons des intentions aux autres ou que nous voyons en eux ce que nous refusons de voir en nous. Tant que je n'aurai pas intégré que l'Arcane en Maison 7 concerne mes propres conflits, mes propres défaillances, j'aurai tendance à les projeter sur les autres. Nous sommes dans le « c'est pas moi, c'est l'autre » des adultes immatures, contrebalancé par le « celui qui le dit, c'est lui qui l'est » des enfants pleins de sagesse.
Pas d'ombre au midi de soi-même !

Maison 8 :

Pas de correspondance, si ce n'est une remise en question permanente de son adaptation au réel.

Maison 9 et Maison 10 :

Ces deux Maisons sont dépendantes et fonctionnent ensemble. Le *ça*, dans la Maison 9, source des pulsions, force libidinale et aveugle qui cherche par tous les moyens à s'exprimer et à devenir conscient, et la Maison 10, noyau du surmoi où s'élaborent les interdits qui s'opposent à l'expression du *ça*. La Maison 9 et la Maison 10 sont dans un équilibre précaire continuel. L'équilibre entre ces deux forces résume bien la nature humaine. On trouve aussi dans cette dyade le mécanisme de compensation. Un individu qui se sent inférieur ou en échec dans un domaine particulier (Maison 10) tente de se dépasser dans un domaine différent. La Maison 9 peut alors *offrir* un refuge et une activité compensatrice pour les difficultés ressenties dans la réalité de l'expérience de la Maison 10.

Maison 11 :

Voici la Maison de l'inconscient familial. Elle peut représenter aussi bien un projet parental dont je n'ai pas conscience et que j'ai le choix de porter ou non, que les contenus, les pulsions et les affects des six premières années de ma vie. On peut rappeler ici une évocation fondamentale des psychothérapies et de la psychanalyse qui consiste à distinguer ce qui m'appartient de ce qui ne m'appartient pas. Au niveau des mécanismes de défense, la Maison 11 évoque le processus de régression. Placé dans une situation de stress ou de frustration, le sujet peut retomber dans des attitudes et des réactions infantiles. Une sorte de retour à des phases pré-rationnelles, c'est-à-dire antérieures à l'organisation psychique.

Maison 12 :

Cette Maison correspond assez bien à l'*idéal du Moi*, à ne pas confondre avec le Moi idéal. L'*idéal du Moi* indique comment l'enfant dès la petite enfance construit une image ou un symbole de sa propre perfection : « je serai fort comme papa ! ». C'est cet idéal qui permet au Moi de se construire. Dans mon esprit, il est tellement beau et tellement sublime qu'il guérira toutes mes souffrances et que je *le* transmettrai aux générations futures. On confirme bien ici la Maison 12 comme Maison de guérison et comme VPT : *Valeur Personnelle de Transmission.* Il est important de trouver la

partie idéale suggérée par l'Arcane que nous avons en Maison 12 car elle concourra à notre construction intérieure et extérieure.
Cette Maison 12 correspond aussi à la notion de sublimation, processus par lequel certains besoins considérés comme interdits sur le plan social peuvent s'exprimer sur un autre plan dans une fonction reconnue socialement. À l'objet interdit se substitue un objet idéal contenant davantage de dignité. Dans la pensée freudienne, la sublimation peut revêtir un caractère négatif. En effet, la pulsion peut s'investir dans un idéal élevé comme compensation à un sentiment de frustration. Par exemple, je choisis de m'engager dans une démarche spirituelle parce que je suis incapable d'assumer ou de transformer ma vie de solitude.
Dans la pensée jungienne, en revanche, la sublimation peut apparaître comme une démarche authentique de dépassement de soi et non plus d'un processus de défense.
Toujours en lien avec la psychologie jungienne, la Maison 12 illustrerait aussi le processus d'individuation.

Maison 13 :

Voici la Maison des complexes et des conflits personnels intérieurs, conscients ou inconscients. L'Arcane en Maison 13 peut conduire à un clivage. Ce mécanisme décrit par Mélanie Klein interviendrait dès les premiers mois de la vie. Le nourrisson, incapable d'imaginer sa mère comme étant à la fois bonne et mauvaise, la clive en deux, c'est-à-dire la dédouble. Ce clivage nourrit son illusion qu'il a deux mères : une bonne mère qui s'occupe de lui, lui fait plaisir, lui donne à manger et une mauvaise mère frustrante, qui crie, qui gronde. Dans l'imaginaire des enfants, cette notion de double fonction de la réalité continue dans les contes ou dans les mythes où le héros a toutes les qualités - il est beau, gentil, courageux, etc. -, alors que le méchant reste définitivement mauvais, laid, lâche, stupide… Au cours de son évolution, l'enfant accède à l'ambivalence et finit par accepter qu'une même chose puisse être simple et compliquée, qu'elle possède des avantages et des inconvénients. Le travail avec la Maison 13 est de cette nature. Lorsque le sujet est apte à considérer que l'Arcane au *Cœur du Blason* peut tout aussi bien signifier une chose et son contraire, il pourra alors distinguer ces deux notions et faire triompher l'aspect ressource du *Cœur* sur son aspect défi.

Ces treize Maisons offrent encore de multiples similitudes avec les concepts psychanalytiques : les archétypes de l'inconscient collectif dans la Maison 11, le complexe d'infériorité d'Adler dans la Maison 10, forces d'extraversion et d'introversion jungiennes dans les Maisons 1 et 2, le transfert dans la Maison 2, etc. Cette liste est loin d'être exhaustive.

Chapitre VI

LES INTERDITS INCONSCIENTS DANS *LE RÉFÉRENTIEL DE NAISSANCE*, TAROT LE REBELLE

« Je préfère être belle et rebelle que moche et remoche », me dit un jour au cours d'un séminaire une jeune femme qui venait vraisemblablement d'entrer dans un processus de reconnaissance de soi !
Mais qu'est-ce qu'être rebelle ? Les définitions sont multiples ! Refuser les règles, faire l'école buissonnière, se définir comme non-conformiste, suivre sa propre voie avec courage, et même à contre-courant, savoir se remettre en question, développer son propre rêve sans être pris par le rêve d'autrui, oser l'opposition à la pensée unique, porter un nouveau regard sur soi et les autres, s'affirmer dans la force du cancre sublime, se foutre des honneurs, de la société, du jugement d'autrui, des maximes bien pensantes, des Églises, des écoles, des clans ! Mais peut-on être rebelle sans être anti-social ? Peut-on être rebelle à la religion tout en ayant un fort engagement spirituel ? Les Dieux et les prophètes ne sont-ils pas à leur façon rebelles à l'ordre établi ? Et ceux qui ont le mieux aidé les sociétés à évoluer ne sont-ils pas les plus grands rebelles ? Christ, Mahomet, Moïse, Dionysos, Kali, Socrate, Gandhi et tant d'autres.
Enfants divins, dieux rebelles, anticonformistes pourfendeurs d'interdits et leviers sociaux !

Le Tarot quant à lui est rebelle ! Nous en prenons vite conscience lorsque nous subissons le sarcasme ironique des préjugés que manifestent tant de personnes sur le Tarot ! Comme le disait Einstein, « un préjugé est aussi difficile à détruire qu'un atome ! ». Ces préjugés qui ne voient dans le Tarot qu'un jeu divinatoire ésotérique sont le fruit de l'ignorance du monde. Or, le rebelle est avant tout celui qui affronte l'ignorance du monde. Le Tarot est rebelle du fait de sa propre histoire. Il est né dans un contexte alchimique, comme support symbolique et méditatif. Les alchimistes y oeuvraient avec ardeur. Or, qui étaient les alchimistes ? Des voyous ! Les habitants d'une cour des miracles ! Poursuivis par la police, les inquisitions de tout poil et la bourgeoisie bien pensante. Rappelons-nous à ce sujet que l'Argot

est la langue argothique, c'est-à-dire la langue de l'Art gothique, art d'initiés pour le moins.
La présence du Pape dans l'Ancien Tarot de Marseille n'est pas le seul ni le moindre signe de l'esprit rebelle du livre de Thot. Tout se passe comme si les courants d'idées en marge de la pensée unique et dominante, harcelés et persécutés par l'Église, répondaient à leurs persécuteurs : « Regardez ! Vous ne pouvez pas nous contester notre Tarot, car votre très saint père catholique, apostolique, universel et romain s'y tient en bonne place ! N'est-ce pas la preuve que ce jeu est davantage qu'un grimoire, un véritable livre sacré détenteur d'une connaissance indiscutable ? ». Rien n'y fit ! Même si les figures tarologiques servaient de modèles aux apprentis pour orner les murs et les colonnes des cathédrales, même si les vertus cardinales et théologales de l'Église s'y trouvent en bonne position, même si on y distingue très clairement l'image d'une vierge en gloire entourée des quatre évangélistes dans le Monde, la Tour de Babel dans la Maison Dieu, la promesse de la résurrection dans l'Arcane XX, rien n'y fit. Le Tarot reçut tous les anathèmes, brûla en autodafé, et ses auteurs, commentateurs et collectionneurs avec, place de Grève, s'il vous plaît!
- Et la Papesse, fut-elle la femme du Pape qui exerçait le pouvoir en éminence grise comme on parlerait de la Colonelle ou de la Lieutenante ? Un pape efféminé ? La Papesse Jeanne qui se fit élire Pape en se déguisant en homme et se trahit elle-même au IXe siècle en accouchant d'un petit bébé en plein concile sous le regard hébété des évêques réunis en synode ? L'Hermite, père du désert, porteur de la douce connaissance, pèlerin de Compostelle ou frère de saint François, n'est-il pas l'image même de la contestation des richesses de l'Église ? Quelle bonté, quelle humilité dans cette image ! Les enfants y voient le Père Noël ou saint Nicolas. Et cet Arcane XIII, infatigable danseur, coupant les têtes couronnées et tiarées, car rien ne résiste à la chevauchée de la mort ? Et le Diable dont le pouvoir n'a d'égale que la hauteur du piédestal sur lequel le hissent les églises de tout bord ? Et cette Maison Dieu qui s'effondre ? La maison de Dieu, non ? »

Si l'on juge que partout où est l'Étoile est la protection, on peut aussi se persuader que partout où trônent l'Impératrice ou l'Empereur se trouvent les interdits. Notamment lorsque l'un de ces deux Arcanes se situe dans l'hémisphère sud.
L'Impératrice semble interdire le féminin, l'Empereur, le masculin. « Tu ne seras pas femme ! », dit la première, « tu ne seras pas un homme ! », dit le second.
À moins que l'Impératrice n'évoque l'interdit de la mère et l'Empereur celui du père. Au premier nous associons l'interdit de créer, d'enfanter, de parler, voire d'exister, tandis que dans le second nous pressentons l'interdit de la matière, de la structure, de l'argent, du travail, du territoire. Quelle que soit la place de l'interdit dans le *Référentiel de Naissance*, il ne doit pas être

seulement identifié et subi, mais décrypté à la manière d'un défi, sachant qu'à chaque interdit correspond une autorisation, et que cette autorisation peut s'obtenir de plusieurs façons, particulièrement par la rébellion. Les commentaires développés ci-dessus sur les *miroir*s Puissance/Pouvoir, singulièrement dans le cas du Diable et du Chariot, instaurent un modèle intéressant pour la compréhension. Si je m'interdis la puissance (Diable en hémisphère Sud), je peux toujours travailler sur le Chariot en assimilant l'idée que si je me sens impuissant, c'est que j'espère peut-être une autorisation qui tarde à venir, ou qui ne viendra jamais. L'autorisation de mon père, par exemple. Je peux me réapproprier cette autorisation, me la donner à moi-même sous la forme d'une réconciliation avec mes propres valeurs.

La notion de rébellion est donc fortement liée à la notion d'interdit.
Les interdits sont installés dans l'hémisphère sud. On y distingue quatre niveaux d'interdit :

Maison 3 : Interdit moral. Il provient d'une certaine vision du monde, d'une peur, voire d'une expérience enfantine traumatisante, mais également d'un déni du désir. Cet interdit repose sur une conception que je peux avoir du Bien et du Mal et résulte de l'intégration des interdits parentaux au cours de la petite enfance. Il a donc un rapport avec l'éducation.

Maison 7 : Interdit inconscient, il fonctionne plutôt comme le refoulement d'un désir que comme un déni. Il restera inconscient tant que l'on ne se sera pas réellement rencontré soi-même, d'où l'intérêt à ce stade d'un travail de thérapie personnelle.

Maison 10 : L'interdit régulateur. Il peut être un interdit structurant. La validation de nos expérimentations, la transformation de nos épreuves en expérience peuvent nous aider à définir un cadre existentiel. Il établit une forme d'interdit éthique, un interdit flottant. Voilà l'exemple même de **l'interdit rebelle** : je ne donne à personne l'autorisation de m'imposer des interdits, car je me les impose à moi-même avec une rigueur telle que ceux qui prétendraient me les ordonner en seraient incapables pour eux-mêmes.
Par l'homologation de ses expériences personnelles, on parvient peu à peu à baliser sa route, installant soi-même les contraintes nécessaires à une structuration interne et externe. Il faut arriver au point où on est capable de se donner un interdit en conscience, sans installer une frustration qui ressortira forcément un jour ou l'autre.
À l'instar de la Roue de Fortune qui est l'Arcane dominant de la Maison 10, il s'agit de passer de l'état dans lequel on est déterminé à un état où l'on devient déterminant. Être ainsi capable de se libérer des interdits qui viennent de l'extérieur (spatio-temporel), pour développer des interdits d'origine interne, conscients, panneaux indicateurs sur une voie d'évolution.

Maison 11 : L'interdit ancestral. Il nous informe sur la manière dont l'interdit se transmet d'inconscient à inconscient, de génération en génération. On démêlera ici aussi bien l'influence de la religion que de la culture, de l'histoire des peuples, des migrations et toute mémoire ancienne plus ou moins déterminante. On y trouve aussi l'interdit du territoire, vécu par les peuples en exil ou en errance, et qui se transmet à travers les générations jusqu'à devenir encore présent même chez ceux qui se sont sédentarisés.

On remarque que le Rebelle, quant à lui, se définit à plusieurs étages :

1- Le refus de l'interdit
2- La révolte contre l'interdit
3- La transgression de l'interdit
4- La transformation de l'interdit externe en interdit interne (cf. Maison 10)
5- L'acceptation de l'interdit (l'interdit reste présent, comme une empreinte, mais ses effets et son impact semblent balayés).

Le premier stade concerne l'enfant
Le deuxième stade : l'adolescent
Le troisième : l'adulte
Le quatrième : le maître
Le cinquième : le sage

Il s'agit bien sûr de submodalités de la personnalité, et non pas du maître ou du sage au sens conventionnel. Le maître en soi, le sage en soi, plus communément appelés le maître intérieur, le sage intérieur.
Dans le quatrième stade, on assiste à l'instauration d'un nouveau territoire, créateur de nouvelles normes, génératrices à leur tour de nouveaux interdits, car le Rebelle devient du coup « persona non grata », donc interdit !
Interdit de séjour, interdit bancaire… On reste « interdit » devant le Rebelle !
Voilà pourquoi le Mat séjourne entre deux mondes : il quitte le Monde 21 pour entrer dans un Monde 21 bis.
L'une des caractéristiques essentielles du Mat est le chevauchement. Il a le pouvoir de chevaucher les frontières. Insaisissable, on le croit ici, il est déjà là ! Comme s'il vivait dans un no man's land, dans lequel d'ailleurs il ne séjourne jamais longtemps. Cette notion de chevauchement le rattache au Chamane. Sorcier, medicine man, guérisseur, sage, le Chamane est doué des plus grands pouvoirs et mérite le plus grand respect. En Provence, il est *fada* (touché par les fées), en Grèce, on le désignait sous le terme de *Pharmakos* (poison de la cité). Toujours un peu inquiétant, parfois dangereux, le Chamane fascine et transgresse l'interdit en le sublimant. Mais la plus part du temps c'est lui qui est mis à l'écart de la société. On le réduit à un statut de SDF, de clochard ou de travesti, bien que ses haillons soient cousus de

lumière ! Mais qui le voit ? Le Chamane, comme le Mat, peut habiter un aigle, ou encore un tigre, devenir le vent, la pluie. Il voyage d'un corps à un autre, partout chez lui, nulle part chez lui.

Le refus est la première étape de la rébellion, l'acceptation en est l'ultime étape. Accepter sans se soumettre, alors que tout s'agite autour de vous, voilà qui rappelle la Force, un signal d'immobilité dans un environnement où tout s'agite.
L'interdit est présent mais il glisse. On parvient peu à peu à s'extraire de ce système normalisé, défini par les décrets d'interdits et d'autorisations.

On peut aussi organiser la rébellion d'une autre manière :

1- Je me rebelle sans conscience contre tout ce qui m'entoure.
2- Je qualifie, je nomme l'objet de ma rébellion, la société par exemple ou la famille, comme dans le mémorable « famille je vous hais » d'André Gide.
3- Je me rebelle contre la mémoire, la lignée, l'arbre généalogique qui m'a cloué sur une branche morte !
4- Je me rebelle contre moi-même.
5- Je regarde ma rébellion comme une des composantes de mon énergie de vie.

Les peuples anciens d'Europe dans leur periode proto-historique ont refusé l'écriture consciemment. Ils savaient que la lettre ne révèle rien sans l'esprit.
Si les peuples celtiques ont refusé l'écriture alphabétique, c'est le signe d'une intégrité intellectuelle et non d'un retard comme on le croit habituellement. Ces peuples ont choisi en conscience de privilégier et conserver une tradition orale pour transmettre leurs connaissances : essentiellement dans les mythes et les contes de fées.
Max Escalon de Fonton, dans un numéro de « Connaissances des religions », insiste sur le fait que le refus d'un pseudo progrès est le signe d'une rébellion et point un acte réactionnaire.

Comment travailler avec les interdits ? On commence par mettre en relation les triangles inférieurs et supérieurs. Le triangle inférieur défini par l'hémisphère sud (Maisons 3, 7, 10 et 11) signale l'interdit. Le triangle supérieur, défini par les Maisons 4, 6, 12 et 1, offre une réponse rebelle.
La présence de l'Impératrice dans le triangle inférieur rappelle l'interdit de la mère phallique : tu n'auras pas de père, ou pas ce père-là, ou je serai le père et la mère. La mère interdit la relation au père et instaure la loi d'un père supérieur. Mon père sera ton père, présume la mère.

Quand on a un interdit de cette nature dans le triangle inférieur, il faut chercher la réponse dans le triangle supérieur et imaginer le dialogue suivant.

Si par définition le rebelle refuse de se laisser enfermer, il refuse aussi toute forme de dogme ou de vérité. La meilleure façon de détruire un interdit n'est-il pas de l'intégrer ?

Pour cela on établit entre les deux principes le concept *d'Arcane modérateur.*

Quatre dyades établissent des inter-relations singulières entre les deux hémisphères, le Sud désignant l'interdit, le Nord donnant la solution.
Les dyades fonctionnent de la manière suivante :

M7 et M6
M11 et M12
M3 et M1
M10 et M4

Le triangle supérieur indiquant le territoire dans lequel on exprimera sa rébellion face à l'interdit, on peut parler de quatre espaces rebelles.

- Dans la Maison 12, on s'oppose à l'interdit ancestral en projetant un désir de renouveau pour les générations futures.

- Dans la Maison 6, on explore toutes nos possibilités et nos ressources pour venir à bout des démons qui nous habitent.

- Dans la Maison 1, on se met en scène.

- Dans la Maison 4, on met à profit ses expériences dans l'action quotidienne ou professionnelle.

L'Arcane modérateur donnant des outils nécessaires à un rééquilibrage implique une négociation à moyen terme. En travaillant sur l'Arcane modérateur, on équilibre donc les extrêmes.

Chaque Arcane, bien sûr, peut avoir un aspect rebelle : le Bateleur, enfant rebelle comme on le décrit dans l'Analyse transactionnelle, la Papesse et l'Impératrice qui nous interpellent sur le rapport entre la femme et le pouvoir, l'Empereur qui brise ses propres limites, le Pape, comme on l'a vu cidessus, l'Amoureux qui concilie amour et liberté, le Chariot qui peut substituer à la voie sociale une voie céleste, la Justice qui met l'homme face à luimême, l'Hermite, enchanteur rebelle à toute autorité, la Roue de Fortune qui refuse les influences et les conditionnements du passé, brisant d'un coup d'épée la répétition des conflits, la Force qui enseigne que la vraie force va contre la force… Le Pendu qui transmute sa perception du monde, la Treize à qui rien ne résiste, Tempérance qui commande aux éléments, le Diable, provocateur, la Maison Dieu, perturbatrice, l'Étoile qui démontre que l'amour inconditionnel et le pardon s'opposent à toutes les formes d'autorité, la Lune dans sa rage émotive, le Soleil dans son ambition créatrice, le Jugement qui réveille de la mort et le Monde qui nous aide à faire exploser nos coquilles !!!

Sans oublier le Mat, le moins consensuel de tous les Arcanes. Voilà le rebelle parmi les rebelles. Son voyage est transhumance ! Pas un instant de repos, le chemin se déroule sous ses pieds et chacun de ses pas invente le chemin. Il est très différent de l'Hermite qui pénètre les chemins empruntés avant lui par ses ancêtres. Chemins enfouis sous les ronces, chemins mémoires qui concernent le passé. Le chemin du Mat appartient au futur et celui du Chariot au présent. Le voici, le plus consensuel de tous les Arcanes : le Chariot ! Il prend des chemins classiques, balisés, connus de tous, sans faire de vagues. Le Chariot piétine, le Mat a de gros sabots. Le Mat est un marginal, un malade dont la maladie a un caractère sacré, inquiétant. Comme les 4 B qui hantent les villages de la France profonde : le Bègue, le Boiteux, le Borgne et le Bossu.

Le Mat marche

Clochard sacré, il marche sans vraiment savoir où il va. Il sait qu'il avance. Son horizon, son espérance, son idéal sont toujours devant lui. Il avance sur un chemin qu'aucune main n'a signalé, qu'aucun bras n'a débroussaillé, qu'aucun pas n'a déjà foulé. C'est en marchant qu'il trace sa route. Comme l'écrit le poète espagnol Machado : « Caminante, no hay camino, Se hace camino al andar ». Le Mat marche. Il porte sur les épaules un petit cabas dont le contenu reste bien mystérieux. Chemin d'errance que le délire accompagne. Le Mat se place à mi-chemin entre la sagesse et la folie. Il navigue entre ces deux tendances. Il est d'ailleurs bien difficile de connaître la limite de l'une et de l'autre. Il est dit dans l'Ecclésiaste : « fou pour les hommes, sage pour Dieu ». Le Mat marche. Il ne se préoccupe pas des jugements que l'on porte sur lui, il avance, il chemine. Il est le pèlerin de la dernière heure. Il ne se préoccupe pas non plus du petit chien qui, s'accrochant à ses basques, lui mord les fesses, ou tente de l'empêcher d'avancer. Tout ce qui empêche le Mat d'avancer, avance avec lui. Sa devise : « Qui m'aime me suive ! ». Le Mat est un farceur au sens sacré du terme, au sens premier. Il est partout à sa place. Il farcit l'espace. Le Mat chemine vers la liberté. Le Mat marche sa liberté… et je marche avec lui.

Le Mat est un contrebandier, il passe la connaissance en contrebande, en compagnie du Diable et de la Maison Dieu et participe avec eux à une sacrée équipe…. Équipe sacrée !
Difficile de les contenir. Ne cherchons pas ailleurs l'origine du « 22 v'là les flics » cher aux « argonautes » de la butte Montmartre.

Ces trois Arcanes forment d'ailleurs le *noyau du rebelle.*
La colère et la rage interprétées par la Maison Dieu
La transgression des interdits évoquée par le Diable
La transmutation des valeurs représentée par le Mat.
Ces trois lames forment une voie rebelle, une voie de guerrier.

Nous distinguons habituellement trois aspects dans l'esprit rebelle :

- L'instinct rebelle… Je suis contre sans être jamais pour. Contre tout et tous, réactionnaire, réactif, frustré, violent, destructeur, stérile, plein de ressentiment. L'instinct rebelle est de nature sauvage.
- L'action rebelle… Je suis contre mais je sais être pour ! Contre le système, la société, etc. Mais je suis prêt à me battre pour une cause. Combatif, idéaliste, le sujet s'investit autant dans l'action que l'esprit rebelle s'investissait dans la réaction. Dans sa position d'opposition, l'action rebelle se définit selon trois niveaux :
    1- Contre les autres et contre toutes formes de société
    2- Contre soi-même
    3- Contre les croyances et la fatalité, notamment en se révoltant contre son destin. Lire *L'homme révolté* de Camus chez qui la révolte fonde la liberté.

C'est dans ce chapitre que s'affirme l'opposition à la fatalité des *empreinte*s de naissance, mais aussi la rébellion contre les interdits de l'Hémisphère sud en général.
- L'énergie rebelle… Je suis pour, sans jamais être contre. L'énergie rebelle n'est dirigée vers aucun objet extérieur. Elle est motrice en soi, créatrice, innovante, suffisante. La révolte ici se révèle constructive et non destructrice.

Seule l'énergie rebelle est créatrice. L'instinct rebelle est stérile, l'action rebelle est destructrice.

Ainsi l'esprit rebelle dans sa triple figuration - instinct, action et énergie - s'oppose à la voie du renoncement (Pendu, Hermite, Étoile).

La Force équilibre la voie du guerrier et la voie du renoncement en transformant l'instinct rebelle en énergie rebelle.

On trouve l'esprit rebelle dans tous les domaines de la connaissance. L'Amazonite dans l'univers des cristaux, Dionysos, Tantale, Antigone en mythologie, le Sagittaire ou le Verseau en astrologie.

Quelques exemples de dyades

Bateleur en Hémisphère sud, Soleil en nord
Interdit : Tu n'auras pas d'enfance, ou tu resteras un enfant
Rébellion : Je construirai pour les enfants

Hermite en sud et en nord
Tu n'auras pas d'amis, tu ne seras l'ami de personne
Rébellion : Je serai l'ami du monde entier, je montrerai le chemin, je suis un éclaireur

Mise en perspective des arcanes rebelles comme substituts aux arcanes consensuels.

Notons qu'un Arcane consensuel peut devenir rebelle et réciproquement.

Le Bateleur plutôt que le Chariot

Le Bateleur change de camp ayant compris l'illusion de toute chose. Le sens de la maya, comme impermanence du monde. La seule chose qui soit permanente, c'est l'impermanence du monde. Le Chariot s'arrange très bien de l'illusion de tout, notamment l'illusion du pouvoir. Le monde est en miettes sur la table du Bateleur, il s'agira de le reconstruire : « Le temps est un enfant qui joue » (Héraclite).
Le Chariot quant à lui se croit à l'abri dans un monde bien formaté où chaque chose serait à sa place. On se rend compte bien vite que cet équilibre est précaire.

L'Impératrice plutôt que la Papesse

Mère castratrice et phallique. Elle joue le double rôle du père et de la mère. Elle tient le monde à distance ainsi que son enfant. Éminence grise de l'Empereur. Elle appelle au dépassement de toutes les dualités, elle interpelle le thème de l'androgynat et affirme haut et fort sa pensée. Elle dit les choses et elle les incarne. Elle est créative. La Papesse plus hiératique, cachée, remplit le rôle d'une mère plus traditionnelle.

L'Empereur plutôt que le Pape

Il part de rien pour construire son empire, alors que le Pape, comme les rois, a obtenu son territoire de ses ascendants. L'Empereur prend le pouvoir, alors que le Pape le reçoit. L'Empereur crée de la mémoire, le Pape transmet de la mémoire.

Le Diable plutôt que l'Amoureux.

Le Diable ne renonce jamais. Il porte très haut son flambeau prométhéen. Il est rebelle à toutes les formes d'autorité institutionnelles, religieuses, bien pensantes. C'est un provocateur, à la sexualité farouche, débridée, voire perverse, mais quoiqu'il en soit, ardente, intense, fulgurante. La sexualité de l'Amoureux est plutôt canalisée dans le mariage.

La Roue de Fortune plutôt que la Justice.

Il s'agit de deux grands Arcanes de transformation qui ont en commun la recherche des causes profondes des événements présents. La Roue de Fortune est rebelle dans le sens où elle nous exhorte à sortir des cycles qui nous déterminent. Cet Arcane convie à la Révolution, au vrai sens de ce terme qui suppose un tour entier sur soi-même (comme dans le mot revolver défini par son barillet). La Justice peut prendre un caractère consensuel dans le sens où elle se rend dans l'institution d'un tribunal au nom d'un code civil ou pénal.

Le Mat plutôt que l'Hermite

Le Mat n'obéit qu'à lui-même, dans le meilleur des cas à l'instance supérieure intégrée dans sa conscience. L'Hermite a un statut social, ne serait-ce que celui de quitter la société.

La Force plutôt que Tempérance

La Force peut aussi bien cimenter l'univers que le faire exploser. Tempérance maintient l'équilibre.

Le Jugement plutôt que le Monde

Le sujet fait éclater le couvercle de son cercueil pour sortir de sa cage dorée : les enfermements bien conformistes d'un Monde où tout est bien rangé et à sa place.

La Lune plutôt que le Soleil

L'émotionnel puissant de la Lune ne se laissera jamais enfermer dans l'organisation sociale du Soleil.

La Treize plutôt que le Pendu

La Faucheuse est la pire des rebelles. Rien ne lui résiste. Le Pendu s'adapte et il est patient.

La Maison Dieu plutôt que l'Étoile

Encore une énergie qui pulvérise toute forme de limite. L'Étoile se soumettra aux lois qu'elle a intégrées.

TROISIÈME PARTIE

LES RÉFÉRENTIELS D'ALLIANCE

« Ni Dieu, ni Maître…Sauf Vénus »
Michel Onfray

Chapitre I

LE RÉFÉRENTIEL DE COUPLE

DU MARIAGE ...

Alors, Almitra parla une nouvelle fois et dit :
« Et le mariage, maître ? »
Et il répondit en disant :
« Vous êtes nés ensemble, et vous serez ensemble pour toujours.
Vous serez ensemble quand les blanches ailes de la mort disperseront vos jours.
Oui, vous serez ensemble, même dans la silencieuse mémoire de Dieu.
Mais laissez un vide dans votre communion,
Et que dansent entre vous les vents des cieux.
Aimez-vous l'un l'autre, mais ne faites pas de votre amour un esclavage.
Qu'il soit plutôt une mer mouvante entre les rives de vos âmes.
Emplissez mutuellement vos coupes, mais ne buvez pas dans la même.
Donnez-vous à chacun votre pain, mais ne mordez pas dans la même miche.
Chantez et dansez ensemble, soyez joyeux, mais faites que chacun de vous puisse demeurer seul,
De même que les cordes du luth sont seules, même lorsqu'elles vibrent de la même musique.

Donnez vos cœurs, mais pas à la garde de l'autre.
Car seule la main de la Vie peut contenir vos cœurs.
Et demeurez ensemble, mais sans trop vous approcher de l'autre :
Car les piliers du temple sont séparés,
Et ni le chêne ni le cyprès ne poussent à l'ombre l'un de l'autre. »

Khalil GIBRAN
« Le Prophète »

Le modèle symbolique du couple dans la nature et sur notre planète est donné par l'alliance de l'Everest et de la Mer Morte.
Le mont Everest, situé à la frontière du Népal et du Tibet, culmine à 8882 m. Voilà le mont le plus élevé de la planète ! Et les sages qui y demeurent ou qui l'ont sacralisé sont les gardiens des portes du ciel, nous dit la tradition. Cette montagne, yang, définit le masculin de la terre et correspond dans le Tarot de Marseille à la symbolique des quatre Rois.
Les rives de la Mer Morte, source de vie, se situent à 392 m au-dessous du niveau de la mer.
Voilà le lieu le moins élevé de la terre ! Essentiellement yin, féminin, cette terre sacrée interroge l'histoire depuis des milliers d'années. Les sages et les communautés qui l'ont habitée au fil des siècles demeurent les gardiens des portes de la terre.
Nous retrouverons cette *empreinte* dans les quatre Reines du Tarot.
L'Everest et la Mer Morte, le phallus sacré et la sainte vulve.
Quand on travaille sur le couple avec le Tarot, plusieurs images viennent à l'esprit. L'Impératrice et l'Empereur, bien sûr, Papesse et Pape immanquablement, mais aussi la Lune et le Soleil. Toutefois, c'est dans les Arcanes mineurs et particulièrement dans les couples formés par les rois et les reines que la notion d'alliance semble la plus significative.
Ce que nous suggère en premier lieu cette « famille royale », c'est de veiller à ce que, dans un couple, l'un ne règne pas sur l'autre. Ni le roi sur la reyne, comme c'est le plus souvent le cas dans nos sociétés machistes et patriarcales, ni la reyne sur le roi, comme on peut parfois le rencontrer dans certaines sociétés matriarcales. Le roi et la reyne règnent ensemble. L'homme et la femme règnent ensemble et il existe quatre formes de règne. Un règne de Bâtons, éminemment spirituel, inscrit dans la conscience supérieure ; un règne de Coupe, pour le moins émotionnel, au mieux tendu vers l'amour inconditionnel ; un règne d'Épée où s'activent les pensées intellectuelles et la parole créatrice et un règne de Deniers, davantage organisé autour de la gestion des domaines matériels ou énergétiques.
En fait, quatre types de couple : un couple qui communie et qui prie, un autre qui communique et qui vibre, un troisième qui pense et qui lutte, un quatrième qui crée et qui gère la matière.
Le couple Khalil Gibran et May Ziadah semble bien illustrer le couple de Bâton ; Édith Piaf et Marcel Cerdan marque assez bien l'énergie de la Coupe ; Jean-Paul Sartre et Simone de Beauvoir règnent sur l'Épée ; Camille Claudel et Auguste Rodin auraient pu réussir le couple de Deniers.
Cette tentative de structurer le couple en quatre règnes est une première base de réflexion. Quel est le territoire commun dans lequel s'exerce l'existence commune ? À quel type de couple aspirez-vous ? Puisque les quatre polarités définies par les Arcanes mineurs sont aussi quatre étapes de l'existence humaine, à la question, « quel type de couple êtes-vous ? », on pourra substituer une autre question : « À quel stade en est votre couple aujourd'hui dans

son évolution ? ». On peut aussi penser que l'idéal absolu du couple consisterait à pacifier les quatre règnes.
Première mise en garde donc, pour résumer : que l'un ne soit pas le souverain de l'autre mais que l'un et l'autre règnent sur un monde souverain. Dès lors, le « deux » conduit immanquablement vers le « un ». Si la quête d'un couple est celle de l'identité, c'est-à-dire de la « ré-union », ce qui ne devrait pas nous étonner, on ne fera pas l'impasse sur la prise de conscience des dualités. Il ne faut pas non plus confondre identité avec identification, unité avec fusion, comme on ne confondra pas « alliance » avec « alliage ».
Par alliage, le cuivre et l'étain se mêlent pour donner le bronze, mais dans cette nouvelle composante, les identités du cuivre et de l'étain ont disparu. On connaît bien cette catégorie de couple fusionnel où l'un s'abolit dans l'autre, où l'autre s'abîme dans l'un et où l'un et l'autre finissent par se noyer dans le feu intense d'une « mère en fusion ».
Dans l'alliance en revanche, les forces s'ajoutent les unes aux autres, elles ne se fondent pas. Chacun garde son indépendance ; on peut parler ici de l'alliance autonome des forces souveraines telles qu'elles se définissent lors des alliances économiques, politiques ou militaires.
L'alliance, plutôt que l'alliage, l'inter-indépendance plutôt que l'interdépendance, tout cela faisant écho à un autre système double, la supplémentarité plutôt que la complémentarité, l'offre plutôt que la demande, le désir plutôt que le besoin.
Une rencontre amoureuse se bâtit souvent sur l'illusion de la complémentarité. Nous nous apportons mutuellement ce dont nous croyons être privés. Lorsqu'une relation s'élabore à partir de ce principe, on peut dire qu'elle se construit inconsciemment sur du manque. À la première turbulence émotionnelle, les bases de la relation apparaissent bien fragiles, car ce sont les manques qui ressortent en priorité. Dans cette catégorie de couple, il arrive souvent que l'un se repose sur l'autre ce qui présuppose, si je me repose sur toi, que d'une part je t'alourdisse et que d'autre part, je m'endorme. Par contre, si je m'appuie sur toi plutôt que de me reposer sur toi, il en est tout autrement. En te prenant comme point d'appui, je reconnais ta force. Nous sommes dans un tout autre contexte, nous pouvons associer nos forces distinctes, ce qui est très différent que de combler nos manques respectifs. Nous entrons alors dans la loi de la supplémentarité.
Se placer l'un vis-à-vis de l'autre en demande dans une relation de couple suppose la mise en évidence de ces manques. Garder présente à l'esprit la volonté d'être dans l'offre devrait dynamiser la relation. Dans l'étreinte amoureuse, « serre-toi contre moi » devrait l'emporter en qualité de relation sur « serre-moi contre toi ». On en déduit que les couples qui vivent selon la loi du désir trouveront un meilleur équilibre et plus de créativité que ceux qui vivent selon la loi du besoin. Sachant que rien n'est jamais acquis une fois pour toutes, le désir doit sans cesse être renouvelé pour garder la relation vivante, créative et dynamique. Le danger de l'habitude guette le couple à

chaque détour de son existence. Là encore, le fait de transformer une habitude en rituel sacralise la relation. Bien sûr, tout cela est question d'état d'esprit. S'exprimer vis-à-vis de l'autre en terme de désir plutôt que de besoin, d'offre plutôt que de demande, de supplémentarité plutôt que de complémentarité donne sans aucun doute du sens, de la profondeur et de la durée à la relation.

Le danger de la fusion est proche de celui de l'identification. Lorsqu'un couple se construit, il se modélise souvent inconsciemment sur un couple pré-existant, que ce soit celui de ses parents ou celui d'un couple mythique, chacun portant en soi, plus ou moins clairement établie, l'idée d'un couple idéal. Le travail sur le *Référentiel de Couple* permet de passer de la notion de couple idéal à celle d'idéal du couple. Le premier, fortement symbolisé par la Maison 11 du *Référentiel de Couple*, s'enracine dans le passé. Le couple idéal peut aussi bien être celui à éviter que celui à reproduire mais en tout état de cause, il nous sépare de ce que nous sommes en nous contaminant de son histoire qui finit par devenir la nôtre.
L'idéal du couple quant à lui est inscrit symboliquement dans la Maison 12 du *Référentiel de Couple*, il s'enracine dans le futur, il reste à imaginer ou à construire et, comme on vient de le voir, à renouveler à chaque instant. Dans un *Référentiel* individuel, la Maison 11 peut aussi jouer un rôle similaire chez le sujet dont les aspirations, notamment celles de la vie à deux, peuvent être contaminées par son histoire archaïque, sa généalogie voire ses mémoires inconscientes. La Maison 12 lui indiquera par contre un modèle original, supérieur, non prédéterminé et qu'il créera de toutes pièces, inspiré par les valeurs qui le guident et non pas conditionné par les valeurs qui lui ont été transmises. Dès lors, travailler le couple peut se faire aussi bien sur son propre *Référentiel de Naissance*, en comparant deux *Référentiels de Naissance* ou en construisant un *Référentiel de Couple* ou une Charte d'Alliance pour deux sujets.

Le *Référentiel de Couple* permet de mieux comprendre le sens d'une alliance. Il donne des indications sur la manière dont un couple peut fonctionner, en lui-même comme à l'extérieur de lui-même, en servant par exemple de modèle à d'autres couples.
Il permet aussi d'établir la Charte d'Alliance qui définit les points sur lesquels un couple peut travailler pour son évolution, les ressources dont il dispose, les leçons qu'il a à apprendre, voire les obstacles à franchir. Cette approche très particulière fait du couple une entité à part entière qu'un homme et une femme peuvent habiter ensemble comme on occupe un même espace.

Le *Référentiel de Couple* et la Charte d'Alliance sont des outils symboliques de médiation qui, dans le cadre d'un travail thérapeutique ou de développement personnel, donnent du sens à la relation, favorisent la communication entre deux personnes et concourent à la réconciliation ou à la réparation. La plupart du temps, les déséquilibres observés sont dus à un trop-plein de mémoire, les choix ont été faits par rapport au passé, se modélisant inconsciemment sur des archétypes et rarement par rapport à une valeur transcendante contenue en germe dans sa vie comme la page blanche de l'écrivain ou le bloc informe de marbre face à la méditation du sculpteur. Le décodage des *Référentiel*s *de Couple* ou des *Référentiel*s des partenaires du couple passera donc par un premier repérage des modèles inconscients qui conditionnent, contaminent ou tentent de formater la relation en train de se construire.
Dans un second temps, on travaillera sur le couple intérieur, préalable indispensable à la réussite du couple avec l'autre. Pour cela, nous nous intéresserons aux fonctions *anima* et *animus* dans les *Référentiel*s de chacun des acteurs. Pour finir, nous appliquerons toutes les règles et techniques que le *Référentiel* permet d'analyser. Nous ne perdrons pas de vue l'importance du décodage des mémoires inconscientes inscrites dans la Maison 11, mais qui peuvent aussi s'actualiser dans la Maison 3. On travaillera essentiellement sur les *Référentiel*s *de couple*, mais on trouvera aussi un certain bénéfice à analyser les Maisons 11 individuelles de chaque partenaire, susceptibles d'induire des modèles de couples idéaux conditionnés par des projets parentaux inconscients.[29]
Dans le couple Piaf – Cerdan, la mémoire inconsciente est caractérisée par l'Arcane XIII, la Non Nommée. Elle s'actualise dans la Maison 3, l'Amoureux. La mort était-elle au rendez-vous ? L'amour l'a-t-il sublimé ? Ce couple s'est il construit sur un programme de transformation et de renaissance ?
Dans le couple Khalil Gibran – May Ziadah, le programme inconscient est donné par l'Hermite. Pas de commentaire ! Actualisé dans le Chariot, l'isolement signifié par l'Arcane IX dynamise une voie d'éveil exigeant la maîtrise de ses instincts.
Dans le couple Rodin – Claudel, la Force donne le pouvoir et le Pape l'actualise.

[29] Voir à ce sujet les chapitre sur les projets parentaux inconscients et sur la Maison 11.

Anima et Animus dans les *Référentiels de Naissance*

« ANIMUS ET ANIMA »

« Tout ne va pas bien dans le ménage d'Animus et d'Anima, l'esprit et l'âme. Le temps est loin, la lune de miel a été bientôt finie, pendant laquelle Anima avait le droit de parler tout à son aise et Animus l'écoutait avec ravissement. Après tout, n'est-ce pas Anima qui a apporté la dot et qui fait vivre le ménage ? Mais Animus ne s'est pas laissé longtemps réduire à cette position subalterne et bientôt a révélé sa véritable nature, vaniteuse, pédantesque et tyrannique. Anima est ignorante et une sotte, elle n'a jamais été à l'école, tandis qu'Animus sait un tas de choses, il a lu un tas de choses dans les livres, il s'est appris à parler avec un petit caillou dans la bouche, et maintenant, quand il parle, il parle si bien que tous ses amis disent qu'on ne peut parler mieux qu'il ne parle. On n'en finira pas de l'écouter. Maintenant Anima n'a plus le droit de dire un mot. Il lui ôte comme on dit les mots de la bouche, il sait mieux qu'elle ce qu'elle veut dire et au moyen de ses théories et réminiscences il roule tout ça, il arrange ça si bien que la pauvre simple n'y reconnaît plus rien (...).
Il invente des choses pour lui faire de la peine et pour voir ce qu'elle dira, et le soir il raconte tout cela au café à ses amis. Pendant ce temps, elle reste en silence à la maison à faire la cuisine et à nettoyer tout comme elle peut après ces réunions littéraires qui empestent la vomissure et le tabac (...). Un jour qu'Animus rentrait à l'improviste, ou peut-être qu'il sommeillait après le dîner, ou peut-être qu'il était absorbé dans son travail, il a entendu Anima qui chantait toute seule, derrière la porte fermée : une curieuse chanson, quelque chose qu'il ne connaissait pas, pas moyen de trouver les notes ou les paroles ou la clef ; une étrange et merveilleuse chanson. Depuis, il a essayé sournoisement de la lui faire répéter, mais Anima fait celle qui ne comprend pas. Elle se tait dès qu'il la regarde. L'âme se tait dès que l'esprit la regarde. »

Paul CLAUDEL

Ces deux concepts *anima* et *animus* ont été développés par Carl Gustav Jung pour personnifier la nature féminine de l'inconscient de l'homme et la nature masculine de la femme. Cela suppose chez chaque individu une sorte de bisexualité psychique que la psychanalyse connaît bien.
Anima et Animus se manifestent, selon la psychologie analytique, sous des formes personnifiées, notamment dans les rêves. Ce sont les deux archétypes les plus importants au niveau inconscient qui déterminent le comportement. On les retrouve aussi dans les mythes et les contes de fées qui ont quelque chose à voir avec les rêves de l'humanité.

« Depuis toujours, chaque homme porte en lui l'image de la femme. Non l'image de telle femme déterminée, mais celle d'un type de femme déterminée. Cette image est au fond un conglomérat héréditaire inconscient, d'origine très lointaine, héritage de toute l'histoire ancestrale des femmes ».

Carl Gustav Jung

La femme aussi, précise le psychanalyste suisse, porte en elle une image de l'homme. En fait, il s'agit plutôt d'une image d'homme, alors que l'homme porte en lui l'image de la femme. Étant inconscientes, ces images se projettent inconsciemment sur l'être aimé, ce qui expliquerait la raison principale de l'attraction passionnelle et de son contraire. Un petit garçon qui intégrerait dans les premières années de sa vie une image négative ou trop contradictoire de sa mère développerait ce qu'on appellera un « anima négatif » qui pourrait perturber les relations qu'il entretiendra plus tard avec les femmes. Il en est de même avec une petite fille dont l'*animus* blessé se projetterait par la suite négativement sur les hommes.
En effet, l'*anima* et l'*animus,* comme tous les archétypes, possèdent un aspect positif et un aspect négatif.

La fonction naturelle de l'*animus* comme celle de l'*anima* consisterait donc à établir une relation entre la conscience individuelle et l'inconscient collectif.
L'*anima* de l'homme, indice féminin, cherche à unir et à rassembler ; l'*animus* de la femme, indice masculin, cherche à différencier et à reconnaître. Il existe ainsi une fonction unificatrice de l'*anima* et une fonction dissociative de l'*animus*.

Cette approche doit nous mettre en garde contre la tentation de juger un *Référentiel* de femme contenant de nombreux Arcanes *animu*s comme *Référentiel* plutôt masculin. De la même manière, nous éviterons de décrire un *Référentiel* d'homme chargé de nombreux Arcanes *anima* comme un *Référentiel* féminin. Le *Référentiel* est une *empreinte* inconsciente. Si une femme porte dans son *Référentiel* de nombreux Arcanes *animus* et si ceux-ci sont vécus de manière positive, alors voilà une femme dont la relation aux hommes peut être très harmonieuse avec une bonne communication sur tous les plans, ce qui ne peut que renforcer sa féminité et son féminin.[30]
De la même manière, un homme qui a de nombreux Arcanes *anima* dans son *Référentiel* établira plutôt des liens avec son environnement féminin et développera en lui cette masculinité qui le sublimera davantage dans son humanité que dans sa virilité.

---

[30] J'appelle féminité l'aspect extérieur d'une femme, (apparence, coiffure, maquillage, etc.) et féminin, sa structure interne qui favorise sa sensibilité, sa créativité et sa communication avec les mondes invisibles. Une femme très féminine peut manquer de féminin, une femme avec un fort féminin peut très bien négliger sa féminité.

L'image la plus caractéristique de l'*animus* demeure l'Empereur et le nombre le plus *animus* est le « 4 ». On peut aborder ce nombre d'abord comme un multiple de « 2 », ce qui lui confère la valeur d'un nombre de génération. Cela établit bien évidemment le lien avec l'aspect père géniteur que l'on trouve dans l'Empereur. Le sens grec du nombre « quatre » est aussi très parlant : *tettragonos*, « qui a quatre angles, quatre coins, quadrangulaire ». Ce nombre est bien fondé, solide, structuré et structurant. « Rectangulaire de corps et d'âme », dit Nietzsche dans *Ainsi Parlait Zarathoustra*.
Le tétragone est un principe d'ordre et en effet le quatre intervient partout où il s'agit d'amener de l'ordre et de la structure dans le désordre, de l'unité dans la diversité. On le retrouve prenant forme dans les objets fondamentaux d'une vie bien ordonnée (armoire, maison, boîte...) et symbolisant ainsi l'édifice familial. Le quatre est aussi le nombre de la rationalité : quand on dit que quelque chose est carré, on en saisit bien le sens. Quant aux expressions populaires « couper les cheveux en quatre, se mettre en quatre », elles confirment les thèmes symboliques présents dans l'analyse rationnelle, le travail, la structure. D'ailleurs, la présence d'un quatre dans un Blason (dit « Quatre de chiffre ») signale que ce Blason appartient à un commerçant.
Le quatre va générer le « seize » de la même façon que l'Empereur génère la Maison Dieu. On retrouve ici toute la symbolique de la pierre d'angle. L'aspect cubique de l'Empereur se distingue très bien dans certains Tarots où le personnage est assis sur une pierre carrée. Ainsi, la Maison Dieu est d'autant plus solide sur ses bases qu'un travail intérieur a été fait au niveau de l'Empereur.
La couleur symbolique du « 4 » est le vert, couleur en relation avec la force et l'origine de la vie. C'est aussi la couleur du quatrième centre de force, non pas en tant que centre des émotions mais en tant que base fondamentale de l'échange humain et de la construction intérieure et extérieure. L'Empereur est donc, malgré les apparences, un Arcane qui favorise l'Alliance. Il suffit d'observer dans cette image l'aigle qui, avec ses deux serres, semble réunir deux mondes. Bien sûr, le mot « vert » et le mot « homme » ont la même étymologie : *vir* (qui donnera autant vert que viril) signifie homme en latin.
Les autres Arcanes *animus* du Tarot sont : le Pape, l'Hermite, la Roue de Fortune, le Diable, le Soleil et le Mat.

L'image forte de l'*anima* dans le Tarot est représentée par la Lune, *miroir* de l'Empereur.
La Lune comme la femme obéissent aux mêmes lois, notamment celle des 28 jours pour renouveler leur cycle. L'ensemble des thèmes proposé par cette lame concerne pleinement le féminin de l'être humain. La mère, la femme, l'intuition, l'âme, la sensibilité, la créativité, le rêve, la vision claire des mondes invisibles. Encore une fois, la présence de la Lune dans le *Référentiel* d'un homme devrait favoriser sa capacité à communiquer avec les femmes dans de nombreux domaines, notamment dans celui du couple.

La Lune épouse davantage l'Empereur que le Soleil, de la même façon que l'Empereur s'allie avec la Lune plus qu'avec l'Impératrice. Avec la lune, les Arcanes *anima* sont la Papesse, la Justice, la Force, l'Arcane XIII, l'Étoile, le Monde.

Les autres Arcanes harmonisent assez bien les polarités masculines et féminines : le Bateleur, parce qu'il évoque l'enfant qui n'a pas encore choisi de s'engager sur une voie ou sur une autre (je suppose en cela qu'être femme ou être homme est davantage un fait social qu'un fait biologique : « on ne naît pas femme, dit Simone de Beauvoir, on le devient ») ; l'Impératrice parce que cet Arcane suggère une bipolarité androgynique ; l'Amoureux, le Chariot, le Pendu et Tempérance pour leur capacité à équilibrer des énergies opposées ; la Maison Dieu car elle offre une synthèse entre un aspect phallique et une dimension féminine du fait de sa connotation - four alchimique, lieu d'une gestation - le Jugement enfin pour sa capacité à relier le haut et le bas.
Cette classification n'est pas figée, elle relève davantage d'une série de propositions et d'hypothèses de travail. Elle accepte volontiers toutes les critiques ou nuances. L'Arcane XIII par exemple, symbole féminin car relié à une terre noire fertile et alchimique, engagé dans un processus de renaissance, peut très bien être perçu comme une polarité masculine. En effet, on peut se laisser convaincre par sa structure, par le fait qu'on puisse réduire le nombre 13 au nombre 4 et par d'autres détails encore. Les débats sont ouverts.

Méthode de calcul du *Référentiel de Couple*

On fait la somme des Maisons 1, 2, 3, et 4 des *Référentiel*s respectifs des sujets.

Maison 1 de l'homme + Maison 1 de la femme = Maison 1 du couple
Maison 2 de l'homme + Maison 2 de la femme = Maison 2 du couple
Maison 3 de l'homme + Maison 3 de la femme = Maison 3 du couple
Maison 4 de l'homme + Maison 4 de la femme = Maison 4 du couple

On obtient *la matrice* du couple.
On ne réduit pas la Maison 2 entre 1 et 12 contrairement à la *Ruche*. (Voir plus loin).

Cela fait, muni des quatre premières Maisons, on peut calculer le reste du *Référentiel* en se fondant sur les méthodes déjà enseignées.

Exemple avec les *Référentiel*s de Khalil Gibran et May Ziadah

Khalil né le 6 janvier 1883
Maison 1 : VI
Maison 2 : I
Maison 3 : XX
Maison 4 : XVIII

May née le 11 février 1886
Maison 1 : XI
Maison 2 : II
Maison 3 : V
Maison 4 : IX

Référentiel de Couple
{Maison 1 : VI + XI = XVII, l'Étoile}
{Maison 2 : I + II = III, l'Impératrice}
{Maison 3 : XX + V = 25 (2 + 5 = 7) = VII, le Chariot}
{Maison 4 : XVIII + IX = 27 (2+7 = 9) = IX, l'Hermite}

Khalil Gibran

Né le 06.01.1883

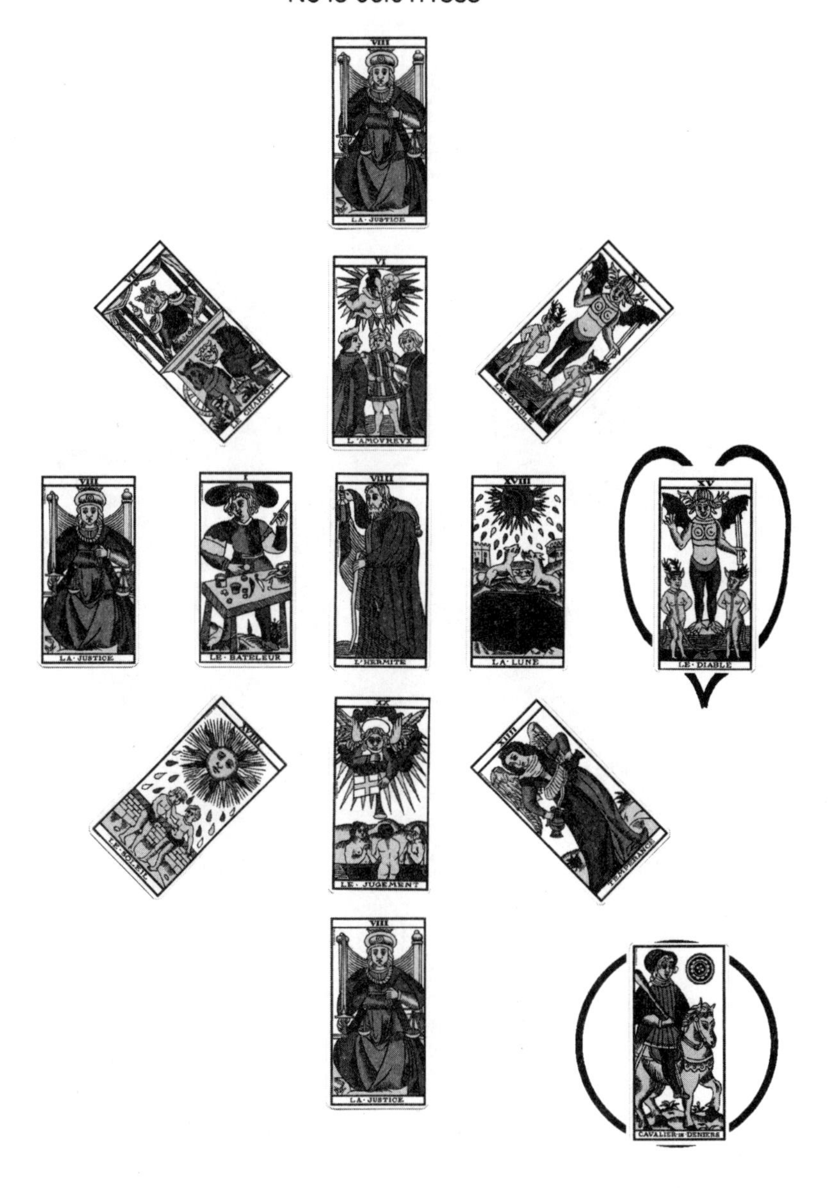

May Ziadah

Née le 11.02.1886

Les autres Maisons se calculent à partir des quatre premières Maisons comme pour un *Référentiel* normal.

Maison 6 = Maison 1 + Maison 2 = XX, le Jugement
Maison 7 = Maison 2 - Maison 3 = IV, l'Empereur
Maison 9 = Maison 6 + Maison 7 = VI, l'Amoureux
Maison 10 = Maison 9 - 22 = XVI, Maison Dieu
Maison 11 = Maison 7 + Maison 3 + Maison 10 = IX, l'Hermite
Maison 12 = Maison 6 + Maison 2 + Maison 4 = V, le Pape

Cœur du Blason = La Force

Khalil Gibran & May Ziadah

Khalil Gibran
& May Ziadah
Charte d'Alliance

Problématique du couple : 11

Mission du couple : 9

Défi du couple : 4

Ressources du couple : 20

Passage obligé : 9

La Charte d'Alliance

On extrait du *Référentiel de Couple* cinq Arcanes spéciaux qui suffisent à définir la nature d'un pacte entre les deux partenaires d'un couple.

Le *Cœur* du couple définit la problématique du couple.
La Maison 4 : la mission du couple
La Maison 7 : les défis du couple
La Maison 6 : les ressources du couple
La Maison 5 : le passage obligé du couple

L'analyse de ces 5 Maisons est édifiante. L'expérience intérieure est solitaire. Elle conduit l'être en quête de vérité vers ce point essentiel qui constitue sa force et son assise. Conscient de cette autonomie et de cette force, il peut la transmettre à autrui. Lorsque deux forces se rencontrent, un couple vient au monde. Voilà pourquoi l'Hermite du Tarot de Marseille symbolise la notion de couple, ou tout au moins le travail intérieur de préparation à la naissance d'un couple. Le couple, c'est la terre promise. Le plus bel exemple d'un amour sans faille qui fut autant une alliance qu'un alliage m'a été donné par l'extraordinaire histoire de Khalil et May.

Khalil, c'est Khalil Gibran, l'auteur du *Prophète*, écrivain libanais qui vécut une très grande partie de sa vie en Amérique. Ce philosophe, artiste, poète et écrivain de très grand talent œuvrait pour que la sagesse orientale aide la civilisation occidentale du début du siècle à évoluer vers plus d'équilibre et ne se coupe pas de ses racines profondes. Il avait, plus que tout autre, mesuré le danger de l'industrialisation galopante de l'Occident : il savait que le nouveau monde amorçait sa descente en enfer et allait perdre son âme. Conscient du fait qu'il porte en lui deux cultures complémentaires, Khalil Gibran se met au service de l'humanité sous une forme aussi mystique que rebelle. Il se bat pour l'émancipation des femmes, dénonce l'hypocrisie de l'Église et de la société et ne cesse de montrer la force rédemptrice et thérapeutique de l'amour universel et inconditionnel. Les montagnes et les vallées du Liban sont présentes dans chacun de ses écrits, non pas comme un cadre d'inspiration poétique mais comme la source d'une véritable force de régénérescence de l'être.

May, c'est May Ziadah, l'une des plus célèbres écrivains égyptiens de sa génération. Militante et suffragette de la première heure, elle publie dans les journaux de langue arabe des articles féroces et profonds. Elle crée aussi des cercles littéraires qui donneront à la littérature égyptienne un rayonnement international. Son charme, son intelligence et sa beauté attirent près d'elle nombre d'intellectuels arabes qui subiront son influence, tout en se nourrissant à sa source.

Elle connut Khalil Gibran par ses livres. C'est ainsi qu'elle commença à l'aimer. Elle lui écrivit, et de leur correspondance émergea une histoire d'amour exceptionnelle. Khalil et May se sont aimés d'un amour incandescent, spirituel, mais sans jamais se rencontrer. Leur correspondance se confond avec l'histoire de leur amour et dura près de vingt ans jusqu'à la mort de Khalil Gibran. Chaque jour de cette relation fusionnelle était ponctué par l'arrivée du courrier, et la nuit, ils se rencontraient en rêve :

« Comme vos lettres me sont douces, May, et combien délicieuses. Elles sont comme une rivière de nectar qui descend du sommet de la montagne et fraie en chantant un chemin dans la vallée de mes rêves... Le jour où une de vos lettres arrive est pour moi comme le sommet de la montagne ».
« Vous avez toujours été présente en mon esprit depuis la dernière fois que je vous ai écrit. J'ai passé de longues heures à penser à vous, à vous parler, à m'efforcer de découvrir vos secrets, à tenter d'éclaircir vos mystères. Devrais-je alors m'étonner de sentir la présence de votre Moi éthéré incorporel dans mon studio, observant les mouvements, conversant et discutant avec moi, exprimant des opinions sur ce que je fais ? »

Khalil Gibran, *Lettres d'amour*

Ces lettres d'amour sont d'une force et d'une beauté indicibles. Elles témoignent du couple absolu qu'un homme et une femme ont choisi de vivre, réussissant l'alliage de leurs âmes et l'alliance de leurs esprits alors qu'ils ne réalisaient pas l'union de leurs corps et de leurs vies.

Les *Référentiel*s respectifs de Khalil et de May, mais surtout leur *Référentiel de Couple*, sont éloquents.
May avec l'Hermite en Maison 4 confirme son engagement dans un chemin solitaire, tout en assumant une mission de guide. De plus, May a aussi l'Hermite au *Cœur du Blason*, ce qui lui confère une problématique de Pèlerin. Khalil a l'Hermite en Maison 5, passage obligé par la solitude pour dévoiler la quintessence de son être.
Mais le plus stupéfiant sera le *Référentiel de Couple* : trois Hermites dont un en Maison 11, Nœud du couple, un autre en Maison 4, mission du couple, un autre encore en Maison 5, passage obligé du couple ! Cette configuration est aussi connue sous le nom de boucle de Merlin et indique que tous les niveaux de l'Arcane IX sont appelés à fonctionner dans le thème. Solitude, solidité, solidarité.
Drôle de paradoxe dans lequel l'Hermite du Tarot de Marseille appelle à une réflexion sur la notion de couple, sur le sens d'une alliance. Alliance qu'il ne faut pas confondre avec alliage. Le mot alliance traduit l'idée d'engagement, de pacte. L'alliance unit deux êtres dans le but d'en créer un troisième, une entité nouvelle qui transcende les entités de l'Un et de l'Autre en renforçant dans l'Un et l'Autre la conscience des points d'appui internes. En fait, il n'y

aura alliance avec l'Autre que s'il y a alliance avec soi-même. Une sorte d'inter-indépendance !
Souvent ce que l'on rejette dans l'autre est très proche de ce que l'on rejette en soi-même. Un comportement, une attitude face à laquelle on se sent particulièrement fragile. Si nous l'analysons et la décortiquons, cette attitude peut réveiller une mémoire qui nous hante, une image qui nous inhibe. Nous recherchons aussi dans l'autre ce que nous aimons en nous, une part manquante dont nous éprouvons la nostalgie comme le souvenir d'un être qui s'est momentanément absenté mais qui a laissé dans nos cellules la trace de son passage.

Dans chaque femme, Guenièvre se souvient qu'elle a été unie à Arthur et Arthur dans chaque homme se souvient que l'alliance a été brisée. Cependant, l'homme et la femme ont fait le serment que malgré le temps et l'espace ils se retrouveront, se pardonneront et se réconcilieront dans une nouvelle alliance, par un nouveau pacte.
Dans la Bible, l'arc-en-ciel évoque cette nouvelle alliance. Si je cherche dans l'autre la compensation à cette part manquante en moi, je me rends dépendant car l'autre se repose en moi sur une béance, il s'y engouffre et y étouffe. Mon propre trou noir devient le cercueil du couple. Si je me repose sur le Néant de l'Autre, je nous entraîne dans les mêmes abysses des couples en naufrage. Ce que j'aime dans l'autre me renvoie à ma force intérieure. Ce n'est pas le manque qui m'apparaît alors mais la mémoire frétillante de la lumière qui est enfermée en moi. La lumière renforce son éclat et me guide vers des bases intérieures beaucoup plus fondamentales et solides sur lesquelles je peux m'appuyer en confiance et en conscience.
Si je peux m'appuyer sur moi, l'autre le pourra aussi et inversement. L'alliance, c'est l'inter-indépendance de deux forces d'appui qui se nourrissent l'une l'autre. Pas de réelle force sans une réelle autonomie. S'appuyer sur l'autre, assurément, sur sa force, mais sans se décharger ni se reposer sur lui. Sans quoi je l'alourdis, donc l'affaiblis. Ce faisant, c'est moi-même que j'affaiblis. Dans les deux cas, je m'abolis lentement dans le sommeil et dans la mort. Les couples en naufrage sont ceux où chacun se repose sur l'autre. Les couples en voyage sont ceux dont l'alliance est fondée sur une force réciproque d'appui.
Les couples en voyage se retrouvent toujours, quelles que soient les déchirures qui les ont séparés. Ces retrouvailles dépassent les lois du temps et de l'espace. Toute rencontre amoureuse authentique est une retrouvaille, une réparation.

L'enfant, lui, est alliage car il résulte de la fusion du couple dans lequel chaque personnalité s'abolit mais où chaque identité se renforce ; on observe, comme on l'a déjà vu, dans l'alliage du cuivre et de l'étain une fusion totale et une incorporation. Ils ne peuvent plus se séparer, c'est l'union parfaite. Les Orientaux disent que l'étain provient de la montagne, il est donc Yang, le cuivre provient de la vallée, il est nécessairement Yin. Pourtant, cette union parfaite demeure ambivalente, car d'un certain point de vue l'alliage renforce les caractères des éléments qui le composent et par d'autres côtés en altère la pureté. La fusion amoureuse peut être assimilée à l'alliage. Roméo et Juliette, Leila et Majnoune, Tristan et Iseult sont des figures emblématiques de l'amour-fusion. On constate aussi que l'amour-fusion est presque toujours relié à la mort. Pour que vive le bronze, il faut que meurent le cuivre et l'étain.

Le sens d'une relation

Toute relation, même la plus anodine, a du sens et peut nous aider dans la compréhension de certaines difficultés rencontrées.
Là encore, on travaille avec la Maison 11.
Les deux Maisons 11 des sujets dont on étudie la relation sont l'objet des opérations suivantes. Une soustraction : la lame obtenue symbolise ce que l'autre m'apporte pour me nourrir, me faire grandir. Une addition : la lame exprime en quoi la relation m'oblige à me dépasser, à me confronter à ma dualité, à mes démons internes... Rencontre avec son ombre.
Cette étude vaut seulement pour soi-même, on ne peut préjuger du sens que prendront les lames pour l'autre.

La *Voie du cœur*

On appelle *Voie du cœur* tout *miroir* qui se fait entre un *Référentiel* et l'autre. Cela suppose un apport mutuel d'énergie et la confirmation que dans un couple l'un est toujours le miroir plus ou moins conscient de l'autre.

Chemin de l'un vers l'autre

Cet aspect est très riche pour confirmer à quel point l'un et l'autre chemineront ensemble s'ils sont capables de cheminer l'un vers l'autre. J'entends souvent certains couples parler de concession ou de compromis nécessaire au bonheur d'un couple. Illusion ! Toute concession ou compromis réduit la force du lien. Cependant *le chemin de l'un vers l'autre* excluant tout compromis cimente l'unité du couple dans sa communication et ses projets communs.
Pour ce faire, on compare les deux *Cœurs de Blason* en les soustrayant l'un de l'autre. Rappelons à cet égard que toute soustraction suppose un chemin. Le résultat sera chargé positivement d'un côté et négativement de l'autre.

Édith Piaf

Née le 19.12.1915

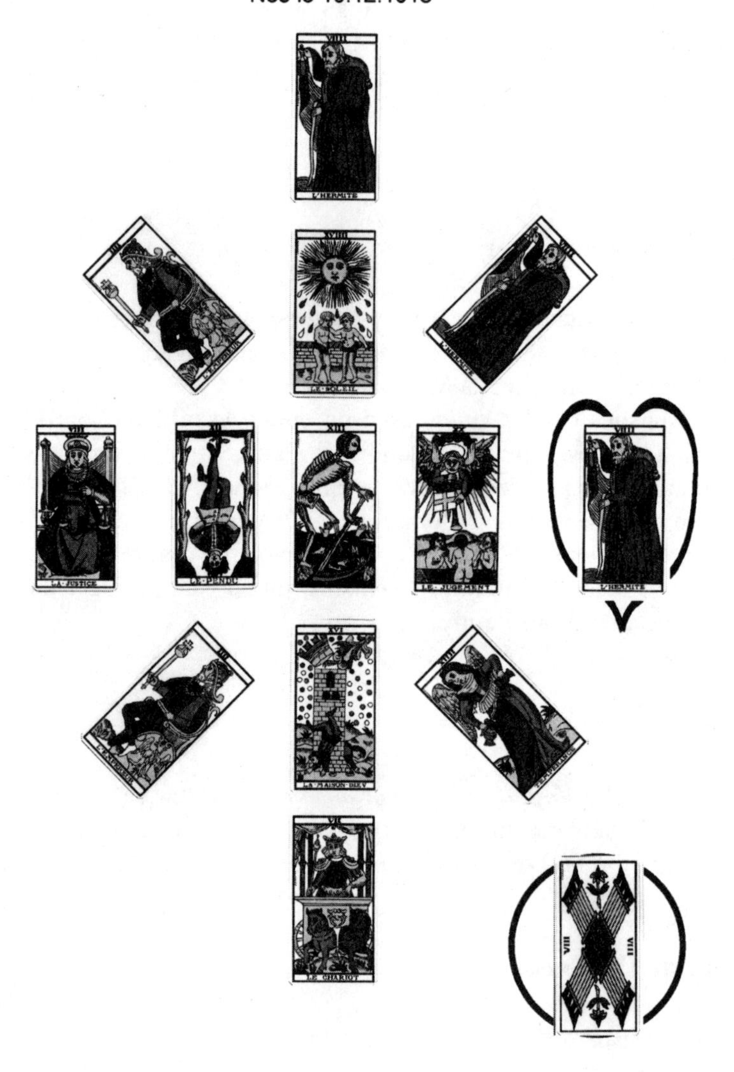

Référentiel de Marcel Cerdan pour l'année 1948

Né le 22.07.1916

Quand on observe les *Référentiel*s d'Édith Piaf et de Marcel Cerdan, on voit un Hermite dans la Maison 13 de la chanteuse et une Force dans celle du boxeur.

Le chemin de l'un vers l'autre s'interprètera ainsi : le nombre 2, à savoir la Papesse, est le résultat de la soustraction entre les deux Cœurs. La conscience chez chacun des amants de la signification de la Papesse leur permettra d'aller l'un vers l'autre chaque fois que des tensions apparaîtront. Tra-

vailler la Papesse consistera à introduire dans la relation : du maternel, du féminin, de la connaissance, du sacré, du mystère, de la sagesse.
Ce chemin, Édith Piaf le fera en positif. En effet 9 – 11 est un chemin positif, puisque pour aller de 9 à 11 on doit « ajouter » le nombre 2 au nombre 9. Cerdan fera le chemin en négatif, puisqu'il s'agira de « descendre » du 11 pour aller vers le 9. Positif et négatif ne doivent pas être compris en terme de valeur mais plutôt en terme d'extériorité et d'intériorité. Piaf extériorise cette Papesse du chemin de l'un vers l'autre en devenant l'initiatrice de son amant, comme elle fut d'ailleurs l'initiatrice de tant d'artistes ; quant à Cerdan, le chemin qui le conduit à Piaf doit passer par une intériorisation de son féminin, une rencontre avec la fragile sensibilité cachée derrière des kilos de muscles.

Un autre exemple propose une synthèse surprenante des différents aspects d'un *Référentiel de Couple.*
Il est donné par Véronique, psychologue et étudiante en *Référentiel de Naissance.*

Voici son témoignage :

Le sens d'une relation : Référentiel de couple et comparaison de deux Référentiels.

La connaissance du Référentiel de Couple et la comparaison des Référentiels respectifs des deux partenaires offrent un puissant éclairage notamment lorsque l'on cherche à comprendre les comportements, les décisions ou les actes de ceux qui nous ont précédés dans notre lignée familiale. En voici un exemple, illustré par le parcours de Pierre, né le 1er octobre 1914 (mon grand-père) et celui de Simone, née le 14 janvier 1918 (ma grand-mère), tous deux encore vivants en 2006. Les événements « officiels » sont les suivants : Pierre et Simone se rencontrent en 1927, se plaisent et commencent une relation amoureuse qui va durer environ une année, sans être mariés, ce qui était peu courant à l'époque. Le 26 septembre 1928, un fils, Michel, naît de leur union. Pour diverses raisons, Pierre refuse de prendre en charge cette petite famille, quitte la région et demande à Simone de « l'attendre ». Comme il est parti sans reconnaître l'enfant, un procès en paternité est engagé par la famille de Simone et Pierre est condamné à verser une pension alimentaire, ce qu'il fait, jusqu'aux dix-huit ans de son fils, mais sans jamais le voir.

Charte d'Alliance
Pierre & Simone

Probématique

Capacité

Passage obligé

Défi

Mission

En 1942 Simone se marie à un autre homme, Pierre épouse une autre femme en 1944. Ils aurons tous les deux une fille de leur nouvelle union. Michel, leur fils, quant à lui, porte le nom de sa mère, grandit sans connaître son père, et comprend peu à peu que l'histoire précédant sa naissance est un sujet honteux, donc tabou : tous les ingrédients d'un secret de famille sont en place.
Michel a eu trois enfants, Thierry, Véronique et Mireille. Dans le cadre d'un travail analytique, j'ai décidé, à partir de 1995 environ, de rechercher le grand-père inconnu. Malgré le peu de renseignements à disposition (et le refus de collaborer de ma grand-mère Simone) cette recherche a abouti : j'ai entendu la voix de mon grand-père au téléphone pour la première fois en 1998 (soit exactement soixante ans après la naissance de Michel). Des contacts téléphoniques réguliers sont établis. Thierry, son petit fils est le premier à aller le voir. Puis en 2000, Pierre (âgé de 86 ans) et Michel (âgé de 62 ans) se rencontrent...Le lien de la lignée masculine est enfin renoué et la parole circule.
En 2003, alors qu'ils sont devenus veuf et veuve tous les deux, Pierre téléphone à Simone (65 ans après !). Simone lui répond sèchement et coupe court au dialogue...

Référentiel de Couple et comparaison de deux Référentiels :
Il est intéressant de mettre en perspective ces parcours de vie avec le Référentiel de Couple de Pierre et Simone, et avec l'étude comparative de leur Référentiels respectifs et de leur charte d'alliance.

Ainsi, après toutes ces années passées, et grâce au Référentiel, il est aisé de discerner les énergies, les tendances et les potentiels qui se sont rencontrés, complétés et heurtés entre Pierre et Simone, et qui les ont finalement séparés pour toute une vie.
Leur mission, faire vivre l'amour, choisir en fonction de leur cœur et s'engager, n'était possible qu'en passant par l'énergie du Pendu, soit l'abandon confiant à l'autre, le renversement de son point de vue et l'assouplissement de ses convictions.
N'ayant pas franchi ce passage obligé, c'est leur défi, l'Empereur, qui a agi dans le sens de crispation et de raideur ce qui traduit bien toute la difficulté de construire et d'édifier leur relation, chacun se mettant à défendre « son territoire ». Dès lors, au lieu d'être pour eux une ressource, la Justice, celle des hommes, est venue officialiser la rupture de leur lien et a légiféré en donnant l'illusion d'un retour à la normale, d'un nouvel équilibre et de l'apaisement des passions.
Leur problématique, celle de l'Empereur ne peut désormais trouver de résolution et au contraire, fait écho à leur défi, avec pour résultat l'absence de réalisation concrète de leur relation, la victoire des réalités matérielles et

des limites sociales sur les réalités affectives. Par manque de solidité et de structure leur relation se sclérose et se rigidifie.
L'étude comparative de leur Référentiel ajoute des éléments de compréhension très explicites. En effet, plusieurs Arcanes des Référentiels de Pierre et de Simone font miroir, constituant ainsi autant de Voies du cœur (auxquelles s'ajoutent plusieurs grandes alliances) qui rendaient leur union potentiellement enrichissante et féconde car très complémentaires :

- *Miroir Pape (Simone et Pierre) – Étoile (Pierre)*
- *Miroir Amoureux (S et P) – Maison Dieu (S et P), miroir particulier car correspondant à leur Maison 9 (donc avec miroir en Maison 10), et aussi miroir avec le cœur de blason de Simone.*
- *Miroir Chariot (Pierre) – Diable (S et P)*
- *Miroir Justice (S et P) – Tempérance (Simone)*

Leur attirance mutuelle devient évidente, flagrante. Toutes ces Voies du cœur auraient pu constituer des énergies très puissantes qui offraient à Pierre et Simone la rencontre de l'âme sœur, une relation peu banale, « inoubliable »...65 plus tard !

En réalité, en étudiant le Référentiel de chacun il est possible de repérer ce qui a fait obstacle à la pleine réalisation des potentiels de leur relation.
En écoutant les points de vue de Pierre et Simone, concernant les événements du passé et en observant leur Référentiel il me semble que l'Arcane clef se trouve être celui du Pape.
Notons tout d'abord que le Pape constituait entre Pierre et Simone le chemin de l'un à l'autre

Cœur de Blason de Simone : la Maison Dieu
Cœur de Blason de Pierre : la Force

Simone vers Pierre la valeur est -5, soit un Pape introverti
Pierre vers Simone la valeur + 5, soit un Pape extraverti
Cela signifie que Simone était invitée à un travail d'intériorisation de la symbolique du père et que Pierre aurait gagné à extérioriser cette qualité paternelle en laquelle il n'avait pas confiance.
Cette double invitation se confirme avec certaines problématiques de Pierre et Simone.
Ainsi, lorsque Pierre apprend que Simone attend un enfant il dit ne pas se sentir prêt à « s'engager » (Amoureux en Maison 10) ni capable d'assumer un enfant. Il n'est alors plus connecté à sa ressource, la Force. De plus Pierre a le Pape en Maison 7, le Pape est une des figures paternelles du Tarot de Marseille, celui qui bénit, reconnaît et valorise.

Pierre se trouve alors confronté à sa difficulté, à son défi : il ne reconnaît pas son enfant, il fuit ses responsabilités de père. L'alliance avec Simone (autre signification du Pape) devient également impossible.
Par ailleurs, Simone a elle aussi le Pape dans son Référentiel, en Passage obligé et en Maison de guérison. Après la décision de Pierre de s'éloigner, il lui aurait fallu trouver au centre d'elle-même la compassion, l'humanisme et la notion de pardon, signifiés dans l'Arcane du Pape. En réalité la décision de Pierre a déclenché les énergies les plus problématiques de Simone, celles de trois Maisons Dieu.
Il est aisé de comprendre les attitudes ultérieures de Simone en tenant compte de la charge de violence et de fermeture contenue dans la Maison Dieu. En ne pouvant s'épanouir amoureusement, Simone s'est enfermée « à triple tour » ! En effet, elle a d'abord enfermé sa parole, refusant de communiquer à son fils et à ses petits enfants sa blessure mais aussi son amour de Pierre. Au cours de sa vie, Simone est souvent apparue aux autres comme une personne au caractère orgueilleux, inflexible, voire brutal. L'ouverture de conscience et l'aspiration spirituelle qui aurait pu offrir des portes de sortie ne se sont pas ouvertes. Simone semble s'être incarnée pour faire exploser ses carapaces mentales les plus protectrices (la Maison Dieu en Maison 4) mais dans ce qui allait en même temps constituer aussi ses expériences les plus éprouvantes (la Maison Dieu en Maison 10), ce que vient renforcer, compléter et synthétiser la Maison Dieu en Cœur de blason.
Quoiqu'il en soit Pierre a quitté Simone non pas parce qu'il ne l'aimait plus mais parce qu'elle le faisait devenir père. Or, la question du père, non résolue par sa symbolique du Pape est léguée à tous les descendants de Pierre et Simone :

- *Michel leur fils, le Pape en Cœur de Blason*
- *Les enfants de Michel : Thierry ; le pape en Maison 11 soit un nœud paternel ! et en Maison 9. Véronique : le Pape en Maison 4 ; Mireille : le Pape en Maison 9*

Dernier clin d'œil, Mireille n'a jamais souhaité pour l'instant rencontrer son grand père, or, elle a eu un premier fils en 2005, le seul arrière petit fils de Pierre et Simone, né le 1er Octobre date anniversaire de Pierre ! Avec une conception estimée le 14 janvier (date anniversaire de Simone !...). Cet enfant cependant n'a pas le Pape dans son Référentiel !...

La quatrième orbite

La quatrième orbite est un aspect marginal du *Référentiel de Naissance* que l'on utilise parfois pour enrichir la compréhension de ce qui fonde sur les trois plans - professionnel, affectif et spirituel - une relation entre deux individus. Cette orbite, qui part du principe qu'une relation entre deux individus ne prend toute son ampleur que si elle repose sur une notion de cheminement commun, se construit à partir de la *Voie du Pèlerin.* Pour mémoire, cette voie est définie par les trois Arcanes suivants : le Bateleur, l'Hermite, le Mat.[31] Il peut paraître étonnant à première vue que l'Hermite ou le Mat évoquent la notion de couple. Pourtant, on l'a vu, l'Hermite du Tarot de Marseille appelle à une réflexion sur la notion d'alliance : il ne peut y avoir alliance avec l'autre s'il n'y a alliance avec soi-même.

On ne se « met pas ensemble » parce que l'on aime, on « se met ensemble » pour apprendre à aimer.
Livrons-nous à un petit jeu de l'esprit que ne renierait certainement pas la numérologie et qui offre quelques exemples édifiants. Si l'on considère avec certains numérosophes (je pense ici à Maryh Lassere, à qui je rends hommage à chaque fois que je le peux) que la lettre située au centre géométrique d'un mot en est le cœur et concerne le sens profond et caché de ce mot, on s'étonnera des faits suivants. Les mots « alliance », « alliage », « union », « mariage » portent en leur centre la lettre « i » qui se rattache symboliquement à la notion d'identité, de subjectivité, d'affirmation du moi-sujet (voir le pronom personnel I en anglais). Comme si la problématique fondamentale du mariage était la sauvegarde des identités. En outre, cette lettre est la neuvième dans notre alphabet latin. Si l'on s'en tient à la tradition hermétique, le 9, nombre de l'initiation, du voyage intérieur, de l'achèvement d'un cycle, est aussi le nombre de l'Hermite!

Dans le mot couple, la lettre « u » occupe la place centrale. Cette lettre apparue au Moyen Âge en même temps que l'amour courtois suggère à la fois le Saint Graal qui contient l'élixir de la vie éternelle, et la coupe qui engage nécessairement à l'alliance ceux qui y boivent ensemble. Ainsi, dans certaines civilisations archaïques, notamment en Océanie, un jeune homme et une jeune femme surpris en train de manger ou de boire ensemble sont contraints au mariage par la pression du groupe social. Par contre, le fait de flirter ou de faire l'amour n'engage strictement à rien...
La lettre « u », la vingt-et-unième de l'alphabet, rappelle l'Arcane XXI, le Monde, symbole de plénitude, de totalité et de conscience holistique.
Nous pouvons poursuivre ce petit jeu avec le mot « divorce » dont la lettre centrale, le « O », symbolise la notion de changement de cycle et rappelle le

[31] Voir chapitre sur les voies, page 130.

15e Arcane du Tarot de Marseille : le Diable...! Or, le Diable évoque la confusion (*dia/ballein* en grec = séparer, diviser, exact contraire *de syn/ballein* = réunir, rassembler, étymologie connue du mot symbole, ce qui nous ramène encore une fois à la notion de fusion).
Pas de quête d'une authentique unité sans conscience de la dualité. On transcende seulement une limite identifiée comme telle. Sans cette prise de conscience, il est illusoire d'espérer quelque nouvel âge. « On ne possède éternellement que ce que l'on a perdu », dit Ibsen en parlant de la mémoire.
Ce thème de la prise de conscience et de l'acceptation de la double nature de l'homme pour parvenir à l'unité et à l'harmonie est très présent - nous l'avons vu dans le chapitre sur la quête du Graal - dans le mythe de Merlin l'Enchanteur !

L'alliage, c'est l'entité couple! Un Être qui vit au-delà du couple et qui sera encore là lorsque le couple n'y sera plus (séparation, mort...). Une énergie à laquelle viendront peut-être puiser leur force et leur nourriture d'autres couples dans des temps prochains. L'alliance, c'est le pacte entre un homme et une femme libres pour réaliser une identité autre, une école de transmutation des valeurs, un Maître intérieur. L'alliage nécessite l'alliance. Dans ces conditions, l'alliage devient l'identité du couple. Sinon il n'est que fusion, du verbe fondre ! Confusion ! Les salles des pas perdus des tribunaux de grande instance sont remplies de ces couples sous perfusion qui s'auto-vampirisent dans d'insupportables maelströms émotionnels. Des femmes assises sur des banquettes de bois, chiffonnées dans leur corps sans lumière et tenant sur leurs genoux un sac à main dont elles ne peuvent se dessaisir... Utérus vide de toute espérance. Et les hommes marchant de long en large, fumant cigarette sur cigarette. C'est fou ce que les tribunaux ressemblent certains jours à des maternités.[32]
On construit un couple comme on construit un Temple. À la fois pour s'élever, mais aussi pour permettre que s'impriment dans ses pierres et ses colonnes le signal mémoire du Divin, la signature de la Shakti et la vibration d'Amour universel.

L'Hermite, quant à lui, sous-entend cette exigence de liberté, indispensable au bon fonctionnement du couple. Amour et Liberté ne sont pas contradictoires, bien au contraire, ils se nourrissent l'un l'autre, le véritable amour générant une vraie liberté, notamment la liberté d'aimer.

Pour calculer la quatrième orbite, on part de la Maison 4, à la valeur de laquelle on ajoute le nombre 9. Ce qui génèrera la Maison 4 bis. À cette Maison 4 bis, on ajoute le nombre 22 pour obtenir la Maison 4 ter.

---

[32] Oui je sais *on ne fume plus ni dans l'un ni dans l'autre !*

Par exemple, dans le *Référentiel de Naissance* de Khalil et May, le poète ayant la Lune en Maison 4, se retrouvera avec l'Hermite en 4 bis (18 + 9 = 27 = 2 + 7 = 9) et May avec l'Hermite en Maison 4 gagnera une Lune en Maison 4 bis.
Pour les Maisons 4 ter, on ajoutera à la Maison 4 bis de Khalil Gibran 22 à 9 pour obtenir 31 soit 4, et à celle de May Ziadah 22 à 18 pour obtenir également un 4 (par le 40).
La Maison 4, on le sait, représente entre autres nos possibilités de réalisation et d'accomplissement sur le plan personnel, social ou existentiel.
La Maison 4 bis illustre les possibilités de réalisation sur le plan de l'amour et la Maison 4 ter, les possibilités de réalisation et d'accomplissement sur le plan spirituel ou universel.
L'interprétation se fait toujours ici selon la loi du double principe. Nous nous interrogerons pour savoir de quelle manière les trois Arcanes de la quatrième orbite nous limitent, mais aussi en quoi ils peuvent nous aider. En fait, nous chercherons pour chaque Arcane les aspects limitatifs et les aspects d'expansion, un peu comme si on avait le même Arcane en ressources et en défis ou encore au *Cœur du Blason* et ce dans les trois plans : personnels et existentiels, amoureux et relationnels, spirituels et universels.

Lorsque l'on étudie en parallèle la quatrième orbite de deux personnes en relation, on pourra déterminer le pivot autour duquel s'articule l'Alliance. Pour cela, on opère une soustraction entre les Maisons 4, 4bis et 4 ter des deux *Référentiel*s qui nous intéressent et nous chercherons à nouveau dans l'Arcane obtenu les aspects de limitation et les aspects d'expansion. On déterminera parallèlement le fondement de la relation sur les trois plans définis ci-dessus par chaque soustraction, mais on s'attachera surtout à définir au départ ce qui est d'actualité, par exemple, lorsque deux personnes veulent s'associer dans un projet concret professionnel, elles auront tout intérêt à étudier le différentiel entre leurs deux Maisons 4. Le Différentiel entre les deux Maisons 4 bis n'aura pas d'intérêt dans ce cas particulier.

Khalil

May

Fondements de la Relation

D'autres aspects méritent d'être analysés quand on travaille sur le thème de l'amour, notamment la Bande (la plus grande ressource d'amour), mais aussi le *miroir* de la Maison 2, dit *part de Vénus*

Chapitre II

LES RÉFÉRENTIELS COLLECTIFS : FAMILLE, GROUPE, ASSOCIATION...

« Tout ce qui ne vient pas à la conscience revient sous forme de destin »
Jung

La *Ruche*

Le travail sur la *Ruche*, tout en proposant une réflexion sur les transmissions généalogiques d'un *Référentiel* à un autre, pose la question humaniste fondamentale : comment l'autre existe-t-il dans mon *Référentiel de Naissance* ? Quelle est la part de l'autre en moi ?
L'homme se définit essentiellement par la conscience qu'il a de la relation à l'autre. C'est le relationnel, en effet, qui détermine ce qu'il y a d'humain dans l'homme.

Une idée originale consisterait à regarder son *Référentiel* comme un album photos. Où donc est mon père dans cette croix symbolique et existentielle ? Est-ce cet Empereur qui réussit dans les affaires et m'impose une autorité rigide, ou bien ce Diable qui me met face à ma propre peur, incapable de régler mes conflits par moi-même ? Ou bien est-ce encore cet Hermite qui me guide sur le chemin et me tend un solide bâton de connaissance sur lequel je sais que je peux m'appuyer ? Et ma mère ? Est-elle aussi sévère qu'une Impératrice ou une Justice ? Ou bien se fond-elle dans la compassion et le sacrifice comme l'Étoile ou le Pendu ? Et le Mat que voici ? Est-il à l'image de cet oncle d'Amérique qu'on n'a jamais vu mais qui fit fortune comme chercheur d'or ? Et puis en fait, cet Empereur, cette Étoile, ce Mat, ne font-ils pas foncièrement partie de moi ? Comme les empreintes que mes parents ont laissées dans mon âme ?

En effet, les empreintes des êtres avec lesquels j'ai entretenu une relation de vie sont inscrites en moi. Celle de ma première rencontre avec l'autorité, celle aussi de ma mère, la première personne avec laquelle j'ai eu une relation interhumaine et qui vraisemblablement m'aura donné le modèle de toutes mes relations sociales ultérieures. Dans un *Référentiel de Naissance*, on peut toujours chercher la trace, la présence, la mémoire de l'autre : où est le mari, la femme, la sœur, le père, le cousin, ce salaud qui m'a violé quand j'étais enfant, la grand-mère, le grand-père (avec toute sa sagesse)... Est-il en défi, en ressource, en guérison... ? Bien sûr, cette empreinte est entièrement subjective et les conclusions que je peux tirer de tel Arcane dans mon *Référentiel de Naissance* ne seront pas semblables à celles que pourrait tirer une autre personne, même avec des Arcanes identiques ! On ne le répètera jamais assez !
La *Ruche* a pour objectif de revisiter et décoder dans un *Référentiel* collectif l'histoire personnelle ou familiale d'un sujet.

La *Ruche* est aussi la demeure des abeilles. Elle définit un espace symbolique quasi alchimique.

Référentiel d'unité collective, donc, car il s'agit d'un groupe ; héraldique, car véhiculant un concept d'identité ; énergétique, car dans les *Référentiel*s circulent des ondes et des fluides.

L'essaim, quant à lui, ne fait pas de distinction entre contenu et contenant. C'est une structure.
Tout groupe est à la fois contenu et contenant (le contenant n'est pas forcément la somme des contenus : par exemple des joueurs de rugby, individuellement très doux, peuvent composer une équipe agressive).
La structure n'est pas forcément la somme de ce qui la constitue.
Exemple : Aujourd'hui le théâtre est un contenant et la troupe un contenu. À l'époque de Molière, la troupe était un contenant du fait qu'elle se déplaçait et jouait sur les places publiques. La scène est l'espace imaginaire déterminé par des acteurs qui surgissent du non-être pour créer l'espace et le temps. Elle n'est pas « déjà-là ».

Le travail sur l'essaim impose un groupe de trois personnes au minimum. S'il n'y en a que deux, on travaillera sur le *Référentiel de Couple* ou *la Charte d'alliance*.

De la rupture à la reliance

On est loin aujourd'hui des années 70 claironnant le « Famille, je vous hais ! » d'André Gide, fondement de toute une génération caractérisée par les conflits et le rejet de l'entité familiale.
Une bascule s'est produite depuis les années 90 où un courant réhabilitant l'entité familiale met au goût du jour thérapie familiale et décodage de l'arbre généalogique.
Freud disait : « La généalogie est la psychanalyse des pauvres ».
Aujourd'hui on est plus proche d'un « Famille, je vous aime », ferment des thérapies systémiques qui se sont développées à partir des années 80-90 : constellation familiale, généalogie thérapeutique et autres approches dans lesquelles on travaille essentiellement sur le principe d'interaction entre le JE et la famille.

Pour résumer

- l'histoire familiale est imprimée en moi, donc présente dans le *Référentiel*, modèle symbolique de ma structure intérieure ;
- je peux agir sur l'histoire familiale en agissant sur mon propre *Référentiel*, mes intentions présentes sont susceptibles de modifier l'histoire familiale (voir le film *L'effet papillon* pour le principe d'interaction).

La première étape qui consiste à vérifier comment l'histoire familiale vit en nous repose sur le concept du triangle de la filiation temporelle, inscrit dans notre propre *Référentiel* (voir page 164).

La deuxième étape consiste à monter la *Ruche*.

On distingue 5 types de *Ruches* :

1- Entité familiale référente moïque : le moi est au centre de la *Ruche*. Cette première *Ruche* peut se construire sous 2 formes (1er ou 2nd degré), le moi reste référent :

- 1e degré : moi – papa – maman (il s'agit des parents biologiques),
- 2e degré : moi – papa – maman – mes enfants biologiques.

2- Entité familiale foyer : on tient compte des personnes qui vivent sous le même toit. Il s'agit en quelque sorte du « foyer fiscal »...

- Moi – mon compagnon / ma compagne – les enfants même adoptés.

3 - Ruche ascendante 1er degré : papa – maman – moi et ma fratrie, peu importe qu'elle soit d'un autre père ou d'une autre mère que moi, c'est moi qui décide si ce sont mes frères et sœurs ou pas. Toutes ces personnes ne vivent pas forcément sous le même toit.

4 - Ruche descendante 2nd degré **:** papa – maman – moi – mes enfants – mes petits- enfants.

5 - Essaim : qui je veux, un groupe (au minimum 3 personnes).

Pour composer une *Ruche*, on commence par établir la matrice de la *Ruche*, en additionnant les quatre premières Maisons de toutes les personnes que l'on souhaite réunir sur un même *Référentiel.*

Exemple de calcul pour la *Ruche* Beatles *(schéma n°6)*

Si en M2 on obtient un nombre supérieur à 12, on le réduit entre 1 et 12, contrairement au *Référentiel de Couple* qui, rappelons-le, peut présenter une Maison 2 comprise entre 1 et 22 (il est rare, mais possible, de rencontrer des personnes qui ont un *Référentiel de Naissance* identique à une *Ruche* donnée).

On cherchera à établir les interactions possibles entre moi et ma *Ruche.*

On parle d'*empreinte* familiale quand un Arcane de la *Ruche* est présent dans un *Référentiel* particulier.

Puis on élabore la charte de la *Ruche*, de la même manière que l'on a pu créer des chartes d'alliance. On établit ainsi le contrat implicite de la famille en méditant sur les raisons inconscientes qui nous ont unis dans notre vie à telle ou telle personne!

Schéma n° 6

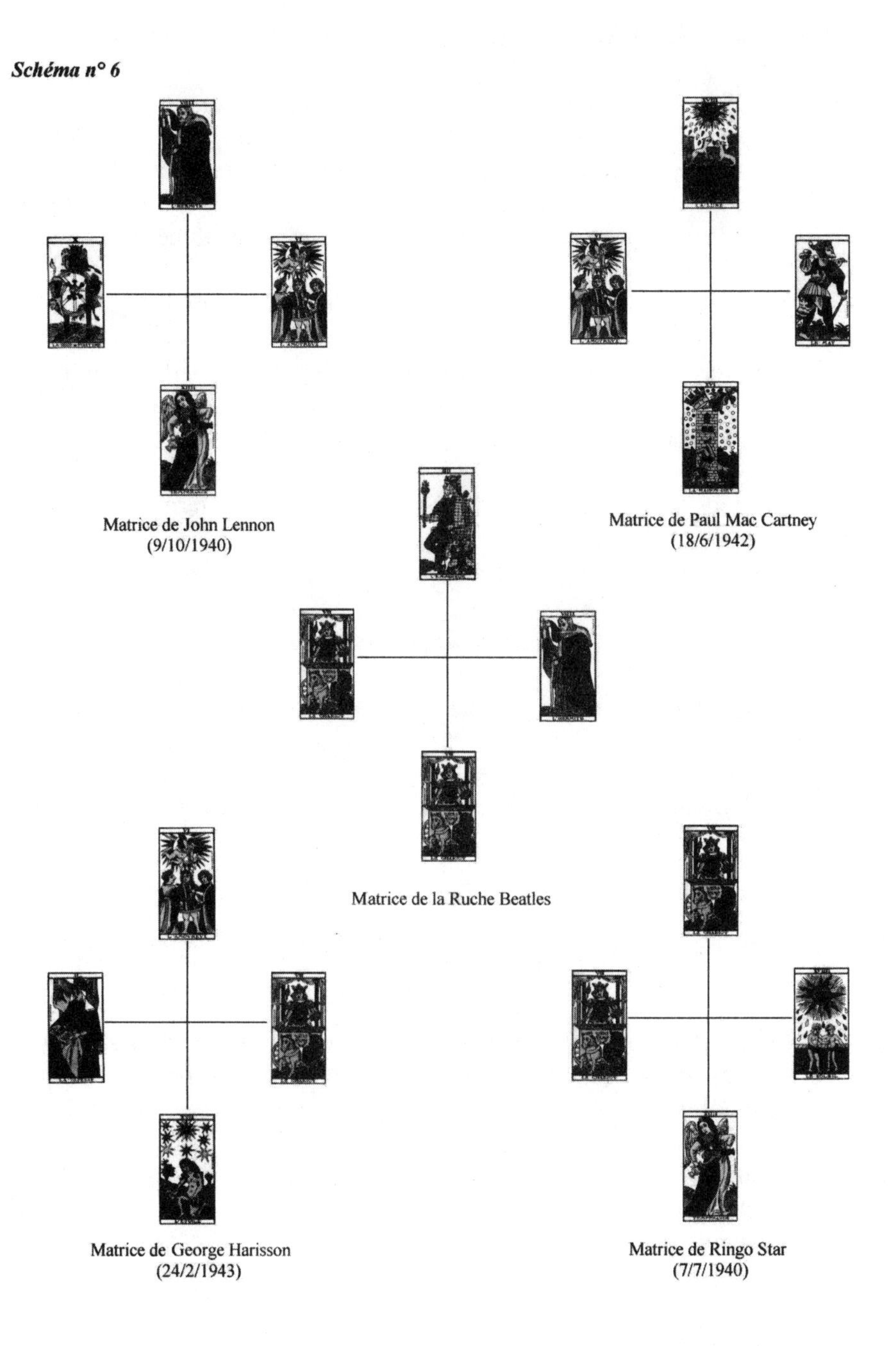
Matrice de John Lennon
(9/10/1940)
Matrice de Paul Mac Cartney
(18/6/1942)
Matrice de la Ruche Beatles
Matrice de George Harisson
(24/2/1943)
Matrice de Ringo Star
(7/7/1940)

Maisons de la *Ruche*

M1 : positionnement social de la famille, de l'essaim.

M2 : ce que chacun peut accomplir au sein de la famille.

M3 : la pensée collective et ce qui préoccupe chacun des membres.

M4 : le destin familial : pourquoi s'est-on mis ensemble ?

M5 : là où la famille manifeste son expérience spirituelle, point de paix et d'harmonie qui ne peut être atteint que si chacun fait le travail nécessaire.

M6 : les ressources que chacun peut puiser dans la famille.

M7 : les leçons que l'on peut apprendre au sein de la famille.

M9 : la signature identitaire de la famille.

M10 : quelle expérience chacun de nous peut-il faire au sein de la famille ?

M11 : dans quoi s'enracine la famille ? Dans quel concept s'origine-t-elle ?

M12 : la transmission familiale. Ce qu'une famille transmet à d'autres familles ; c'est également l'Arcane de guérison de la famille. On l'appelle l'esprit de famille.

M13 : la problématique de la famille qui, comme toute problématique, présente deux positions, deux faces (une face ressource et une face défi).

Quand les M9 et M10 sont inversées entre un *Référentiel de Naissance* et la *Ruche*, cela peut signifier que le sujet échoue là où réussit la famille ou inversement que la famille échoue là où le sujet réussit.

L'Arcane 13 en M7 : sorte de paralysie, de résistance au changement car il y a difficulté à savoir qui je suis et à accepter le changement. Si je change, je meurs. Il y a souvent un mort dans l'arbre généalogique et l'on n'aime que les morts...donc si je bouge, on ne m'aime plus (lire *Le syndrome du gisant* de Salomon Sellam).

Même Arcane en M1 et en M4 : mise en conformité avec l'image que les autres me renvoient de moi-même.

La *voie de la famille* : la Force – le Soleil – le Monde

Rappel : une *voie* est constituée de trois Arcanes qui reposent sur un dénominateur commun que l'on peut décliner sur différents niveaux.
Exemple : *la voie du père* avec le Pape, l'Empereur et l'Hermite décline le thème du père sur trois niveaux différents : l'Empereur comme père géniteur, le Pape comme père nourricier et l'Hermite comme père spirituel.
Précisons que l'Empereur ne se limite pas au statut de père géniteur. Il remplit aussi une fonction symbolique, aidant l'enfant à se constituer une structure.
On connaît 1 540 *voies*, c'est-à-dire 1540 combinaisons possibles de trois Arcanes différents, dans un ordre indifférent.
Une *voie* se compose donc de trois Arcanes mais elle peut aussi s'élargir avec un 4ème Arcane, sorte de clef supplémentaire apportant un meilleur éclairage à la compréhension de la *voie*.
Par exemple, dans la *voie du père*, le Mat élargit la compréhension ; dans la *voie de l'ange*, c'est le Diable ; dans la *voie du guérisseur*, le Jugement.
La *voie de la famille* est éclairée notamment par la Roue de Fortune.

Une *voie* composée de quatre Arcanes est appelée *Voie carrée* (voir le chapitre sur les voies).

LA FORCE : Voici la glu sociale, le ciment invisible qui relie dans l'invisible les êtres entre eux. Aristote développe la notion de *Philia*, mal traduite par « amitié ». Il s'agit plutôt de la force, au sens nucléaire et énergétique, qui tient reliés ensemble à l'intérieur de l'atome protons et électrons, comme dans l'univers les planètes autour du soleil.
La Force, c'est ce qui fait que « ça tient ». Quand la Force n'est plus en moi, alors je perds mon centre et me désaxe.
La violence jaillit quand il n'y a plus de Force.
La Force en Maison 7 ou en Maison 10 symbolise une tendance à la violence, à la démesure, à la colère.
Il en est de même dans la nature : prenons l'exemple d'un flocon de neige dont on peut observer la structure au microscope. Si on le fait fondre, on constate la disparition progressive de cette structure au fur et à mesure qu'il se transforme en eau puis en vapeur.
Plus on chauffe, moins il y a de structure.

À l'origine de l'univers, dans le magma fusionnel d'une température si intense, aucune structure n'est possible. Puis l'univers en se refroidissant permet aux quarks de se rassembler en obéissant aux forces gravitationnelles, jusqu'à la formation de l'atome d'hydrogène.

Aristote explique l'origine de la société humaine en montrant que les hommes se mettent ensemble et se réunissent en familles (premières communautés), échappant ainsi à l'état de « horde ». Puis les familles forment des tribus (groupes structurés, contrairement aux hordes). Les tribus se réunissent pour former des villages qui eux-mêmes se regroupent en cités. La Grèce antique s'en tient à cet état, le concept de nation ou de fédération de cités n'existe pas encore, il se développera plus tard.
Aujourd'hui les nations sont constituées et aspirent à réaliser ce que le philosophe Kant appelait la « société des nations ». La constitution de l'Europe participe de ce concept.

Quand le ciment de la Force se met à fondre (Yougoslavie 1990), l'Arcane XI se « balkanise », on sort alors les tanks et les canons et toute cohésion se dissout.

C'est l'absence d'Arcane XI qui crée la violence.
Dès qu'on entre dans la fusion, les structures fondent, la force disparaît et la violence prend le pouvoir.

L'autre Arcane de la *voie de la famille* est **LE SOLEIL** :

L'Arcane du Soleil comporte 13 gouttelettes. Treize est le nombre de la structure.
L'Arcane XIX évoque la symbolique du « mur » si présente dans l'esprit humain comme dans les territoires en guerre. Berlin, Palestine, muraille de Chine…
Le mot « Shalom » qui signifie « paix » a pour étymologie « compléter » : la paix devrait donc rassembler et ne peut perdurer que si les murs s'effondrent.
L'Arcane XIX a pour but de se « désemmurer » les uns les autres.

Le Soleil en Maison 7 est, jusqu'à un certain point, « interdit » de briller. Il caractérise la difficulté que l'on a pour trouver sa place dans la famille. C'est aussi un défi de fraternité. Le Soleil nous montre que pour construire une famille on ne peut pas rester uniquement centré sur soi-même.

Le Soleil en Maison 4 correspond en numérologie à un chemin de vie 1. Dur apprentissage de la réalité ! Il existe d'autres êtres que soi sur terre.

Le Soleil en Maison 7, au contraire, m'apprend que moi aussi j'existe sur terre, et que je dois sortir de l'auto-dévalorisation pour diffuser ma lumière autour de moi et ne pas rester en retrait du monde.

Les deux enfants solaires symbolisent l'amitié.
Le Soleil est donc surtout un Arcane de la construction.

Le troisième Arcane de la *voie de la famille* : **LE MONDE.**

Voilà l'Arcane par excellence de la famille, de la société, de l'univers. Il nous pose la question : de quel monde viens-tu ? Dans quel monde vas-tu ?
On observe, entre autres, ce passage d'un monde à l'autre dans l'Amoureux. On quitte la famille d'origine pour aller en fonder une autre.

Le Monde est toujours là où on choisit de s'inscrire. Mais il peut être aussi la communauté dans laquelle on étouffe. En effet, un Monde en Maison 3 évoque des thèmes d'enfermement et d'étouffement.

L'héraldique dans la *Ruche*

Chaque *Ruche* a une devise, chaque individu aussi. La devise personnelle sera donc un signe d'identité personnelle dans une entité collective (on appelle cet aspect héraldique une brisure).

La devise familiale se trouve au *Cœur du Blason* de la *Ruche*, c'est-à-dire en Maison 13 :

Le Bateleur : *Vaille que vaille*
La Papesse : *Passe ou trépasse*
L'Impératrice : *Qui s'y frotte, s'y pique*
L'Empereur : *Que nul n'entre ici s'il n'est géomètre*
Le Pape : *L'union fait la force*
L'Amoureux : *Aime et fais ce que voudras*
Le Chariot : *Nul ne s'oppose*
La Justice : *Ny plus, ny moins*
L'Hermite : *Lentement mais sûrement*
La Roue de Fortune : *Connais-toi toi-même*
La Force : *Au centre de soi / La Force fait l'union*
Le Pendu : *Je plie mais ne romps point*
La Non Nommée : *Je meurs ou/où je m'attache*
Tempérance : *Jamais trop*
Le Diable : *Ni Dieu, ni Maître*
La Maison Dieu : *Jamais ne faillirai (devise de Charles VI)*
L'Étoile : *Paix sur terre pour les hommes de bonne volonté*
La Lune : *Ne m'oubliez pas*
Le Soleil : *À cœur vaillant rien d'impossible*
Le Jugement : *Faire et laisser dire*

Le Monde : *Tout un*
Le Mat : *Qui m'aime me suive*

La devise personnelle se calcule en additionnant la somme des valeurs numériques des lettres composant le prénom usuel et le nom de famille (nom de jeune fille pour les femmes mariées).

On utilise pour cela la grille dite de Pythagore qui donne aux 26 lettres de l'alphabet latin une valeur comprise entre 1 et 9.

1	2	3	4	5	6	7	8	9
A	B	C	D	E	F	G	H	I
J	K	L	M	N	O	P	Q	R
S	T	U	V	W	X	Y	Z	

Exemple :

J O H N L E N N O N
1 6 8 5 3 5 5 5 6 5/ 49 = 4 + 9 = « Je meurs ou je m'attache ».

Il sera très instructif de comparer la devise de John Lennon à celle de la *Ruche* Beatles : « Ni Dieu, ni Maître ». (Voir ci-dessous)

Le travail sur la *Ruche* consiste à créer un réseau de relations entre les membres d'un groupe, et entre un membre et son groupe. C'est un véritable travail thérapeutique, au sens réel de la fonction thérapeutique qui ne consiste pas, selon moi, à guérir mais plutôt à trouver sa place (s'inscrire quelque part) et à donner du sens aux épreuves traversées. Pour s'inscrire, il faut d'abord se désinscrire ! La *Ruche* est donc un bon outil pour apprendre à se désinscrire de l'histoire familiale et se réinscrire dans une autre histoire.

Un exemple : La *Ruche* Beatles

Un *Référentiel de Naissance* peut s'aborder de différentes façons :
- analyse systématique, Maison par Maison
- approche plus synthétique, qui prend en compte dès le départ de l'interprétation un aspect particulier et progresse ensuite par associations d'idées en enchaînant les observations.

Le *Référentiel* de la *Ruche* Beatles fera l'objet de cette deuxième approche.

VIIII
© GRIMAUD 1980
L'HERMITE

La Ruche des Beatles

Quatre Hermites présents dans un seul *Référentiel*, on ne pouvait espérer mieux.
Quatre garçons dans le vent, aux cheveux longs, considérés comme des guides par toute une génération.
La question : qui est qui ?
Quelle Maison occuperont respectivement John Lennon, Paul Mac Cartney, George Harrison ou Ringo Starr ? La 12, la 11, la 5 ou la 4 ? Le débat est ouvert. L'analyse des *Référentiel*s individuels de chacun des Beatles apportera vraisemblablement quelques indices.
Si l'on s'en tient maintenant aux Arcanes en Maisons, l'interprétation du *champ de cohérence* sera vite éloquente.
L'Hermite en Maison 4 suggère une mission initiatique. Cette mission s'accompagne d'une authentique recherche intérieure et fédère l'ensemble des Hermites en un groupe autonome. On a l'étrange impression que l'Hermite de la Maison 4 observe les trois Hermites de l'Échelle de Jacob qui eux-mêmes observent le Chariot.
La mission de l'Hermite consiste aussi à incarner l'esprit dans la matière ce qui sera confirmé par d'autres aspects du thème.
Le Rêve de Vie (M3+M4+M2) est un rêve d'Alliance. Sans commentaire ...

La Force en Maison 6, deuxième élément du *champ de cohérence*, constitue la bonne ressource. Autonomie, centrage, force intérieure, connexion ciel-terre mais surtout cette *philia* que j'évoque souvent lorsqu'il s'agit de parler de la force et qui constitue une sorte de glu sociale permettant de maintenir ensemble des éléments dispersés. La Force du Tarot est l'énergie qui relie ensemble les différents éléments d'un système comme la force gravitationnelle structure l'univers, comme la force nucléaire équilibre neutrons, protons et électrons, comme la force sociale soude dans une structure invisible les membres d'une même famille, les familles en villages, les villages en cités, les cités en nations, etc.
La Force du Tarot, c'est avant tout la force du rassemblement. Tant que cette Force fonctionnera, le groupe fonctionnera. Il pourra puiser dans cet Arcane toute la nourriture dont il a besoin pour exister.

La Maison 7 est le troisième élément du *champ de cohérence*. Ici, on doit relever un défi, apprendre une leçon, rencontrer des obstacles, transmuter les épreuves. Si le pari est réussi, on remarque que l'obstacle devient tremplin et que le défi se transforme en qualité. Le Mat est parfaitement à sa place ! Il faudra d'abord dépasser les premières barrières moralisatrices d'une société qui portera sur nos quatre scarabées un jugement funeste, un regard de désapprobation. « Ils sont sales ! Ils chantent mal ! Ils sont sortis d'un asile !... Ce sont des marginaux, des hors castes !... mais que fait la police ? ... » Puis ce sentiment va s'inverser et les barrières jouer un autre

rôle. Ce seront celles qu'il faudra dresser autour des concerts pour garder les foules hystériques à bonne distance des quatre demi dieux. Le Mat devient alors la signature d'une originalité avant-gardiste, le génie dame le pion à la médiocrité et le succès populaire dépasse tout ce que l'on connaissait jusqu'à présent.
Les quatre Hermites deviennent les quatre Mats, ils brisent les tabous, sortent des sentiers battus et tracent de toute pièce une nouvelle voie musicale. Bien sûr, les quatre Mats sont présents sous une forme très subtile. Un Mat en défi et trois Mats cachés, suggérés par deux *miroirs royaux* Puissance/Pouvoir (Chariot-Diable) et un *miroir* de l'Amour (Amoureux-Maison Dieu).

Ainsi le *miroir* est cohérent, l'Hermite, la Force et le Mat s'harmonisent parfaitement. Connaissance, spiritualité, force et originalité dynamiseront le groupe.
Le Mat du défi est obtenu par la soustraction de deux Chariots. Cette particularité est loin d'être anodine. En effet, les deux Chariots confirment une réussite sociale qui aurait pu sembler contradictoire face à un Hermite solitaire et un Mat marginal.
Mais qu'est-ce que réussir ? Réussir sa vie ne signifie pas réussir dans la vie !
Les deux Chariots, l'un occupant les pensées du groupe (Maison 3), l'autre exprimant sa quête et son idéal (Maison 2), apportent cette exigence qui a toujours été la leur, d'équilibrer les opposés, de contenir leurs pulsions et de persévérer sur le chemin qu'ils ont choisi. Tel fut le ferment du succès des Beatles.

Le Chariot et le Mat sont souvent opposés. Le premier obéissant aux lois de la cité et triomphant sur la place publique, le second rebelle à toute loi et traînant ses savates dans les quartiers obscures. L'originalité, le génie des Beatles fut sans doute de concilier ces deux notions et d'imposer ainsi leur autorité.
L'Empereur en Maison 1 marque cette autorité et, aucun doute, ils font autorité. Ils ont créé un empire, conquis le monde et redessiné les frontières d'un territoire musical qui a nourri nombre de générations successives. « Nous sommes plus populaires que le Christ », plaisantait avec cynisme John Lennon.
D'ailleurs l'Hermite en Maison 12 (*Valeur Personnelle de Transmission)* montre à quel point les Beatles ont fait école et bien des groupes actuels, même dans des courants musicaux très différents, se réclament de leurs mentors mythiques.
Cette autorité de l'Empereur, quatrième Arcane, sous-tendue par le nombre 4 des Hermites, est consolidée par le double *miroir royal* Puissance/Pouvoir (Chariot-Diable) qui caractérise le thème. La puissance, c'est le Diable au

Cœur du Blason, puissance magnétique, charismatique, énergétique, créative. Le Pouvoir (les deux Chariots) donne un cadre à cette puissance, lui permet de s'exprimer. La puissance intérieure de chacun se déploie dans le pouvoir que le groupe exercera pendant une dizaine d'années.

Les Beatles ont ouvert un nouvel espace dans la création musicale en imposant leur autorité (Empereur), ils ont fait exploser les limites de la Maison Dieu en brisant non sans souffrance une quantité de frontières, ils ont su intégrer sagesse et philosophie dans leur création (Hermite), ils ont bouleversé les schémas bien pensants d'une société britannique trop policée (le Mat), et tout cela guidés par un Amoureux (Maison 9) qui, à cette place, se définit toujours comme un moteur d'amour universel.

Le *Référentiel* des Beatles contient aussi un *nœud* paternel (Hermite en Maison 11) qui établit des *contrats* de paternité avec les trois autres Hermites.
Qui donc fut le père géniteur, nourricier et spirituel du groupe ?
John Lennon, né le 9 octobre 1940 (avec un magnifique Hermite en M1), le provocateur le plus révolutionnaire du groupe ? ... Paul Mac Cartney né le 18 juin 1942 (avec trois Amoureux et un Mat en M4) l'emblématique auteur compositeur et arrangeur ? Ou George Harrison, né le 24 février 1943 (avec ses trois Étoiles et son Chariot en M4), le plus mystique des quatre qui apportera à l'ensemble la couleur indienne ? Ou bien encore Ringo Starr, le batteur, né le 7 juillet 1940 (avec ses trois Chariots et son Soleil en M4)? Voilà un bon exercice de réflexion...

Lorsque le groupe se dissout en 1970, on voit apparaître en Maison 8, un Soleil. Cet aspect vient former avec la *Ruche* une double configuration, d'une part un *Serment de la liberté retrouvée* avec la Maison Dieu, chacun des chanteurs pouvant dès lors recommencer une carrière en solo, d'autre part la *Configuration de la lumière révélée* (Soleil-Hermite) qui vient souligner que tout étant accompli, le groupe peut se dissoudre.

Une *Ruche* contient aussi une dimension héraldique à savoir la devise de la *Ruche* définie par le *Cœur du Blason* en fonction de la liste donnée ci-dessus.
Pour les Beatles, nous obtenons une devise bien étrange qui mériterait une dissertation philosophique : « Ni Dieu, ni Maître ! ».
Dernier point et non le moindre. Il existe une date anniversaire symbolique de la *Ruche*. Elle s'obtient en regardant la Maison 1 et la Maison 2, puisque dans un *Référentiel* traditionnel, la Maison 1 est l'Arcane du jour et la Maison 2, l'Arcane du mois.
La *Ruche* Beatles est donc inscrite dans la symbolique du 4 juillet (M1=4 ; M2=7), le jour de l'indépendance des États-Unis d'Amérique. Émerveille-

ment ou perplexité, difficile à dire, à moins que l'invisible ait bien fait les choses en permettant à John Lennon et Paul Mac Cartney de se rencontrer pour la première fois le 4 juillet 1957, premier jour d'une amitié et d'une collaboration qui durera treize ans.

QUATRIÈME PARTIE

PROLONGATIONS DU RÉFÉRENTIEL :

PENTAGRAMME ÉTOILÉ ET TABLEAU DE MENDELEÏEV

Chapitre I

LE PENTAGRAMME ÉTOILÉ

Symbolique du Pentagramme

Le *Pentagramme Étoilé* est une étoile à cinq branches symbole de toutes les protections. C'est aussi une représentation géométrique de l'homme ainsi que la clef de voûte qui permet de construire des cathédrales. L'homme et la cathédrale sont inscrits dans le Pentagramme de la même manière que le Pentagramme est inscrit dans l'homme et la cathédrale. Depuis l'Antiquité grecque et même avant, l'histoire de la philosophie nous ramène souvent à cette idée : comment mettre en résonance et en harmonie le rythme de l'âme du monde et celui de l'âme de l'homme ? Le macrocosme et le microcosme. Si le Pentagramme est inscrit dans le cercle ayant pour diamètre la hauteur de la clef de voûte, cela signifie que l'homme est également inclus dans la voûte. Ainsi, quand on entre dans la cathédrale gothique (le mot d'origine grecque *goetie* a précisément pour sens envoûtement… voûte), on reçoit des forces qui proviennent du fond de la terre et qui montent vers les sommets à la différence de la cathédrale romane où les forces sont plutôt dirigées de haut en bas. En fait, entrer dans la cathédrale revient à faire entrer la cathédrale en soi. Voilà dans quel sens on peut dire que le Pentagramme est tout autant intérieur qu'extérieur.
Le *Pentagramme Étoilé* est une clef pour transformer le *Référentiel de Naissance* en une sorte de roue de la vie avec l'aide de la géométrie sacrée, de la symbolique des nombres et des lettres, et bien sûr des Arcanes du Tarot. On pourra déployer des stratégies de développement personnel pour faire grandir son être dans tous les plans et dans toutes les directions. Grâce au *Pentagramme Étoilé*, nous allons pouvoir découvrir sous la dominante de quel Arcane de notre *Référentiel* nous évoluons pendant une période donnée. Nous aurons aussi une clé qui nous permettra d'identifier les relations qui existent entre le *Référentiel de Naissance*, les chakras et certaines périodes particulières de notre existence.

Curieusement, comme nous allons le voir, le Pentagramme est composé de sept pôles et non point cinq ! Ces sept pôles correspondent à sept cycles de vie de sept ans chacun. Au cours de chacun de ces cycles se construit un chakra et un triple symbole domine, caractérisé par une lettre, un Arcane de Tarot et un nombre.
Il existe aussi des influences secondaires qui agissent pendant une année donnée.

Structure

Technique de Montage du Pentagramme Étoilé

Nous travaillons uniquement avec les sept premières Maisons du *Référentiel de Naissance*. La première étape consiste à transformer la Croix du *Référentiel* en *Pentagramme Étoilé* en plaçant les Maisons dans l'ordre décrit par le schéma suivant :

Schéma n° 7

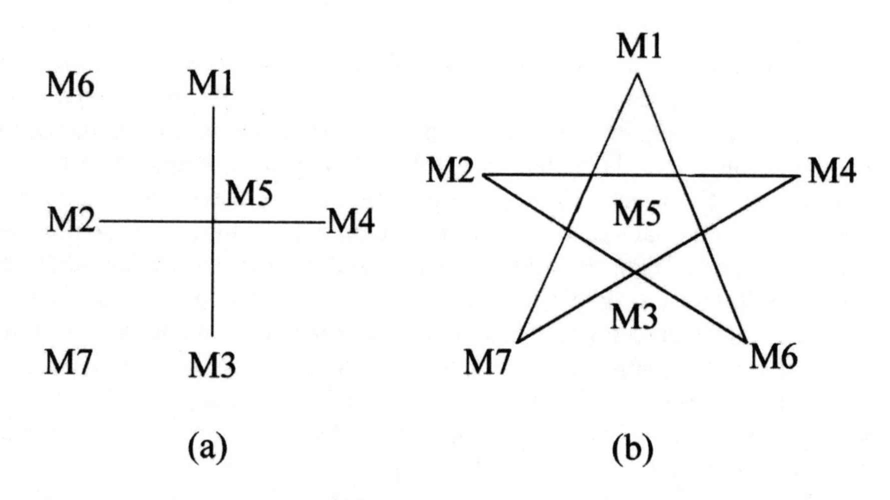

La seule particularité qui mérite d'être signalée est la suivante : la Maison 6 subit une sorte de glissement pour se retrouver à cette nouvelle place.

Ensuite, on remplace chaque Arcane présent dans les sept premières Maisons par la lettre correspondante lorsqu'on suit l'alphabet latin.
Exemple : le Bateleur, lettre A ; la Papesse, lettre B … ; l'Arcane XIII, lettre M … ; Le Mat, lettre V.

Chakras et Référentiel de Naissance

La correspondance avec les chakras se fait de la manière suivante.
La Maison 1 porte de communication et d'expression correspond au cinquième chakra.
La Maison 2, quête souvent liée à l'amour correspond au quatrième chakra.
La Maison 3 définie par le verbe penser correspond au sixième chakra.
La Maison 4, thème de l'incarnation correspond au premier chakra.
La Maison 5, passage obligé qui relève de l'expérience spirituelle individualisée correspond au septième chakra.
La Maison 6, Maison des ressources énergétiques associée à l'affirmation de soi correspond au troisième chakra.
La Maison 7, lieu des défis et des expériences émotionnelles correspond au deuxième chakra.

Dans un souci de clarté, reprenons ce tableau en l'inversant :

Premier chakra	Maison 4
Deuxième chakra	Maison 7
Troisième chakra	Maison 6
Quatrième chakra	Maison 2
Cinquième chakra	Maison 1
Sixième chakra	Maison 3
Septième chakra	Maison 5

Les chakras sont des centres énergétiques que l'on appelle aussi plexus et qui s'élaborent progressivement tout au long de la croissance de l'homme par période de sept ans. Ainsi, le premier chakra se développe au cours des sept premières années de la vie, le second au cours des sept années suivantes, et ainsi de suite. Ces sept centres fondamentaux décrits par la philosophie et la médecine orientale interagissent d'une part avec leur environnement, captant comme des aimants les forces qui vibrent dans l'atmosphère, mais communiquent aussi entre eux grâce à un système de canaux subtils et de réseaux de forces appelés « nadis ». Ainsi, lorsque l'un des chakras est perturbé, non seulement il n'enregistre plus la totalité des informations vibratoires dont l'organisme a besoin, mais encore, ne jouant plus le rôle de relais avec les autres chakras, il peut endommager l'ensemble du système organique neurovégétatif et psychologique. La médecine traditionnelle indienne connaît bien les relations que les chakras entretiennent avec les glandes endocrines et proposent des modes thérapeutiques qui, en réactivant ces structures énergétiques, dynamisent les glandes paresseuses ou défaillantes. Habituellement, on établit la correspondance suivante :

Premier chakra	Surrénales
Deuxième chakra	Glandes sexuelles
Troisième chakra	Pancréas
Quatrième chakra	Thymus
Cinquième chakra	Thyroïde
Sixième chakra	Hypophyse
Septième chakra	Hypothalamus

Au cours des sept premières années, on observe un système comparable à celui des poupées russes dans la construction progressive de ces centres énergétiques. S'il faut sept ans pour finaliser le premier chakra, pendant cette période, les germes des futurs chakras se mettent en place. Ainsi, dans la deuxième année d'existence, le germe du second chakra, comme dans une sorte d'embryologie énergétique, s'élabore pour constituer la base du deuxième chakra qui entamera sa croissance définitive dans la huitième année.

De la même manière, au cours de la troisième année d'existence, on verra apparaître le germe du troisième chakra qui se consolidera à partir de la quatorzième année.

Symbolisme des lettres de l'alphabet latin :

Pour chaque lettre on trouvera un mot clé débutant par la lettre en question et définissant le contour symbolique général de cette lettre[33].

Lettre A

A : amour, action, affirmation, autorité.

Cette lettre évoque la notion d'intelligence créatrice prête à se mettre au monde. Mais la lettre A, préfixe d'un mot est privative et évoque donc la notion de rupture (exemple : aphone). Elle renvoie donc l'homme à ce dont il se sent coupé et par extension au transcendant, en marquant la séparation entre esprit et matière.

Lettre B

B : berceau, bulle, biberon, boîte, ballon…

Lettre yin : réceptrice. Cette lettre symbolise l'intériorité, la gestation (son graphisme évoque une femme enceinte), la réceptivité, la sensibilité et le processus de créativité.

---

[33] Pour plus de précisions il serait intéressant de lire *L'alphabet des dieux* de Jean Haab et la *Fonction thérapeutique des symboles* de l'auteur

Schéma n° 9

Lettre C

Création, calice, coupe, capter, cueillir, connaissance, contracter.

Symbole d'expression et d'ouverture, cette lettre telle une bouche ouverte suggère l'idée d'acquérir, de dévorer mais aussi de restituer ce qui a été intégré.

Lettre D

Délimiter, définir, Deniers.

Lettre du territoire et de la limite qui peut aussi bien apparaître comme une lettre structurante qu'enfermante. Toutefois, la conscience de ses limites peut aider à les dépasser. Il s'agit donc d'évoluer de son aspect limitant à son action structurante.

Lettre E

Énergie, esprit, essence, être, écrire.

L'idée prépondérante est celle du souffle de l'esprit, qui peut prendre diverses formes : le souffle de la liberté, de la musique, de l'amour…Symbole du lien entre le corps et l'esprit cette lettre évoque la communication subtile, presque silencieuse.

Lettre F

Fécondité, force, forceps, féroce.

Schéma n° 10

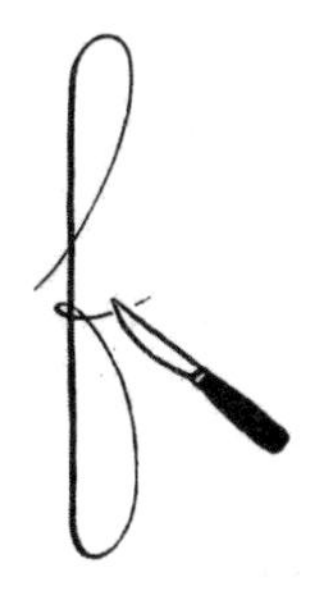

Prolongeant le thème évoqué précédemment, cette lettre symbolise la parole transformée en cri de libération et nous incite à plus de maturité individuelle et de responsabilité. L'appendice du F, en forme de cordon ombilical nous rappelle la nécessité de se détacher de la mère pour se construire individuellement

Lettre G
Gloire, grandeur, géométrie, God, genèse, graine, grâce, germe.
Cette lettre symbolise le travail intérieur (la lettre G est un C qui s'intériorise), la connaissance cachée et initiatique, les potentialités prêtes à s'exprimer. Elle suggère la présence latente d'une spiritualité créatrice.

Lettre H
Handicap, hauteur, hisser, hérisser, hache.
Lettre d'épreuve, cette lettre évoque, loin de toute fatalité la nécessité de faire un travail d'évolution relatif notamment aux thèmes de la peur, de l'ombre et du pouvoir. Son graphisme suggère une échelle reliant ciel et terre. Elle évoque aussi l'échange et la communication.

Lettre I
Intelligence, initiation, individualisation, intensité, idée, identité.
La lettre I, (version anglaise de « Je » ou du « Ich » allemand) suggère l'affirmation de l'identité de l'être dans sa verticalité, l'individualisation du Moi.

Lettre J
Juvénile, jeunesse, Janus le Dieu aux deux visages, l'un tourné vers l'avenir et l'autre vers le passé.
Très proche du I, cette lettre introduit toutefois un aspect de légèreté, de doute, d'incertitude voire de manque de confiance en soi qui appelle à la maturité.

Lettre K
KO, Kabbale, Kaos (Chaos).
Deuxième lettre d'épreuve, évoquant un combat contre le dragon, manifestation des démons intérieurs, cette lettre appelle à la réintégration de notre unité primordiale en triomphant de notre ego.

Lettre L
Langage, liesse, lire, luth, lumière, louange.
Cette lettre renvoie à l'idée du gai savoir, de la joie d'apprendre de la connaissance festive qui nous permet de nous élever au-dessus de notre condition pour recevoir l'authentique enseignement de la vie.

Lettre M
Matière, mère, mort, matrice, métamorphose, mûrir, maturité.
Troisième lettre d'épreuve, elle évoque la mort et la renaissance. Souvent liée à l'angoisse de mort et de séparation, elle prépare au détachement envers le passé pour aller vers l'avenir.

Lettre N
Naguère, naufrage, naval, nautique, Neptune, naïf, naviguer, navire, nostalgie, nuit.
Voici la lettre de la mémoire dont la vibration profonde lointaine et archaïque concerne nos origines et notamment nos ancêtres atlantes qui selon la mythologie vivaient en osmose avec la mer.
Cette lettre est en lien avec le monde marin et la communication subtile telle qu'elle s'établit par la télépathie. Elle symbolise le mouvement intérieur, la descente en soi, la prise de conscience de ses origines, le lien avec la mémoire de l'humanité, le contact avec nos sensations les plus profondes et le souvenir que nous venons de l'eau !

Schéma n° 11

Lettre O
Ogre, œil, occulte, oracle, ouvrir, Ouroboros.
Cette lettre évoque d'une part la notion de cycle de vie, de circulation des énergies et d'éternel retour et d'autre part la connaissance secrète. Elle nous invite à pénétrer le secret des choses en développant la contemplation.

Lettre P
Pouvoir, prière, parole, principe, prêtre.
La graphie de cette lettre en forme de canne posée sur la terre et surmontée d'une boucle est très évocatrice. On peut y voir un bâton de pouvoir qui se chargerait des énergies du plan terrestre et les accumulerait au niveau de la boucle afin qu'elles atteignent le plan céleste, tel un réservoir de prières dont la force vibratoire s'élèverait vers le ciel pour protéger l'humanité. Elle concerne aussi le plan de la parole agissant sur la matière pour libérer les forces qui y dorment afin d'élever les consciences vers leurs cimes.

Lettre Q

Questionnement, quête.

Lettre du questionnement, elle symbolise la faculté de passer toute chose au crible de l'intelligence. Elle trie et passe au tamis les faux savoirs et les préjugés. Porteuse d'une grande sagesse, cette lettre d'amour et d'ouverture vers l'éveil de la conscience évoque la capacité de l'homme à questionner l'univers.

Lettre R

Résistance, révolte, renouveau, responsabilité, rumeur, rebelle.

Lettre de nature émotionnelle puissante qui peut conduire aux plus beaux élans créatifs comme à une violence destructrice selon la manière dont on parviendra à gérer sa puissance énergétique.

Lettre S

Soleil, serpent, secousse sismique, sexe, sanglot, sensation, spasme.

La plus vibratoire de toutes les lettres. Elle porte les désirs conscients et inconscients de l'homme et a le pouvoir de mettre en relation les polarités opposées. Elle rappelle la forme spiralée de l'ADN et évoque un processus d'évolution qui réunit les énergies dispersées.

Schéma n° 12

Lettre T

Tendre (le verbe), tenir, transmettre, tradition.

Cette lettre évoque le thème de la transmission et contient l'idée d'un flambeau à remettre. Lettre de la rencontre avec autrui elle peut être vécue comme la lettre du couple et symbolise aussi la recherche d'un certain équilibre.

Lettre U

Union, univers, unité.

Le U est la lettre du couple dans sa dimension sacrée, tel un temple ouvert vers le ciel. L'image de la coupe ou du calice suggérée dans son graphisme confirme cette idée.

Schéma n° 13

Lettre V

Victoire, vivre, vif, vigueur, vérité.

Cette lettre dessine un point de séparation entre l'être et le non-être, le moi et le non-moi, le conscient et le non-conscient. La première branche du V récapitule la vie passée, sa pointe, l'instant présent et la seconde branche la capacité d'assumer son futur.

La prise de conscience qu'elle propose nous permet de briser les chaînes du passé et d'affirmer notre vérité en toute liberté.

Lettre W

Winch, west, western, walk-over, Walkirie.

Double V, cette lettre représente la liberté de manière encore plus marquante que la précédente, liberté qui couronne la victoire de ceux qui ont réussi la difficile alliance entre l'esprit et la matière et ont ainsi mis en résonance leur liberté intérieure avec la liberté cosmique.

Lettre X

Xénophile, xénophobe.

Lettre de l'anonyme, sa graphie caractérise l'interdit, le barrage qui conduisent aux notions de secret et de mystère. Le X nous propose donc d'ouvrir une porte vers l'inconnu.

Lettre Y

Yack, Yin, Yang , Yoga, Yod. Et n'oublions pas Maître Yoda, le Jedi !

Voici la lettre de l'initié pythagoricien dont la première branche représente l'héritage ou l'hérédité, la seconde, la capacité à puiser dans sa propre terre la force vitale et la troisième à projeter son existence dans le réel. Cette lettre renvoie à la sainte trinité : Le Père, le Fils et le Saint Esprit passant par le même centre.

Lettre Z
Zoo, zèle, zodiaque, zymogène (propriété des cellules de fabriquer leur propre enzyme).
Voici la lettre de la force vitale, de l'étincelle de vie qui unifie toute l'espèce humaine par son rayonnement, sa force et sa splendeur.

Symbolisme des lettres en graphologie selon les travaux de Chermet-Carroy et de Roseline Crepy (phrases soulignées)[34]

A La force d'amour, la confiance en soi, l'élan vital qui anime le début de l'action, la sincérité : franchise et dissimulation – réserve et discrétion.
La vie du cœur, relations affectives avec autrui.

B La mère : comment est vécue la relation à la mère.
Qualité de réflexion, d'élévation de la pensée : méditation ou angoisse, rumination.
Les réserves de nourriture.

C Désir de prendre, la force, l'avidité.
L'égoïsme.

D L'orientation de l'esprit,- la relation entre la vie de l'esprit et la vie affective, la capacité à trancher, à réaliser, à organiser – la rectitude, le discernement.
Orientation psychique, vie intellectuelle et spirituelle.

E Le souffle, l'instinct, la réceptivité, notion de paix, l'échange, la capacité à libérer les émotions et les états d'âme.
Les contacts sociaux.

F L'image de la femme, l'individualité et la liberté intérieure.
La synthèse de l'activité professionnelle, affective et sexuelle, le degré de réussite globale.

[34] Merci à Hélène Poisot pour avoir résumé ces pages et mes les avoir fait découvrir.

G La manière dont la vie est gérée et dont on s'accepte soi-même. Les tendances de la libido : force ou faiblesse des instincts, sensualité, domination, maîtrise.
La gentillesse, le charme, les aptitudes de séduction.

H L'équilibre et l'effort, la socialisation, l'expansion de soi avec orgueil ou humilité.
Idée directrice qui préside à l'activité journalière, siège des troubles glandulaires.

I Le point : la lumière de l'être, la puissance créatrice masculine, l'homme, l'autorité, la relation au père.
La précision.

J Le JE – la puissance créatrice masculine, l'activité, le commandement, la sexualité.
Le moi.

K La force vibratoire, le magnétisme qui émane d'une personne.
Force mineure de bonne adaptation.

L L'expansion de la personnalité, le don de soi, le sacrifice ou l'égoïsme.
Bases familiales de l'activité intellectuelle, l'imagination, les projets en réserve.

M Majuscule : estime de soi puis estime de l'autre – M Minuscule : liaison de l'action et des sentiments – la mère, la mort, la transformation – le moi, les modalités de sa construction.
La mise en œuvre de l'activité journalière – le moi.

N L'individualité, le nom que l'on porte, l'équilibre psychique, la relation au masculin.
Ombres et reflets de l'activité du « m » - ses problèmes cachés.

O La sincérité, expansion et discrétion – la relation au destin, l'attitude face aux épreuves, la culpabilité, la mort, les problèmes liés à la naissance ou à la gestation.
La vie pratique journalière, relation avec les contingences matérielles.

P La relation avec le père – le désir de puissance – le panache – la domination – libération ou aliénation- la parole, la parole créatrice – rapport avec la sensibilité.
L'activité journalière dans son ensemble.

Q Le mental, la qualité et la structure des idées – la forme que l'on donne à ses idées.
L'activité sexuelle dans son ensemble.

R Renouvellement et mouvement ou rêve – la parole et l'intelligence.
Le savoir-faire technique, la conscience professionnelle.

S La conscience morale – le secret – le retour sur soi-même, la possessivité.
La puissance de l'argent, la puissance des idées.

T La volonté, la puissance expansive et réalisatrice – l'énergie que l'on met dans la décision – l'équilibre psychique - intériorisation – concentration – unification.
La volonté.

V Le libre arbitre, le pouvoir de décision – la concentration – le sens du commandement.
Le dévouement.

W Le maintien de ses décisions dans le temps.
Confirme le V.

X L'origine, la naissance, la gestation – les problèmes non résolus remontant à la vie fœtale – l'inconscient.
Résumé de la maturité affective.

Y Capacité à transmettre – ce que l'on apporte aux autres.
Bilan personnel de l'activité journalière.

Z La puissance de la libido – le désir de remporter la victoire – capacité de transformation et de création.
L'accomplissement de la vie sexuelle.

Devise de la lettre de passage du mantra

Lettre A : la direction de l'unité.

Lettre B : la sensibilité fécondante.

Lettre C : l'ouverture salutaire, l'expression littéraire.

Lettre D : construire la vie au-delà des limitations.

Lettre E : réunification en soi et pour l'autre, réunion des cœurs.

Lettre F : amour et liberté.

Lettre G : un centre initiatique.

Lettre H : la métamorphose spirituelle.

Lettre I : l'émotion d'être.

Lettre J : l'éternelle jeunesse.

Lettre K : la victoire sur soi-même.

Lettre L : le langage de la lumière.

Lettre M : l'éternelle renaissance.

Lettre N : les souvenirs anciens.

Lettre O : le regard sur les mystères.

Lettre P : la montée vers les cimes.

Lettre Q : le questionnement de l'univers.

Lettre R : la révolte qui gronde.

Lettre S : le jaillissement des sources vives.

Lettre T : la recherche du divin.

Lettre U : la rigueur et la miséricorde.

Lettre V : la conscience de ma différence.

Lettre W : l'esprit et la matière.

Lettre X : le Dieu inconnu.

Lettre Y : le chemin de l'initié.

Lettre Z : le rayonnement de la vie.

Devise de la lettre centrale du Pentagramme

Voici les programmes symboliques proposés par la lettre centrale du Pentagramme (à ne pas confondre avec la lettre centrale du mantra).
Certaines de ces lettres n'apparaîtront jamais au centre d'un *Pentagramme Étoilé*, pour des raisons de calcul, par exemple le « A » ou le « W » entre autres, mais je les propose pour le cas où le lecteur souhaiterait construire un *Pentagramme Étoilé* à partir d'un référencement aléatoire. Voir à ce sujet les explications données dans le chapitre sur le *Cœur du Blason*.

- ceux qui ont un « A » au centre de leur *Pentagramme Étoilé* sont invités à déployer leurs ailes et à individualiser leur moi à l'horizon des dualités.

- ceux qui ont un « B » au centre de leur *Pentagramme Étoilé* sont invités à laisser mûrir et grandir la sensibilité qui germe au noyau de leur âme.

- ceux qui ont un « C » au centre de leur *Pentagramme Étoilé* sont invités à travailler l'expression et à s'ouvrir aux mille richesses de la terre.

- ceux qui ont un « D » au centre de leur *Pentagramme Étoilé* sont invités à prendre conscience de leur mission et à l'incarner avec force et structure dans l'existence.

- ceux qui ont un « E » au centre de leur *Pentagramme Étoilé* sont invités à développer en eux leur pouvoir de communicateur, à relier les opposés et à équilibrer les polarités.

- ceux qui ont un « F » au centre de leur *Pentagramme Étoilé* sont invités à se libérer des attaches inconscientes.

- ceux qui ont un « G » au centre de leur *Pentagramme Étoilé* sont invités à prendre conscience du sens initiatique de leur mission.

- ceux qui ont un « H » au centre de leur *Pentagramme Étoilé* sont invités à intégrer et transformer les épreuves traversées pour bâtir et construire dans un esprit humaniste.

- ceux qui ont un « I » au centre de leur *Pentagramme Étoilé* sont invités à se relier à leur source essentielle pour mieux s'affirmer dans le monde.

- ceux qui ont un « J » au centre de leur *Pentagramme Étoilé* sont invités à faire mûrir le germe qu'ils portent en eux avant de le mettre au monde.

- ceux qui ont un « K » au centre de leur *Pentagramme Étoilé* sont invités à s'ouvrir à leur Réalité transcendante pour se transformer et ne plus souffrir.

- ceux qui ont un « L » au centre de leur *Pentagramme Étoilé* sont invités à s'exprimer dans la joie et la passion pour avancer avec les autres.

- ceux qui ont un « M » au centre de leur *Pentagramme Étoilé* sont invités à la métamorphose et à la renaissance intérieure.

- ceux qui ont un « N » au centre de leur *Pentagramme Étoilé* sont invités à vivre près de la nature et de leur nature et à reconnaître en eux la vibration universelle et le souffle de la lumière.

- ceux qui ont un « O » au centre de leur *Pentagramme Étoilé* sont invités à pénétrer les secrets des choses en développant l'œil de contemplation sur les cycles de l'éternel retour.

- ceux qui ont un « P » au centre de leur *Pentagramme Étoilé* sont invités à s'élever par la prière et à libérer la parole de son carcan mental.

- ceux qui ont un « Q » au centre de leur *Pentagramme Étoilé* sont invités à se structurer en conscience et à développer leur discernement avec subtilité.

- ceux qui ont un « R » au centre de leur *Pentagramme Étoilé* sont invités à gérer en eux les violences contradictoires.

- ceux qui ont un « S » au centre de leur *Pentagramme Étoilé* sont invités à réunir auprès d'eux les énergies dispersées en commençant à transmuter leurs propres émotions.

- ceux qui ont un « T » au centre de leur *Pentagramme Étoilé* sont invités à tendre les bras vers autrui pour évoluer à deux.

- ceux qui ont un « U » au centre de leur *Pentagramme Étoilé* sont invités à vivre le couple comme on construit un temple.

- ceux qui ont un « V » au centre de leur *Pentagramme Étoilé* sont invités à briser leurs chaînes et leurs illusions en affirmant leur vérité en toute liberté.

- ceux qui ont un « W » au centre de leur *Pentagramme Étoilé* sont invités à individualiser leur moi.

- ceux qui ont un « X » au centre de leur *Pentagramme Étoilé* sont invités à étudier la métaphysique pour participer à l'ouverture des portes obscures.

- ceux qui ont un « Y » au centre de leur *Pentagramme Étoilé* sont invités à tracer le chemin de la paix sur les voies de sagesse.

- ceux qui ont un « Z » au centre de leur *Pentagramme Étoilé* sont invités à transmuter leur libido dans un accomplissement alchimique.

VIII
© GRIMAUD 1980
LA · JUSTICE

Référentiel de Edward Bach pour l'année 1935

Né le 24.09.1886

Examen des cycles obtenus par l'analyse du Pentagramme Étoilé du Docteur Edward Bach né le 24/09/1886 et décédé en 1936.

Le déroulement des cycles définis par le Pentagramme s'inspire de la médecine traditionnelle et énergétique indienne selon laquelle tout individu se construit par cycle de sept ans en développant dans chaque cycle un chakra spécifique. Lorsque les sept cycles sont achevés, approximativement à l'age de 49 ans, sept nouveaux cycles recommencent selon les mêmes mécanismes. Étudions pour le docteur Bach les cycles suivants de sa naissance à sa mort :

- 1er cycle : 1886-1892 correspondant à la lettre T et à l'Arcane le Jugement
- 2e cycle : 1893-1899 correspondant à la lettre D et à l'Arcane l'Empereur
- 3e cycle : 1900-1906 correspondant à la lettre O et à l'Arcane le Diable
- 4e cycle : 1907-1913 correspondant à la lettre I et à l'Arcane l'Hermite
- 5e cycle : 1914-1920 correspondant à la lettre F et à l'Arcane l'Amoureux
- 6e cycle : 1921-1927 correspondant à la lettre E et à l'Arcane le Pape
- 7e cycle : 1928-1934 correspondant à la lettre D et à l'Arcane l'Empereur
- 1er cycle : 1935-1941 correspondant à la lettre T et à l'Arcane le Jugement

Les lettres et les Arcanes sont disposés dans ces cycles selon l'ordre des chakras, eux-mêmes mis en relation avec les Maisons du *Référentiel de Naissance* tels que définies dans le chapitre précédent. Ainsi, le premier chakra correspond à la Maison 4, le deuxième à la Maison 7 et ainsi de suite jusqu'au septième correspondant à la Maison 5.
Observons au passage que le Docteur Bach, décédé en 1936, a parcouru la totalité des sept premiers cycles et a quitté la vie précisément au tout début du cycle qu'il allait recommencer.
La devise de la lettre centrale de son *Pentagramme* : « ceux qui ont un "D" au centre de leur *Pentagramme Étoilé* sont invités à prendre conscience de leur mission et à l'incarner avec force et structure dans l'existence » donne dès le départ la couleur de son destin. Notons quelques repères bibliographi-

ques [35] et essayons de suivre son parcours de vie parallèlement à l'étude de son *Pentagramme*.
Edward Bach est né le 24 septembre 1886 près de Birmingham. Enfant de santé fragile, il développe très rapidement une véritable passion pour la nature. Sa compassion naturelle pour la souffrance des êtres lui attirera la sympathie des personnes qui le côtoient. À l'âge de seize ans, ses parents manquant d'argent, il quitte l'école pour aller travailler dans la fonderie paternelle et prend la décision irrévocable de devenir médecin. Nous sommes alors en 1903, dans son troisième cycle (1900-1906) caractérisé par le Diable. À l'intérieur de ce cycle de trois ans, l'année 1903 est celle de l'Hermite qui jouera le rôle d'Arcane secondaire. Cette année se définit alors avec un Diable en Arcane dominant et un Hermite en Arcane secondaire.

Schéma n° 14

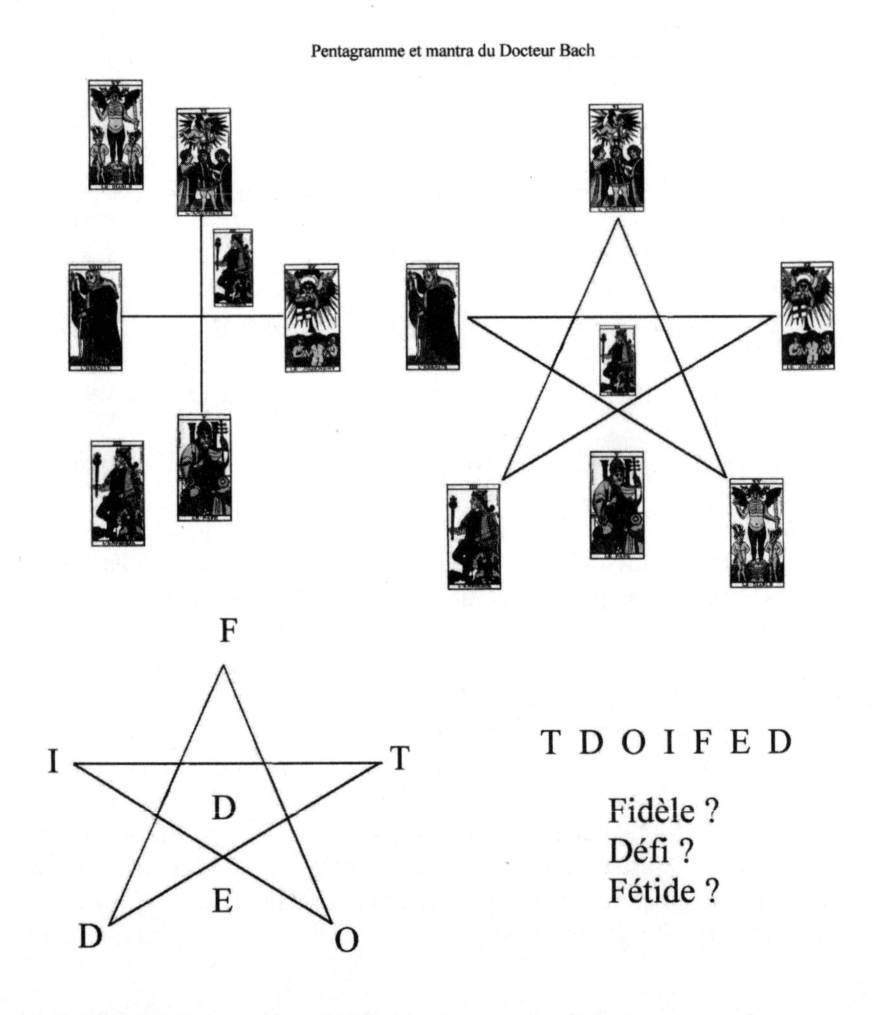

[35] Gilbert Anken- *Docteur Edward Bach, sa vie, son oeuvre*

Explication :
3e cycle : 1903-1906 Arcane dominant : le Diable
Ce cycle lui-même se développe en sept années, chacune étant caractérisée par un des Arcanes du *Pentagramme* listé selon l'ordre des chakras.

1900 : le Jugement
1901 : l'Empereur
1902 : le Diable
1903 : l'Hermite
Etc.

Surprenant de constater qu'au cours de cette année déterminante, le jeune Edward Bach coupe avec l'école pour travailler dans une fonderie (le Diable est bien présent dans cette symbolique de l'engagement et du feu paternel) et que l'Hermite caractérise déjà ce chercheur si près de la nature que nous connaissons.
Le cycle suivant (1907-1913) caractérisé par l'Hermite en Arcane dominant, correspond à ses années d'étude. Il obtient son diplôme de médecine au CHU de Londres en 1912, année marquée dans son *Pentagramme* par le Pape, ce qui ne nous étonne guère.
En 1913, année de la fin du cycle caractérisé par l'Hermite, Bach s'installe en cabinet privé. L'Amoureux qui teintera le cycle d'après (1914-1920) symbolise aussi bien son engagement dans cette profession de service que la profonde compassion qu'il manifeste à l'égard de la détresse humaine. L'Amoureux joue pleinement son rôle.
Pendant cette période, où il démontre toutefois une grande efficacité dans la pratique de la médecine, il est insatisfait de ses résultats et considère que la médecine en général néglige la dimension psychique de la maladie. Il cherche alors à développer d'autres voies de guérison et se tourne vers l'immunologie. Après des mois de recherche, il parvient à mettre au point à partir de certains germes intestinaux un vaccin qui aura des résultats surprenants. Mais il découvre surtout que si on ne renouvelle pas le vaccin lorsque l'état du malade se stabilise, les résultats sont encore meilleurs. Nous sommes toujours dans le cycle de l'Amoureux et qui plus est avec un Amoureux en Arcane secondaire, lorsque l'université le contraint de choisir entre son travail à l'hôpital et son cabinet. Il choisit sa liberté et se ruinera en créant son propre laboratoire de recherche. Pendant cette période, il découvre les travaux de Hahnemann et remarque la similitude entre l'œuvre du créateur de l'Homéopathie et sa propre recherche. Il affirme alors concrètement l'idée que la médecine devrait s'attacher davantage au malade qu'à la maladie.
En 1928, première année de son dernier cycle de vie, Bach découvre les trois premiers remèdes floraux, l'Impatient, la Muscade et la Clématite Sauvage qui constitueront à terme les trente huit remèdes dits *Fleurs de Bach* connus à ce jour. Le docteur Edward Bach vient de rentrer dans le cycle de l'Empereur. Il enchaînera les découvertes tout au long de ce cycle et repren-

dra l'ensemble de ses recherches sous un autre angle. Il développe en même temps une intuition, une sensibilité qui lui permettent de percevoir directement les qualités des plantes qu'il expérimente. Il les goutte, les respire, les touche. Son sens aigu du toucher lui permet de capter la vibration particulière de chaque plante. Il met au point la « méthode solaire » de préparation des remèdes, plus simple à réaliser que la méthode homéopathique. Si Bach devient un Empereur dans son domaine, il nous confirme aussi l'importance du lien qui existe entre l'Empereur et la nature.
Tout au long de cette période, qui correspond d'ailleurs au développement de son septième chakra, Bach travaille sans discontinuer. Il élaborera les trente huit remèdes, publiera de nombreux ouvrages, subira la persécution de l'ordre des médecins et persévèrera dans la construction d'un empire gouverné par la compassion et les vibrations de la nature. Il meurt en 1936 un an après être entré dans le cycle du Jugement. Un Jugement en Maison 4, quelle belle illustration pour un éveilleur de conscience en lien avec les mondes spirituels.

Chapitre II

LE TABLEAU DE MENDELEÏEV

Tout objet, sur la terre comme dans l'univers, est un assemblage d'éléments eux-mêmes composés de sous-éléments. Un organisme quel qu'il soit est formé de tissus constitués de cellules élaborées par des molécules qui se réduisent elles-mêmes à des atomes constitués de protons et d'électrons qui à leur tour se réduisent en particules élémentaires. Déjà dans l'Antiquité certains philosophes, notamment Démocrite, Épicure puis Lucrèce, considéraient que chaque objet pouvait se réduire à sa dimension matérielle la plus élémentaire, à laquelle ils donnèrent le nom d'atome (atome signifiant en grec insécable : qui ne peut pas être coupé). Cette géniale intuition fut confirmée au début du 20e siècle par des physiciens européens. En effet, on découvrait que la matière était composée d'atomes. Toutefois, cet atome apparaissait lui-même comme un univers complexe composé d'objets encore plus élémentaires dont l'origine remonte à la naissance de l'univers. Tous les atomes, excepté l'hydrogène, sont nés à l'intérieur des étoiles qui jouent le rôle de fours très puissants en transformant l'hydrogène en atomes de plus en plus complexes.

Grâce à des accélérateurs de particules, en bombardant les atomes les uns contre les autres, on a peu à peu réussi à comprendre la structure propre à l'atome. Au centre, se trouve un noyau composé de protons chargés positivement et de neutrons sans charge, le tout baignant dans un nuage d'électrons chargés négativement. On sait donc désormais que l'atome n'est pas l'unité ultime de la matière et se compose lui-même d'éléments plus petits. On sait aussi que la matière est énergie.

Dans les universités du Moyen Âge, des querelles restées célèbres opposaient de doctes savants, propriétaires patentés du Savoir ! Par exemple, la question de déterminer quelle quantité d'anges pouvait tenir sur une tête d'épingle échauffait les esprits. Cette question nous paraît surprenante aujourd'hui, mais elle manifeste en son temps un réel souci de recherche, un désir de comprendre l'univers, une soif de science. Cette question est en fait toujours d'actualité : il suffit de remplacer pour cela le mot « ange » par le mot « atome ». Aujourd'hui, on a des réponses concrètes : pour couvrir le bout d'un doigt, il faudrait au moins cent millions d'atomes. Le noyau est cent mille fois plus petit que l'atome et pourtant la masse presque entière de l'atome y est concentrée. Quant aux électrons, ils sont presque entièrement composés de vide. Toutefois, la charge électrique négative des atomes due aux nuages d'électrons périphériques suppose que lorsque deux atomes se rencontrent, leur force fait qu'ils se repoussent ou qu'ils s'attirent selon les cas.

Pour reprendre l'intuition géniale de Pascal, les atomes nous conduisent au seuil de l'infiniment petit mais sont issus (et tissus ?) des étoiles qui, elles, nous ouvrent à la conscience de l'infiniment grand. Peut-on aller encore plus loin dans l'infiniment petit que le niveau des protons, neutrons et électrons ? Oui. Quand on bombarde un proton, on découvre en lui des unités encore plus fondamentales : ce sont les quarks. Y a-t-il des unités encore plus élémentaires que les quarks ? Oui. La science progresse dans cette direction mais n'a pas encore résolu la question de l'élément originel. Il existe dans la nature plus d'une centaine d'atomes qui diffèrent en fonction de leur masse atomique, c'est-à-dire du nombre de protons dans le noyau. Le plus élémentaire d'entre ces éléments, encore appelé « corps simple », c'est bien évidemment l'hydrogène : un proton, un électron. Il porte le numéro un. Un des plus complexes s'appelle l'uranium, quatre-vingt douze protons.
On ne cesse de découvrir de nouveaux atomes, depuis qu'au Moyen Âge les alchimistes ont initié cette recherche : Paracelse, Isaac Newton et tant d'autres…

Ces atomes sont répartis dans la nature, certains selon une grande fréquence, le silicium par exemple, le carbone ou l'oxygène. D'autres beaucoup plus rares : le dysprosium, l'europium ou le praséodyme ne courent pas les voies lactées!

L'unification de l'atome est réalisée par l'attraction exercée entre les charges positives du noyau et les charges négatives des électrons. Les atomes sont électriquement neutres et le nombre de protons doit donc être égal au nombre d'électrons. Les caractéristiques chimiques d'un atome dépendent de l'équilibre entre le nombre d'électrons et le nombre de protons. Ainsi, un seul proton désigne l'hydrogène, deux protons l'hélium, trois protons le lithium... six protons le carbone…treize protons l'aluminium, quatre-vingt douze protons l'uranium.
En fait, à chaque nouveau proton correspond un nouvel atome.
Il existe d'autres éléments au-delà de l'uranium. Ce sont, pour la plupart, des éléments obtenus par synthèse, comme le plutonium par exemple.

Sous l'effet de forces complexes, les atomes se combinent entre eux pour former des molécules. Lorsque deux atomes d'hydrogène se combinent avec un atome d'oxygène, on obtient une molécule d'eau.
Le grand mérite de Mendeleïev est d'avoir classé ces éléments en fonction de leur cycle périodique et d'avoir créé, en son temps, un tableau avec des cases vides laissant entrevoir la possibilité d'apparition de nouveaux éléments.

Dimitri Ivanovitch Mendeleïev est né en Sibérie en 1834 (année Maison Dieu !). Il était le plus jeune d'une famille de 17 enfants. En 1869, il publia son fameux tableau périodique des éléments. Il arrangea selon leur masse atomique les 63 éléments connus à cette époque en groupes possédant des propriétés similaires. Là où existait un trou dans le tableau, il prédit les propriétés d'un nouvel élément qui serait trouvé plus tard. Trois de ces éléments, le gallium, le scandium et le germanium furent découverts de son vivant et leurs propriétés correspondaient à ce qu'il avait prévu, ce qui assura sa réputation. La loi périodique s'énonce comme suit : « les propriétés physiques et chimiques des éléments sont des fonctions périodiques de leur numéro atomique ».

Les découvertes scientifiques sont, en fait, des re-découvertes ; on ne fait que valider sous le sceau d'un sérieux plus apparent que réel, une connaissance déjà ancienne.
Le concept d'atome a été perçu intuitivement au Ve siècle avant J.-C. par les philosophes ioniens, Démocrite et les épicuriens, et par la suite « découvert » au XXe siècle. À ces connaissances déjà présentes dans la conscience humaine, l'histoire a donné une forme plus présentable : cravate et complet veston !

Démocrite a écrit 73 livres sur l'ensemble des connaissances humaines, sur les questions de la structure de la matière, de l'infinité des mondes, sur les lois cosmiques. Pas un seul de ses livres n'a pu résister aux bûchers des autodafés soi-disant rationalistes. La plupart des ouvrages des scientifiques de l'ancienne Ionie ont subi le même sort. Sort commun d'ailleurs à de nombreux chercheurs. Le mathématicien Hippias fut ridiculisé et persécuté pour avoir démontré qu'il existait des nombres irrationnels, dans une société qui se voulait essentiellement rationnelle. D'autres penseurs encore, par exemple les mathématiciens qui ont découvert le nombre Pi, sont tous morts dans un naufrage, punis par Poséidon pour avoir révélé aux hommes un si grand secret !

Matière et énergie

La matière est énergie : cette idée a été formalisée au début du XXe siècle par Einstein mais elle était déjà présente dans la conscience humaine depuis des milliers d'années. À l'époque présocratique, de nombreux sages avaient compris et expliqué que la matière était de l'énergie et que ses différences de densité correspondaient aux différences de niveau vibratoire.

Le Tarot est un livre alchimique. Il relate, sous la forme des images archétypiques qui le composent, les différentes opérations que l'adepte doit réaliser pour parvenir à son but ultime, la transmutation de la matière, c'est à dire la transformation du plomb en or.
Or, si on considère que le Tarot est constitué de 78 Arcanes dont chacun contient un enseignement philosophique, voire philosophal, on comprendra aisément que la traversée de ce fleuve symbolique conduira au rivage promis, là où coulent à flots l'or potable, l'élixir de jouvence, la fontaine de l'infini amour.

Les alchimistes qui cherchaient de l'or ont souvent échoué dans ce projet, mais sur leur chemin, ils ont fait d'autres découvertes. Ainsi le phosphore, l'antimoine, la porcelaine, le mercure, ont été découverts au cours d'opérations alchimiques.
Les alchimistes s'acharnaient à opérer la transmutation des éléments, mais ce projet relevait davantage d'une éthique que de la science « dure ». En effet, il est dit dans la sagesse alchimique que l'adepte ne pourra fabriquer de l'or que si lui-même est devenu de l'or, et seulement s'il a tué en lui le désir de l'or. La transmutation des éléments est donc avant tout la transmutation de soi-même, la transmutation de ses valeurs et de ses désirs. Les persécutions que les alchimistes ont subies étaient aussi violentes que stupides et inutiles. Pendant toute une période, au Moyen Âge, les officiers de l'état poursuivaient et torturaient les alchimistes, en versant du plomb fondu dans leurs veines ouvertes. Bien sûr, ces exactions n'apportaient aucun résultat. L'or des alchimistes était philosophique, métaphysique et spirituel, en aucun cas susceptible de remplir les caisses de l'état. Encore une fois, les persécutions qui tachent l'histoire de l'Europe, légitimées par de fallacieux prétextes philosophiques et religieux, étaient davantage mues par des intérêts financiers.

Les créateurs du Tarot sont les mêmes que ceux qui ont eu accès à la vision de la création du monde. Ils ont témoigné dans les dessins des grands Arcanes du mystère symbolique de l'univers, comme s'ils prenaient des notes, ou griffonnaient des schémas sur leurs carnets de croquis.
Les créateurs du Tarot ont expliqué dans les images des Arcanes leur vision de l'origine et de la structure de l'univers.

Le Tarot est une trame par laquelle l'homme essaie de s'élever à la connaissance des vérités interdites. Quand on entre dans un processus de connaissance initiatique, on apprend d'abord la trame pour accéder au réel.

Les 78 Arcanes du Tarot, les 64 hexagrammes du Yi-King, les douze signes de l'astrologie sont autant de grilles de lecture de l'univers.

Le tableau de Mendeleïev est une grille par laquelle l'infiniment petit se révèle à la conscience de l'homme.

Tableau périodique des éléments
(Tableau de Mendeleïev)

1 **H**																	2 **He**
3 **Li**	4 **Be**											5 **B**	6 **C**	7 **N**	8 **O**	9 **F**	10 **Ne**
11 **Na**	12 **Mg**											13 **Al**	14 **Si**	15 **P**	16 **S**	17 **Cl**	18 **Ar**
19 **K**	20 **Ca**	21 **Sc**	22 **Ti**	23 **V**	24 **Cr**	25 **Mn**	26 **Fe**	27 **Co**	28 **Ni**	29 **Cu**	30 **Zn**	31 **Ga**	32 **Ge**	33 **As**	34 **Se**	35 **Br**	36 **Kr**
37 **Rb**	38 **Sr**	39 **Y**	40 **Zr**	41 **Nb**	42 **Mo**	43 **Tc**	44 **Ru**	45 **Rh**	46 **Pd**	47 **Ag**	48 **Cd**	49 **In**	50 **Sn**	51 **Sb**	52 **Te**	53 **I**	54 **Xe**
55 **Cs**	56 **Ba**	57 **La**	72 **Hf**	73 **Ta**	74 **W**	75 **Re**	76 **Os**	77 **Ir**	78 **Pt**	79 **Au**	80 **Hg**	81 **Tl**	82 **Pb**	83 **Bi**	84 **Po**	85 **At**	86 **Rn**
87 **Fr**	88 **Ra**	89 **Ac**															
				58 **Ce**	59 **Pr**	60 **Nd**	61 **Pm**	62 **Sm**	63 **Eu**	64 **Gd**	65 **Tb**	66 **Dy**	67 **Ho**	68 **Er**	69 **Tm**	70 **Yb**	71 **Lu**
				90 **Th**	91 **Pa**	92 **U**	93 **Np**	94 **Pu**	95 **Am**	96 **Cm**	97 **Bk**	98 **Cf**	99 **Es**	100 **Fm**	101 **Md**	102 **No**	103 **Lw**

À l'heure actuelle, 109 éléments chimiques figurent officiellement dans le tableau périodique. Les colonnes rassemblent des éléments qui ont le même nombre d'électrons périphériques dans leur atome, donc qui se ressemblent par leur chimie, alors que les comparaisons horizontales s'établissent sur la base d'un nombre croissant de protons ou électrons. À noter que dans une seule case sont regroupés tous les isotopes connus d'un même élément, ne différant entre eux que par le nombre de neutrons du noyau.
Aujourd'hui, nous savons que le premier des éléments du tableau, l'hydrogène, est le constituant principal de l'univers observable. On peut imaginer

que le cœur des étoiles a « œuvré » à partir de cet élément pour en créer d'autres plus lourds.

Chaque Arcane majeur est un univers en soi. Il a été numéroté de 1 à 21, voire à 22, pour nous signifier qu'il était de la même nature que l'atome correspondant défini par son nombre de protons.
Les 22 premiers Arcanes se superposent parfaitement aux 22 premiers éléments du tableau de Mendeleïev.
Ces éléments sont constitutifs de notre univers.
Le Tarot est un livre alchimique, l'alchimie est l'art de transmuter la matière.
Le lien est établi.
Étonnant, bouleversant. La sagesse alchimique enseigne que l'adepte doit passer par les 78 portes symboliques évoquées par le Tarot, itinéraire initiatique, pour découvrir le secret de l'or philosophal. Or, dans le tableau de Mendeleïev, le nombre de l'or est 79 !

Ces éléments sont eux-mêmes les fondements de 22 remèdes énergétiques, porteurs d'un message vibratoire ordonnant à l'organisme, par l'intermédiaire d'un signal spécifique, de rétablir un circuit mémoriel qui aurait été rompu suite à une brusque baisse de tension dans le réseau Alpha.
On appelle réseau Alpha l'onde liée qui active l'ensemble du monde symbolique chez un individu donné, en maintenant le lien entre le psychique, l'énergétique, le somatique et le socius. Ce réseau Alpha est soumis à l'action de deux forces complémentaires : une force dite de transformation, d'origine cosmique, transitant par la constellation de la Grande Ourse et qui exerce une certaine pression sur les plexus coronaux, et une force de transmutation, d'origine sexuelle archaïque, qui s'élève en spirale depuis le sacrum, et soutient tout l'édifice. Cette dernière force est elle-même le relais d'une force plus archaïque encore qui prend sa source au centre de la terre.
Il arrive parfois que l'équilibre entre ces deux forces ne soit plus maintenu. Le réseau Alpha se détend. On observe alors une baisse de tension. Les quatre plans- psychique, énergétique, somatique et socius- se désolidarisent et le circuit mémoriel se rompt un instant.
Par exemple, le corps « ne se souvient plus » qu'il est puissant, ou le socius « a oublié » qu'il est pacifique, ou le psychique « ne se rappelle plus » qu'il est rationnel. Les quatre corps n'agissent plus en synergie. « Un grand gaillard comme lui qui n'est jamais tombé malade de sa vie, et le voilà terrassé par une simple grippe !!! ... Un gars si gentil ! Comment a-t-il pu lui faire ça ? »

Il existe des remèdes qui rétablissent le circuit mémoriel des quatre corps, en redonnant une bonne tension au réseau Alpha. Ce remède est indiqué par la lame de Tarot que l'on obtient en faisant la différence, dans un

Référentiel de Naissance, entre la Maison 11 et la Maison 10 (voir ci-dessous).
L'examen des 22 Arcanes majeurs, leur relation avec les atomes en fonction du rapport existant entre la valeur numérique de l'Arcane et la masse atomique de l'atome ouvre une porte vers une thérapeutique nucléaire symbolique.

Correspondance entre les Arcanes du Tarot et le tableau périodique des éléments de Mendeleiëv

***LE BATELEUR* : HYDROGENE (H) – 1**

L'hydrogène remplit l'univers des origines, tous les potentiels sont présents. L'hydrogène fabrique l'eau (avec l'oxygène), elle-même étant à l'origine de la vie. C'est la première semence, qui ne doit pas être gaspillée (cf. le Tarot de Nicolas Convers dans lequel *le Bateleur* se masturbe : risque de perte de la semence). Si la semence n'est pas utilisée pour fertiliser le monde, elle est perdue… À moins qu'elle n'ensemence la terre, la terre noire, archaïque et primordiale.

détail

L'homme qui fait l'amour avec la terre ! L'Œdipe originel ! C'est l'un des thèmes du livre de Michel Tournier *Vendredi ou les limbes du Pacifique*.
Le sperme originel est une forme de la matière première en alchimie !
Minéral de guérison : quartz rose, soufre.[36]

***La Papesse* : HELIUM (HE) – 2**

Le nom « Hélium » vient de *Hélios*, le soleil.
C'est un gaz très léger qui symbolise l'élévation. Ce gaz a d'abord été trouvé dans le soleil, d'où son nom. Cet élément, dans son lien avec *la Papesse*, rappelle le mythe de Gaïa.
Gaïa est née de l'abîme, de l'indifférencié, du néant. Mais elle n'est pas née seule. Elle suit de près sa soeur aînée, Amour. Amour n'est pas Eros ! Il est nécessaire de comprendre que cette divinité archaïque agit comme une force énergétique qui pousse tous les éléments du monde à s'unir les uns aux autres. Ces éléments, en se coagulant, mettent à leur tour au monde de nouveaux êtres.

Ce que les Grecs de l'Antiquité appelaient « amour » ressemble à s'y méprendre à ce que les astrophysiciens contemporains appellent « force gravitationnelle ».
Gaïa, selon Hésiode, enfanta un être qui, lorsqu'il vint à l'existence, l'enlaça et lui fit l'amour. Cet être, « Ouranos, le Ciel étoilé », fut son premier enfant et son premier époux. Voici donc le couple archaïque primordial. Le Père n'est pas arrivé en premier, il est une émanation de la Grande mère. La Terre (archétype féminin de la Grande déesse, la Déesse mère) est donc au fondement même du cosmos et le couple archaïque Ciel/Terre est le leitmotiv de la plupart des mythologies.

---

[36] Les minéraux de guérison cités pour chaque Arcane, sont mis en perspective avec l'élément atomique lui-même et constituent un « signal symbolique » qui s'inscrit dans le cadre de la fonction thérapeutique des symboles. Lire à ce sujet *La Fonction Thérapeutique des Symboles* - même auteur, même éditeur.

De Gaïa et Ouranos naquirent les Cyclopes, les Hétaconchires et les Titans. Ouranos eut peur de ses enfants et les enferma dans le Tartare. Mais le Tartare n'existait pas encore si l'on s'en tient au déroulement du Mythe. Le processus décrit ici est donc similaire au processus de l'inconscient freudien. L'inconscient n'est pas un grenier ou une cave dans laquelle on range des cartons d'archives. Il est le processus même du déni de soi. Aucune pulsion ne va dans l'inconscient, elle devient inconsciente. Les enfants d'Ouranos ne disparaissent donc pas dans une sorte de geôle souterraine, ils deviennent souterrains à la conscience d'Ouranos. Rejeter ses enfants est un refus, un déni de sa propre enfance. C'est croire, comme Ouranos, à l'existence d'un monde séparé de soi. C'est se prendre pour le Ciel étoilé, c'est se prendre pour Dieu le Père. Voilà ce qu'on appelle se prendre au « Je ».

Gaïa incita Cronos, un des Titans, à émasculer son père puis à le chasser pour occuper le trône à sa place. Quand il fut au pouvoir, il répéta le même schéma, enfermant ses frères qu'il venait de libérer, tant il avait peur de la malédiction paternelle selon laquelle il connaîtrait un sort identique, émasculé à son tour par un de ses fils. Alors il dévora les uns après les autres tous les enfants qu'il eut avec Rhéa.
Puis le schéma se répéta, Gaïa et Héra (sainte alliance des mères archaïques) aidèrent Zeus à chasser son père en le protégeant de l'appétit infantophage du père divin. Après avoir fait manger à Cronos une pierre enveloppée de langes en lui faisant croire qu'il s'agissait du petit Zeus, elles mirent l'enfant à l'abri en le confiant à la nymphe IO qui le nourrit de miel.
En âge de combattre, Zeus chassa son père du pouvoir et instaura un régime totalement différent de ses prédécesseurs, puisqu'au lieu d'enfermer à son tour ses frères ou ses enfants, il leur propose de partager le pouvoir avec lui.
La répétition est rompue et le concept de démocratie germe dans l'inconscient collectif des Athéniens, qui aura la portée que l'on sait.

Dans une légende maorie, les enfants essayent de séparer leurs parents qui, s'accouplant sans fin, les étouffent en même temps qu'ils les mettent au monde. Condamnés à errer dans les ténèbres, les enfants parviennent un jour à couper les tendons qui relient le ciel et la terre et expulsent leur père au plus haut des astres jusqu'à ce que la lumière fasse son apparition. Dans un mythe tahitien, c'est une plante qui en poussant parvient à séparer le ciel de la terre.

Ces mythes, et tant d'autres, nous plongent d'emblée dans le thème récurrent du meurtre du père. Meurtre symbolique que la psychanalyse a décrit pour expliquer le processus d'émergence identitaire chez l'enfant ; découverte du père, identification, séparation, « conjonctionis / séparationnis » comme disent les alchimistes. Mais ne peut-on pas voir un autre sens à

ce thème quasi universel du meurtre du père ? N'y voit-on pas aussi l'affirmation de la toute-puissance de la mère ?
Meurtre du père, toute-puissance de la mère et, par conséquent, meurtre de la mère. Nous voilà plongés au coeur de deux mythes qui ont considérablement inspiré écrivains et musiciens depuis 3000 ans : le mythe d'Œdipe et celui d'Électre.

La première orbite autour du noyau de l'atome est à saturation avec deux électrons : dans chaque atome, il y a toujours une *Papesse* inscrite dans la mémoire du Tout…
Minéral de guérison : jaspe ou kunzite.

L'IMPÉRATRICE : LITHIUM (LI) – 3

Cette substance est utilisée dans les psychoses maniaco-dépressives. Le lien avec le cerveau a été établi au niveau des échanges neuroniques.
La couronne rouge de *l'Impératrice* indique l'intensité de l'activité mentale. Or, la couleur rouge vif est la signature chromatique du lithium. Chaque élément a une identification chromatique. Quand on excite un atome dans un certain contexte physico-chimique, on obtient une couleur particulière. Cet Arcane est donc lié à l'activité intellectuelle, sa dimension est sans conteste mercurienne. Mercure, Hermès…expression, communication, parole. Incarnation de la pensée, manifestation de l'esprit, une parole agissante, le Maître de la forme, comme le précise la Kabbale.
Minéral de guérison : calcédoine ou sodalite. Mercure en solution homéopathique.

L'EMPEREUR : BERYLLIUM (BE) – 4

Le béryl est en même temps le nom générique d'une série de pierres précieuses qui dans la plupart des traditions confèrent le pouvoir à celui ou celle qui les porte : l'émeraude, l'aigue marine, la morganite… Ces minéraux symbolisent aussi le lien entre le savoir et l'autorité.
Minéral de guérison : les pierres citées ci-dessus mais aussi le jade ou la serpentine.

LE PAPE : BORE - BORAX (B) – 5

Bore vient d'un vieux mot arabe qui signifie « blanc ». On s'en sert en alchimie pour la fusion de l'or et aussi pour préparer les fours.
La perle de borax est utilisée en chimie pour identifier un minéral inconnu par fusion sur une anse de platine.
Le fil est chauffé au rouge sombre et trempé dans du borax, Na2B4O7, 10 H2O. On obtient alors une perle transparente, ressemblant à une boule de cristal. Le minéral inconnu ou son résidu, calciné au charbon de bois réduit en poudre, sert de poudre de trempage à cette boule de cristal chaude mais non fondue. Lorsque la perle fond à nouveau et absorbe le minéral et que nous la laissons refroidir, nous observons une coloration. Selon que nous

ayons fondu la perle soit dans la partie oxydante soit dans la partie réductrice de la flamme, on obtient deux couleurs différentes.
Ces couleurs nous permettent d'identifier le minéral.
Cette expérience rappelle le rôle du *Pape* dans le Tarot, et notamment dans le *Référentiel*. Quand on regarde les tonsures des deux petits moinillons qui se présentent à lui, vraisemblablement pour recevoir une bénédiction, nous remarquons que les tonsures ne tournent pas dans la même direction. Il s'agit, en fait, de boules d'énergie que *le Pape* s'efforce d'harmoniser. Si *le Pape* est souvent considéré comme un médiateur, nous voyons ici qu'il joue aussi le rôle d'identificateur. Bénir, c'est identifier. Baptiser, c'est nommer.
La couleur du Bore, après excitation de l'atome, est le vert. Lien avec la notion d'espérance que l'on retrouve bien dans l'Arcane V.
Minéral de guérison : émeraude ou aventurine.

L'Amoureux : CARBONE (C) – 6

Voici l'atome du vivant qui entre dans la composition des tissus organiques, élément incontournable pour constituer la molécule d'ADN, fondement même du vivant en nous. S'il n'y a pas de carbone, la vie ne peut se transmettre.
L'Amoureux favorise la transmission du vivant, le passage de la vie.

Étonnant de constater la caractéristique du papier carbone ! Reproduire, n'est-ce pas ?
L'atome de carbone exprime en même temps un message ambivalent. D'une part, il sous-tend les deux extrêmes que sont le charbon et le diamant : ce qu'il y a de plus noir, de plus profondément enfoui en soi peut devenir aussi lumineux et étincelant qu'un diamant ; d'autre part, voici le seul élément qui peut se combiner avec lui-même. Cet atome est bisexuel. Tout ce qui est sacré a un aspect ambivalent.[37] Le carbone est-il l'élément sacré du monde de la matière ? Son évolution vers le diamant semble le confirmer.
Le carbone atteste aussi bien de la mort que de la vie.
Minéral de guérison : grenat, rubis, diamant.

Le Chariot : AZOTE (N) – 7

Azote signifie « sans vie » en grec.
On trouve l'azote dans les cadavres et les excréments : c'est aussi un gaz ambigu de mort et de vie. On utilise l'azote dans les banques du sperme, pour la conservation de la force de vie. L'azote est la composante essentielle des acides aminés. Son symbole est N car son ancienne appellation était « nitre ». Le nitrate, mortel pour les êtres vivants, dérive du nitre.
Le nitre peut être associé au prana.
Minéral de guérison : citrine, œil de tigre.

---

[37] René Girard : La *violence et le sacré*. Éditions pluriel.

LA JUSTICE : **OXYGENE (O) – 8**

Cet élément a une fonction double et contradictoire ; on retrouve encore une fois le caractère ambivalent du sacré : l'oxygène est indispensable à la vie et en même temps oxyde les cellules, les brûle (radicaux libres). L'oxygène, comme *la Justice*, est le prix à payer : nécessaire à la vie, il conduit en même temps à la mort. Mourir est le prix à payer pour vivre !
Minéral de guérison : obsidienne, ryolithe.

L'HERMITE : **FLUOR (F) – 9**

Écoulement, flot, flux et reflux de la vie. L'Hermite marche sur les flots énergétiques de la terre.
L'Hermite cherche la fluorescence intérieure.
Une sagesse dont toute la luminosité attend d'éclairer la lanterne magique.
Minéral de guérison : aigue-marine, calcite, fluorite.

LA ROUE DE FORTUNE : **NEON (NE) – 10**

« Néon » veut dire « nouveau ». On y retrouve aussi l'anagramme du mot anglais « one » (Un). L'atome comme l'Arcane désignent des idées de renouveau et de quête d'unification.
Le néon est un gaz rare car son atome est saturé. La dernière orbite étant complète, il n'ira pas prendre d'électron à un autre atome.
On a terminé un cycle et on s'apprête à renouveler l'énergie.
Le néon se situe sur la dernière colonne du tableau qui est une colonne de transition.
Il inaugure avec l'hélium la série des gaz rares ; étant donné qu'aucune valence n'est possible, on assimilera cette série au monde des autistes.
D'ailleurs, Néon peut être réinterprété comme non-éon, *Éon* étant le mot grec pour « être ». Ainsi, néon renvoie à l'idée de non-être ! Cette conception est confirmée par la sphinge présente au sommet de *la Roue de Fortune*.
Cet Arcane et cet atome illustrent un des mythes les plus importants de la pensée occidentale : le mythe d'Œdipe.

Ainsi, *la Roue de Fortune* revêt un caractère ontologique. Elle est shakespearienne… *Être ou ne pas être*. Être au pilotage de sa propre existence, libéré des schémas directeurs et répétitifs, ou subir les lois sans les comprendre, être le jouet de forces qui nous dépassent, c'est-à-dire « non-être ».
Le néon, l'Arcane X, détruit les structures en profondeur. Cela provient de sa radiation en ultra-violet, lumière invisible qui nous pénètre et qui nous brûle. Cela peut entraîner des modifications dans le patrimoine génétique. Nous sommes bien dans le décodage essentiel de *la Roue de Fortune*, destruction des vieux schémas et redémarrage sur du nouveau.

Les autres gaz rares sont l'argon (18), le krypton (36), le xénon (54), le radon (86).
Minéral de guérison : la rhodochrosite.

La Force : sodium (Na) – 11

La soude. L'Arcane XI nous relie à nous-mêmes, c'est la juste mesure. Trop de sodium donne de l'hypertension artérielle. Or, la force n'est pas dans la tension mais dans le lâcher-prise.
Le sel est un aliment sacré dans la plupart des traditions. Selon le *Dictionnaire des symboles* de Chevalier et Gheerbrandt, les vertus du sel sont purificatrices et protectrices mais aussi évocatrices d'incorruptibilité et de fraternité. La symbolique revêt ici un aspect quasiment universel. L'Arcane XI fait écho à la onzième Maison de l'astrologie, Maison de l'amitié. L'Amitié ou *Philia* en grec, une notion très aristotélicienne : la *Philia,* c'est ce qui soude les membres d'une même communauté pour former, par exemple, un village ou une cité. Une sorte de ciment social. Vous avez dit « soude » ?
« Chez les Grecs, comme chez les Hébreux ou les Arabes, nous dit le *Dictionnaire des symboles*, le sel est le symbole de l'amitié, de l'hospitalité, parce qu'il est partagé, et de la parole donnée, parce que sa saveur est indestructible ».
Chez les Épicuriens, l'amitié est une valeur fondamentale aussi importante que manger et dormir. Ce qui n'est pas le cas dans la pensée chrétienne où l'on considère qu'avoir un ami relève d'une exclusive contraire au principe selon lequel le chrétien doit se fondre dans la communauté des croyants.
Minéral de guérison : la cornaline, le sel (halite), la sardoine.

Le Pendu : magnesium (Mg) – 12

Le magnésium a des vertus extraordinaires. Il intervient, entre autres, au niveau musculaire. Le magnésium soigne la spasmophilie car il détend les membres. On prend du magnésium quand on n'arrive pas à lâcher prise ; il nous permet de nous décrisper.
On donne de l'oxyde de magnésium (Magnésie) aux athlètes dont les mains sont soumises à des frottements. On pense aux mains cachées du *Pendu*.
Minéral de guérison : magnésite, ambre, jais.

L'arcane XIII : aluminium (Al) – 13

Aluminium : privé de lumière.
L'idée ici est de rapatrier une lumière dont on a été privé.
L'aluminium est un des métaux les plus légers qui soient.
Deux atomes d'aluminium, soit un double Arcane XIII, conduisent à l'atome de fer dont le nombre atomique est 26 : le nombre de Dieu, selon la Kabbale hébraïque.

Étrangement, l'aluminium est un élément présent à la fois dans l'organisme humain (mais en très petite quantité) et dans le cosmos (en quantité encore plus rare). Cet atome est en relation avec la notion de mouvement. L'augmentation d'aluminium dans l'organisme conduit à une diminution de mouvement dans l'organisme, pouvant conduire jusqu'à la sclérose en plaque.
Minéral de guérison : hématite, corail.

TEMPERANCE : SILICIUM (SI) – 14

Le silicium correspond à l'atome de quartz : le cristal.
La mythologie propre à la civilisation atlante associe les quartz à un élément de communication subtile, voire télépathique. Les quartz permettent à l'énergie de circuler et de conserver sa force vibratoire pendant des millions d'années, tout en gardant le même rythme de balancier. Une montre à quartz a une rythmique impeccable.
On utilise le silicium dans les circuits intégrés pour faire circuler l'énergie.
Vingt-deux éléments sont toujours présents dans le corps humain, certains en grande quantité (carbone) et d'autres en petite quantité (comme les oligo-éléments) mais tous sont indispensables.
On trouve du quartz dans l'organisme et notamment au cœur du cœur de la cellule (le centriole). Cette quantité infime de quartz serait à l'origine de la vie sur la terre. De récentes découvertes semblent démontrer que la structure hélicoïdale du quartz aurait favorisé l'apparition de la molécule d'A.D.N, génératrice de la vie sur terre.
On a longtemps méconnu l'argile, explique le géologue Bernard Colleuil. Au microscope électronique, cette roche apparaît sous la forme d'un système de feuillets composé de très minces couches de silicium et d'aluminium que l'on range dans la famille des phyllosilicates. Imaginez ces lamelles d'argile dans les lagunes avec des températures tropicales et une certaine pression de gaz. Certains de ces minéraux comme la kaolinite ont la particularité de s'empiler parfois en hélice. C'est l'une de leurs propriétés. Si les quatre molécules fondamentales de la vie que sont l'hydrogène, l'azote, l'oxygène et le carbone forment des acides aminés et s'accrochent à l'une des valences libres de ces lamelles spiralées d'argile, en s'enroulant à leur tour sur elles-mêmes, elles donnent naissance à la molécule d'ADN. On passe ainsi de l'inerte au vivant.[38]
D'autre part, nous savons que *Tempérance* symbolise la communication. Il est alors fort intéressant d'établir un lien avec l'A.R.N[39] messager qui permet la communication et l'échange d'informations dans la cellule.
Petite anecdote amusante : la ligne 14 du métro parisien fonctionne sans conducteur, par transmission d'énergie.

---

[38] *La Fonction thérapeutique des symboles* - Même auteur, même éditeur.
[39] Acide ribonucléique.

Ajoutons que, pendant de très nombreuses années, le numéro de téléphone du télégraphe en France était le 14… Transmission sans fil !
Minéral de guérison : quartz, améthyste, chrysoprase.

LE DIABLE : PHOSPHORE (P) – 15

Le porteur de lumière : en latin, *lucifero* ; en grec, *phosphorus*.
Le phosphore porte la lumière. Dans le Tarot de Wirth, *le Diable* porte une torche et non une épée. Il faut dissocier *le Diable* de la notion de mal. La fonction du Diable est de pratiquer l'art de l'analyse, de l'intelligence libérée des émotions et de la puissance affranchie de toutes les peurs. *Le Diable* correspond essentiellement au niveau mental.

Le phosphore agit dans le cerveau. Il aide à la structuration des phosphoprotéines liées au système nerveux.
Il existe deux sortes de phosphore :
- le phosphore blanc, extrêmement dangereux, qui s'enflamme à l'air et que l'on conserve dans de l'eau ;
- le phosphore rouge, d'utilisation fréquente, que l'on trouve sur les allumettes.

L'âme étincelante reflète la brillance de l'épée du *Diable.*
Le phosphore est aussi un élément important dans l'urine. Or, la structure graphique du *Diable* est très proche du système urinaire. On y reconnaît en effet, à travers les liens qui attachent les deux diablotins, l'urètre et l'uretère. À l'instar de *l'Étoile, le Diable* travaille également au processus d'élimination des toxines.
Le type « phosphorus », en homéopathie, est un passionné :
- intériorisé : c'est un instinctif, un destructeur ;
- extériorisé : il met son énergie au service de l'humanité.

Dans son état le plus souffrant, le phosphorique est envahi de peur. Peur de la mort, du noir, des fantômes, d'être seul. Quand il a sublimé toutes ses peurs, il trouve un nouvel équilibre, exprime une passion créatrice, donne beaucoup d'amour autour de lui, éprouve de l'intuition, révèle un grand magnétisme.
Minéral de guérison : malachite, soufre. Remède homéopathique : *Phosphorus*.

LA MAISON DIEU : SOUFRE (S) – 16

Nous sommes dans l'élément feu.
Le soufre intervient biochimiquement, en renforçant la membrane extérieure de la cellule pour la protéger des agressions de son milieu. Cela nous rappelle la problématique de protection que l'on trouve dans l'Arcane XVI.
Phosphore et soufre sont deux remèdes homéopathiques fort connus.

Dans *la Maison Dieu*, nous notons un aspect égocentrique, un aspect d'enfermement et de violence. On s'enferme et on enferme sa parole dans un but de protection émotionnelle. À cause d'une peur de se rencontrer au cœur de soi-même, une peur d'être soi-même, une peur d'exprimer sa grande fragilité, une peur d'être « cassé »...

La meilleure façon de se protéger consiste à ne pas se surprotéger.
Le travail de *la Maison Dieu* est un travail alchimique de reconstruction intérieure et de reliance à l'esprit supérieur.
Toujours selon *Le Dictionnaire des symboles* : « Le soufre symbolise le souffle igné et désigne le sperme minéral. Selon le symbolisme alchimique des mystiques musulmans, l'âme qui se trouve figée dans une dureté stérile doit être liquéfiée, puis congelée, opération suivie par la fusion et la cristallisation... Pour les alchimistes, le soufre était dans le corps ce que le soleil est dans l'univers... La flamme jaune enfumée du soufre est, pour la *Bible*, cette anti-lumière dévolue à l'orgueil de Lucifer, la lumière devenue ténèbre. Il est un symbole de culpabilité et de châtiment ».
Minéral de guérison : opale, labradorite.

L'Étoile : CHLORE (CL) – 17

L'*Étoile* s'est mise à nu, elle est protégée intérieurement et rien ne peut la contaminer.
L'atome de chlore a 17 protons. Sa fonction consiste à décontaminer l'eau. Le chlore est un bactéricide. Il est aussi utilisé en usage domestique sous le nom d'eau de javel. *L'Étoile* : une femme qui verse de l'eau dans l'eau.
Minéral de guérison : turquoise, chrysocolle, agate d'eau.

La Lune : ARGON (AR) – 18

L'argon est un gaz rare, saturé, donc très léger. Le mot « argon » vient de la quête de Jason et des Argonautes à la recherche de la toison d'or. Cette quête est celle d'un nouveau monde.
Minéral de guérison : pierre de lune, perle, argent.

Le Soleil : POTASSIUM (K) – 19

Le potassium agit sur le système cardio-vasculaire et intervient dans l'équilibrage de cette fonction. *Le Soleil* est aussi en lien avec le cœur.
Le potassium a notamment pour fonction de permettre la perméabilité de la cellule contrairement au soufre sous l'effet duquel la cellule devient sensible à l'environnement. *Le serment de la liberté retrouvée* consiste en la présence simultanée dans un même *Référentiel de Naissance* de *la Maison Dieu* et du *Soleil* : dans *la Maison Dieu*, on détruit les murs de la honte, pour reconstruire dans *le Soleil* un mur de cinq étages à l'échelle de l'homme, et particulièrement au bénéfice des enfants. Cette reconstruction survient pour nous rassembler et non nous séparer, pour créer une vie sociale. À l'intérieur de ce

mur, on est libre ! Ce mur permet d'avoir des échanges avec ceux qui sont de l'autre côté. Ce sont des frontières perméables, alors que *la Maison Dieu* est plutôt le symbole de l'imperméabilité.
Une carence en potassium entraîne d'ailleurs des troubles de croissance. Sans potassium, les enfants ne grandissent plus.
Couleur obtenue après excitation de l'atome de potassium : le violet. Dimension spirituelle du *Soleil*, Arcane XIX.
Minéral de guérison : topaze, pierre de soleil.

LE JUGEMENT : CALCIUM (CA) – 20

C'est l'élément utile à la minéralisation des os. Or, *le Jugement*, selon le christianisme, symbolise la résurrection des corps. Et on ressuscitera dans ses os ! Voilà pourquoi les chrétiens sont en général hostiles à l'incinération.
« Calcium » vient de « calcite » qui signifie : la chaux, avec laquelle on brûle les os.
Minéral de guérison : lapis lazuli, azurite.

LE MONDE : SCANDIUM (SC) 21

C'est un élément rare que l'on trouve surtout en Ukraine, autour de Tchernobyl…
Le Monde, dans le Tarot, correspond à ce qui est manifesté : le cosmos, l'univers, la terre. L'Arcane XXI évoque la notion d'environnement. Travailler l'Arcane XXI signifie essentiellement « prendre sa position dans le monde » et également « sortir du monde dans lequel on se sent enfermé, comme on le serait dans un œuf ». En sortant de ses enfermements, en faisant péter la coquille, on peut prendre sa place dans le monde.
L'atome de scandium se comporte comme l'aluminium. On l'appelle « terre noire » (absence de lumière comme dans l'Arcane XIII, terre noire alchimique) ou « terre rare ». L'Arcane XIII, privé de lumière, est le signe de l'appel au renouveau et à la renaissance du monde.
Minéral de guérison : tourmaline.

LE MAT : TITANE (TI) – 22

Étymologie très intéressante : le titane vient de « Titan », le père des géants qui traversa le monde. Le « Titanic » est construit sur la même étymologie.

Le titane conserve la mémoire des formes ; c'est un matériau également utilisé dans la fabrication des fusées, pour résister à la chaleur de l'atmosphère.
Le titane a des propriétés similaires à celles du silicium.
Minéral de guérison : cristal de roche.

Proportions des éléments atomiques dans le corps de l'homme

- Oxygène 8	62,81	%
- Carbone 6	19,37	%
- Hydrogène 1	9,31	%
- Azote 7	5,14	%
- Calcium 20	1,38	%
- Phosphore 15	0,64	%
- Soufre 16	0,63	%
- Sodium 11	0,26	%
- Potassium 19	0,22	%
- Chlore 17	0,18	%
- Magnésium 12	0,04	%
- Fluor 9	0,009	%
- Fer 26	0,005	%
- Aluminium 13	0,001	%
- Manganèse 25	0,0001	%
- Silicium 14	infime	

En établissant un parallèle entre les atomes et les Arcanes majeurs, nous parvenons à cette observation : les deux éléments dominants chez l'homme sont l'oxygène et le carbone, soit *la Justice* et *l'Amoureux*. En d'autres termes, restent dominants chez l'homme :

- d'une part, cette exigence de justice, d'équilibre et d'harmonie, à la fois nécessaire à notre développement organique et existentiel mais qui, par la même occasion, brûle notre « capital vie » ;

- d'autre part, la sexualité et la vie affective qui, à l'instar du carbone, témoignent d'un caractère ambivalent : vie et mort, Éros et Thanatos, si nous nous plaçons du point de vue psychanalytique.

L'hydrogène, soit *le Bateleur*, arrive en troisième position. Nécessaire à la constitution de l'eau en liaison avec l'oxygène, actif comme présence indispensable de la mémoire émotionnelle liée à l'enfance. *Le Bateleur* rappelle cette présence permanente de l'enfant intérieur, dont l'accueil au cœur de soi-même déterminera la qualité des émotions vécues à l'âge adulte. Par ailleurs, l'eau symbolise la structure émotionnelle de l'homme. Elle se trouve d'ailleurs en grande quantité dans l'organisme humain : 63 %.
Si, par ailleurs, nous établissons un tableau similaire définissant les pourcentages d'atomes présents dans l'univers, disons non-humain, nous obtenons des résultats sensiblement différents.

Ces différences sont émouvantes, si on les décode du point de vue tarologique.
Par exemple, le silicium (soit *Tempérance*), quasiment absent de l'organisme humain, se trouve en très grande quantité dans le cosmos.
On s'en serait douté. La nature nous montre la voie de l'équilibre, de l'harmonie, du recyclage. Les écosystèmes sont parfaitement bien intégrés et fonctionneraient sans faille si l'homme n'y mettait pas son « grain de sel ».
La signature de l'homme serait-elle celle de l'intempérance ? Les Grecs de l'Antiquité disaient que le plus grand fléau de l'humanité, celui qu'il faut fuir à tout prix, c'est *l' Ubris* , la démesure ! Cause des guerres les plus injustes et les plus cruelles. Un jour, convoqué par l'assemblée du peuple pour donner son avis sur la conduite à tenir face aux adversaires perses qui s'apprêtaient à envahir la Grèce, le philosophe Héraclite monta à la tribune et, sans dire un seul mot, versa un peu de farine de céréale dans un verre d'eau, mélangea sa mixture et la but. Puis, il quitta la foule ébahie. Peu comprirent le message du philosophe obscur : « Si tu te contentes, pour ton alimentation, d'un peu de farine et d'un peu d'eau, tu résisteras à toutes les agressions du monde, la cause de toutes nos souffrances réside dans la démesure ». Plus tard, les Romains du Ve siècle en tirèrent de sanglantes leçons !
Ainsi, *Tempérance* est inversement proportionnelle chez l'homme et dans la nature.

Structure atomique du *Référentiel de Naissance*

Si le *Référentiel de Naissance* est considéré comme un atome, un univers à lui tout seul, la Maison 5 et la matrice forment le noyau, constitué de protons et de neutrons en nombre égal. (Les quatre premières Maisons donnent en s'additionnant un nombre égal à la Maison 5, et ce après réduction.)
Les orbites électroniques sont donc constituées des Maisons 6, 7, 9, 10, 11 et 12.
Chaque *Référentiel de Naissance* étant un atome, plusieurs *Référentiels de Naissance* ensemble peuvent constituer des molécules (voir plus haut le chapitre sur les Arcanes fluctuants et les molécules d'amour qui expliquent comment s'établit dans un *Référentiel de Naissance* l'équilibre entre protons et électrons).

La Maison 10 est la Maison d'élimination des toxines.
Dans la Maison 11, sont enregistrées des informations qui appartiennent au passé.

La physique d'aujourd'hui n'a plus « horreur du vide ». Ce que l'on désigne sous ce terme est, en fait, la probabilité d'apparition d'un certain quantum d'énergie.

L'atome est énergie, la matière est énergie. Tout ce que nous percevons est une manifestation de l'énergie. Mais l'énergie elle-même échappe à notre perception. L'atome, comme l'inconscient, est imperceptible, mais rien ne serait perceptible si l'atome ou l'inconscient n'était pas. Tout comme la lumière : elle ne se voit pas, mais nous ne verrions rien sans elle.

Dans le *Principe d'incertitude* d'Heisenberg, dans les mythes d'Orphée, de Psyché ou de Mélusine, nous retrouvons toujours la même thématique : les êtres n'existent que si nous ne les regardons pas. Le regard tue.
« L'Âme se tait quand l'esprit la regarde », dit Claudel.
Il en est de même de l'inconscient. Invisible, il rend visibles ses propres manifestations : lapsus, rêves, maladies psychiques…
Comme on l'a vu plus haut, il existe des remèdes, porteurs d'un signal vibratoire, qui envoient un signal à l'organisme, ordonnant à celui-ci de rétablir un circuit mémoriel qui aurait été rompu suite à une brutale baisse du « réseau α ».
Le « réseau α », on s'en souvient, est une onde liée et liante qui active l'ensemble du monde symbolique chez un sujet en maintenant le lien entre le psychique, l'énergétique, le somatique et le socius.

Toute maladie est une rupture de mémoire. Les cellules ne se souviennent plus. Les remèdes de la médecine atomique sont là pour rétablir le circuit mémoriel des quatre corps et réaccordent le « réseau α » en envoyant un signal vibratoire.

Alors qu'un remède moléculaire est un ensemble d'atomes (exemple : les antibiotiques, l'aspirine, la cortisone…), le remède nucléaire, atomique est l'élément constitutif de la matière. Il agit par transmission d'un signal en réaccordant le réseau et rétablit l'harmonie des fréquences.
Jacques Benveniste, créateur des concepts de « Mémoire de l'Eau » et de « Biologie Numérique », propose une approche radicalement nouvelle de la biologie. Il écrit : « Les molécules vibrent, on le sait depuis des décennies. Chaque atome de chaque molécule, et chacune des liaisons chimiques, les ponts qui relient les atomes, émettent un ensemble de fréquences qui leur sont propres. Ces fréquences spécifiques de molécules simples ou complexes sont détectées à des milliards d'années-lumière grâce à des radiotélescopes. Les biophysiciens les décrivent comme une caractéristique physique essentielle de la matière ».

Le remède éthérique

Avec la Maison 11, nous inspirons, car cette maisons récupère, absorbe ce qui se trouve dans notre environnement passé, ce qui a été transmis par les générations précédentes. C'est un Arcane d'inspiration. Dans un processus thérapeutique mené à l'aide du *Référentiel de Naissance*, nous apprenons à conserver et à utiliser les qualités proposées par notre Maison 11 et à rejeter ce qui est inutile ou nocif. En effet, la Maison 11, ou *nœud sud*, contient tout le programme archaïque du sujet, le projet parental, la mémoire familiale, l'hérédité, l'héritage culturel, les bagages de départ. C'est un capteur.
Dans la Maison 10, en revanche, nous éliminons les trop pleins énergétiques. Cette Maison reçoit le canal d'évacuation du *Référentiel de Naissance.* Elle est à la fois la prise de terre et la « boîte noire » du thème, car elle enregistre et valide les expériences de la vie. C'est donc par le symbole de l'Arcane présent en Maison 10 que nous intégrons ce sur quoi nous avons à lâcher. Nous avons donc affaire à un Arcane d'expiration.

Dans la Maison 11, je reçois des éléments (passé, mémoire, environnement) qui vont nourrir le *Référentiel de Naissance* avec ce qu'il y a de bon pour moi ; ce qui est inutile, je l'élimine dans la Maison 10.
L'Arcane de la Maison 11 correspond donc à l'atome que je reçois, celui de la Maison 10, à l'atome que je rejette.
Nous reconnaissons le caractère double et ambivalent de ce qui est sacré lorsque l'Arcane de la Maison 11 est le même que celui de la Maison 10. Cela nécessite un examen attentif de la double fonction du symbole qui devient son propre antidote. Dans ce cas, nous utiliserons la vibration particulière du titane.

Ceux qui ont *l'Amoureux* en Maison 11 ont un *nœud* dans le lien affectif : ils absorbent le carbone *C* (le CO_2, c'est-à-dire ce que les autres rejettent, situation d'éponge astrale). Ces personnes choisissent souvent de soigner les autres en prenant sur eux toutes les mortifications et tous les maux d'autrui... Ils rencontrent des problèmes affectifs avec l'environnement.
Prenons l'exemple d'une personne qui a *l'Amoureux* en Maison 11 et *la Lune* en Maison 10. La différence entre les deux Arcanes (6 - 18) donne 12 : *le Pendu*, soit le magnésium. Remède facile à se procurer.
Concernant les remèdes plus difficiles, voire impossibles à trouver, il faut se rapprocher de la médecine énergétique ou d'un plan purement symbolique. Je crois à la vertu thérapeutique du symbole. On peut, par exemple, utiliser l'un des cristaux indiqués dans la liste précédente. Les cristaux seront utilisés soit en pierre de touche (le cristal reste en contact avec la peau plusieurs jours) soit en pierre de style (à la manière d'un bijou que l'on porte sur soi).

La présence de l'atome concerné permet la transmission vibratoire au corps éthérique en envoyant un signal vibratoire au « réseau α ».
Dans le meilleur des cas, il peut s'agir d'une substance dynamisée selon le principe du SAVE, (Source Auto Vibratoire Équilibrante), une formulation originale réalisée en Suisse et agissant par transmission ondulatoire selon la théorie des mandalas.[40]

La prise de remède éthérique est conseillée chaque fois qu'il y a perturbation énergétique. Il s'agit d'un remède d'urgence. Il réaccorde le réseau alpha et rétablit le circuit mémoriel et, par conséquent, la mémoire des quatre corps.

La naissance elle-même est un processus de rupture de la mémoire, car nous perdons le souvenir de nos origines. La vie consiste à retrouver nos racines. Nous pouvons regagner un certain bien-être en équilibrant l'énergie héréditaire et celle des toxines que nous éliminons.
Cet équilibre s'obtient notamment en expulsant l'atome dont on est saturé, c'est-à-dire en évitant de favoriser l'absorption d'aliments contenant l'atome que l'on expulse en Maison 10.

Exemples :
- Avec un *Jugement* en Maison 10, nous devons éviter d'absorber du lait et des produits laitiers en trop grande quantité.
- Avec *la Force*, nous devons réduire le sel.
- Avec *le Diable*, c'est la consommation des œufs qui est à limiter.

En revanche, il est conseillé de favoriser la prise d'aliments contenant les atomes du remède éthérique.

---

[40] Voir en annexe développement sur le SAVE

Résumé

La fonction thérapeutique du Tarot se fonde sur sept points qui sont en même temps les sept hypothèses sur lesquelles reposent ma recherche et ma pratique. Ces quelques principes de base ont sous-tendu pendant des années mon travail et ma recherche thérapeutique :

1- Toute souffrance est de la créativité bloquée,
2- Tout ce qui concourt à libérer la créativité favorise l'auto-guérison,
3- Le thérapeute est un accompagnateur vers l'auto-guérison,
4- Inscrire du symbolique dans sa vie est une voie thérapeutique,
5- La voie du symbole désactive la voie du symptôme,
6- Le symbole permet de réfléchir au sens et favorise le travail de réparation,
7- Définir le sens permet de trouver sa place.

1- ***« Toute souffrance est de la créativité bloquée »*** : il s'agit bien sûr de la souffrance psychologique et morale. Souffrance dont l'étymologie signifie : attendre. Une lettre en souffrance est une lettre en attente… L'Être en souffrance … Il n'y a pas pire souffrance que d'être séparé de soi-même dans l'attente d'une hypothétique unification. Cette séparation d'avec soi se manifeste la plupart du temps par une séparation avec l'autre. Le verbe « souffrir » suppose pleinement le lien avec autrui comme dans l'expression « je ne peux pas le souffrir », comme si étrangement souffrir quelqu'un revenait à l'aimer. Je n'ignore pas évidemment que les souffrances se somatisent, que le corps prend une partie du fardeau de l'esprit. Un lien existe qui mérite le décodage.
L'expression « créativité bloquée » doit être acceptée dans son sens le plus large. La créativité artistique en tant que telle n'en constitue qu'une partie. Nous ne sommes pas tous des peintres, des poètes ou des musiciens refoulés. Le terme créativité doit être mis en parallèle avec la notion de liberté et sa propre existence assimilée à une œuvre d'art. Quand le geste n'est plus adapté au mouvement général de la vie, quand la parole est déphasée et que les sensations intérieures n'épousent plus les stimulations du monde, on peut

parler de créativité bloquée. Si je perds ma liberté de bouger dans ce monde et d'y exprimer ma juste parole, si je perds toute capacité à être le maître du chemin, je deviens semblable au poète angoissé devant la feuille blanche, au sculpteur perplexe devant son bloc de marbre immobile le ciseau à la main.
« Toute souffrance est de la créativité bloquée ! »

*2-« **Tout ce qui concourt à libérer la créativité favorise l'auto-guérison** » :* « Soyez créatif ! » est le mot d'ordre. Innover, inventer, recycler, en évitant de reproduire. Voilà un bon moyen pour se libérer des engrammes du passé qui déterminent à notre insu certains de nos comportements. Être créatif revient à être créateur. Créateur de sa vie, de son environnement, de ses relations. Être créateur revient à être libéré des déterminations du passé : historiques, génétiques, héréditaires, culturelles… ainsi nous nous acheminons vers nos propres forces, nous les découvrons, nous pouvons les solliciter et elles nous dynamisent. Chaque homme peut découvrir en lui la cause de sa souffrance et la solution de sa guérison dès qu'il a identifié ce qui relève de sa propre nature et ce qui lui a été transmis par son histoire.
« Tout ce qui concourt à libérer la créativité favorise l'auto-guérison ».

3-*« **Le thérapeute est un accompagnateur vers l'auto-guérison** » :* Le thérapeute n'est pas là pour guérir au sens noble du terme, laissons ce soin aux guérisseurs et aux médecins. Jean-Yves Leloup nous signale dans un de ses ouvrages la racine « théos » inscrite dans le mot thérapeute, évoquant en cela une idée de divinité comme si le travail de thérapie consistait à faire émerger la divinité qui est en chacun de nous. Dans son remarquable ouvrage *Prendre soin de l'être* Jean-Yves Leloup explique qu'à l'époque « de Philon, le Thérapeute prenait soin des "dieux", les dieux étant les images par lesquelles l'homme se représente l'Absolu, images multiples de l'Être unique. Les dieux, ce sont aussi les valeurs qui orientent et élèvent la vie… Prendre soin des dieux c'est veiller sur les grandes images qui nous habitent, les archétypes qui nous guident vers le pire ou le meilleur de nous-mêmes »[41]. J'ai toujours pensé que le rôle du psychothérapeute, ainsi que du psychanalyste, n'était pas « d'empêcher que cela s'effondre », mais d'être là « quand cela s'effondre ». Cet « être-là » confirme le thérapeute dans son rôle d'accompagnateur. Qu'il soit en face, derrière ou à côté, le thérapeute est le miroir de la totalité de l'autre.
« Le thérapeute est un accompagnateur de l'auto-guérison ».

4- **« Inscrire du symbolique dans sa vie est une voie thérapeutique »** : Tout ce qui favorise l'expérience du symbole dans la vie quotidienne d'un être doit le conduire vers une meilleure compréhension de lui-même.

[41] Jean-Yves Leloup – *Prendre soin de l'être.*

S'intéresser à l'astrologie ou à la numérologie, décrypter les messages seconds que livre une œuvre d'art quand on l'observe d'une manière totale, noter et travailler ses rêves, recevoir avec bienveillance les multiples clins d'œil de l'existence ouvrent parfois des chemins de compréhension lumineuse. Mais nous pouvons aussi décider de porter certains bijoux en toute conscience de ce qu'ils représentent (Croix du Sud, Étoile de David, Main de Fatma, Croix chrétienne ...), de choisir ses couleurs, son maquillage voire ses tatouages...
« Inscrire du symbolique dans sa vie est une voie thérapeutique ».

5-***« La voie du symbole désactive la voie du symptôme »*** : Choisir l'un, c'est renoncer à l'autre. Rien de bien nouveau sous le soleil. Freud en son temps a déjà confirmé que l'énergie fondamentale de la vie, pulsion puis désir, échappait en partie au refoulement en se déguisant, empruntant des voies détournées libératrices de tensions : la névrose, le rêve et le lapsus parlent un langage symbolique. Les premières expériences de la psychanalyse consistaient à obtenir la guérison des troubles en favorisant ce langage. Nous pouvons aussi penser que certaines formes d'art thérapie pratiquées dans les hôpitaux psychiatriques permettent à l'énergie psychique de s'investir dans des voies symboliques. Un poète comme Gérard de Nerval, par exemple, a eu la chance de rencontrer dans sa vie les médecins psychiatres Esprit puis Émile Blanche qui l'ont vraisemblablement aidé à pacifier souffrances et délires en canalisant son énergie dans son œuvre. Les docteurs Blanche, père et fils, tenaient une maison de santé à Montmartre qui a accueilli les plus grandes personnalités de leur temps : Alfred de Vigny, Hector Berlioz, Eugène Delacroix, Alexandre Dumas, Théophile Gautier, Édouard Manet, Auguste Renoir, Edgard Degas, Marie D'Algoult, La comtesse de Castiglione, Gérard de Nerval, Guy de Maupassant, Jules Vernes et bien d'autres.... Ces médecins attachaient une grande importance à la partie psychologique du traitement psychiatrique, ce qui n'était pas courant à cette époque. Laure Murat explique qu'ils recommandaient « le travail en atelier et s'efforçaient de développer une thérapeutique fondée sur la parole et la bienveillance »[42]. Cet extrait d'une lettre de Nerval à Émile Blanche semble le confirmer : « Je n'ai pas besoin de vous dire ici que je vois sainement les choses et que la réflexion et la santé m'ont fait comprendre, mieux qu'avant, tout ce que je dois à vos soins et à votre parfaite rectitude d'esprit. Vous avez été surtout le médecin moral et c'est ce qu'il fallait... ».
Les œuvres exposées au musée d'Art brut de Lausanne en sont peut-être aussi un exemple.
« La voie du symbole désactive la voie du symptôme ».

[42] Laure Murat – *La Maison du docteur Blanche*

6- « Le symbole permet de réfléchir au sens et favorise le travail de réparation » : Il faut dans un premier temps prendre le mot « sens » dans les trois sens du terme : direction, signification et perception. Nos cinq sens (voire davantage) nous montrent la direction, et la direction donne une signification à notre route. Il s'agit aussi de se souvenir du sens exact du mot « symbole », un objet coupé en deux dont chaque partie a conservé la mémoire de son ancienne unité. Cette définition étymologique du mot « symbole » (syn/bollein : jeter ensemble) précise la notion de séparation sous-tendue dans ce thème. Quand les deux parties du puzzle se réunissent, d'anciennes énergies endormies se remettent à fonctionner. Ainsi, chaque fois qu'il y a du symbole il y a du sens, chaque fois qu'il y a du sens il y a de la réparation et toute réparation évoque une forme de guérison. Soyons attentifs toutefois à ne tomber ni dans la *sémanoïa* (tendance à voir des signes partout) ni dans la tautologie (incapable de voir le moindre signe nulle part : « un chat est un chat, point barre ! »).
Le sens ne suppose pas qu'il soit donné a priori par une intelligence extra humaine. Il reste souvent à construire sans complaisance et avec intelligence. On poserait volontiers ici un « pour quoi » en deux mots qui adoucirait l'angoisse inhérente contenue dans le mot « pourquoi ? ».
Je peux toujours construire du sens même si a priori tout me convainc de l'absence de sens. Tout homme peut devenir le maître du sens et aucun dogme n'a le monopole du sens. Ainsi, réfléchir au sens favorise le travail de réparation.

7-« Définir le sens permet de trouver sa place » : La notion de sens est parallèle à celle de place, et trouver sa place suppose de se désinscrire de la place qui n'est plus la sienne ou qui ne l'a jamais été. On parle aussi bien d'une place sociale que professionnelle, affective, familiale ou cosmique.
« Définir le sens permet de trouver sa place ».

Ainsi le symbole a une dimension thérapeutique. Activer la voie du symbole dans son existence aide à donner du sens aux souffrances rencontrées en les adoucissant. S'inscrire dans un chemin dont nous sommes créateurs en se désinscrivant des histoires qui ne nous appartiennent pas définit le résultat que l'on peut escompter d'un travail thérapeutique.

Le Tarot est un fabuleux catalogue de symboles universels et renvoie par conséquent à ce qu'il y a d'universel dans l'homme. Je l'ai souvent dit, le Tarot est humaniste et non pas ésotérique. Le *Référentiel de Naissance*, quant à lui permet d'actualiser le caractère universel des symboles du Tarot dans l'expérience individuelle de l'homme, donnant du sens à son existence, et l'aidant à trouver sa place.

Épilogue

Cette fois encore, le soleil vient caresser mes dernières pages. Pas de vent aujourd'hui et la tour de Philippe le Bel s'empâte, entre les ceps de vignes qui tendent leurs bras décharnés vers le ciel.
Maison Dieu et Arcane XIII.
Maison Dieu, la bien nommée ; Arcane XIII la Non Nommée.

J'ai passé plus de vingt ans de mon existence à regarder le monde et les hommes à travers ces étranges lucarnes que sont les Arcanes du Tarot de Marseille. J'ai toutefois essayé de ne juger ni le monde ni les hommes, toujours attentif au risque d'enfermer autrui dans une sorte de tiroir, de lui coller une étiquette.
Le terroir plutôt que le tiroir.
L'éthique plutôt que l'étiquette.
Le Mat, qui précisément n'a pas de nombre, donc pas d'étiquette, nous enseigne le sens de la liberté : échapper aux cycles.
L'astrologie ou la numérologie auxquelles on compare souvent le *Référentiel de Naissance* en sont par certains aspects très éloignées, au moins pour une raison. L'une comme l'autre encouragent l'identification : Je suis scorpion, taureau… Je suis un 5, un 2 etc.
Dans ce cas, on part du symbole pour aller vers l'individu.
Mon désir le plus fervent a toujours été de faire l'inverse. Partir de soi pour aller vers le symbole, du symbole pour cheminer jusqu'à l'archétype et de l'archétype pour rencontrer ce qu'il y a d'universel dans l'être humain. C'est dans ce sens que j'emploie le mot « humanisme ». Le symbole est un référent. Je m'y réfère pour m'y rencontrer comme dans un miroir de l'âme. Voilà pourquoi, dès le début de cette aventure, vers 1985, j'ai transformé le terme initial de *Rose des Vents* en un terme peut-être moins poétique mais plus explicite : *Référentiel de Naissance*.

L'astrologie et la numérologie humanistes, quant à elles, se rapprocheraient davantage de cette démarche, sous réserve que l'on s'entende sur le sens du terme « humaniste ». Il n'est plus question ici de mettre l'homme au centre de l'univers, comme le préconisent les penseurs de la Renaissance mais d'accueillir l'univers au centre de l'homme dans un esprit d'ouverture, une démarche fraternelle et l'expression d'un amour fou.

Villeneuve – 6 Mars 2006.

Annexes

Il n'existe pas de lexicologie formelle permettant d'établir que tel Arcane représente tel objet ou concept. Mais, parce que le Tarot illustre une des structures symboliques les plus élaborées qui soient, on peut établir des corpus où les concepts se superposent avec en filigrane les Arcanes majeurs du Tarot. Ainsi, à titre de curiosité, de clin d'œil ou de piste de recherches pour les passionnés du symbolisme, je propose un certain nombre de tableaux qu'il faudra éviter de prendre au premier degré. Prénoms, professions, systèmes politiques, boissons, cristaux, animaux, anatomie, troubles psycho somatiques, objets de la vie quotidienne...la liste est ouverte et toute proposition sera la bienvenue.

Tableau I : Activités Professionnelles

Quelques pistes intéressantes sur les rapports entre les Arcanes majeurs et les différentes activités personnelles ou professionnelles.

Arcanes	Activités personnelles ou professionnelles
Le Bateleur	Artisan, technicien, cuisinier, artiste, activité exigeant sens pratique, dextérité, savoir faire, saltimbanque
La Papesse	Sage-femme, institutrice, bibliothécaire, lecteur, thérapeute, concierge, écrivain, puéricultrice
L'Impératrice	Hôtesse, créateur, métiers intellectuels, psychologue, chef d'entreprise
L'Empereur	Métiers d'autorité, politique, sculpteur, mathématicien, commerçant
Le Pape	Religion, communication, hommes de parole, conciliateur, professeur, médiateur
L'Amoureux	Profession de service. Il s'agit plutôt d'un état d'esprit, toute profession faite dans un esprit de service et d'engagement. Médecin, infirmière
Le Chariot	Coach, entraîneur, conducteur, chauffeur, pilote, comédien, éducateur
La Justice	Magistrature, profession du droit, activités exigeants sens de l'équilibre et de l'harmonie. Médecin énergéticien ou acupuncteur
L'Hermite	Guide, bûcheron, activités proches de la nature, herboriste, pharmacien, chercheur, berger
La Roue de Fortune	Archéologue, historien, psychanalyste, horloger
La Force	Toute activité exigeant une grande maîtrise de soi mais aussi vétérinaire, dompteur, éleveur, praticien ou professeur d'arts martiaux
Le Pendu	Acrobate, sportif

Arcanes	Activités personnelles ou professionnelles
La Non nommée	**O**stéopathe, kinésithérapeute, tailleur, forgeron, couturier, cordonnier, agriculteur
Tempérance	**M**étiers de la communication, thérapeute, négociateur
Le Diable	**C**harcutier, boucher, métiers de pouvoirs, militaire, policier, ramoneur, chauffagiste
La Maison Dieu	**A**rchitecte, maçon, boulanger, potier
L'Étoile	**A**ctivité ayant un rapport avec l'écologie, l'eau, mais aussi astrologue, astronome
La Lune	**A**rtiste, peintre, cinéaste, photographe
Le Soleil	**C**ardiologue, chef d'entreprise, jardinier
Le Jugement	**M**agistrature, musicien, facteur
Le Monde	**D**anseur, animateur socioculturel, responsable ressources humaines, décorateur, sociologue
Le Mat	**A**venturier, profession libérale, souffleur de verre, poète

Ces éléments sont des indications qui peuvent aider à l'analyse. Il ne s'agit pas de les prendre au pied de la lettre.
Par exemple l'alliance de la Lune, du Pape et de l'Impératrice est un aspect intéressant pour un publicitaire. La Lune apportant la créativité, la vision synthétique, l'intuition, le Pape apportant les qualités de conciliateur, de communication et l'Impératrice complétant avec les talents de discernement, d'intelligence et d'analyse psychologique.

Tableau II : Prénoms

Relations entre les Arcanes majeurs du Tarot et la symbolique des prénoms.

Sauf dans certains cas, j'ai choisi un prénom générique. Il faut bien entendu le décliner au féminin (Claude, Claudine etc.) mais aussi considérer les prénoms dérivés : (Sylvie, Sylvain, Sylvestre, etc.)

Il existe quelques rares exceptions.

Le prénom Pascal par exemple rentre dans la catégorie Papesse au féminin (Pascale) mais dans la catégorie de la Nom Nommée au masculin.

Cette liste n'est bien sûr pas exhaustive, et il s'agit de la considérer dans un sens symbolique. Par exemple l'Hermite peut renvoyer au prénom Monique (qui vient du grec Mono : Seul), ce qui ne suppose pas que le prénom Monique renvoie nécessairement à l'Arcane IX.

Arcanes	Prénoms
Le Bateleur	Adam, Antoine, André, Benjamin, Anatole, Serge
La Papesse	Marie, Nathalie, Pascale, Ludivine, Muriel, Brigitte, Xavier
L'Impératrice	Catherine, Claire, Thomas, Hughes, Marthe, Alice
L'Empereur	Charles, Emmanuel, Dominique, Yolande, Gérard, François
Le Pape	Gauthier, Jules, Arnaud, Fabrice, Deborah, Benoît
L'Amoureux	Gabriel, Ange, David, Didier, Maïté, Adrien, Agnès
Le Chariot	Philippe, Florence, Armelle, Roger, Camille, Maxime, Régis
La Justice	Michel, Daniel, Émile, Véronique, Samuel
L'Hermite	Bernard, Sylvie, Yves, Viviane, Monique, Hervé, Morgane, Aude
La Roue de Fortune	Claude, Roland, Sébastien, Joseph, Suzanne
La Force	Anne, Raphaël, Arielle, Valentin, Léa
Le Pendu	Paul, Vincent, Judith, Étienne, Stéphane
La Non nommée	René, Aurore, Georges, Pascal, Mélanie, Fabien, Marguerite

Arcanes	Prénoms
Tempérance	Sophie, Ariane, Vanessa, Frédéric, Clément, Delphine
Le Diable	Thibaud, Joël, Martine, Marc, Robert, Alexandre, Guillaume, Guy, Alain, Denis
La Maison Dieu	Élisabeth, Nicolas, Colette, Adèle, Madeleine, Bruno, Henri, Chantal
L'Étoile	Ève, Estelle, Sarah, Béatrice, Nadine, Nadia, Baptiste
La Lune	Céline, Barbara, Hélène, Éliane, Diane, Geneviève
Le Soleil	Richard, Arthur, Léo, Louis, Valérie, Lucien, Éléonore, Luc, Aurore, Aurélien
Le Jugement	Christian, Sauveur, Thérèse, Cécile, Cyrille
Le Monde	Jean, Mathieu, Raymond, Olivier, Laurent
Le Mat	Jacques, Rose, Denis, Bertrand, Christophe

Tableau III : Rapport avec le Tarot de Cristal et les huiles essentielles

Arcanes	Cristaux	Essences
Le Bateleur	Quartz Rose	Rose
La Papesse	Jaspe	Sauge
L'Impératrice	Calcédoine	Romarin
L'Empereur	Jade	Cèdre
Le Pape	Émeraude	Verveine
L'Amoureux	Grenat	Ylang-ylang
Le Chariot	Citrine	Litsea
La Justice	Obsidienne	Bois de rose
L'Hermite	Aigue-marine	Pélargonium
La Roue de Fortune	Rhodocrosite	Palma Rosa
La Force	Cornaline	Vétivers
Le Pendu	Ambre	Lavande
La Non nommée	Hématite	Immortelle
Tempérance	Améthyste	Orange
Le Diable	Malachite	Sarriette
La Maison Dieu	Opale	Genièvre
L'Étoile	Turquoise	Santal
La Lune	Pierre de lune	Artémisia
Le Soleil	Topaze	Gingembre
Le Jugement	Lapis lazuli	Angélique
Le Monde	Tourmaline	Laurier
Le Mat	Cristal de roche	Cyprès toujours vert

Tableau IV : Le Corps humain

Relation entre les Arcanes majeurs et les parties du corps et du psychisme humain

Arcanes	Parties du corps et du psychisme humain
Le Bateleur	Occiput, tête, nuque
La Papesse	Seins, utérus, organes génitaux féminins
L'Impératrice	Gorge, yeux, thyroïde, toute la sphère ORL mais souvent aussi problèmes de stérilité
L'Empereur	Cuisses, bassin, ceinture lombaire. Reins
Le Pape	Cœur, cou, bouche. Les deux hémisphères cérébraux
L'Amoureux	Organes sexuels masculins
Le Chariot	Équilibre mental, système nerveux
La Justice	Balance tropique, merveilleux vaisseaux, épaule et clavicule droite
L'Hermite	Toute la sphère émotionnelle. Cerveau archaïque
La Roue de Fortune	Plexus solaire, mécanismes psychologiques
La Force	Nombril, source de l'énergie vitale, haras
Le Pendu	Chevilles, jambes, pieds, bras, mains
La Non nommée	Sacrum, squelette, dents, colonne vertébrale
Tempérance	Poumons, équilibre hormonal
Le Diable	Reins, foie, vésicule biliaire, libido
La Maison Dieu	Cuirasse caractérielle, épaules, trapèzes
L'Étoile	Pieds, tout ce qui est liquide (sang, sperme, larmes etc.) mais aussi état énergétique général
La Lune	Estomac, système digestif
Le Soleil	La rate, les yeux (dans le taoïsme, la rate est l'organe par où pénètre la force solaire qui vitalise le corps)

Arcanes	Parties du corps et du psychisme humain
Le Jugement	Les oreilles, le point des cent jonctions (entre les deux yeux à la base du nez).
Le Monde	L'état général, la notion de santé[43]. La peau
Le Mat	La guérison, mais aussi tout le système nerveux, le cerveau

Exemples :

J.F. Kennedy, né le 29/05/1917
Avec un Arcane XIII en maison 7
Problèmes graves de colonne vertébrale

Beethoven, défi Impératrice, problème O.R.L

[43] La notion de santé n'est pas définie une fois pour toute. On considère trois époques pour définir trois manières différentes d'approcher la santé : restaurer, cultiver, transformer. À l'époque d'Hippocrate il s'agit de restaurer la santé considérée comme fin de la maladie ; au siècle des lumières on envisage plutôt de cultiver la santé en développant les potentiels de l'homme ; aujourd'hui on parle de transformer le capital santé.

Tableau V : Tarot et breuvages

Arcanes	Breuvages
Le Bateleur	Grenadine
La Papesse	Lait
L'Impératrice	Kir royal
L'Empereur	Château Pétrus ou Romanée Conti
Le Pape	Bénédictine ou Chartreuse
L'Amoureux	Ti punch
Le Chariot	Porto
La Justice	Grog
L'Hermite	Thé et tisanes
La Roue de Fortune	Huile d'olive
La Force	Saké
Le Pendu	Grappa
La Non nommée	Bière
Tempérance	Panaché
Le Diable	Diabolo menthe
La Maison Dieu	Champagne
L'Étoile	Eau de Vie
La Lune	Absinthe
Le Soleil	Jus d'orange
Le Jugement	Café
Le Monde	Cocktail
Le Mat	Whisky Johnny Walker

Tableau VI : Tarot et philosophie politique

Arcanes	Philisophie politique
Le Bateleur	Monarchie héréditaire
La Papesse	Féminisme
L'Impératrice	Régime matriarcal
L'Empereur	Impérialisme
Le Pape	Démocratie Chrétienne
L'Amoureux	Centrisme
Le Chariot	Royalisme
La Justice	Tous les partis semblent la défendre…
L'Hermite	Mouvements écologiques
La Roue de Fortune	Libéralisme
La Force	Social Démocratie
Le Pendu	Pacifisme
La Non nommée	Extrême gauche
Tempérance	Socialisme
Le Diable	Extrême droite
La Maison Dieu	Intégrisme
L'Étoile	Souverainisme
La Lune	Utopisme
Le Soleil	Communisme
Le Jugement	Fondamentalisme
Le Monde	Universalisme
Le Mat	Anarchisme

Tableau VII : Le Tarot et le monde animal

Arcanes	Animal
Le Bateleur	L'Alouette
La Papesse	La Biche
L'Impératrice	La Grue
L'Empereur	L'Aigle
Le Pape	Le Chat
L'Amoureux	Le Rossignol
Le Chariot	Le Cheval
La Justice	L'Autruche
L'Hermite	L'Ours
La Roue de Fortune	Le Paon
La Force	Le Lion
Le Pendu	Le Singe
La Non nommée	Le Serpent
Tempérance	Le Dauphin
Le Diable	L'Épervier
La Maison Dieu	La Tortue
L'Étoile	Le Corbeau
La Lune	Le Tigre blanc
Le Soleil	Le Loup
Le Jugement	Le Jaguar
Le Monde	Les Éléphants
Le Mat	Le Chien

Tableau VIII : Le Tarot des objets

Arcanes	Objets
Le Bateleur	Une paire de dès
La Papesse	Un livre aux pages blanches
L'Impératrice	Une plume d'oie
L'Empereur	Un médaillon de jade
Le Pape	Les gants d'invisibilité
L'Amoureux	La boussole au cœur d'or
Le Chariot	Le sceptre de pouvoir
La Justice	Un miroir sans tain
L'Hermite	La lanterne de sagesse
La Roue de Fortune	Une manivelle
La Force	Le masque de guerrier
Le Pendu	Les ciseaux de lumière
La Non nommée	Le sablier de Perséphone
Tempérance	Un bâton de pluie
Le Diable	L'épée de puissance
La Maison Dieu	Le soufflet du fol
L'Étoile	La corne d'abondance
La Lune	Une longue vue
Le Soleil	La faucille de silex
Le Jugement	L'Arc d'or
Le Monde	La lyre à sept cordes
Le Mat	Le sac à malice

Tableau IX : Date de naissance de personnalités

Les dates de décès sont indiquées uniquement pour certaines personnes. Lorsqu'il y a un doute et que les sources sont contradictoires, plusieurs dates sont proposées. La mise en parallèle de un ou plusieurs *Référentiels* pour une seule personne peut être instructive.

Prénoms	Noms	Dates de naissance	Dates de décès
Henry	ABBÉ PIERRE	05/08/1912	
Konrad	ADENAUER	05/01/1976	06/07/1971
Sri	AUROBINDO	15/08/1872	
Edward	BACH (Dr)	24/09/1886	27/11/1936
Jean-Sébastien	BACH	21/03/1685	
Carl	BACH	08/03/1714	
Johann Christoph	BACH	06/12/1642	
Johan Ch. Friedrich	BACH	21/06/1732	
Wilhelm	BACH	22/11/1710	
Joan	BAEZ	09/01/1941	
Brigitte	BARDOT	28/09/1934	
Jean-Louis	BARRAULT	08/09/1910	
Charles	BAUDELAIRE	09/04/1821	
Maurice	BÉJART	01/01/1927	
Jean-Paul	BELMONDO	09/04/1933	
James	BOND	04/01/1900	14/02/1989
David	BOWIE	08/01/1947	
Louis	BRAILLE	04/01/1809	06/01/1852
Willy	BRANDT	18/12/1913	
Georges	BRAQUE	13/05/1882	
Berthold	BRECHT	10/02/1898	
Jacques	BREL	08/04/1929	09/10/1978
	CALOGERO	30/07/1971	
Albert	CAMUS	07/11/1913	
Juan	CARLOS	05/01/1938	
Lewis	CARROLL	27/01/1832	
Henri	CARTIER-BRESSON	22/08/1908	02/08/2004
Paul	Mc CARTNEY	18/06/1942	
Jacques	CASANOVA	02/04/1725	
Carlos	CASTANEDA	25/12/1925	27/04/1998
Fidel	CASTRO	13/08/1926	

Prénoms	Noms	Dates de naissance	Dates de décès
Paul	CÉZANNE	19/01/1839	22 ou 23/10/1906
Marc	CHAGALL	07/07/1887	28/03/1985
Gabrielle (Coco)	CHANEL	19/08/1883	10/01/1971
Charles	CHAPLIN	16/04/1889	
	CHER	20/05/1946	
Louis	CHEVROLET	25/12/1878	06/06/1941
Jacques	CHIRAC	29/11/1932	
Agatha	CHRISTIE	15/09/1890	
Winston	CHURCHILL	30/11/1874	
Éric	CLAPTON	30/03/1945	
Julien	CLERC	04/10/1947	
Jean	COCTEAU	05/07/1889	
Paulo	COELHO	24/08/1947	
Daniel	COHN-BENDIT	04/04/1945	
Michel	COLUCHE	28/10/1944	
Nicolaus	COPERNICUS	19/02/1473	25/05/1543
Camille	COROT	16/07/1796	22/02/1875
Bruno	COQUATRIX	03/08/1910	01/04/1979
Émile	COUÉ	26/02/1857	
Salvador	DALI	11/05/1904	23/01/1989
Charles	DARWIN	12/02/1809	19/04/1882
Marcel	DASSAULT	22/01/1892	17/04/1986
Joe	DASSIN	05/11/1938	20 ou 21/08/1980
Jeanne	D'ARC	06/01/1412	30/05/1431
Saint François	D'ASSISE	26/09/1181	
Leonardo	DA VINCI	15/04/1452	02/05/1519
Miles	DAVIS	25/05/1926	28 ou 29/09/1991
Simone	DE BEAUVOIR	09/01/1908	
Charles	DE FOUCAULD	15/09/1858	
Louis	DE FUNÈS	31/07/1914	
Charles	DE GAULLE	22/11/1890	
Eugène	DELACROIX	26/04/1798	13/08/1863
Jean	DE LA FONTAINE	08/07/1621	
Thérèse	DE LISIEUX	02/01/1873	
Guy	DE MAUPASSANT	05/08/1850	

Prénoms	Noms	Dates de naissance	Dates de décès
Gérard	DE NERVAL	22/05/1808	
Antoine	DE SAINT-EXUPÉRY	29/06/1900	
Christine	DE SUÈDE	08/12/1626	
Henri	DE TOULOUSE LAUTREC	24/11/1864	
Claude	DEBUSSY	22/08/1862	
Edgar	DEGAS	19/07/1834	
Marlène	DIETRICH	27/12/1901	
Céline	DION	30/03/1968	
Christian	DIOR	21/01/1905	24/10/1957
Walt	DISNEY	05/12/1901	
Sacha	DISTEL	29/01/1933	22/07/2004
Thomas	EDISON	11/02/1847	18/10/1931
Albert	EINSTEIN	14/03/1879	
Reyne	ÉLISABETH (mère)	04/08/1900	30/03/2002
Mylène	FARMER	12/09/1961	
Federico	FELLINI	20/01/1920	
Fernand	FERNANDEL	08/05/1903	
Léo	FERRE	24/08/1916	
Ella	FITZGERALD	25/04/1915, 1917 ou 1918	
Anatole	FRANCE	16/04/1844	
Claude	FRANCOIS	01/02/1939	11/03/1978
Sigmund	FREUD	06/05/1856	
Clark	GABLE	01/02/1901	
Peter	GABRIEL	13/02/1950	
Serge	GAINSBOURG	02/04/1928	02/03/1991
Galileo Galilei	GALILEE	15/02/1564	
France	GALL	09/10/1947	
Mahatma	GANDHI	02/10/1869	
Greta	GARBO	18/09/1905	
Federico	GARCIA LORCA	05/06/1898	
Ava	GARDNER	24/12/1922	
Art	GARFUNKEL	05/11/1941	
Judy	GARLAND	10/06/1922	
Paul	GAUGUIN	07/06/1848	08/05/1903
Marvin	GAYE	02/04/1939	01/04/1984
George	GERSHWIN	26/09/1898	

Prénoms	Noms	Dates de naissance	Dates de décès
Khalil	GIBRAN	06/01/1883	
Jean	GIONO	30/03/1895	
Valéry	GISCARD D'ESTAING	02/02/1926	
Christoph	GLUCK	02/07/1714	
Johann	GOETHE	28/08/1749	
Boy	GEORGE	14/06/1961	
Jean-Jacques	GOLDMAN	11/10/1951	
Michael	GORBATCHEV	02/03/1931	
	GUEVARA	14/06/1928	
Johnny	HALLYDAY	15/06/1943	
George	HARRISON	24/02/1943	
Joseph	HAYDN	31/03/1732	
Jimi	HENDRIX	27/11/1942	18/09/1970
William	HERSCHEL	15/11/1738	
Conrad	HILTON	25/12/1887	
Heinrich	HIMMLER	07/10/1900	
Adolf	HITLER	20/04/1889	
Victor	HUGO	26/02/1802	
Saddam	HUSSEIN	28/04/1937	
Billy	IDOL	30/11/1955	
Joe	JACKSON	11/08/1954	
Mickael	JACKSON	29/08/1958	
Max	JACOB	12/07/1876	
Jean-Michel	JARRE	24/08/1948	
	JEAN-PAUL II	18/05/1920	
Louis	JOUVET	24/12/1887	
Carl Gustav	JUNG	26/07/1875	
Curd	JURGENS	13/12/1915	
Jacqueline	KENNEDY	28/07/1929	
John Fitzgerald	KENNEDY	29/05/1917	
Robert	KENNEDY	20/11/1925	
Johannes	KEPLER (calendrier julien)	27/12/1571	
Johannes	KEPLER (cal. Grégorien)	06/01/1572	
Rudyard	KIPLING	30/12/1865	
Jiddu	KRISHNAMURTI	12/05/1895	
Serge	LAMA	11/02/1943	
Henri Désiré	LANDRU	12/04/1869	

Prénoms	Noms	Dates de naissance	Dates de décès
Catherine	LARA	29/05/1945	
Marc	LAVOINE	06/08/1962	
Édouard	JEANNERET-GRIS-LE CORBUSIER	06/10/1887	27/08/1965
John	LENNON	09/10/1940	
Lynda	LEMAY	25/07/1966	
Franz	LISZT	22/10/1811	
Jennifer	LOPEZ	24/07/1970 ou 1969	
Joseph	LOSEY	14/01/1909	
	LOUIS XIV	05/09/1638	
August	LUMIERE	19/10/1862	10/04/1954
Louis	LUMIERE	05/10/1864	05/06/1948
Martin	LUTHER KING	15/01/1929	
	MADONNA	16/08/1958	
Maurice	MAETERLINCK	29/08/1862	
Nelson	MANDELA	18/07/1918	
Édouard	MANET	23/01/1832	30/04/1883
Bob	MARLEY	06/02/1945	11/05/1981
Karl	MARX	05/05/1818	
Henri	MATISSE	31/12/1869	03/11/1954
Dimitri	MENDELEIEV	27/01/1834	02/02/1907
Yehudi	MENUHIN	22/04/1916	
Freddy	MERCURIE	05/09/1946	24/11/1991
	MICHELANGELO	06/03/1475	18/02/1564
Henry	MILLER	26/12/1891	
Slobodan	MILOSEVIC	20/08/1941	
Eddy	MITCHELL	03/07/1942	
François	MITTERRAND	26/10/1916	
Amedeo	MODIGLIANI	12/07/1884	
Marilyn	MONROE	01/06/1926	
Aldo	MORO	23/09/1916	
Samuel Breese	MORSE	27/04/1791	02/04/1872
Jean	MOULIN	20/06/1899	08/07/1943
Wolfgang Amadeus	MOZART	27/01/1756	
Benito	MUSSOLINI	29/07/1883	
Richard	NIXON	09/01/1913	
Alfred	NOBEL	21/10/1833	10/12/1896

Prénoms	Noms	Dates de naissance	Dates de décès
Claude	NOUGARO	09/09/1929	04/03/2004
Pascal	OBISPO	08/01/1965	
Niccolo	PAGANINI	27/10/1782	
Blaise	PASCAL	19/06/1623	19/08/1662
Louis	PASTEUR	27/12/1822	28/09/1895
Luciano	PAVAROTTI	12/10/1935	
Édith	PIAF	19/12/1915	
Pablo	PICASSO	25/10/1881	
Michel	PICCOLI	27/12/1925	
Edgar Allan	POE	19/01/1809	
Vladimir	POUTINE	07/10/1952	
Elvis	PRESLEY	08/01/1935	16/08/1977
Marcel	PROUST	10/07/1871	
Giacomo	PUCCINI	22/12/1858	
Eros	RAMAZZOTTI	28/10/1963	
Serge	REGGIANI	02/05/1922	22/07/2004
Django	REINHARDT	23/01/1910	16/05/1953
Line	RENAUD	02/07/19280	
	RENAUD (Sechan)	10/05/1952	
Pierre-Auguste	RENOIR	25/02/1841	03/12/1919
Arthur	RIMBAUD	20/10/1854	
Franklin Delano	ROOSEVELT	30/01/1882	
Tino	ROSSI	29/04/1907	26/09/1983
	Marquis de SADE	02/06/1740	02/12/1814
Henri	SALVADOR	18/07/1917	
Véronique	SANSON	24/04/1949	
Jean-Paul	SARTRE	21/06/1905	
Helmut	SCHMIDT	23/12/1918	
Albert	SCHWEITZER	14/01/1875	
Hailé	SELASSIE	23/07/1892	
Franck	SINATRA	12/12/1915	14/05/1998
	Mme SOLEIL	18/07/1913	27/10/1996
Ringo	STARR	07/07/1940	
Cat	STEVENS	21/07/1948	
Haroun	TAZIEFF	11/05/1914	02 ou 06/02/1998
Pierre	TEILHARD DE CHARDIN	01/05/1881	
Charles	TRENET	18/05/1913	19/02/2001

Prénoms	Noms	Dates de naissance	Dates de décès
Andreï	TUPOLEV	10/11/1888	23/12/1972
Bonnie	TYLER	08/06/1953	
Maurice	UTRILLO	26/12/1883	
Rudolph	VALENTINO	06/05/1895	
Vincent	VAN GOGH	30/03/1853	29/07/1890
Sylvie	VARTAN	15/08/1944	
	VAUBAN	04/05/1633	30/03/1707
Giuseppe	VERDI	10/10/1813	
Paul	VERLAINE	30/03/1844	
Jules	VERNE	08/02/1828	
Boris	VIAN	10/03/1920	
Antonio	VIVALDI	04/03/1678	
Herbert	VON KARAJAN	05/04/1908	
Robbie	WILLIAMS	13/02/1974	
May	ZIADAH	11/02/1886	

Le SAVE

Anita Meylan vit et travaille en Suisse près de Lausanne. Son travail sur le SAVE (Source Auto Vibratoire Équilibrante) et la formulation originale du remède éthérique issu du *Référentiel de Naissance* illustrent parfaitement la puissance créative suscitée par le *Référentiel.*

Depuis 25 ans, Anita Meylan mène en parallèle deux activités. Un travail d'assistante dans un cabinet médical et une activité artistique avec la céramique. Elle crée aussi des logos et différentes sortes d'objets dans le design. Elle a suivi des cours de médecine énergétique chinoise qui favorise mieux, selon elle, cette notion d'équilibre dans l'homme que la médecine allopathique traditionnelle minimise. Elle s'est aussi formée en homéopathie, en fleurs de Bach avant d'enrichir ses connaissances sur la complémentation alimentaire au laboratoire Pileje en Suisse. La recherche autour du SAVE fait appel à ces multiples compétences et réconcilie merveilleusement ces deux parts d'elle-même.

Anita a suivi pendant deux ans la formation au *Référentiel de Naissance*. Le cours sur le Tarot de Mendeleïev est l'élément déclencheur de son travail sur le SAVE. Elle entrevoit la possibilité d'un rééquilibrage énergétique à partir du remède éthérique à l'instar de l'homéopathie et de l'acupuncture. Par ailleurs, certains atomes, le bore ou le néon par exemple, n'étant pas consommables en direct comme le magnésium ou le carbone, l'idée a donc germé d'imprégner une substance de la structure symbolique de l'atome. Ses rencontres avec un physicien qui travaille sur la physique quantique et avec une amie biologiste, vont lui permettre d'avancer dans ses recherches tout en lui apportant un système de pensées et de mesures différent. À partir du tableau de Mendeleïev, Anita transforme les éléments connus des atomes en remèdes éthériques. Et elle commence par son propre atome, le fluor (9), qu'elle va modéliser en céramique.

Pour Anita, les formes et les couleurs revêtent une grande importance. L'idée de la forme est née d'un article dans *Sciences & Vie* qui parlait de la voûte étoilée. Était-elle sphérique ? L'article donnait la formule de

Pythagore. La forme devait être hyperboloïde et correspondre à la voûte céleste. Toute la difficulté consistait à créer le moule. Le premier moule a suscité bien des tâtonnements mais son ami physicien l'a aidée à mettre en pratique ses calculs très précis. Plusieurs sortes de terre ont également été testées à l'aide du pendule.

La couleur prend aussi une grande importance. Le vase en lui-même est bleu, car dans l'eau le signal vibratoire se marque mieux avec le bleu. La vibration est détectée au pendule même si Anita cherche aujourd'hui un autre moyen scientifique pour la mesurer. Le noyau et les électrons sont aussi de la même couleur bleue. Ensuite, les électrons se répartissent sur différents orbitaux. Le rééquilibrage se fait jusqu'à l'atome de Titane qui correspond au nombre 22. Pour cette chercheuse, il s'agit à la fois d'un travail chimique, physique, artistique, voire alchimique qui permet au final la transmission de la vibration de l'atome à l'eau. Pour la décoration extérieure, elle reprend des symboles égyptiens, tibétains, indiens et chrétiens. Ce n'est pas bien sûr indispensable mais ajoute de la force à l'ensemble. Le 16 septembre 2003, le premier bol sortait du four.

Puis tout s'est enchaîné naturellement. Un jour, une amie lui propose un massage ayurvédique. L'atome de fluor est alors mis à tremper dans un bol avec l'huile de massage. Après le massage, Anita est envahie par un immense bien-être. Le sentiment d'un réaccord avec son être profond. Pour illustrer cet état Anita utilise l'image d'une porte biaisée qui se remettrait droite sur ses gonds. Son idée prend alors plus de sens : il faut ingérer le remède. L'atome est immergé dans de l'eau. Selon elle, l'eau de source est idéale et une demi heure d'immersion suffit à l'efficacité du signal vibratoire. Anita va consommer cette eau comme remède de guérison et le tester sur elle pendant 6 mois. Elle constate que d'anciennes douleurs au niveau des trapèzes disparaissent. Il lui semble aussi retrouver tout son tonus et son plein potentiel comme si le remède lui permettait de rapatrier les énergies dispersées. Rassurée par son caractère inoffensif, Anita va faire tester « l'eau » par sa famille et son entourage proche. Puis des personnes s'adressent à elle avec des demandes précises, notamment des thérapeutes intéressés par le concept. Même si les ressentis sont différents, beaucoup déclarent être plus en accord avec eux-mêmes ; ils constatent une récupération de vitalité, avec une amélioration globale du tonus. Pour les femmes, l'effet se fait aussi sentir sur le plan hormonal. Le SAVE rééquilibre les plans, physiques, psychiques et spirituels. Le remède élimine les parasites extérieurs et les perturbations en permettant un recentrage, une connexion à sa propre source.

Anita préconise la prise d'eau tous les deux jours pendant 22 jours. La prise du remède éthérique est conseillée à chaque fois qu'il y a perturbation énergétique. SAVE signifie Source Auto Vibratoire Équilibrante. Mais il est aussi l'anagramme de « vase » et se traduit en anglais par « sauver ». Pour Anita, l'étude onomasophique du mot a confirmé la justesse de son intuition : S comme jaillissement des sources vives, réunion des énergies dispersées, mise en relation de la chaîne ADN, transmutation de nos propres émotions. A comme direction de l'unité, chemin initiatique retrouvé, retour à la source. V comme vie et victoire, conscience de la différence et équilibre. E comme énergie, réunification du soi pour l'autre. Cette dernière lettre provient d'un hiéroglyphe égyptien en forme de spirale, dont la symbolique exprime le souffle qui relie le corps et l'esprit.

Pour Anita, le *Référentiel de Naissance* a permis de mettre en lumière sa mission. Il lui a offert un gain de temps extraordinaire dans sa recherche et l'a menée à la découverte du SAVE dont les développements semblent infinis. C'est pour elle une véritable quête du Graal intérieur. Anita constate une vraie résonance entre son *Référentiel* et son travail. Avec Tempérance en *Cœur de Blason*, elle se sent en recherche permanente d'un équilibre subtil. Il y décidément beaucoup de vases dans son *Référentiel*, avec Tempérance bien sûr, mais aussi l'Étoile en Maison 6 et en Maison 3. « Je mélange les eaux, dit-elle, le travail du SAVE va vraiment à la source des cellules, il s'agit là d'une véritable symbiose ». L'idée du moule lui parle aussi beaucoup et résonne avec son Empereur en Maison 11 et en Maison 12. Le moule c'est la matière, la forme, la terre. Il correspond également aux mathématiques nécessaires au calcul de la forme. Même si d'autres découvertes sont vraisemblables, l'Hermite présent en Maison 9 de son *Référentiel* nous indique la propension d'Anita pour la recherche.

Encore une fois, le *Référentiel de Naissance* témoigne non seulement de la structure psychique d'un artiste mais encore de la dimension symbolique de son œuvre.

Remerciements

Un merci du fond du cœur pour mes amis, collaborateurs, étudiants, rencontres d'un jour ou d'une éternité, qui ont permis de mener à terme la réalisation de ce livre.
Merci à tous ceux qui par leurs conseils, critiques, relectures, recadrages, encouragements sont un peu co-auteurs de cet ouvrage.

Ce livre est le résultat d'une recherche que j'ai commencée il y a plus de vingt ans. J'ai tenté de réaliser une synthèse entre mes premiers travaux sur le *Référentiel de Naissance* et les découvertes les plus récentes. Certaines des idées que j'ai développées ont donc été déjà suggérées sous une autre forme dans des articles et des ouvrages précédents. Elles ont aussi fait l'objet de multiples conférences et séminaires. Je tiens donc à remercier les fidèles organisatrices de mes stages qui depuis toutes ces années se sont engagées pour faciliter la transmission du *Référentiel de Naissance*. Elisa Krähenbülh, Nadia Lhéraud, Anne Gouzy, Maïté Elissalde, Jacqueline Labarre, Géraldine Félipe, Barbara Elia.

Barbara Elia que je salue aussi pour ses propres recherches et ses découvertes capitales concernant l'âge de l'*année de l'ensemencement* et la *théorie de l'empêchement.*

Un grand merci à mon amie et assistante Sarah Nah Chertier, pour sa patience et sa constance devant l'écran informatique. Merci aussi pour ses commentaires judicieux.

Je tiens aussi à remercier Florence Fabrègue pour les schémas et les illustrations ainsi que Valérie Penven pour le travail de recherche et les relectures toujours nécessaires.

Merci à Patricia Favreau pour le commentaire de Mère Amma et à Hélène Juan Maurin qui soutient ma recherche depuis le début et a enrichi ma compréhension sur de nombreux *Référentiels*, notamment ceux de l'abbé Pierre, Charles de Foucault, Van Gogh, Auguste Rodin et Camille Claudel.

Merci également à mes étudiantes Odile Cotten et Véronique Thiaudière, pour leur témoignage vivant, ainsi qu'à mes étudiants, et je regrette de ne pas les citer tous, qui expérimentent le *Référentiel* dans leur vie quotidienne.

Mes remerciements vont aussi à Chantal et Jean-Baptiste Valadié, qui ont toujours été disponibles et attentifs et dont l'hospitalité généreuse m'a permis de me ressourcer chaque fois que cela fut nécessaire. Merci à toi Jean-Baptiste pour ta peinture si inspirante, pour les moments d'émerveillement passés dans ton atelier, et pour la trace de ta magie sur la couverture de ce livre.

Je tiens à remercier Sabrina Kaytar pour son extraordinaire travail de recherche sur les occurrences statistiques dans les *Référentiel*s et la vérification des dates de naissance des personnalités dont j'ai donné la liste.

Je tiens aussi à remercier les Éditions Arkhana Vox, et notamment Philippe Lahille pour sa gentillesse, son professionnalisme et sa qualité d'écoute. Merci aussi à Christelle Decloquement pour sa compétence de maquettiste et à Jacques Gruszewski qui dès les premières pages de Tarot l'enchanteur en 1997 m'a fait confiance.

Merci à mon attachée de presse, Marion Perles, pour sa présence bienveillante et ses qualités humaines.

Que soit aussi remerciés tous ceux que je n'ai pas cités, qu'ils m'en excusent, mais qui se reconnaîtront pour m'avoir soutenu, aidé et conseillé chaque fois que j'en ai eu besoin.

Et enfin un grand merci à Christine Snabre pour son coaching littéraire, ses conseils, sa générosité et la méthode rigoureuse qu'elle a tenté de m'inculquer malgré mes résistances…

Bibliographie

Anonyme	*Méditation sur les 22 Arcanes majeurs du Tarot* Éd. Aubier
Alice A.Bailey	*Astrologie Ésotérique : volume III du traité sur les sept rayons*- Éd. Lucis
Alice A. Bailey	*Les travaux d'Hercule* - Éd. Lucis
Abbé Henri Stéphane	*Introduction à l'ésotérisme chrétien* - Éd. Dervy Livres
Abbé Henri Stéphane	*Introduction à l'Ésotérisme Chrétien* - Éd. Mystiques et Religions - Dervy-Livres
Françoise Autrand	*Charles VI* - Éd. Fayard
Dr. Edward Bach	*Les 12 guériseurs et autres remèdes* - Éd. Ulmus
	Les fleurs de Bach et énergie vitale - Éd. Ulmus
	Guéris-toi toi-même - Éd. Ulmus
Baudelaire	*Les Fleurs du mal* - Éd. Pléiade
Charles Baudouin	*Christophe le passeur* - Éd. Courrier du Livre.
Bruno Bettelheim	*Psychanalyse des contes de fées* - Éd. Robert Laffont
Monique Bordry/ Pierre Radvanyi	*Histoires d'atomes* - Éd. Berlin - Coll. Regard sur la science
Sébastien Brandt	*La Nef des Fous* - Éd. La Bibliothèque Alsacienne
Fritjof Capra	*Le Tao de la physique* - Éd. Tchou
Sylvie Chermet-Carroy	*La graphologie autrement* - Éd. Jacques Grancher
Jean Chevalier/ Alain Gheerbrandt	*Le Dictionnaire des symboles* - Éd. Robert Laffont
Robert Craves	*Les mythes grecs 1 et 2* - Éd. Pluriel
Roseline Crépy	*L'interprétation des lettres de l'alphabet dans l'écriture* - Tome 1- Les minuscules - Éd. Delachaux et Niestlé - Collection l'homme et ses problèmes

Nadine Cretin — *L'Inventaire des Fêtes de France d'hier et d'Aujourd'hui* - Éd. Larousse
Jean-Pierre Dahdah — *Khalil Gibran* - Éd. Albin Michel
Jean-Pierre Dahdah — *Khalil Gibran - Une biographie* - Éd. Albin Michel
Arnaud Desjardin — *La Voie du Cœur* - Éd. La Table Ronde
Paul Diel — *La divinité* - Éd. Petite Bibliothèque Payot
Paul Diel — *Le symbolisme dans la mythologie grecque* - Éd. Petite Bibliothèque Payot
Gilbert Durand — *Les structures anthropologiques de l'imaginaire* - Éd. Dunod
Erasme — *Éloge de la folie* - Éd. GF Flammarion
Antoine Faivre — *Accès à l'ésotérisme occidental* - Éd. NRF
Sigmund Freud — *La Science des rêves* - Presses Universitaires de France
Fulcanelli — *Le Mystère des Cathédrales* - Éd. Pauvert
Max Gallo — *Napoleon* - Éd. Robert Laffont pocket
Lucien Gerardin — *Le* Mystère des nombres - Éd. Dangles - Garnier - Flammarion
Khalil Gibran — *Lettres d'Amour* - Librairie de Médicis
Khalil Gibran — *Le prophète* - Éd. Casterman
René Girard — *La violence et le sacré* - Éd. Gallimard et Pluriel
Frédérique de Gravelaine — *Encyclopédie des prénoms* - Éd. Robert Laffont
René Guénon — *Le symbolisme de la croix* - Éd. Véga
Jean Haab — *L'Alphabet des dieux* - 2e Éd. Saint-Pons-de-Mauchiens
Roman Jakobson — *Essai de linguistique* - Éd. de Minuit
Michel Jouvet — *Le sommeil et le rêve* - Éd. Odile Jacob
C.G. Jung — *Ma vie* - Éd. NRF
Emma Jung / Marie-Louise Von Franz — *La Légende du Graal* - Éd. Albin Michel
Jacqueline Kelen — *L'Éternel Masculin* - Éd. Robert Laffont
A. Korzybski — *Science and Sanity : An Introduction to Non-Aristotelian Systems and General Semantics* (1933, 1947)
Henri Laborit — *Éloge de la fuite* - Éd. Folio/Essai
André Lalande — *Vocabulaire technique et critique de la Philosophie* - PUF
Françoise Lebrun — *Le livre de l'anniversaire* - Éd. Laffont
Jean-Yves Leloup — *Prendre soin de l'être* - Éd. Albin Michel
Krista Leuck — *La Lune, la terre et nous* - Éd. Pauvert
Lucrèce — *De la Nature* - Éd. Flammarion
Gitta Mallasz — *Dialogues avec l'ange* - Éd. Aubier Montaigne
Jean Markale — *Merlin l'enchanteur* - Éd. Albin Michel

Guy de Maupassant — *Le Horla* - Éd. Livre de Poche
Thomas J. McFarlane — *Einstein & Bouddha : Pensées parallèles* Éd. Kunchab
Laure Murat — *La maison du docteur Blanche* - Éd. JC Lattès et Hachette
Gérard de Nerval — *Aurélia* - Éd. Garnier - Flammarion
Gérard de Nerval — *Les Chimères* - Éd. Garnier - Flammarion
Marc-Alain Ouaknin / Dory Rotnemer — *Le grand livre des prénoms bibliques et hébraïques* - Éd. Albin Michel
Michel Onfray — *Traité d'athéologie* - Éd. Grasset
Papus — *Le Tarot des bohémiens* - Éd. Dangles
Édith Piaf / Marcel Cerdan — *Moi pour toi - Lettres d'amour* - Éd. J'ai Lu.
Platon — *La République* - Livre VII - Éd. Garnier - Flamarion
Dominique Ravel — *L'œuvre royale de Charles VI* - Éd. Le Léopard d'or
Wilhem Reich — *L'analyse caractérielle* - Éd. Payot -1933
Wilhem Reich — *La fonction de l'orgasme* - Éd. L'Arche - 1970
Jean Richer — *Gérard de Nerval, Expérience vécue et création ésotérique* - Éd. Guy Trédaniel Éditeur
Francis Rolt-Wheeler — *Le Cabalisme initiatique* - Épuisé.
Jean-Paul Ronecker — *Le Symbolisme animal* - Éd. Dangles - Collection « Horizons ésotériques »
Jean-Jacques Rousseau — *Les Confessions* - Éd. Garnier Flammarion
Jean-Jacques Rousseau — Les *Rêveries du promeneur solitaire* - Éd. Garnier Flammarion
Denise Roussel — *Le Tarot psychologique, miroir de soi*- Éd. de Mortagne
Denise Roussel — *La Traversée du miroir*- Éd. de Mortagne
Salomon Sellam — *Le Syndrome du Gisant* - Éd. Bérangel
Robert F.Slatzer — *Enquête sur une mort suspecte : Marilyn Monroe* - Éd. Julliard
Gérard de Sorval — *Le Langage secret du blason* - Éd. Albin Michel
Sorval/Marol — *La Mise en demeure* - Éd. L'Originel
A de Saint Exupéry — *Le Petit Prince* - Éd. Gallimard
Sharamon et Baginski — *Manuel des chakras* - Éd. Médicis Entrelacs
Rudolf Steiner — *La Science de l'occulte* - Éd. Triade
Pierre Teilhard de Chardin — *L'Éternel féminin* -Éd. Fates
Robert-Jacques Thibaud — *Dictionnaire de Mythologie et de Symbolique grecque* - Éd. Dervy
Olivier Todd — *Jacques Brel, Une Vie* - Éd. Poche
Chrétien de Troye — *Œuvres choisies* - Classique Larousse

Paul Valéry — *Le cimetière marin* - œuvres complètes Éd Gallimard

Gérard Van Rinjberk — *Le Tarot* - Éd. Guy Trédaniel

Jean-Louis Victor — *Augustin Lesage ou le pinceau des dieux* Éd. De La Reyne de Coupe

ML Von Franz — *L'interprétation des contes de fées* - Éd. La Fontaine de Pierre

ML Von Franz — *La voie de l'individuation dans les contes de fées* - Éd. La Fontaine de Pierre

Yvonne Walle — *Résurgence : La conscience comme processus de réintégration énergétique* - chez Georges Colleuil

Yvonne Walle — *Convergence - pour un nouvel humanisme* - chez Georges Colleuil

Robin Waterfield — *Khalil Gibran, un prophète et son temps* Éd. Fides

Ken Wilber — *Le Paradigme holographique* - Éd. Le Jour éditeur

Oswald Wirth — *Le Tarot des Imagiers du Moyen Âge* - Éd. Sand et Tchou

« Bisexualité et différence des sexes » - Nouvelle revue de psychanalyse, numéro 7, printemps 1973 - Éditions Gallimard

« Transe, Chamanisme, Possession : Actes des IIème Rencontres Internationales de Nice, du 24-28 avril 1985 » - Éd. Serre Nice-Animation - Collection Vida

Table des matières

Autres ouvrages, de Georges Colleuil

TAROT L'ENCHANTEUR

4ème édition revue et augmentée

Georges COLLEUIL

L'auteur nous invite à redécouvrir le Tarot de Marseille. Il nous en propose une lecture simple à un niveau psychologique et sacré. Le voyage est étourdissant ! Chaque carte est l'occasion d'un regard sur le monde, d'une réflexion métaphysique, d'une ouverture spirituelle. Cette recherche est suivie d'une méthode d'analyse nouvelle : le Référentiel de Naissance.

304 pages
Broché - 14 x 22.5
Avec illustrations N&B
ISBN 2.906588.27.X

TAROT - LES DEUX INFINIS

Georges COLLEUIL

Si le Tarot est un chemin royal pour nous guider au seuil de notre vérité intérieure, Georges Colleuil nous confie, dans son troisième livre, le chemin qui l'a personnellement conduit vers le Tarot et le Référentiel de Naissance. Un chemin où l'émerveillement rivalise avec le désenchantement, une voie dans laquelle les errances, les erreurs et les doutes croisent les miracles et les cadeaux du Vivant, une quête d'unité au milieu du fracas des dualités.

264 pages
Broché - 14 x 22.5
Avec illustrations N&B
ISBN 2.906588.37.7

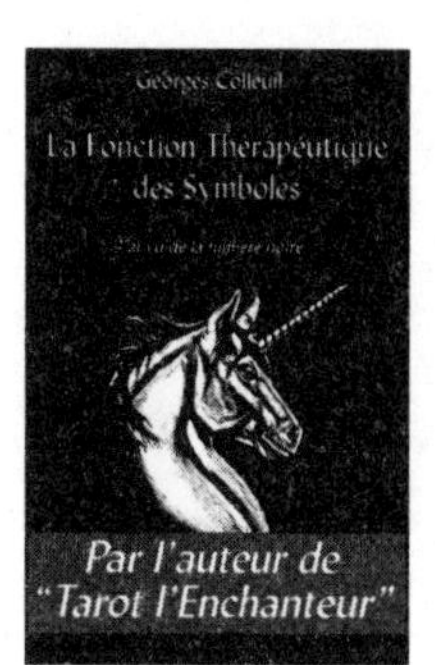

LA FONCTION THÉRAPEUTIQUE DES SYMBOLES

Georges COLLEUIL

Depuis 1983, l'auteur mène une recherche originale sur les propriétés actives et thérapeutiques des symboles. Il a mis au point des outils révolutionnaires, comme le Référentiel de Naissance, l'Onomasophie ou le Mythogramme pour accompagner des milliers de personnes dans leur processus d'auto guérison. Il définit cinq critères et deux exigences qui définissent le caractère thérapeutique du symbole.

288 pages
Broché - 14 x 22.5
Nombreuses illustrations N&B
ISBN 2.906588.44.X

Achevé d'imprimer sur les presses de
l'imprimerie France Quercy – Mercuès
N° d'impression : 61115/
Dépôt légal : mai 2006
Imprimé en France